本书为国家社科基金一般项目"社会变迁中财税法规范生成机制研究"
（项目编号：16BFX132，2016）的结项成果，
并获中国社会科学院创新工程学术出版资助

中国社会科学院大学
University of Chinese Academy of Social Sciences

汤洁茵 著

社会变迁中财税法规范生成机制研究

Tax Ruling-making Mechanism in the Background of Rapid Social Development

社会科学文献出版社
SOCIAL SCIENCES ACADEMIC PRESS (CHINA)

目录 CONTENTS

中篇 典型财税法规范生成之考察

下篇 财税法规范生成之司法监督

导　论

一　国内外研究动态

税法与社会发展之间的互生性，即税法既反映了社会变迁，又反过来影响社会变迁的进程，在法学界已经基本形成了共识。这是因为，一方面，权利依赖于税，税法的任何制度安排都将深刻地影响不同主体的权利实现；另一方面，以税收负担能力为指标进行税负分配的税法，对因社会发展而改变的个体的税收负担能力亦应当有所反映，从而推动税法的改革。

我国自 20 世纪 80 年代开始的财税法学研究，一直对社会变迁引发的税法问题有所关注。20 世纪 80 年代至 90 年代初期，税法学者重点关注计划经济向市场经济转型时期的现代税法制度的构建，对涉外经济活动的征税有所关注。20 世纪 90 年代初期至 21 世纪初期，财税法学研究的重点在于建立与社会主义市场经济体制相适应的现代税收制度，研究对象以传统经济活动的征税以及反偷逃税为主。随着中国加入世界贸易组织，国际税收的研究也日渐加强。21 世纪初期至今，新型经济活动的征税、国际重复征税与反避税成为关注的焦点。可以说财税法学研究具有鲜明的时代特征，探求解决每一时期与重要经济现象相关的税收问题，并取得了一定的成果。

现有的研究成果对税法与社会发展的互生性的研究具有如下特点。

（1）当前研究偏重对个案性、微观的具体问题的研究，如科技发展、金融创新、互联网、全球化等方面的税法理论与实务问题，均有学者进行了深入的研究，对财税法改革产生了一定的影响，但缺乏对社会发展与税法之间互生关系的整体性、宏观性的考察。

（2）当前研究偏重片段式的对策性研究，缺乏对税法与社会发展的互生关系中具有共通性、基础性的一般问题的研究。研究成果多与各个时期的财税法改革热点直接相关，如围绕《预算法》《税收征收管理法》的修改以及《增值税法》的制定，涌现出了大量的研究成果。这些研究成果固然具有一定的现实意义和理论价值，然而一旦立法完成，其学术价值却基本丧失。

（3）当前的研究主要偏重对特定时代中的社会问题的税法应对策略的研究，对新型社会现象的税法理论的跟进与发展的研究则有所滞后且明显不足。如 2008 年以来房地产价格的大幅上涨即引发了税法学界对房产税或物业税开征的广泛讨论。近年来，互联网、电子商务和数字经济的发展的税法应对也同样成为税法学界讨论的重要问题之一，但对新型经济活动造成的税法漏洞以及由此引发的税法连贯性、一致性不足的问题的研究却有所不足。

从国外的研究来看，税法与社会发展之间的互生关系一直是研究的重点和难点。有学者在研究各国的历史进程后得出在各国革命中"税收问题都是最重要的"的结论。孟德斯鸠则认为，税收的破坏性不仅体现在经济上，还体现在危及人类精神中更重要的东西上。如果征税权被过多地赋予政府，可能导致国家的毁灭。针对新兴的社会现象或经济活动的税法理论和实践的研究，国外学界更为积极主动，尤其针对税法与新型经济活动之间的互生关系也多有研究。

二 主要研究内容

（一）研究思路与目标

本书以财税法的变革为基本的研究对象，但并不局限于具体的、个案的财税法律制度的修正，而是在财税与社会发展的动态关系中探求财税法改革所凸显的基础性和一般性的问题，并进行相应的理论与制度的构建。在此基础上，本书也将选取若干具有典型意义的领域作进一步的实证分析，以确保理论的周延性和制度的可操作性。

本书力图围绕社会动态发展中的财税法改革展开研究。一方面，对税法与社会发展之间互动关系的特质加以研究；另一方面，分别选取特定领域，围绕税法对社会发展的促进作用以及税法对社会发展的反映分别予以研究。本书避免纯粹的对策性研究，而是从税法的基本特性出发，在社会变迁的动态视野下，探求财税改革所凸显的一般性的基础问题。这一研究，并不只是对税法与社会发展之间的互动关系的泛化研究，也有别于对社会发展中税法的细节性应对的形而下的研究，而是致力于构建一般的、更具有普适性的规则体系。

（二）主要内容

本书分为上、中、下三编，共九章，分别围绕财税法规范生成之理论探索、典型财税法规范生成之考察和财税法规范生成之司法监督展开研究。

上编为"财税法规范生成之理论探索"，共包括三章。其中，第一章主要研究在社会动态发展中税收初始立法权、剩余立法权在立法机关、政府和司法机关之间的配置及相应的税法规范体系的重构问题。2010年之后全国人大加紧收回税收立法权。因循《个人所得税法》确立的框架式立法模式，各单行税收法律仅对应税事项及其税负标准作提纲挈领、高度概括的规定，并以宽泛的明示授权和一般、原则性条款的默示授权使政府得以继续主导税法规范的形成，由此缔造了数量庞杂、散乱无序的税务行政规则，不仅适用极为困难，且蕴含了巨大的不确定性。这一立法模式意味着立法机关仅同意了"征税框架"，具体征税事项由税务行政规则予以明确，其制定过程的民众参与度却逐级减弱。在征税框架所遗留的规范空白之下，政府实际上享有足以自行界定征税权范围的"造法"权力，其行使却几乎不受任何的监督，完全取决于政府的"自觉"，滥用的风险始终无法避免。税收法律的概要规定包含大量的不确定概念、一般条款和原则性规定，其适用的不确定性难以避免。追求多元价值的税法以形式各异的社会经济生活为规范对象，规范内容必然是具有技术性且极为复杂的。税收法律未能涵盖的具体征税办法最终只能由其他机构以法律以外的其他渊源形式呈现。因此，全国人大制定税收法律时仅确立征税框架，基本未涵盖具体征税事项，仅在形式上收回税收立法权，不足以实质性地提升税收法治水平。要真正实现税收法定主义，应当首先完成税收初始立法权和剩余立法权的重新配置，明确全国人大应以法律形式保留的基本征税事项和政府享有的税收剩余立法权的界限范围。为防止过度的隐性授权，税收法律的规范形式应当以严格规则为主，尽可能避免采用内涵和外延不确定的抽象概念。

第二章主要关注在社会动态发展形成税法漏洞的情况下税法的续造问题。税收法定主义要求税法具有一定的刚性、稳定性和可预见性。在技术创新和信息革命的推动下，社会进入高速发展时期。为确保新型交易形式的公平课税，税收法定主义被有意无意地放弃遵循，新型交易的税收待遇转由税务机关在个案中予以裁量。但主要甚至完全仰赖于税务机关的裁量解决新型交易的课税问题，并不符合税收法定主义的要求和税收征管的实践，仅是解决新型交易课税争议的一时之策。为实现对新型交易的"依规则"征税，在立法机关制定成文法规则尚有困难的情况下，可以改由税务机关先行制定行政规则，实现从"个殊"规则到"普适"规则的渐进式演化。本章避免了对税收法定主义的空洞化、概念化的探讨，而是深入研究了在急剧变动的社会中，当立法机关在技术性很强的立法领域中表现非常羸弱时如何对税务机关予以有效约束的问题。这将对加强我国税收法治建设、完善税收法律体系、平衡国库保护与纳税人权利的关系产生重要的影响。

第三章主要关注在社会发展变迁的背景下税法的形式与实质的选择问题。近年来，随着反避税的加强，实质课税原则日渐受到重视甚至被绝对化，税法形式主义湮没在推崇实质课税原则的声浪之中。实质课税原则引发的税法形式与实质之争包括三个层面，即抽象税收构成要件的确立以经济价值还是法律形式为评价基础、税法应当作形式抑或实质的解释以及应税事实判断是否应当忽视私法形式而依经济实质作出。实质的探求固然在一定程度上实现个案的正义，但脱离形式束缚的实质正义必定是随机的、偶然的，不符合税收法定主义的要求。形式主义在税法上依然有其独有的价值，是确保税法的确定性和可预测性价值实现的逻辑前提，也是确保税法的刚性和权威的必然要求。任何市场主体都应当有权信赖税法的文字含义并相应地预测和确定交易的税负。除非滥用，其选择的私法形式一般在税法上也应受到尊重。立法者在确立抽象税收构成要件时，尽管认为用以评价税收负担能力的经济活动的事实核心可以与私法有所不同，但确立"事实要件"则应当最大限度地承接私法形式，以确保"法统一秩序"的实现。

中篇为"典型财税法规范生成之考察"，选取法律明确授权、框架式立法隐性授权、行政主导的全新税制建构和新型事项的征税规则续造等财税法规范生成的典型场景，分别对相应的财税法规范生成的实效加以考察。

2018年《个人所得税法》修改，将与个人或家庭的基本生活相关、具有一定个性化和差异性的必要成本列入课税禁区，如子女教育、大病医疗等，允许在计算应纳税所得额时对其予以扣除，进一步实现量能课税要求的净所得征税，亦是保障国民基本权利实现的重要制度建构。这一制度的具体实施办法明确授权国务院予以制定。国务院对上述生计费用的扣除采取拟制化的方法进行制度建构，以规则的简化确保其可执行性和实施效率。这必然以量能课税的牺牲为代价，在为数不少的个案中造成了程度不一的不公平结果。专项附加扣除几乎关涉每一个国民，相应的规则必须在成千上万的个税案件中适用，而生计费用又多发生于私密的个人生活空间，税务机关调查相关事实多有不便。这决定了为确保个人所得税的迅捷征收和扣除规则在多数案件中的平等适用，专项附加扣除必须实现一定程度的简化。然而，这种简化不得造成量能课税的过度牺牲，必须设定一定的限制，仅将其作为实现个人所得税课征整体平等的手段。为此，一方面应当选取特定生计开支项目的最典型特征或形态作为拟制基础，另一方面对被牺牲的个案正义应当采取一定的衡平措施予以适度地恢复。

　　一般反避税条款具有双重开放式的规范结构，是税收法律隐性授权政府机关以具体化方式实现规则续造的典型。第五章以此为例，着重关注了在隐性授权模式下税法规则续造的基本路径。一般反避税条款固然可以确保税务机关享有宽泛的裁量权以及时有效地打击层出不穷、花样翻新的新型避税安排。然而，纳税调整决定出自税务机关的主观裁量判断，却缺乏必要的程序限制，反避税案件极少进入司法程序，即使进入也仅面临极为有限的司法审查，纳税调整成为一项几乎不受任何限制的权力。为了确保反避税调整权的规范行使，以价值补充等方式对一般反避税条款进行具体化和续造是必然的选择。当前这一过程基本为税务机关所垄断，规则虽渐趋明确，却以执法宽松化而加重纳税人的负担为最为重要的基调，无法真正实现对反避税调整权的规范与限制。为加强对反避税调整权的制约，司法机关不仅应当对反避税调整决定进行实质的审查，还应当在审判过程中对一般反避税条款进行具体化和续造，以审查结果传递其补充的规范内容。从个案的价值判断、类型化交易的价值标准的选择再到裁量准则的形成，一般反避税条款才能真正实现从抽象到具体的转化，成为有效制约反避税调整权行使的重要规则基础。

　　延续此前的制度建构的路径，营业税改征增值税的改革依然是在政府，尤其是在财政部和国家税务总局的主导下完成的，由此生成的税法规范的优劣得失值得关注。其中，如何对金融保险服务课征增值税是增值税制度构建的重点与难点。2016 年营业税改征增值税改革就此进行了有益的尝试。第六章以此为例探究了政府主导下的全新税法规范生成的实效。金融保险服务的增值税规则散见于财政部、国家税务总局有关营改增改革所制定的各个规范性文件中，规则简约而粗糙。作为增值税应税劳务的金融保险服务，其内涵和外延均不甚明确，存在大量"税"与"非税"似是而非的模糊地带，在增值税课征的过程中产生了诸多的争议。大量金融服务的增值税待遇并不明晰。更重要的是，本次营改增改革依然未能彻底解决金融保险服务的流转税课征所引发的增值税抵扣链条断裂的问题。因此，本次改革将金融保险服务纳入增值税的课征范围，仅仅是制度构建的起点，未来仍有必要对此制定更加明晰而具体的规则，确保金融保险服务提供的进项税额的全面抵扣，以真正实现增值税的税收中性的目标。

新型经济活动和投资方式无法涵盖于现有税法规则的适用范围之内，引发了诸多税收课征的难题，亟须明确税法规则的指引。这一类型的税法规范的生成同样由政府主导。在基金、信托运作过程中如何课征增值税、何人承担纳税义务，就是其中的典型。第七章以此为视角展开研究。营业税改征增值税的改革完成后，国家税务总局明确了资管产品业务运营过程中发生的增值税应税行为以管理人为纳税人，然而，增值税是税负可以转嫁的间接税，在确定纳税人资格时，不必如所得税须将实际受益人作为纳税人。尽管管理人"以自己的名义"进行资产的管理和处分，但将管理人作为增值税的纳税人将导致抵扣链条的断裂，并增加各方当事人的增值税负担，从根本上违背增值税的中性要求。财产的集合性与独立性、投资活动的存续性和营利性，使得资管项目具有一定的"组织体"的性质，具备增值税纳税人的主体资格，应当将资管产品项目本身作为独立的纳税人，管理人仅为其代表机构，以项目的名义履行纳税义务。

下编为"财税法规范生成之司法监督"。在行政机关依然主导财税法规范生成的情况下，如何确保由此制定的税法规则，尤其是非正式法律渊源的规范性文件和行政惯例，谨守税收法律、行政法规确立的征税限度，值得关注。第八章重点关注了税务机关在征管活动中的专业判断及由此形成的行政惯例的司法审查问题。最高院强调广州德发公司案的典型意义在于法院尊重行政机关在长期执法活动中形成的专业判断和行政惯例。但税收具有专业性和技术性，税务机关所作的决定显然不能因其运用税收专业知识而当然受到尊重，否则将导致税务案件被全面排除于司法审查之外。广州德发公司案所涉争议主要在于价格偏低核定条款的适用。该条款同时包含了以不确定概念描述的核定要件事实的判断和核定结果的裁量选择，必须由税务机关根据个案的情境作出价值判断和主观选择，要求其发挥自身的技术专长和能动性，因此相较于其他税务案件更具有"专业性"。行政判断余地理论尽管承认此类包含不确定概念的条文适用可作保守的有限审查，但仅为全面司法审查的例外。包含不确定概念的核定条款固然授予税务机关个案判断的权力，但不能因涉及专业知识而排斥司法审查，应以司法审查保证其在条文所确立的范围内作出决定，防止其滥用权力侵害纳税人的权利。基于 2012～2020 年价格偏低的核定案件的司法判决的考察，税务机关在此类案件的长期执法过程中积累了一定的经验，却并不足以形成反复适用、行之有效且为公众所知悉的"惯例"，据此经验乃至惯例作出的判断均不应当然受到司法的尊重。包含不确定概念的核定条款以及类似条文的适用原则上同样应当予以全面审查，但可以适度保留一定的司法尊重的空间。

　　税务规范性文件的泛滥是税收领域的又一顽疾。在征管实践中，税务规范性文件几乎涵盖了征税事项的方方面面，已成为不可或缺的征税依据，实际上对征纳双方产生了拘束力。但作为一种"非正式的法律渊源"，税务规范性文件的合法性尚且存疑，作为税务机关自行解释税收法律、划定条文适用范围的重要形式，其内容正当与否有必要予以审查。第九章以 2016～2020 年裁判文书网公布的全部税务行政案件判决书为研究对象，具体考察税务规范性文件在税务争议案件中的适用状况以及法院对税务规范性文件的审查状况、审查标准和审查强度等。在所考察的案件中，法院对税务规范性文件的尊重几乎可以说是绝对的。在绝大多数案件中，法院未经审查而直接以税务规范性文件为依据进而肯定税务机关的征税行为合法。在有限的审查案件中，法院的审查标准过于粗放、单一，审查强度过浅，其合法性的判定难以让人信服。以司法审查制约税务机关征税权行使的目标远未能实现。由于无法寄望于税务机关自我约束或自行纠正其制定的不当的税务规范性文件，通过来自司法机关的审查和监督，否认超出界限的、不当的税务规范性文件的适用，才能确保仅符合上位税法规范的税务规范性文件对纳税人产生实质的拘束力。因此，法院既然为防止征税权侵害的最后堡垒，为防止违反上位法以及不当的税务规范性文件对纳税人权利的侵害，司法审查应当加强而非弱化，审查标准的内涵应当予以具体化。

(三) 研究重点与难点

1. 税法的安定性与其容纳合理变化可能性之间的界限

在现代税收国家中,税法的议会保留备受强调,税法规则必须稳定、明确、具体、排除自由裁量的可能性,以确保国民对其税收负担的可预测性。然而,税收法定主义使得税法容纳合理变化的可能性大为降低。一旦税收立法滞后于社会的变化,不仅将形成税法的漏洞而影响国家财政收入的取得,导致原本大体均衡负担的税收逐渐失衡,更将对国民公共需求的满足形成直接的限制。然而,一方面,一种新型的社会现象在产生之初,是否将普遍发生并不确定,对其如何征税也存在尖锐的分歧,是否有必要经历漫长的立法程序、耗费巨额的立法资源为其制定精巧的课税规则仍是存疑的。另一方面,如果税法实时应对社会的发展,税法规则的频繁调整将导致国民难以预测其参与经济生活的税收负担。针对特定新型事项的特殊规则越多,税法的非连贯性和跳跃性越明显,规则的复杂化程度也将大大加深。因此,立法者所制定的税法应当在多大的程度上容纳合理变化的可能性,才能维持一定的均衡关系,是在社会变迁过程中财税法改革所面临的难题之一。

2. 税法的议会保留与剩余税收立法权的分配

在我国,立法在回应社会的发展与创新、及时进行税法修正与改革方面存在先天的不足,以立法形式应对社会发展的税法问题也存在有意无意的怠惰。与其他法律部门不同的是,司法机关在填补税法漏洞方面几无作为。政府机关,尤其是财政部和国家税务总局,对新型社会现象所引发的课税争议的解决发挥着主导作用。这使得上述部门得以取代立法机关实现“行政造法”,反而有损税收法治的实现。如何为政府的“行政造法”设置一定之规,使其成为税收立法的补充和辅助性治理手段,便尤为重要。因此,税收剩余立法权的分配是财税法改革的重要议题之一,以确保相对稳定的税收制度可以及时应对社会的高速发展而无损其规范功能。如何平衡基本税收立法权与剩余立法权之间的关系、如何划定后者的权限范围以及行使主体是本书的重点和难点问题。

3. 税收核心功能的厘清与以促进社会发展为目标的税法规则的构建

与其他法律相比,税法促进社会发展的功能受到极大的重视,以税收利

益的诱导促进社会的发展成为税法的重要规范目标之一。由此所建构的税法
规则往往以不同情境的税收的差别化待遇为内容。在税收的这一功能被过度
强调的情况下，此类规则占有相当大的比重。这些规则通常有着不同甚至相
互冲突的政策目标，规则的不一致性以及复杂性无法避免，由此产生诸多的
规则协调问题。然而，一旦作为政策制定基础的社会环境或经济形势发生变
化，此类规则却最先需要修改。税法也因此变得更加不确定和不融贯。加之
其以税收公平的牺牲为前提，此类税法规则越多，对税收法治形成的阻碍就
会越大。因此，坚持税收的核心功能，正视税法促进社会发展功能的有限性，
才能从根本上构建符合税法核心价值的规则体系。

三　学术价值与创新

（一）学术价值

税收的课征以社会经济生活为基础，社会的任何发展都将影响税法的实
施，税法形成的过程必然是与整个社会相融的。尽管作为组织规则的税法是
人为设计的结果，但不应是随心所欲的创造物，应当随着不断增加的社会的
复杂性而发生变化。税法应当将社会的进化抽象化为一种法律关系，并以一
种新的方式与深层的结构变化相平衡。

由于税法的"侵益法"的特性，税收法定主义被尊崇为税收领域的最高
法律原则，"法无明文不为税"。以成文法的形式解决社会发展所引发的税收
问题，固然是一种最为理想的法治状态。然而，受限于立法程序与技术，立
法机关在回应社会的发展与创新、及时填补税法的漏洞方面存在先天的不足。
而社会发展如此迅速，一种特定的新型的经济活动是否发生、是否为社会普
遍接受，均是不确定的，税法如何以及以何种方式加以应对，难以一概而论。
本书力图对社会发展与创新过程中税法规则生成过程的规范化问题予以研究，
使财税法改革在符合税收法定主义要求的前提下容纳社会合理变化。

（二）创新之处

1. 围绕财税法改革基础理论问题的抽象化和一般化的研究

与当前大多针对具体财税法律制度的改革方案的静态、个别化和事后的
研究不同的是，本书并不仅仅停留在对现有的某个特定的财税法律制度的实

施效果及其未来改革趋势的研究，而是强调财税法改革本身就是变的过程，财税法的改革趋势和方向应当与社会发展保持一定的契合度（社会发展对财税法改革的影响如图0-1所示）。因此，本书更加侧重于对财税法改革的趋势、进程和方式等基础理论问题的抽象化的提炼和研究，构建财税法规范生成的基础理论，以确保财税法改革的合法性和正当性，并可以及时回应社会的发展。这一研究成果能够为未来财税法的改革提供更加具有普适意义的理论支撑。

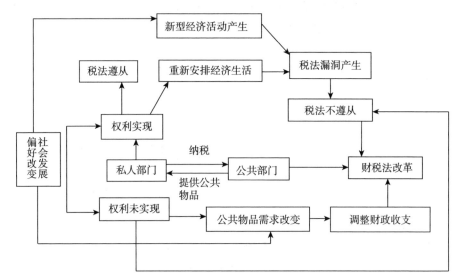

图0-1 社会发展对财税法改革的影响

2. 研究方法的开放性和交叉性

本书的研究强调，财税法作为"人为创造"的组织性规则的特性决定了要确保财税法改革的科学性和有效性，任何征税的制度设计都应当受到社会生活与经济发展的制约。本书围绕以保障基本权利实现为价值取向的财税法改革与创新，进行法学、经济学、社会学和历史学等学科的交叉研究，在经济学的效率理念、社会学的发展理念和法学的正义理念的论证基础上，确立财税法改革的逻辑基础，以更加健全的制度规范促进财税法改革的有序进行，以更具有普适性的基础理论指导财税法的改革，同时强调以法治化来推动国家征税的正当性和合法性，从而保证财税法改革的成果可以惠及全体国民。

上 篇

CHAPTER 1

财税法规范生成之理论探索

第一章　再论税收立法权的收回 与税法规范体系的重构

自现代税制在我国建立伊始，税收立法便基于全国人民代表大会于 1984 年、1985 年的两次特别授权决定形成行政主导模式并维持了近 30 年的时间。除了 1992 年制定了《税收征收管理法》，在 2010 年以前，在开征的 18 个税种中，仅有个人所得税和企业所得税①由全国人大制定了相应的税收法律，而其他税种均由国务院分别制定了相应的暂行条例。自 2011 年开始，尤其是 2015 年《立法法》修订之后，全国人大启动了收回税收立法权、加紧制定税收法律的进程。截至 2022 年 8 月，已有 12 个税种由全国人大制定了税收法律。然而，平移国务院此前制定的暂行条例，饱受诟病。单个税收法律的规范结构过于简单，徒"法"不足以自行，质疑之声从未断绝。我国税收法律的简约模式似乎与当前世界上盛行的税法简化（Tax Simplification）的呼声不谋而合。但关键问题在于，此模式能否保证税收法定主义在我国的实现，能否作为建构税收法治的基石，不无疑问。

一　平移立法下金字塔式税法规范体系的 形成——以所得税法为例

（一）"金字塔式"税法规范体系的形成

2011 年以来，《车船税法》、《环境保护税法》、《烟叶税法》、《船舶吨税法》、《耕地占用税法》、《车辆购置税法》、《资源税法》、《城市维护建设税法》、《契税法》和《印花税法》已先后由全国人大完成立法，从而由全国人

---

① 在两税合并之前，则是全国人大制定的《外商投资企业和外国企业所得税法》。

大制定的单行税种法律已增至 12 部。《土地增值税法》、《增值税法》及《消费税法》也完成了立法草案，并向社会公开征求意见。然而，上述税收法律大多采取平移立法的方式制定，① 隐隐约约依然是当初暂行条例的模样。更重要的是，尽管上述税收法律已基本涵盖了《立法法》第 11 条第 6 项所要求的"税种的设立、税率的确定和税收征收管理等税收基本制度"，但仅从条文数量上看，条文最多的《企业所得税法》不过 60 条，而最少的《烟叶税法》仅有 10 条。所有单行税种法律的条文总数仅是 250 多条。与动辄近万条之数的《美国国内收入法典》相比，这样的税收法律无疑是极为简约的。

以全国人大最早制定的《个人所得税法》为例，该法于 1980 年颁布实施，在 40 年的时间里历经 7 次修改。1993 年修改的《个人所得税法》条文数仅为 14 条，第 1 条至第 7 条分别以 1 个或 2 个条文规定了纳税人、应税所得项目、税率、减免事项、税基计算和境外税收抵免等税收要素。其余则为程序性规定。这样的规范结构此后未作任何调整。2018 年《个人所得税法》第 7 次大修，条文数量增至 22 条，实体方面仅增加了第 8 条的反避税条款，其他新增条款基本为程序性规定。纳税人及其纳税义务的实体规则在整部法律中所占比重也随之从 50% 下降至不足 40%。

《个人所得税法》以简略的条文仅对个人所得税义务的发生和确定作出粗略的原则性规定，在实践中难以直接适用。有鉴于此，国务院根据《个人所得税法》的规定制定了《个人所得税法实施条例》。该条例不仅逐条对《个人所得税法》予以解释，增强该法的可操作性，更进一步扩展了《个人所得税法》的规范内容，然而，条例的 36 条之数仍未能全面解决个人所得税的征管问题。此外，国务院根据《个人所得税法》的授权还制定了《对储蓄存款利息所得征收个人所得税的实施办法》②、《国务院关于个人独资企业和合伙企业征收所得税问题的通知》③ 和《个人所得税专项附加扣除暂行办法》④，但上述行政法规均仅针对有限的具体征纳事项，大量个人所得税的征收事项仍留有空白。为了保证个人所得税的课征，国家税务总局相继发布了《征收

---

① 《〈增值税法（草案）〉（征求意见稿）》在原《增值税暂行条例》的基础上吸收了部分实施细则和其他行政性规范的规定，较为翔实和具体。

② 1999 年 9 月 30 日国务院令第 272 号发布，2007 年 7 月 20 日国务院令 502 号修订。

③ 国发〔2000〕16 号。

④ 国发〔2018〕41 号。

个人所得税若干问题的规定》①、《机动出租车驾驶员个人所得税征收管理暂行办法》②、《演出市场个人所得税征收管理办法》③ 等税务规章。④ 在规章以下则是数量更多、内容更为庞杂的税务规范性文件，由国家税务总局单独或与财政部等部门联合制定。这些规范性文件除了对上述《个人所得税法》及其实施条例和税务规章的相关条文作出解释外，也针对征管实践中的具体事项进一步细化已有的规定，甚至规定上述税收法律所未规定的事项。这些规范性文件对特定征税事项的规定的详尽和明确程度都远远超过了效力等级在税务规章以上的税法渊源。⑤ 可以说，《个人所得税法》的每一个条文都衍生出为数不少的规范性文件。如该法第6条第1款第5项规定了财产转让所得的税基计算。以此为基础，另有多项规范性文件区分了股权⑥、限售股⑦、流通股、住房⑧、债权转让⑨等财产形式，分别规定了相应的税基计算方式。可以说，在个人所得税领域中，形成了以数量众多的税务规范性文件为底座、以

---

① 国税发〔1994〕89号。

② 国税发〔1995〕50号

③ 国税发〔1995〕171号。

④ 以国家税务总局政策法规库的查询结果，国家税务总局就个人所得税的征收颁布、有效的税务规章合计8项，且2000年以后鲜有个税方面的税务规章的出台。此外还包括《广告市场个人所得税征收管理暂行办法》（国税发〔1996〕148号）、《建筑安装业个人所得税征收管理暂行办法》（国税发〔1996〕127号）、《个体工商户个人所得税计税办法》（国税发〔1997〕43号）、《境外所得个人所得税征收管理暂行办法》（国税发〔1998〕126号）、《储蓄存款利息所得个人所得税征收管理办法》（国税发〔1999〕179号）。此外，已经被废止的规章还包括《个人所得税代扣代缴暂行办法》（国税发〔1995〕065号）、《个人所得税自行纳税申报暂行办法》（国税发〔1995〕077号）。

⑤ 截至2022年8月31日，从国家税务总局网站上能够检索的个人所得税的规范性文件共计249项。http://www.chinatax.gov.cn/chinatax/n810346/n810825/index.html，最后访问日期：2022年8月31日。

⑥ 《国家税务总局关于个人股权转让过程中取得违约金收入征收个人所得税问题的批复》（国税函〔2006〕866号）、《股权转让所得个人所得税管理办法（试行）》（国家税务总局公告2014年第67号）。

⑦ 《财政部、国家税务总局、证监会关于个人转让上市公司限售股所得征收个人所得税有关问题的通知》（财税〔2009〕167号）、《国家税务总局关于做好限售股转让所得个人所得税征收管理工作的通知》（国税发〔2010〕8号）《国家税务总局关于限售股转让所得个人所得税征缴有关问题的通知》（国税函〔2010〕23号）、《财政部、国家税务总局、证监会关于个人转让上市公司限售股所得征收个人所得税有关问题的补充通知》（财税〔2010〕70号）。

⑧ 《国家税务总局关于个人住房转让所得征收个人所得税有关问题的通知》（国税发〔2006〕108号）。

⑨ 《国家税务总局关于个人因购买和处置债权取得所得征收个人所得税问题的批复》（国税函〔2005〕655号）。

《个人所得税法》为塔尖的金字塔式规范体系。

2008 年开始实施的《企业所得税法》基本复制了个人所得税规范体系的金字塔式结构。尽管《企业所得税法》的条文总数达到 60 条，远远超过《个人所得税法》，但同样是对企业所得税的课征作出原则性、框架性的规定。该法同样是"五脏俱全"的，包括规定纳税人的 3 条、确定征税范围的 17 条、税基计算的 3 条、税率的 1 条、税收优惠的 12 条、特别纳税调整的 8 条和税收征管的 12 条。为了确保企业所得税的课征，国务院同样另行制定了《企业所得税法实施条例》，细化规定了上述条文的具体适用以及相应概念的内涵和外延。但这 133 个条文同样无法解决《企业所得税法》遗留的征税问题。为此，国家税务总局除于 2009 年、2014 年分别制定了《非居民承包工程作业和提供劳务税收管理暂行办法》[1] 和《一般反避税管理办法（试行）》[2] 两个税务规章外，还制定了数量众多的税务规范性文件。[3] 与个人所得税相同，这些规范性文件针对具体特定事项作出，规范内容更加翔实明确，更具有可操作性。由于几乎全方位地涵盖了企业所得税的课征，这些规范性文件的规范数量不可谓不庞大。可以说，在企业所得税领域，同样形成了以《企业所得税法》为塔尖、以数量众多的税务规范性文件为底座的金字塔式结构。

（二）简约的税收法律与复杂的税制

单就税收法律而言，两部所得税法不可谓不简单。条文数量有限、规范内容简约，税法内部以税收要素有序地排列，形成了一定的体系化。然而，以此却难以得出所得税制简单的结论，更不意味着税制的运作效率高。[4]

一项简短的制度简单还是复杂，取决于所采用概念的难易程度。在两部所得税法中，大量地采用了含糊而宽泛的语言表述，规范结构具有高度的开放性，其中包含了诸多高度抽象或不确定的概念，如"企业""投资""支

---

① 国家税务总局令 2009 年第 19 号。

② 国家税务总局令 2014 年第 32 号。

③ 截至 2022 年 8 月 31 日，从国家税务总局网站上能够检索到企业所得税的规范性文件共计 332 项，http://www.chinatax.gov.cn/chinatax/n810346/n810825/index.html，最后访问日期：2022 年 8 月 31 日。

④ Deborah L. Paul, "The Source of Tax Complexity: How Much Simplicity Can Fundamental Tax Reform Achieve?", *North Carolina Law Review*, Vol. 76, p. 154.

出""收入""所得"等。这些条文在相当多的场合中无法为纳税人确定应税
所得的范围以及计算应纳税额提供准确的指引。含糊的复杂性由此产生。条
文中所包含的抽象或不确定的概念难以从字面上精确地加以定义，即使放置
于整部所得税法律的背景下也难以得出其准确的内涵和外延，导致条文的适用
范围相当模糊，纳税人无法预见和判定所从事的经济活动是否将被涵摄于税法
条文之下而产生相应的税收后果。如《企业所得税法》第14、19、31、46条均
采用了"投资"这一概念，但其内涵和外延极为含糊，何种经济活动属于企业
所得税法意义上的"投资"并不明确。从该法整体观之，"投资"至少包括
"债权性投资"和"股权性投资"两种形式，但是否包含日常用语的"投资"
所涵盖的"个人独资企业或合伙企业的投资"或近年来产生的"混合性投资"，
不甚明确。特定条文中，如《企业所得税法》第14条或第19条，是同时涵盖
上述两种形式还是仅特指形式之一并不明确。这两种投资形式的各自范围亦不
明确，对于一般理性的纳税人而言，所得税法律是易读却不易解的，难以提供
有关所得税义务的准确答案，不确定性随之而来，从而产生判断上的复杂性。
所得税法律含糊、不明确的内容只能由税务机关在征管实践中予以裁量确定。
这种裁量不能以任何程度的确定性预见，随意执行和判断的复杂性由此发生。

　　税收法律普遍采用了含义空洞、内涵和外延不明确的高度抽象化的概念，
条文的规范内容不完全，行政机关"为执行法律的规定"而制定相应的行政
规则[①]对概念予以具体化并填补规范内容的空白[②]便是必然的选择。国务院以
及财政部、国家税务总局不仅制定行政规则向纳税人说明特定条款的解释和
税务机关的基本执行立场，更对税收法律笼统规定的交易进一步予以类型化
的区分，分别规定各自的税收后果。由于税收的普遍课征，税法几乎涵盖了
社会生活的方方面面。行政机关就特定事项对税收法律条文加以具体化和解
释而形成的行政规则亦因此数量庞大。简约的税收法律所建构的税制由于这
些行政规则的制定而变得复杂。

　　然而，于何时、针对何种事项就所得税法律的含糊之处予以具体化和解
释或就规范空白之处制定行政规则，同样是留诸行政机关的裁量。行政机关
可能在税收法律通过之后实施之前或实施之后立即着手制定行政性规范，也
可能长期维持基于含糊税法的个案裁量，在税收法律实施之后的数月、数年

---

　　① 本书的"行政规则"指各级行政机关所制定的行政法规、规章和其他规范性文件。
　　② 《立法法》第72条、第93条第2款。

甚至更长的时间内才针对特定的征税事项制定相应的行政规则。

　　行政机关对税收法律的规范含糊或空白之处制定行政规则的事项、内容、时间和形式享有选择权，甚至特定征税事项由哪一级行政机关制定何种渊源形式的规范也具有很大程度的随机性，行政机关更不会严格按照税收要素或其他的因素有序地制定和颁布，而可能仅仅迫于税收征管的压力或取决于税务机关对特定征税事项的熟悉程度或掌握信息与经验的状况，甚至单纯出于维护国库利益的考量。一项行政规则可能仅针对某一具体事项或特定事项的某一方面作出，同一事项可能在多个不同效力位阶的文件中予以规定，并独立发生效力，颁布的时间先后有别，① 而一项行政文件可能同时规定彼此不相关的事项。② 可以说，诸征税事项以零乱、独立而无序的规范碎片为载体，彼此之间缺乏一致性和连贯性，甚至存在诸多的矛盾和冲突。其结果必然是所得税制由零散的规范碎片拼凑而成，规范秩序和内部逻辑难以掌握，由此所形成的整体框架结构是不清晰的。特定征税事项所应适用的条文因此可能被淹没在数量众多的税收规范中而难以被发现。税务机关或纳税人欲把握特定事项的税收待遇，必须确定行政机关是否已就此事项颁发了行政规则并了解其内容。在行政规则数量庞杂且缺乏体系化的情况下，这必然是耗时漫长的。因此，这种规范结构将大大增加税制运作的复杂性，导致更高的征管成本和遵从成本。在多项行政规则对同一事项的规定存在矛盾和冲突的情况下，判断应适用的税收条文将更为困难。如企业终止清算后向其投资者分配的剩余财产如何征收所得税的问题，《国家税务总局关于个人终止投资经营收回款项

---

① 如单就《企业所得税法》第 9 条规定的公益性捐赠扣除，国家税务总局在十余年的时间里就制定了规范性文件共计 8 项，且均为有效，即《关于支持新型冠状病毒感染的肺炎疫情防控有关捐赠税收政策的公告》（财政部、税务总局公告 2020 年第 9 号）、《关于企业扶贫捐赠所得税税前扣除政策的公告》（财政部、国家税务总局、国务院扶贫办公告 2019 年第 49 号）、《关于公益性捐赠税前扣除资格有关问题的补充通知》（财税〔2018〕110 号）、《关于公益性捐赠支出企业所得税税前结转扣除有关政策的通知》（财税〔2018〕15 号）、《关于公益股权捐赠企业所得税政策问题的通知》（财税〔2016〕45 号）、《关于公益性捐赠税前扣除资格确认审批有关调整事项的通知》（财税〔2015〕141 号）、《关于通过公益性群众团体的公益性捐赠税前扣除有关问题的通知》（财税〔2009〕124 号）、《财政部、国家税务总局、民政部关于公益性捐赠税前扣除有关问题的通知》（财税〔2008〕160 号）。

② 如《国家税务总局关于企业所得税若干政策征管口径问题的公告》（国家税务总局公告 2021 年第 17 号）便同时规定了公益性捐赠支出的相关费用扣除、可转换债券转换为股权投资的税务处理、跨境混合性投资业务企业所得税的处理、企业所得税核定征收改为查账征收后有关资产的税务处理、文物、艺术品资产的税务处理和企业取得政府财政资金的收入时间确认等问题。

征收个人所得税问题的公告》① 规定，应当按照"财产转让所得"项目进行征税，而《企业所得税法实施条例》第11条和《关于企业清算业务企业所得税处理若干问题的通知》② 则以基本相同的条文表述规定投资方取得的清算所得应当被分解为"投资成本"、"股息所得"以及"财产转让所得"三个部分分别确认税入。那么，个人投资者在取得清算企业分配的剩余财产时，是遵循新法优于旧法，还是上位法优于下位法确定应适用的条文，便可能有完全不同的结论。

税收征管面临财政支出的压力，因此，税法固有天然的迅捷执行的要求。一旦特定课税争议大量反复发生且影响征税权的实现，便会迫使行政机关尽快制定规则予以解决，即使课税争议的相关信息尚未被完全掌握或解决方案尚存有争议。然而，仓促制定的规则往往并不完备，可能外延不够周延或引入更多含糊的概念，非但未能解决问题反而可能引发更多的争议，产生更加不确定的结果。行政机关因此不得不频繁修订或补充已经生效的行政规则，纠正此前存有疏漏的征税方案，或发布新的行政规则来阐明此前未能解决的问题。也就是说，在同一征税事项上，行政机关每每采取"通知—补充通知—再补充通知"的"补丁式"的规则制定模式③，新的规范往往补充而非替代旧的规范，同一征税事项被人为地分割、分别规定于不同的行政性规范文件中，从而形成了数量众多、生效期限不同、效力等级不一、详尽程度有别的行政规则。这些行政规则虽力图采用更加精细的表述或更为具体的概念来提供更具有可操作性的征税方案，但由于每个语词或概念都具有独立的含义，每增加一个法律条款及其相关概念，不

---

① 国家税务总局公告 2011 年第 41 号。
② 财税〔2009〕60 号。
③ 如对于员工激励计划，国家税务总局分别制定了《关于个人所得税法修改后有关优惠政策衔接问题的通知》（财税〔2018〕164 号）、《关于完善股权激励和技术入股有关所得税政策的通知》（财税〔2016〕101 号）、《国家税务总局关于股权激励和技术入股所得税征管问题的公告》（国家税务总局公告 2016 年第 62 号）、《财政部、国家税务总局关于股票增值权所得和限制性股票所得征收个人所得税有关问题的通知》（财税〔2009〕5 号）、《财政部、国家税务总局关于上市公司高管人员股票期权所得缴纳个人所得税有关问题的通知》（财税〔2009〕40 号）、《国家税务总局关于股权激励有关个人所得税问题的通知》（国税函〔2009〕461 号）、《国家税务总局关于个人股票期权所得缴纳个人所得税有关问题的补充通知》（国税函〔2006〕902 号）、《财政部、国家税务总局关于个人股票期权所得征收个人所得税问题的通知》（财税〔2005〕35 号）、《国家税务总局关于个人认购股票等有价证券而从雇主取得折扣或补贴收入有关征收个人所得税问题的通知》（国税发〔1998〕9 号）。

一致性、漏洞、重复、竞合以及语言表述不准确的可能性便随之进一步增加。纳税人不得不穷尽所有的税法规范，才能确定对其有效的条款或规则。这在行政规则的有效期限不甚明确的情况下却并非易事。行政规则的生效、失效方式并不统一，部分规范性文件溯及适用或仅溯及"未处理的"同一事项，① 还有部分规范性文件以"文到之日"② 为生效时间。而部分规范性文件在新的规范性文件或国家税务总局的法规清理文件中被明确宣告废止，有些则是自然失效。不具有专业税法知识的普通纳税人要判定特定行政规则是否适用于特定期间内实施的经济活动存在较大的困难，且极易引发征纳双方的争议。

如前所述，当前税法规范体系至少包含法律、行政法规、行政规章和其他规范性文件等多种渊源形式。除全国人大和国务院外，财政部、国家税务总局乃至证监会等国家部门也参与税法规范的制定。不同机构甚至同一机构制定的税法规范具有不同的效力位阶。不同效力位阶的税法规范对纳税人的拘束力显然是不同的。③ 一方面，由于税收法律的规定宽泛而不确定，制定机构制定税务行政规则具有较大的灵活性和自由度。但制定机构越多，越难以确保所有机构制定的税务规范均能够与税收法律的条文内涵和规范意图相一致。存在部门利益偏好的行政机关制定的税法规范更是难以确保其一致性和连贯性。社会生活形式各异、复杂多样，税收行政规则一般针对特定具体事项作出规定，体量庞大。随着社会经济生活和征管实践的发展，立法机关和行政机关也在不断修正、完善其制定的税法规范，规范数量越发庞杂。税法制度的各个部分之间都以复杂程度不一的方式发生关联，无论是否存在明确的等级结构，各部分相互作用的种类和形式越多，其运作方式将越复杂。④ 随着不同机构制定的不同效力位阶税法规范数量的增加，新规则与现有规则之间的融合、不同效力位阶的规则之间的协调越发困难。规范之间相互作用的成本，即保

---

① 《国家税务总局关于营改增试点若干征管问题的公告》（国家税务总局公告 2016 年第 53 号）即规定该公告适用于"此前已发生未处理的事项"，甚至此前未处理的限售股解禁流通后对外转让的营业税，也"比照该公告"确定限售股的买入价。

② 如《国家税务总局关于加强企业债券利息个人所得税代扣代缴工作的通知》（国税函〔2003〕612 号）。

③ 《行政诉讼法》规定，法院审理行政案件时，应适用法律和法规，参照规章，审查规范性文件的合法性并决定是否予以适用。

④ R. George Wright, "The Illusion of Simplicity: An Explanation of Why the Law Can't Just Be Less Complex", *Florida State University Law Review*, Vol. 27, p. 727.

证诸多税法条文共同发挥作用而不会相互冲突或减少无意识的税法漏洞的成本将无可避免。[1] 税法制度因此不得不发展另一层面的规则：关于规则的规则。[2] 否则，在简约的税收法律之下，税务行政规则将走向失控的境地。另一方面，对于普通纳税人而言，判断不同机构乃至同一机构制定的税务行政规则的效力位阶也非易事。如财政部、国家税务总局等制定的规章与其他规范性文件的区分就是模糊不清的，名称同样采用了"管理办法"的《个人所得税扣缴申报管理办法》和《境外所得个人所得税征收管理办法》，发文字号同样是"国税发"的《建筑安装业个人所得税征收管理暂行办法》和《个人所得税自行纳税申报办法》，同样采用"章节条款"形式的《个人所得税管理办法》和《一般反避税管理办法》，效力等级却分属规范性文件和规章。而多个部门联合制定的税法规范与一个部门单独制定的税法规范是否存在效力等级的差异，同样并无明确的答案。这不仅造成纳税人税法遵从的困难，在一定程度上也增加了司法机关审理税务案件的难度，不得不一味肯定甚至依赖税务机关作出判决。

可以说，全国人大制定了表述宽泛的税收法律，包含着抽象的概念、开放的结构和模糊的标准。以条文有限且表述简单的税收法律为基本架构的税制却由于税收行政规则的大量制定而变得复杂。[3] 税收行政规则更加繁杂冗长、详尽具体，引入了更多概念，进一步加剧了税法的含糊性和不确定性。[4] 特定事项的具体征税方案因此被淹没在大量的法律命令中，大大降低了税收规则的易得性。这必然大大增加税法适用的难度和税法遵从的成本与税收风险。[5]

二　税收立法行政主导的维持：税收立法权的隐性分配

（一）税收法律的"自我节制"：形式收回的税收立法权

总体而言，我国立法机关行使税收立法权可以说是相当节制的。1984 年

---

[1] David A. Weisbach, "Formalism in the Tax Law", *The University of Chicago Law Review*, Vol. 66, p. 871.

[2] Peter H. Schuck, "Legal Complexity: Some Causes, Consequences, and Cures", *Duke Law Journal*, Vol. 42, p. 22.

[3] Kenneth H. Ryesky, "Tax Simplification: So Necessary and so Elusive", *Pierce Law Review*, Vol. 2, pp. 103 – 104.

[4] Samuel A. Donalson, "The Easy Case Against Tax Simplification", *Virginia Tax Review*, Vol. 22, p. 645.

[5] Deborah L. Paul, "The Source of Tax Complexity: How Much Simplicity Can Fundamental Tax Reform Achieve?", *North Carolina Law Review*, Vol. 76, p. 15.

全国人大的授权决定,几乎将除了个人所得税和外国企业与外商投资企业所得税以外的其他全部税种的立法权授予了国务院。① 全国人大在 1980 年、1981 年相继制定了《个人所得税法》《中外合资经营企业所得税法》《外国企业所得税法》,但三部税法的规定都极为简单,条文数均未超过 20 条,仅对纳税人、税基、税率、税收优惠和税收征管事项作出极为概括的规定,甚至在同一条文中确立了纳税人和征税范围。有关纳税义务确定的实体规定均未超过 1/3。条文中大量使用了不确定概念,如"从事生产经营所得""其他所得""减除成本、费用"等,其内涵和外延均是宽泛且不明确的。1991年颁布的《外商投资企业和外国企业所得税法》基本延续了这一立法进路。条文数虽增加至 30 条,但依然是以简洁的条文概括规定相关的税收要素。如仅以第 19 条涵盖了在中国无机构、场所或虽有场所但所得与此场所无实际联系的非居民企业的所有征税事项,包括纳税人、征税范围、税率、税收征管和优惠。后续全国人大的税收立法基于这一路径依赖,对于税收法律的规范内容仅限于税收要素和征管程序的一般、原则性规定,以确立各税种的基本征税框架为目标。国务院基于授权制定税收相关暂行条例时,亦遵循了这一立法模式。当然,这也为 2011 年以后全国人大收回税收立法权采取平移立法、"保持现行税制框架和税负水平总体不变"② 提供了可能。

2000 年《立法法》的实施未能打破这一路径依赖。该法第 8 条规定"税收基本制度"只能制定法律,但"税收基本制度"范围何在并不明确。2015年该法对该款规定予以修改,规定"税种的设立、税率的确定和税收征收管理等税收基本制度"只能制定法律,范围有所明确,但不穷尽的列举使得应保留的"税收基本制度"的范围依然模糊。不仅如此,法律对税收基本制度作出一般、概括性的规定,是否即已满足法律保留的要求,不无疑义。但毫无疑问的是,当前税收法律的框架式立法,并不符合《立法法》"法律规范应

---

① 《全国人民代表大会常务委员会关于授权国务院改革工商税制发布有关税收条例草案试行的决定》(1984 年 9 月 18 日第六届全国人民代表大会常务委员会第七次会议通过)规定:"第六届全国人民代表大会常务委员会第七次会议根据国务院的建议,决定授权国务院在实施国营企业利改税和改革工商税制的过程中,拟定有关税收条例,以草案形式发布试行,再根据试行的经验加以修订,提请全国人民代表大会常务委员会审议。国务院发布试行的以上税收条例草案,不适用于中外合资经营企业和外资企业。"

② 《关于〈中华人民共和国资源税法(草案)〉的说明——2018 年 12 月 23 日在第十三届全国人民代表大会常务委员会第七次会议上》,http://www.npc.gov.cn/npc/c30834/201908/4fbe6560cd13496aae74cd1dc2ae7841.shtml,最后访问日期:2022 年 8 月 7 日。

当明确、具体，具有针对性和可执行性"① 的技术要求。

细究全国人大在税收立法方面的自我克制，无论是简约立法还是全面授权，均与其 20 世纪 80 年代以来税收立法技术和经验不足不无关系。规则越明确，对立法技术的要求越高。② 税收历来被认为是最具有专业性和技术性的立法领域。税制必须精巧设计，以保证征税目标的实现，同时避免对纳税人基本权利的过度侵扰。正因为如此，制定税法规则"需要了解广泛信息和具有充分的政治经济学原理等知识"③。时逢改革开放初期，现代税制在中国的建立尚属全新的领域，制度设计所需的信息并不充分。转型时期社会面临深刻的变革，作为征税基础的社会经济生活尚处于变动之中，已有的信息难免过时或滞后，有必要进一步更加全面地掌握变革社会的相关信息。人大代表虽来自各个行业，但具备包括税收在内的经济专业知识的却不多见，也难有途径获得专业的支持。在税收立法经验有缺、税收立法技术尚不成熟的情况下，将税种的开征全面授予国务院或仅确立征税的基本框架，仅以宽泛的规定和高度抽象的概念对各税种的征税标准提纲挈领地规定，将具体的细节性事项的课税规则留待国务院在管理社会经济生活，尤其是税收征管活动中所收集的信息更加全面时制定，将大大减轻立法的压力和负担。同时，借助一般条款和抽象概念形成最为宽广的适用领域，可以尽可能将形式各异、成千上亿的交易，尤其是随着社会变革转型不断产生的新型交易均纳入规范范围，而无须对已有的税收法律进行频繁的修改，从而能够维持税收法律的长期稳定，减轻立法机关修法的压力和负担。④

然而，在《个人所得税法》实施近 10 年之后制定的《企业所得税法》乃至随后的《车船税法》等税收法律仍沿用这一框架式立法模式，似乎再难以税收立法的技术壁垒为主要考量。但平移现有的税制框架，采用宽泛的标准规定税收征管事项，只聚焦于最基本的征税视角和结构，而将细节

---

① 《立法法》第 7 条。

② Stanley S. Surrey，"Complexity and the Internal Revenue Code：The Problem of the Management of Tax Detail"，*Law and Contemporary Problems*，Vol. 34，p. 698.

③ 〔美〕汉密尔顿、杰伊、麦迪逊：《联邦党人文集》，程逢如、在汉、舒逊译，商务印书馆，1980，第 171 页。

④ 从总体上看，税收法律制定之后相对稳定。《个人所得税法》40 多年间历经 7 次修改，1993 年、2018 年的修改幅度较大，其余都仅为细微的调整。《企业所得税法》实施 10 多年间，仅于 2018 年就公益捐赠的结转扣除进行了 1 次修改。

留给其他国家机构（如政府部门），由于具体事项暂时旁置，一方面，在立法程序中可以减轻收集全面信息的压力；另一方面，可以暂时回避在这一过程中多元价值和利益的冲突，更为平顺地推进立法程序。① 这为全国人大在 2016~2021 年制定 9 部税收法律提供了最大的可能性。在平移已由国务院确立的税制框架进行立法的过程中，立法效率和立法成本已成为重要的考量因素。

长期以来，税收一直被赋予宏观调控的政策性职能，甚至一度超越财政收入的筹集而被视为税法的最主要功能。这一功能的实现必须依赖于政府根据经济形势变化作出相应抉择。采取框架式的立法模式和一般、概括性的条款无疑可以为政府预留最大的政策调整空间和自由度，能够在保持税收法律相对稳定的基础上，使政府可以及时针对经济形势裁量选择相应的税收措施。

（二）税收立法的行政主导

不可否认，在《立法法》实施，尤其是 2015 年修改进一步明确法律保留的税收基本制度后，国务院对税收基本要素的确定权力在近年来制定的税收法律中有了一定的限缩。如原暂行条例中规定的国务院对于车辆购置税的征税范围和税率、资源税的税目和税率、烟叶税和船舶吨税的税率调整等权力均在税收法律中被取消，资源税的税率确定权也由财政部享有改为授权省一级人民政府。② 然而，框架式的立法模式依然为政府预留了宽泛的剩余税收立法权，其在税收立法领域的主导地位基本未被动摇。

2010 年《车船税法》列入立法计划后，财政部、国家税务总局起草了《中华人民共和国车船税法（草案）》，并由国务院提请全国人大审议。③ 提交审议的草案以《车船税暂行条例》为蓝本起草，基本上保留了《车船税暂行条例》的整体框架和核心内容。最终通过的《车船税法》与《车船税暂行条

---

① Edward Yorio, "Federal Income Tax Rulemaking: An Economic Approach", *Fordham Law Review*, Vol. 51, p. 14.

② 但在 2011 年制定的《车船税法》仍规定由国务院确定具体适用税额。《契税法》同样改变了《契税暂行条例》的税率确定权由省一级人民政府行使的规定，规定应由省一级人民代表大会作出决定。

③ 《关于〈中华人民共和国车船税法（草案）〉的说明》，http://www.npc.gov.cn/wxzl/gongbao/2011-05/10/content_1664844.htm，最后访问日期：2022 年 8 月 9 日。

例》相比，除条文顺序稍作调整外，仅有税目范围和税额、减免税范围的限缩、纳税地点和纳税时间的明确和取消使用人纳税等 8 处存在不同程度的实质性修正。2016 年全国人大根据修改后的《立法法》制定税收法律，基本上遵循了这一平移立法的方式，即以国务院制定的各税种暂行条例为基础，对其稍作修改后作为立法草案提交全国人大审议通过。所作修改亦仅限于细微的调整，如《烟叶税法》除删去国务院调整税率的规定外，仅对《烟叶税暂行条例》的部分条文顺序和表述进行了调整。这种国务院主导的平移立法方式固然可以最快地实现以全国人大的名义制定、颁布税收法律，但也意味着政府对税收法律的初始形成及其内容的主导影响依然存在。全国人大不过"形式上"行使了立法权。

不仅如此，当前国务院及财政部门实际上行使了宽泛的剩余立法权。其中，税收法律的授权是其剩余立法权的重要来源之一。如《个人所得税法》中明确规定的授权即达到 7 项，① 授权范围涵盖税收减免②、专项附加扣除的具体范围、标准与实施步骤③、办理纳税申报事项和预扣预缴办法④、储蓄存款利息所得的个人所得税具体办法⑤、实施条例的制定⑥等。授权的事项虽然明确而具体，但涵盖的范围相当广泛。《企业所得税法》第 36 条规定的"根据国民经济和社会发展的需要，或者由于突发事件等原因对企业经营活动产生重大影响的，国务院可以制定企业所得税专项优惠政策"，同适其例。《个人所得税法》第 4、5 条更是规定国务院可以规定"其他免税所得"或"其他减税情形"，使其得以几乎不受限制地制定个人所得税的优惠政策。⑦ 服务于不同社会、经济目的，时时因应社会发展环境的变化而制定、修正或废止各种优惠规范，成为所得税制复杂性的重要根源之一。此外，政府部门基于

---

① 《个人所得税法》第 6 条第 1 款第 1 项规定。可以税前扣除的包括"依法确定的其他扣除"，《个人所得税法实施条例》第 13 条除作出部分列举外，还规定"可以扣除的其他项目"由国务院规定。
② 《个人所得税法》第 4、5 条。
③ 《个人所得税法》第 6 条第 4 款。
④ 《个人所得税法》第 10、11 条。
⑤ 《个人所得税法》第 8 条。
⑥ 《个人所得税法》第 21 条。
⑦ 当前现行有效的个人所得税优惠便在 90 项以上。《财政部、国家税务总局关于继续有效的个人所得税优惠政策目录的公告》（财政部、税务总局公告 2018 年第 177 号）列举了截至 2018 年 12 月 29 日 88 项继续有效的税收优惠政策。此后国家税务总局又颁布了关于创业投资企业个人合伙人、退役士兵等主体的多项税收优惠。

《立法法》也享有一定的规则制定权。《个人所得税法》、《企业所得税法》和《车船税法》均规定"国务院根据本法制定实施条例"。① 虽然《环境保护税法》《耕地占用税法》无这一规定，但是国务院以《立法法》第 72 条为依据，也制定了相应的实施条例或实施办法。② 同样，财政部和国家税务总局基于《立法法》第 91 条第 1 款的规定，也享有执行税收法律事项的规章制定权。然而，出于执行税收法律的抽象概念和宽泛标准的需要，相关的解释和具体化实际上伴随着全新规则的创设。如《企业所得税法实施条例》第 7 条看似是对《企业所得税法》第 3 条的"来源于中国境内、境外的所得"的解释，结果却是企业所得税意义上的来源地判断规则的创制。同样，该条例第 25 条的规定实质上扩展了《企业所得税法》第 6 条第 3 项"转让财产收入"中"转让"的内涵和外延，即"转让"不仅包括"财产所有权的有偿转移"，还涵盖其他所有权发生变动的情形，包括捐赠、投资、利润分配等。《个人所得税法实施条例》第 4、5 条则创设了《个人所得税法》第 1 条关于纳税人的例外规定。

《立法法》第 91 条第 2 款规定，部门规章规定的事项应当属于执行法律或国务院的行政法规的事项，对规章以下的其他规范性文件则未作规定。但基于举重以明轻的规则，效力等级次于规章的其他规范性文件也应当受到这一限制，"不得设定减损公民、法人和其他组织权利或者增加其义务的规范，不得增加本部门的权力或者减少本部门的法定职责"，不得违反上位法的规定。然而，在税收法律的笼统规定无法提供明确的征纳行为指引的情况下，税务规范性文件进一步区分不同事物本质的交易类型、对其税收待遇予以明确的规定，同样亦产生"造法"的结果。《个人所得税法》第 2 条规定的"工资、薪金所得"，在税收规范性文件中进一步被区分为"全年一次性奖金"、"股权激励所得"、"解除劳动关系一次性补偿收入"、"提前退休一次性补偿收入"、"内部退养一次性补偿收入"和"低价售房补贴"等，且相关文

---

① 《企业所得税法》第 59 条、《个人所得税法》第 21 条、《车船税法》第 12 条。

② 《车辆购置税法》、《船舶吨税法》、《资源税法》、《契税法》和《印花税法》通过后，国务院均未制定实施条例，仅由财政部和国家税务总局制定了相应的规范性文件，如针对《资源税法》的实施制定了《关于资源税有关问题执行口径的公告》（财政部、税务总局公告 2020 年第 34 号）、《国家税务总局关于资源税征收管理若干问题的公告》（国家税务总局公告 2020 年第 14 号）。

件分别规定了不同于工资薪金一般规定的特殊税收待遇。① 又如在《个人所得税法》第 6 条第 4 项规定的"财产租赁所得"的税基确定方式之外，在税收规范性文件中例外规定"转租"情形，除该项规定的 800 元或 20% 的可扣除费用外，还可扣除财产租赁过程中缴纳的税费、向出租方支付的租金、由纳税人负担的租赁财产实际开支的修缮费用。② 不仅如此，行政机关制定的税务行政规则甚至直接变更了税收法律的规定。可以说，当前在税收法律之外创设新的征税事项、增加税收法律未规定的例外事项、修改或变更税收法律的行政规则比比皆是，在税收征管实践中已被广泛适用，成为税收法律之外不可或缺的渊源形式，是税务机关行使征税权的重要依据。

此前税收立法的全面授权形成了国务院是行使上述税收剩余立法权的唯一或核心主体的刻板印象，实际上却是一种误解。出于执行税收法律的需要而由国务院直接制定的税收行政法规的数量甚是有限。③ 财政部、国家税务总局，尤其是后者，几乎承担了所有"执行税收法律的事项"的行政规则的制定，制定了几乎全方位涵盖诸征税事项、数量上远远超过效力等级在行政法规以上的税务规章和规范性文件。甚至明确授权国务院制定规则的征税事项，实践中亦是由上述两个部门制定规则予以明确的。如《企业所得税法》第 35、36 条规定企业所得税优惠具体办法及专项优惠，《个人所得税法》第 4、5 条规定个人所得税的减免事项由国务院制定具体办法。然而，在实践中由国务院制定的所得税优惠政策屈指可数，基本由财政部、国家税务总局以税务规范性文件的形式规定，④ 国务院至多对部分优惠政策予以

---

① 财政部、国家税务总局《关于个人所得税法修改后有关优惠政策衔接问题的通知》（财税〔2018〕164 号），财政部、国家税务总局《关于个人与用人单位解除劳动关系取得的一次性补偿收入征免个人所得税问题的通知》（财税〔2001〕157 号），《财政部、国家税务总局关于个人股票期权所得征收个人所得税问题的通知》（财税〔2005〕35 号），财政部、国家税务总局《关于单位低价向职工售房有关个人所得税问题的通知》（财税〔2007〕13 号），财政部、人力资源社会保障部、国家税务总局《关于企业年金职业年金个人所得税有关问题的通知》（财税〔2013〕103 号），《国家税务总局关于调整个人取得全年一次性奖金等计算征收个人所得税方法问题的通知》（国税发〔2005〕9 号），《国家税务总局关于个人股票期权所得缴纳个人所得税有关问题的补充通知》（国税函〔2006〕902 号），《国家税务总局关于个人提前退休取得补贴收入个人所得税问题的公告》（国家税务总局公告 2011 年第 6 号）。

② 《国家税务总局关于个人转租房屋取得收入征收个人所得税问题的通知》（财税〔2009〕639 号）。

③ 如在企业所得税领域，除《企业所得税法实施条例》外，国务院并未制定其他的行政法规。

④ 《个人所得税法》第 18 条授予国务院行使的储蓄存款利息征个人所得税的事项，在 2008 年也是由财政部、国家税务总局以其他规范性文件的形式确定"暂免征收"的。

批准。① 除此以外，对于税收法律未作规定的事项，包括税收法律有意无意留下的规范空白领域和由于变化迅捷的社会经济生活不断引发的新的征税问题，财政部和国家税务总局也每每以税务规范性文件的形式创设新的规则，增减纳税人的义务或扩张自身的权力。可以说，财政部和国家税务总局是税收剩余立法权最主要的行使主体，所制定的税务规范性文件的规范内容包罗万象，详尽与具体程度和可操作性均远胜于作为制定依据的税收法律和行政法规，成为在税收征管实践中不可或缺的征税标准和指引。甚至可以说，缺少上述部门所制定的税务行政规则，以税收法律和行政法规为基础实施的税收征管将可能陷于无序甚至混乱的状态。

关键的问题在于，《立法法》规定国务院及其各部门就属于执行法律或行政法规的事项可以制定"行政法规"或"规章"，对于其他规范性文件未有规定。上述两种渊源形式的制定程序除《立法法》的规定外，还有国务院制定的《行政法规制定程序条例》和《规章制定程序条例》予以明确。然而，在财政部、国家税务总局制定的税收行政规则中，采取规章形式的亦是屈指可数，税务规范性文件是最为主导的渊源形式。此种渊源形式的规范事项范围、制定权限仅在国家税务总局颁布的《税务规范性文件制定管理办法》（2021）② 中规定，其效力等级最低，制定程序却最为宽松，制定效率最高。③《税收规范性文件制定管理办法》2017 年修改时，已取消了"税收规范性文件规定的事项应当属于执行法律、法规、规章及上级税收规范性文件的规定，且需要制定税收规范性文件的事项"和"没有法律、法规、规章的规定，税收规范性文件不得作出损害税务行政管理相对人权利或者增加其义务的规定"④ 的

---

① 《税收规范性文件制定管理办法》（2017）第 5 条将"经国务院批准的设定减税、免税等事项"作为可以制定规范性文件的事项，由此也引发了是否存在转授权的争议，2019 年该办法修改时删去了这一但书规定，似乎不再将减免税事项纳入规范性文件的规范范围。但在修改后的《税务规范性文件制定管理办法》（2019）生效后，减税、免税等事项仍是以规范性文件的形式制定的。如《关于支持货物期货市场对外开放增值税政策的公告》（财政部、税务总局公告 2020 年第 12 号）。

② 《税务规范性文件制定管理办法》（2021）（国家税务总局令第 53 号）。

③ 税务规范性文件由制定机关业务主管部门负责起草，由纳税服务部门和政策法规部门审查后公布生效。而税务规章由主管司局负责起草，形成送审稿后送政策法规司进行审查，经局务会议审议通过后，报请局长签署国家税务总局令公布。详细可参见《税务部门规章制定实施办法》（国家税务总局令第 45 号）、《税务规范性文件制定管理办法》（2021）（国家税务总局令第 53 号）。

④ 《税收规范性文件制定管理办法（试行）》（2005）第 5 条。

限制。这意味着，制定"涉及税务行政相对人切身利益或者对其权利义务可能产生重大影响"的税务规范性文件不存在直接的法律障碍。这是此种渊源形式成为规定税收法律未尽事宜甚至突破税收法律规定的主要形式的原因之一，也使税收政策的制定随意且修改频繁成为可能，大大降低了税制的安定性和可预测性。

尤其应当注意的是，在税法规范体系中，独缺法院的司法解释这一渊源形式。在我国，民法、刑法甚至行政法的剩余立法权是由法院行使的。法院在填补漏洞领域发挥着立法的功能，针对特定法律漏洞自行制定对将来的类似案件具有拘束力的司法解释。然而，诸项税收法律颁布至今，最高院从未对其作出任何司法解释，更遑论行使剩余立法权对漏洞予以填补。[①] 可以说，在全国人大收回初始立法权之后，政府部门几乎垄断了所有的税收剩余立法权。

尽管全国人大收回了税收初始立法权，制定了税收法律，但仍为政府预留了宽泛的剩余立法权。全国人大仅制定概括性条款，而绝大多数的具体规则的制定权却被层层转移，最终主要由行政机关行使，尤其是税法执行机构。[②] 全国人大与政府之间就税收立法权的划分也由全面授权改为部分授权加一般条款的默示授权的隐性分配形式。行政机关依然可以自行设定征税标准，税法规范的核心功能的实现，即约束征税权的行使、防止对基本权利的过度侵害，将完全仰赖于政府自觉的自我约束，权力滥用的风险始终如影随形。

三 税收立法行政主导之否定：税收法定主义三重意涵的再考量

税收法定主义历来被认为是税法建制的基本原则之一，甚至被认为是税法领域的"帝王原则"[③]。税法乃是侵害人民权利的法律，有关税收的课征，

---

① 在税收司法实践中，法院也不愿替代行政机关对税收法律、法规等作出解释。如在新疆夏梦投资发展有限公司诉乌鲁木齐市地方税务局一案中，乌鲁木齐市地方税务局以"案件涉及国家税务总局〔2010〕54号文及其涉及的《个人所得税法》的适用问题，需要国家税务总局做出解释"为由中止复议，一审、二审法院均仅肯定这一中止行为的合法性，而未直接对上述法律和规范性文件作出解释进而解决案件争议。具体可参见《新疆夏梦投资发展有限公司与乌鲁木齐市地方税务局其他一审行政判决书》〔（2017）新0105行初2号〕、《新疆夏梦投资发展有限公司与乌鲁木齐市地方税务局不履行法定职责二审行政判决书》〔（2017）新01行终210号〕。

② Paul R. McDaniel, "Federal Income Tax Simplification: The Political Process", *Tax Law Review*, Vol. 34, p. 63.

③ 黄茂荣：《税法总论——法学方法与现代税法》（第1册），（台湾）植根杂志社有限公司，2012，第261页。

必须有法律的根据，亦即国家非根据法律不得课征税收。只有当具体的经济生活事件及行为可以被涵摄于法律的抽象构成要件之下时，国家的征税权才能成立，此即税收法定主义或税收法定原则。[①] 那么，当前立法机关以高度概括、抽象的立法模式对征税事项提纲挈领地规定，而将征税的具体、细节事项留给政府，是否符合税收法定主义的要求，依然值得深究。

（一）税收法定主义的民主意蕴

税收法定主义的第一层内涵——"无国民同意则无税"强调的是国民在税收制度形成中的参与和决策力。税收是国家与国民之间就公共物品的提供与价款的支付所缔结的社会契约，国民承诺基本权利附带一定的社会义务，以保证"剩余的自由与权利的安全并能够快乐地享受自由与权利"。因此，税收并不是一种先验性的存在，而完全是人为设计与创造的产物，是国家与国民之间就国家取得公共机构运作的物质经费规模与国民让渡财产权利的限度所进行的社会规划活动。双方并非就是否于立法中确认诸如"杀人偿命"之类的先验存在的自然法规范达成合意，而是协商并直接缔造形塑国民财富在国家与国民之间分配的价值体系，其中并无事务法则或应然的征税方式可供参照。"税收的课征在国民与国家间既有重大利益的冲突，却无事务法则可判断其中之曲直"[②]，那么，税收的最终样态必须由参与财产权利分配的所有主体协商决定，才能确保其正当性，因为没有任何人会对自己施予不公。[③] 税收是加诸国民私有财产的负担，只有国民共同参与并就财产成果与国家分享的程度形成合意，才能保证税收负担的公平分配且其自由与权利状况不因税收的课征而改变。[④] 只有"财产附带社会义务"的承诺由国民作出或是由国民个人意志的决定，国民根据双方达成的社会契约"应当做的"，正是其"愿意做的"，个人意志即等同于国民整体意志，国民便会自愿予以遵从。因此，税收为"国民之同意"，固有民主的意涵，即确保立法机关的决议权限所具有的民主机能，保证了税收立法过程中最大限度的公众参与、征税方案的公开辩论和征税决策过程及其结果的公众可知性。[⑤]

---

① 陈清秀：《税法总论》，法律出版社，2019，第44页。
② Kruse, Steuerrecht I. Allgemeiner Teil, 3. Aufl. 1973, S. 39f.
③ 〔德〕齐佩利乌斯：《德国国家学》，赵宏译，法律出版社，2011，第357页。
④ 〔奥〕凯尔森：《法与国家的一般理论》，沈宗灵译，商务印书馆，2013，第406页。
⑤ 〔美〕斯科特·夏皮罗：《合法性》，郑玉双、刘叶深译，中国法制出版社，2016，第474页。

　　如前所述，税收法律和政府制定的税收行政规则共同塑造了我国的税收制度。然而，从税收法律到税务规范性文件，制定过程的公众参与程度和公开透明度却是层层递减的。税收法律的民主程度或说公众参与度最高。人大代表来自人民，具有最为广泛的代表性，人大代表的同意在代议制下即"国民同意"。《立法法》第 39、40 条也详细地规定了法律案听取意见、论证与听证、向社会公开征求意见等方式及其要求，从而有效地保障税收法律制定过程的透明度和公众参与。然而，人大代表在税收立法程序中却仅"同意"税收课征的大体轮廓和框架。有关征税的具体、细节事项的明确是对税制的精雕细琢，对形塑最终的税制同样至关重要，却留待政府决定，公众参与程度大大降低。政府制定的税收行政规则既然创设、改变了纳税人的权利和义务，对公众和执行机关产生拘束力，即应当保证有意义的公众参与。① 《立法法》第 74 条、《行政法规制定程序条例》第 13 条也规定了行政法规制定过程中广泛听取意见的基本方式，但具体方式的采用国务院却享有裁量权，如草案是否向社会公布，对此国务院享有决定权。《规章制定程序条例》第 15 条、《税务部门规章制定实施办法》② 第 13 条规定在税务规章的制定过程中应听取意见，且应当做到"税务规章征求意见稿及其说明向社会公开征求意见"，"除依法需要保密的外"。然而，从 2009 年至今十余年间国家税务总局网站可以查询的公开征求意见的税务部门规章征求意见稿共计 32 项，③ 其中仅有 5 项为涉及纳税义务的实体性规定，④ 其他均为税收征管程序的相关规范。由此可见，税务规章是否公开征求意见仍是具有选择性的。在此期间，公开征求意见的税务规范性文件则更少，仅为 10 项，涉及实体规定的仅为 5 项。⑤ 《税务规范

---

① Joshua D. Blank, Leigh Osofsky, "Simplexity: Plain Language and the Tax Law", *Emory Law Journal*, Vol. 66, p. 246.

② 国家税务总局令 2019 年第 45 号。

③ http://www.chinatax.gov.cn/chinatax/n810356/n810961/index_6.html，最后访问日期：2022 年 8 月 20 日。

④ 包括《特别纳税调整实施办法（试行）》、《个体工商户个人所得税计税办法》、《一般反避税管理规程（试行）》、《车辆购置税征收管理办法》和《个体工商户定期定额征收管理办法》。

⑤ 包括《增值税一般纳税人资格认定管理办法》、《国家税务总局关于车辆购置税征收管理有关事项的公告》、《国家税务总局关于城市维护建设税征收管理有关事项的公告》、《国家税务总局关于契税服务与征收管理若干事项的公告（征求意见稿）》和《国家税务总局关于资源税征收管理若干问题的公告》。

性文件制定管理办法》（2021）① 第17条第3款规定，"对涉及税务行政相对人切身利益或者对其权利义务可能产生重大影响的税务规范性文件"，应当向社会公开征求意见，似乎有意改变该种渊源形式的制定过程中公众参与度过低的现状。然而，该办法第21条保留了此前的规定，即制定内容简单的税务规范性文件，在征求意见方面可以从简适用第17条公开征求意见的规定。至于何为"内容简单"，以及"如何从简适用"、从简到何种程度，则语焉不详。这造成税务规范性文件规定的事项越发具体、特定化、总数量越发庞大而单个文件规定条文越发简单，也造成同一事项的征税规定散乱分布于不同的文件，税法规范日趋碎片化、补丁化。在听取意见的诸种法定方式中，程序烦琐、耗时冗长的网上征求意见极少被采用，更多的是采取座谈会、论证会的形式。② 在这两种形式之下，参与制定程序的纳税人范围相对较小、人数相对有限。集体行动的难题已潜在地破坏了分散的普通纳税人与规范性文件制定者沟通其观点的能力。小范围且对象具有选择性的听取意见方式阻断了普通纳税人观点的表达，却使得组织良好、经济实力强大的少数特定利益集团更易于与政府进行直接的沟通，从而能对税务规范性文件的制定施加不成比例的影响。③ 由此所制定的税法规范势必更有利于更有意愿、机会和能力参与征求意见程序并表达其观点的少数纳税人。由于缺乏严格的公众参与程序的约束，税务规范性文件成为政府制定征税规则最乐意选择的渊源形式。政府得以频繁地以此形式突破、改变税收法律和法规，制定对纳税人权利产生实质性影响的规则。纳税人的税收负担不断被重新确定或调整，经此雕琢之下的税制已非此前"国民同意"的模样。未经公开讨论的征税方案难免由于利益偏好或政策倾斜而失之偏颇，税收负担的公平分摊亦因此难以实现。

---

① 国家税务总局令2021年第53号。应该征求意见的税务规范性文件的范围和方式在历次修改中均有所调整，根据2017年通过的《税收规范性文件制定管理办法》第17条，须听取公众意见的，仅限于"对税务行政相对人权利和义务可能产生重大影响的税收规范性文件"，听取方式可以是包括网上征求意见在内的诸多方式。2019年、2021年对税务规范性文件的征求意见方式也均进行了修正。

② 《税务规范性文件制定管理办法》2021年修改时增加了"起草与税务行政相对人生产经营密切相关的税务规范性文件，起草部门应当听取税务行政相对人代表和行业协会商会的意见"的规定。

③ Deborah L. Paul, "The Source of Tax Complexity: How Much Simplicity Can Fundamental Tax Reform Achieve?", *North Carolina Law Review*, Vol. 76, p. 154.

（二）税收法定主义的"限权"意涵

税收法定主义最初正是为了限制国王随意征税而确立下来的。征税本是对人民基本权利的侵犯，须经国民同意才能课征。"只有通过法律的形式，立法机关才能表达其意志，也只有通过法律修正的正式程序，此种意志才能被修正或否决"①，因此，征税方案形诸法律后，国家才能要求纳税人财产权的让渡。这甚至被认为是法律保留原则的起源。② 税收必须以成文的法律为载体和工具，且仅限于立法机关所制定的狭义的"法律"。

税收的法律保留，是指立法者应当全盘考量社会各阶层的利益及国家社会需要，公正地决定出于公共产品和服务提供的需要应对基本权利施以限制的界限与内容。此时，法律之于征税具有两项基本的机能，即征税权的形成功能和限制功能。法律首先必须完成对征税权的界限定置。基本权利是本无限制的自由权利，只是为了公益，才会例外地被立法者以合法的形式"侵犯"。国家对人民课征税收，不但干涉人民的财产权，更直接或间接地影响人民的一般行动自由、经济活动自由以及工作自由等，此种干涉于国民而言显属重大及普遍。③ 税收成为人民私人事务安排不得不考量的法定成本。因此，征税的内容及其对国民基本权利的限制程度有必要为国民提前知晓，确立足以事前计算安排的规范。④ 形式意义的法律作为一种稳定、清晰和更为准确的沟通手段，成为国家传递征税标准和内容的媒介和工具，界定征税权并形成其具体内涵，以使征税最终能够成为社会现实的产物。

法律设定征税权的界限并充分具体化，从根本上说是将征税权限制于特定范围之内，防止人民权利遭受随意征税的侵害。因此，税收构成要件与法律后果仅能由立法机关制定的法律明确予以规定。仅在法律作出明文规定的情况下，政府才能对人民课征税收。除非立法机关授权，否则政府机关不得制定行政规则作为独立的课税根据，不得自行扩张甚至创设征税权、过度参与其经济成果的分享。

然而，框架式、概括式的立法模式决定了税收法律无法为日常税收征纳

---

① Colin S. Diver, "Statutory Interpretation in the Administrative State", *University of Pennsylvania Law Review*, Vol. 133, p. 555.

② 陈新民：《德国公法学基础理论》（上卷），法律出版社，2010，第398页。

③ 陈敏：《税法总论》，（台湾）新学林出版有限公司，2019，第38页。

④ 葛克昌：《所得税与宪法》，（台湾）翰芦图书出版有限公司，2009，第574页。

问题提供确定的指引，规定不明确或规范空白的部分将不得不由政府机构来提供。① 如前所述，当前税收法律包含了数量众多高度抽象化的概念。这些概念，如成本、费用或损失等，有着最宽泛的外延和最宽广的适用领域，涵盖数量惊人且极度不同的经济现象，赋予其相同的名称并给予相同形式的规范。但由于抽象程度极高，忽略了重要性程度不同的精细的个性和特征，概念的内容极为空洞，税法意义的内涵甚为有限。② 由于规范内容是不完全的，必须"解释"这些高度抽象的概念而"拼凑"出完整的规则。"如果立法机关明确留下了一项空白留待行政机关填补，就等于对行政机关作出默示的授权，让其通过制定规章或制定政策来阐明特定规定的含义"③，"将对生活领域的预设规制，或者难以预测的一个个具体情形或状况下的形成权委于行政机关"④。法律中包含的概念的抽象化程度越高、含义越模糊，此种概念的数量越多，立法机关所预留的规则制定或政策选择的空间越大。当前税收法律中大量的一般性、原则性的条文及其包含的高度抽象的概念已然给政府留下极大的活动空间。政府由此获得的权力，已不仅限于条文字面含义的解释，还包括通过政策选择或价值判断对概念的内涵和外延予以具体化，从而限定条文的适用范围、明确适用的条件，甚至创设新的规则。⑤ 可以说，当前税收法律中包含的适用范围宽泛且含义不确定的法律概念和一般条款形成大量"立法遗留"的空缺结构，成为事实上的"授权规范"。政府由此获得制定税法规范的概括性授权，⑥ 得以"出人意料的想象力和创造力"针对特定征税事项灵活地造法。⑦ 税收法律中的抽象概念所忽略的形式各异的经济交易的个性和特征此时才被重新纳入考量的范围，以确定其是否符合量能课税的规整意义，在税收法律框架下进一步加以区分，并将符合税法意义脉络的个性与特征作为规整基础，分别创设新的规定或例外规则、修改或变更上位法的规定，重

---

① Stanley S. Surrey, "Complexity and the Internal Revenue Code: The Problem of the Management of Tax Detail", *Law and Contemporary Problems*, Vol. 34, p. 700.
② 〔德〕卡尔·拉伦茨：《法学方法论》，陈爱娥译，商务印书馆，2016，第331~332页。
③ 〔美〕理查德·J. 皮尔斯：《行政法》（第五版），苏苗罕译，中国人民大学出版社，2016，第131页。
④ 〔日〕田村悦一：《自由裁量及其界限》，李哲范译，中国政法大学出版社，2016，第128页。
⑤ Jacob E. Gersen, "Legislative Rules Revisited", *The University of Chicago Law Review*, Vol. 74, p. 1720.
⑥ 〔德〕伯恩·魏德士：《法理学》，丁晓春、吴越译，法律出版社，2013，第365页。
⑦ 〔德〕伯恩·魏德士：《法理学》，丁晓春、吴越译，法律出版社，2013，第348~349页。

新明确各自差异性的税收待遇。于是在政府层面，各项交易最终得到更为准确的税法评价，量能课税也于此时真正实现。可以说，在税收法律大量采用一般条款和不确定概念（抽象、多义的概念）的情况下，势必产生与对行政机关作出一般性且全面或空白授权相同的效果，政府将由此拥有实实在在的"造法"权力。①

政府在税收领域得享"行政造法权"是有违税收法律保留的。在这一框架之下，政府机关，尤其是执法机关将税收法律所确立的宽泛的征税标准转化为具体的规则，必然创设实质影响纳税人权利和义务的税法规范，② 征税对国民基本权利和自由所形成的限制实际上已然委由政府部门决定。如前所述，当前绝大多数具体征税事项是由财政部、国家税务总局以税务规范性文件的形式明确的，其制定程序相对宽松且公众参与度相对较低，纳税人无法获得民主参与程序的保护，却不得不予以遵守，无论其是否背离税收法律。不仅如此，尽管《行政诉讼法》第64条规定，人民法院在审理行政案件中，经审查认为规范性文件不合法的，不得将其作为认定行政行为合法的依据。但当前纳税人提起税务行政诉讼的案件数量有限，③ 法院在审判中主动或基于纳税人的请求对税务规范性文件予以合法性审查的案件则更为少见。④ 法院在税务行政诉讼案件中对税务规范性文件基本采取了予以尊重的立场，直接肯定其效力和适用的合法性。尽管税务规章仅为"参照"适用，却不在可以申请审查合法性的范围之内。法院虽可主动审查却更为少见。⑤ 这意味着即使存在税务规范性文件对纳税人权利的过度限制甚至侵害，纳税人也无法获得必要的司法救济。可以说，政府机关制定任何税务规范性文件，即使对纳税人权利和义务产生重大且实质的影响，也可以免于民主参与的事先约束，以及司法

---

① 〔日〕中里实等编《日本税法概论》，西村朝日律师事务所西村高等法务研究所监译，法律出版社，2014，第17页；〔日〕金子宏：《日本税法》，战宪斌等译，法律出版社，2004，第61页。
② Joshua D. Blank，Leigh Osofsky，"Simplexity：Plain Language and the Tax Law"，*Emory Law Journal*，Vol. 66，p. 249.
③ 当前在中国裁判文书网上可以检索到2014~2020年税务行政诉讼案件裁判文书共计4190篇。从裁判年份来看，2014年44件、2015年84件、2016年473件、2017年841件、2018年1038件、2019年922件、2020年788件。2021年裁判文书的上网率明显下降，全年不足200件，https://wenshu.court.gov.cn/，最后访问日期：2022年8月20日。
④ 关于税务规范性文件的合法性审查，详细可参见本书第九章的讨论。
⑤ 2016~2019年法院仅主动对《税务行政复议规则》第29条第2款进行了审查。详细可参见《武汉中防瑞达房地产开发有限公司与武汉市地方税务局稽查局、武汉市人民政府税务行政管理（税务）一审行政判决书》〔（2015）鄂江岸行初字第00249号〕。

审查的事后监督。那么，政府机关制定的征税规范是否在税收法律框架之下、是否符合税收法律的规范意旨、对纳税人财产权和自由权的影响程度如何等，都将完全取决于政府的"自主选择"。由此政府机关实际上获得一项不受任何拘束、实实在在的"行政造法"之权。在税收法律规定较为原则且概括的情况下，作为国库保护者的税务机关制定规范扩展其征税范围、实现税收收入最大化将不存在任何现实的障碍。纳税人权利遭受侵害的风险亦将由此大增。

当前税收法律对于征税事项仅作概要式的规定，条文中包含大量的不确定概念，内涵和外延过于一般、抽象、不明确而接近于含义空洞，难以依一般解释方法使其意义明确。这一立法模式不仅将规范内容的具体化委托给行政机关，实际上也将设置国民的自由和财产附带社会义务的决定权委托给行政机关，有导致公权力恣意滥用之虞。① 在民主参与程序过度简化难以形成公众的有效监督、司法审查过于节制甚至消极的情况下，税收法律核心功能的实现，即设置征税权的界限和约束征税权的行使、防止征税权滥用而过度侵害基本权利，将完全仰赖于政府自觉的自我约束，权力滥用的风险始终如影随形。税收的法律保留实际上已成为具文。②

（三）税收法定主义的确定性意涵

征税权所指向的是国民给付金钱的行为。欲使其积极作为，必须使其预先了解须作为的内容。为此首先必须以合理的方式让纳税人预先了解国家将对何种事项按照何种标准进行征税。如前所述，税收是人为创造的产物，必须以一定的载体形式固定并清晰地表述。通过明示的语词表述传递征税标准更加清楚、可靠和稳定，因此，各国基本都选择了以成文法的形式制定税法。税法是国民了解并预测特定经济活动的税收后果的唯一来源，应当为国民所知或至少是可知的。税收是国民从事经济活动必须承担的法定成本之一，清晰且稳定的税法规范提供的可预见性，有利于国民从事经济活动时将税收成本事先纳入考量的范围，从而进行更为有效的规划。稳定性、清晰性和明确性是税收法治的固有要求，③ 税法条文含义的明晰化将产生确定的利益，纳税

───────────────

① 陈清秀：《税法总论》，（台湾）元照图书出版公司，2012，第47页。
② 〔日〕田村悦一：《自由裁量及其界限》，李哲范译，中国政法大学出版社，2016，第214页。
③ 〔美〕尼尔·K.考默萨：《法律的限度——法治、权利的供给与需求》，申卫星、王琦译，商务印书馆，2007，第165页。

人对长期维持稳定的税法规范的认知和熟悉程度将随着时间的推移逐步提高。税法规范维持稳定的时间越长，规范内容越能够得到正确解释，越能够在不同的事实环境中予以正确地适用，能够为纳税人提供的确定性和可预见性的利益也越大。这同时意味着可以提供专业意见的专家人数及其提供的专业意见的深度和正确率都将随之提高。纳税人可以获得更高质量的税法专业意见，获取成本也相对较低，同时可以获得更为高效的专业引导。不仅如此，稳定的税法规范可以为征纳双方确立有效的交流框架，有利于加强对彼此的信任，由此将降低纳税义务的确定以及后续的征纳成本，减少争议发生的概率及相应的解决成本。[①] 因此，税法的确定性和稳定性被认为是对纳税人而言最为重要的价值，甚至有学者认为，这是"税收公平无法与之比拟"的重要价值，"可适用规则的确定性甚至比其制定的正确性更为重要"，"轻微的不确定性造成的损害远甚于税法规则严重的不公平"[②]。日益分裂和复杂化的政治和法律环境加深了税法转型的广度、复杂程度和深度，因此税收法定主义在当今复杂的经济社会中必然担负着保证各种经济活动和事实的税收后果的法的安定性和可预测性的功能。[③] 确定性原则因此作为税收法律保留的重要补充被确立下来。[④]

要保证税法的稳定性和确定性，税法应当最大可能地保持规则的连贯性、制度的协调性和清晰且易于把握的整体意义脉络，保持单项条文的明确易解和整体税法规范的稳定有序，只有这样才能使国家预先设定的征税标准能够被理解和掌握，国民可以对其税收负担予以预测，从而为其安排私人生活事务提供可信赖的规则基础。[⑤] 在法律中关于征税要件及其税收后果、征收程序的规定应明确且意义清晰、准确，以一般理性的纳税人能够获得相同理解的方式表述，尽可能避免采用存在歧义的语词，使征纳双方对税收法律的内容均清楚无疑义，从而为国民提供征税的明确指引。[⑥] 如果税法规范的内容不清

① Michael P. Van Alstine, "The Costs of Legal Change", *UCLA Law Review*, Vol. 49, pp. 813 – 814.
② Kenneth H. Ryesky, "Tax Simplification: So Necessary and So Elusive", *Pierce Law Review*, Vol. 2, pp. 93 – 94.
③ 〔日〕金子宏：《日本税法》，战宪斌等译，法律出版社，2004，第59页。
④ 〔德〕卡尔 - 埃博哈特·海因：《不确定法律概念和判断余地——一个教义学问题的法理思考》，曾韬译，《财经法学》2017年第1期。
⑤ 〔德〕齐佩利乌斯：《德国国家学》，赵宏译，法律出版社，2011，第357页。
⑥ Sheldon D. Pollack, "Tax Complexity, Reform and the Illusion of Tax Simplification", *Geo. Mason Indep. Law Review*, Vol. 22, p. 357.

晰或存在多种理解的可能，以至于具备一般智识水平的纳税人不得不猜测其正确的含义，且规范的解释、适用存在巨大的差别，就会违背确定性原则的首要核心。① 如果税法卷帙浩繁，以至于无法阅读，或不连贯以至于无法理解，或经历持续的修正，以至于知道今日之税者无法预测明日之税，则人们无法准确地获取税法的内容，更无法据以履行纳税义务。税法本是行为之法，但如果规范内容不可知或不确定，将难以成其为法。② 如果税法的不确定性使纳税人认为税法遵从是一场概率游戏，税法应被遵守的心理认知将因此幻灭。自愿遵从将因此受到损害。税务机关为了保护国库不得不采取更多更复杂的措施，从而引发更多的征纳成本。③ 当税法无法消除含糊性和不确定性，将可能诱发以套取税收利益为目的的异常、无效率的交易，更可能导致市场主体因害怕承担税收风险而避免参加交易或仅以税收上最为保守的方式从事交易，即使这些交易原本可以给自己、交易对方以及社会整体带来更大的效用。④

然而，税收法律使用包含概括性和抽象概念的表述形式来传递征税标准，不确定性将是不得不付出的代价。⑤ 理解是朝向有序遵从的第一步，⑥ 但越是一般化的表述对普通纳税人而言越复杂且难以理解。⑦ 税收法律中一般条款和标准规范的广泛采用是不确定性的重要根源。由于不够精确，其准确的含义不易把握，纳税人无法确定地将其适用于特定的事实环境，从而产生不确定的结果。⑧ 税法规则是高度技术性的，专业术语对于普通纳税人而言存在较大的语言障碍，纳税人往往难以把握其异于日常用法的含义。⑨ 如果纳税人无法根据税收法律自行确定其经济活动的税收负担，其将不得不寻求价格高昂的

---

① Michael P. Van Alstine, "The Costs of Legal Change", *UCLA Law Review*, Vol. 49, p. 812.

② Sheldon D. Pollack, "Tax Complexity, Reform and the Illusion of Tax Simplification", *Geo. Mason Indep. Law Review*, Vol. 22, p. 358.

③ Mark Burton, Michael Dirkis, "Defining Legislative Complexity a Case Study: The Tax Law Improvement Project", *University of Tasmania Law Review*, Vol. 14, p. 205.

④ 〔美〕尼尔·K. 考默萨：《法律的限度——法治、权利的供给与需求》，申卫星、王琦译，商务印书馆，2007，第145页。

⑤ 〔英〕哈特：《法律的概念》（第二版），许家馨、李冠宜译，法律出版社，2011，第117页。

⑥ Randolph E. Paul, "Simplification of the Federal Income Tax Law", *Cornell Law Quarterly*, Vol. 29, p. 286.

⑦ Walter J. Blum, "Simplification of the Federal Income Tax Law", *Tax Law Review*, Vol. 10, p. 250.

⑧ Walter J. Blum, "Simplification of the Federal Income Tax Law", *Tax Law Review*, Vol. 10, p. 246.

⑨ Peter H. Schuck, "Legal Complexity: Some Causes, Consequences and Cures", *Duke Law Journal*, Vol. 42, p. 22.

专业意见或委任法律代表与税务机关进行沟通或向其咨询，遵从成本将随之增加。然而，在税法不确定的情况下所获得的专业意见的准确性亦是有所不足的。这也迫使纳税人更倾向于选择税收负担更具有可预测性而经济上更为保守的交易形式。①

　　在税收法律大量包含一般条款和抽象概念的情况下，税务机关在税收征管活动中可能需要进行更多的事实权衡，或创制更复杂的行政规则和裁量准则。尽管税法将随之得以明确、不确定性也因此减弱，但整体税制趋于庞杂，将反过来限制其明晰程度。税法过于复杂，意味着其阐释的征税标准可能未能为纳税人所掌握。不仅如此，尽管框架式的立法模式使税收法律得以维持长期的稳定性，但由于缺乏必要的约束，整体税制将因政府机关持续频繁、不受限制地颁布新的征税规则，修正或补充已有的规则而变得复杂且不稳定。税法概念也因新的规则的颁布而时时被赋予新的内涵和外延，税收法律条文的适用范围也因此被重新界定。这意味着形式上稳定的税收法律实际上无法累积充分的确定性，原有的行政规则一旦被取代或修改，甚至仅仅是原有的概念被赋予新的内涵，纳税人的税收负担便可能重新面临调整，有必要重新把握规则的内涵并加以分析和掌握。对于新规则的准确含义的不熟悉，同样将产生适用的不确定。碎片化和补丁式的立法模式使得税制体系整体脉络的把握更趋困难，零散而复杂的规则之间的矛盾和冲突不在少数，难以保持税制整体的一致性和连贯性，其适用界限也不甚清晰，从而可能形成新的漏洞。为防止税收套利，制定新的规则以填补漏洞成为必要，这又进一步加剧了税法规则的复杂性。频繁的修改和补充更是引发一轮又一轮学习和培训成本的增加。税制的刚性和权威性大受削弱，大大增加了遵从和执行的难度，征纳成本更趋高昂，纳税人的税法遵从意愿因此始终无法提升。

四　不可简化的税收法律与税收剩余立法权的再分配

　　有趣的是，当前堪称世界上最为复杂的税收法典之一的《美国国内收入

---

① Mark Burton, Michael Dirkis, "Defining Legislative Complexity a Case Study: The Tax Law Improvement Project", *University of Tasmania Law Review*, Vol. 14, p. 104.

法典》同样经历了从简约到高度复杂化的发展历程。① 自 20 世纪 30 年代开始，简化税法的呼声在美国从未断绝，立法亦采取了诸多的简化措施，依然无法遏制该法进一步复杂化的趋势，甚至有学者认为，这些简化税法的措施反而进一步推动了税法的复杂化。那么，在税收法定主义之下，我国以简约的税收法律统摄的"金字塔式"的税收规范体系是否亦应当打破并予以重构，值得关注。这一问题表面上是简单的规范形式选择，其根源却在于税收初始立法权与剩余立法权之间的配置与界限。

（一）不可简化的税收法律：法律保留的射程范围

基于税收法定主义，满足税收构成要件发生的税收后果，应由法律作出精确的规定，税额的高低，皆以法律规定为准。② 然而，《立法法》第 11 条第 6 项仅规定，法律保留的税收事项包括"税种的设立、税率的确定和税收征收管理等税收基本制度"，除税率之外尚有哪些税收基本制度必须于法律中明文规定，至今亦无定论。有学者认为，各税种共同具备的课税要件包括纳税人、征税客体、征税客体的归属、征税标准以及税率。③ 还有学者认为，在实体法上构成纳税义务的前提条件的重要事项，包括纳税人、税收客体、征税标准、税率以及税收的减免与加重事项。④ 从当前我国的税收法律来看，各税共同具备的课税要件包括纳税人⑤、应税事实、税率⑥、税基以及纳税期限等征管基本事项。除《烟叶税法》未作规定外，其他税收法律中均将税收减免事项规定为重要的基本事项。就此而言，似乎当前税收法律已然实现了必要的"保留"。

然而，税收法律对于征税要件的规定绝不应满足于概要式的抽象规定。当前法律对税收要素所作的一般化、原则性的规定实际上是以"人"和

---

① 在 1913 年《美国国内收入法典》首次颁布时，规定相对简单，整部法律在当年通过的第 16 修正案中只占据了 8 页，只确立了基本的征税框架，大量采用了一般性的简洁表述，而将条文具体含义的明确和许多细节留待此后的时间里予以填补。详细可参见 Sheldon D. Pollack, "Tax Complexity, Reform and the Illusion of Tax Simplification", *Geo. Mason Indep. Law Review*, Vol. 22, p. 32; Edward J. McCaffery, "The Holy Grail of Tax Simplification", *Wisconsin Law Review*, Vol. 1990, p. 1314.

② 陈敏：《税法总论》，（台湾）新学林出版有限公司，2019，第 37 页。

③ 〔日〕金子宏：《日本税法》，战宪斌等译，法律出版社，2004，第 111 页。

④ 陈清秀：《税法总论》，法律出版社，2019，第 48 页。

⑤ 船舶吨税的纳税人是进入境内港口的船舶还是应税船舶负责人，并不明确。详细可见《船舶吨税法》第 1、4、12 条。

⑥ 《耕地占用税法》《环境保护税法》《资源税法》仅规定了税率或税额的适用幅度。

"事"的无差异化为假设前提的，在忽视其个性特征的基础上作出了最笼统的分类和征税规定。既然税收负担能力评价的是特定个体为负担公共成本可以放弃消费或用于投资的财产额度，而财产在国民间的分配不可能是均等化的，对同一财产加以利用、获取收益受到个人能力、市场环境等诸多因素的影响，收益水平也必然有所不同。由于个体的财富规模、生存维持、家庭结构存在差异，不同个体拥有的相同价值的财产中可以无偿让渡给国家的份额也必然各有不同。因此，建立在无差异假定基础上的税收法律是无法准确衡量个体或交易的税收负担能力的，无法满足量能课税的要求。税法是确定税收这一公共成本在全体国民和其他对公共产品加以利用的主体之间普遍地平等分摊的规范，必须确定几乎每一项交易或社会生活产生的经济利益在国家与特定国民之间的分配。要实现公平的税负分摊，首先必须承认不同个体与交易的个性特征及其对税收负担能力的影响。因此，税法规范必须回应社会的全部现实，评估各种社会经济生活的可税性，对成千上万的个体、交易及其关联关系予以区分，进而确定不同主体应承担的税负水平，并采用专业概念予以表述。应受税法评价的市场主体与社会经济生活事实极其多样化和复杂化，并处于不断发展中，无法穷尽。既然税法应对此予以回应与评价，则必然是详尽、精心设计的，复杂性无可避免。[1] 社会经济生活的复杂性意味着以此为规范对象的税法至少存在技术和结构上的复杂性。

　　一般而言，法律领域的价值目标越单一，所形成的规范越简单，规则之间的冲突越相对不易发生。但如果价值多元甚至彼此冲突，规范存在多重建构标准，便将催生更为复杂且易于冲突的规则体系。与其他法律相比，税法欠缺清晰明确且一以贯之的立法意旨，并不遵循单一的原则或价值。[2] 有时以公平为主，有时以效率为先，不一而足。税法所追求的数个原则或多元价值未必皆能合作协调，在不同的规范领域内不得不作出特定原则或价值目标优先或退让的抉择。[3] 为实现不同的价值目标或规范目的，同一类型的交易需要基于不同的评价标准进一步予以细分，并设定各自不同的税收待遇。税法所欲追求的价值目标越是多元，评价标准差异越大，经济活动的类型化区分将

　　① Edward J. McCaffery, "The Holy Grail of Tax Simplification", *Wisconsin Law Review*, Vol. 1990, p. 1302.

　　② 葛克昌：《所得税与宪法》，(台湾) 翰芦图书出版有限公司，2009，第33页。

　　③ 陈敏：《税法总论》，(台湾) 新学林出版有限公司，2019，第71页。

越细致，所设定的税收后果差异越明显，由此建构的税法规则体系也必然越复杂。以财政收入为目的的税法规范要求税收负担在国民间的公平分摊，为此量能课税原则应当予以遵守。一旦税收被用于实现非税目标，如效率与社会经济目标，将遵循完全不同于税收负担能力的评价指标，如政策效应、调整绩效等，确定主体及其交易的差异税负。一项经济活动的税收负担的设定遵循哪一原则，不同的选择结果便可能缔造不同的征税规则。更为棘手的是，即使追求同一价值目标，其评价标准也难以单一化。量能课税原则要求以个体为准，按照纳税人牺牲或放弃消费财产的可能性，即税收负担能力，确定纳税人的税负水平。① 但税收负担能力本身是抽象而非明确的指标，基于收入、财产还是商品的实际消费予以衡量，便将确定不同的征税方案。单就收入而言，评价其"应税性"的标准便不胜枚举。同样，修正市场的不完备，如外部性，本身就是非常困难的任务。这要求对外部性的正确衡量以及对税收措施的实施成本与收益的准确估算。效率本身也缺乏确定性，不存在无争议的含义。据以判定效率与否的经济变量也是复数且多变的。② 不同的评价标准都将创设自身的概念、区分标准和具体化要求，依照不同的标准对数量极为庞大的各类交易加以区分和类型化并设定各自的税收负担，无疑将创造复杂的税法。③ 欲使基于多元价值和不同评价标准制定的税法规则和谐共生于同一税制之下，税法规则的设计往往无法采用"最优方案"，只能选择多方利益相互妥协的"次优方案"，不得不创设诸多一般规则的例外甚至是例外的例外，以包容多重目标并予以平衡。④ 在不完美的"次优方案"之下，加上基于多元价值所形成的交易间的税负差异，漏洞的存在难以避免。为防止利用漏洞的税收套利，以填补漏洞为目标的更加细致的规则不得不被进一步引入。这将进一步加剧税法的庞杂和烦冗，却又是维持税制公平和有效运作不可或缺的。

因此，税法的复杂性在很大程度上是追求多元价值的税法规则必须涵盖、规范极为复杂的社会经济生活的必然结果。税收的人为设计和主观性特征为

---

① 陈清秀：《税法总论》，法律出版社，2019，第30页。

② Edward J. McCaffery, "The Holy Grail of Tax Simplification", *Wisconsin Law Review*, Vol. 1990, p. 1295.

③ Walter J. Blum, "Simplification of the Federal Income Tax Law", *Tax Law Review*, Vol. 10, p. 251.

④ H. Stewart Jr. Dunn, "Simplification as a Tax Policy Objective", Annual Tax Conference, 26, APA 6th ed., 1980, p. 85.

复杂规则提供了更为自由的生长空间。① 实体税法规则实际上是阐明纳税人可能发生的一项财产负担。为保证其有效性，每一项财产负担的差异都应当在规则中予以体现。② 税法越精细，对交易及其主体的财产负担的区分将越精确，越能够体现税法所欲达成的价值追求和规范意旨，"复杂性是公平性的同盟军"③。因此，相较其他法律领域，税法要求更高的规范密度，详尽、具体而复杂的规范是公平且富有效率的税制体系所固有的，也是征纳双方必不可少的行为指引。所不同者，只是特定事项的征税标准以何种规范形式为载体呈现。如前所述，立法机关制定的成文"法律"，是承载、确立征税标准的最优形式。但如果立法机关未能充分行使立法权，应明确的征税事项及其税收待遇未能在法律中予以规定，那么为回应征管实践的现实需要，其他机构不得不承续这一工作，以其他形式的规范完成征税标准的确立。立法机关以法律形式保留的税收事项越有限，必须由其他机关，尤其是执法机关制定规则予以规范的事项就越多。采取简约的框架式税收立法模式不过是将不可或缺的具体事项的征税标准的制定在时间和阶段上向后推移，推迟到此后的行政规则制定阶段或税法执行阶段，④ 将争议的解决与冲突利益的平衡协调从立法机关转移到其他主体。⑤ 税收法律未能予以规范的事项或早或晚都必然由其他主体以法律以外的其他渊源形式呈现。

　　如果说程序烦冗导致税收立法的时间与金钱成本高企是立法机关选择框架式立法的主要考量的话，简约的税收法律加庞杂的税收行政规则的建构模式无助于节约税制的整体形成成本。立法成本，尤其是参与成本，包括信息获取成本、集体行动的组织成本和政治参与成本。⑥ 这些成本在很大程度上取决于信息沟通的难易程度、争议本身的复杂性和立法程序的烦冗程度。税收

---

① Stanley S. Surrey, "Complexity and the Internal Revenue Code: The Problem of the Management of Tax Detail", *Law and Contemporary Problems*, Vol. 34, p. 686.

② Walter J. Blum, "Simplification of the Federal Income Tax Law", *Tax Law Review*, Vol. 10, p. 248.

③ Edward J. McCaffery, "The Holy Grail of Tax Simplification", *Wisconsin Law Review*, Vol. 1990, p. 1283.

④ R. George Wright, "The Illusion of Simplicity: An Explanation of Why the Law Can't Just Be Less Complex", *Florida State University Law Review*, Vol. 27, p. 716.

⑤ Peter H. Schuck, "Legal Complexity: Some Causes, Consequences, and Cures", *Duke Law Journal*, Vol. 42, p. 21.

⑥ 〔美〕尼尔·K. 考默萨：《法律的限度——法治、权利的供给与需求》，申卫星、王琦译，商务印书馆，2007，第30页。

事项所涉国民人数众多，主体间差异巨大，经济利益的获取方式、渠道和金额各不相同。公平合理的征税方案，必须建立在全面掌握社会生活方方面面的基础之上。交易的区分度越精细，对信息掌握的全面性要求就越高，信息收集成本也将随之增加。立法机构的成员分别代表着不同行业、不同阶层和群体的利益，可以预料立法过程中必然存在诸多的矛盾和冲突。平衡各方利益，达成各方满意的征税方案往往难度极大。采用概括式、原则性的规范形式，仅对各征税事项作笼统、大而化之的规定，有意忽略个性化特征，对交易及其税收后果不作精细区分，各方的利益冲突尚未凸显，可以在一定程度上暂时限缩对精细化立法来说必要的信息收集范围，延缓、搁置利益的矛盾与冲突。因此，采取框架式、概要式的立法模式，税收立法程序的推进通常更为平顺，从而能够减少立法的时间和金钱成本。然而，这绝不意味着税制形成和运作成本的节约。只要具体征税事项的明确和细化是税制运行所必需的，在立法程序节约的诸项成本将随着规范形成的任务向政府的转移而被转嫁，整体税制的形成成本无论如何都不可能减少。立法程序固然耗时冗长，成本高昂，但仅一次性发生。与立法成本相比，行政规则的制定在经济上未必是节约的。政府部门制定税收行政规则同样必须耗费大量财政资源。这些制定成本分别由不同层级或同一层级的不同机构各自承担，且在持续、频繁的修改、补充过程中多次反复发生，其总额未必低于立法程序的必要成本。税收法律留下的规范空白，往往经由政府机关个案裁量、确立经验或先例、作出解释或裁量准则直至最终形成行政规则，其中延宕多年的比比皆是，时间成本更是难以估量。

诚然，行政规则制定程序的公众参与度远低于立法程序，尤其是税务规范性文件，信息收集、组织参与和沟通等成本因此相对较低。但如单纯以此目的而转移税法规范的制定权却绝非明智之举。如前所述，税收是人为创造的产物，也是国家与国民之间、国民与国民之间相互让步、利益妥协的结果。立法机关本就对立法内容享有广泛的塑造空间。[1] 加上税收负担分配标准的多重性，税收立法裁量权表面上较其他法律更为扩张。[2] 人民推选的立法者尚且可能制定不正当的税法，使少数人攫取过多的税收利益。[3] 在

---

① 〔德〕汉斯·J. 沃尔夫、奥托·巴霍夫、罗尔夫·施托贝尔：《行政法》（第1卷），高家伟译，商务印书馆，2007，第298页。

② 葛克昌：《所得税与宪法》，（台湾）翰芦图书出版有限公司，2009，第33页。

③ 陈敏：《税法总论》，（台湾）新学林出版有限公司，2019，第71页。

政府实质上享有足以"确立征税范围和标准"的造法权的背景下，随着制定程序公众参与度的降低和司法审查的基本缺位，规则形成裁量权被滥用的风险无疑将大大增加。以此为代价，因立法效率之名缔造简约而亟待行政机关予以补充和进一步具体化的税收法律，对于税收法治的改善并无助益。

征税将使纳税人的财产权附带社会义务而受到一定的限制甚至剥夺，由此有必要以民主制定的法律进行约束。因此，税收法定主义不仅是立法机关对征税事项是否制定法律的问题，也是如何立法的问题，冀望立法者能够十分清晰地制定征税的法律，借此遏制立法者随意授权政府或在条文中过度使用不确定性概念及裁量条款。① 立法者应当自己作出最重要的征税决定，尽可能不将其授权给其他国家机关行使。一项税收规则的形成是否涉及甚至侵犯国民的基本权利，应当作为立法机关是否将其于法律中予以保留的判断标准。一项将加重对国民基本权利限制、改变税收负担在国民间分配的税收规则应当由立法机关以法律形式确立，如扩大征税范围、调增税率、缩减扣除项目或金额等均属之。如一项税收规则，仅确立出于税收征管需要的非关键的技术性安排、未触及或改变税收负担实质分配、未加强国民基本权利的限制或未突破现行法律确立的限制范围，如变更纳税申报表的形式或申报方式，则可以不在保留的范围。故此，法律后果，即一项规则是否将创设新的征税权力或实质性地改变纳税人权利义务的范围和内容，应当是税收法律是否有必要予以保留最主要的衡量依据。所有涉及基本权利的重要征税规范，都应当尽可能由立法机关在法律中详尽而明确地作出规定，越是关系基本权利的核心领域，规范密度应当越高，税务机关的裁量空间应当越有限。为此，必须考察欲征税事项的事务属性，基于规范目的和调整后果判定是否意在施加有拘束力的义务或标准。如合伙企业的经营所得由企业和投资者层面分别缴纳企业所得税和个人所得税的征税方式，改为仅在投资者单一层面征税的方式，即属实质性地消除合伙企业的双重征税、减少合伙企业的整体所得税负担。这一制度的变革应当属于法律保留事项。2000 年在未经授权的情况下，国务院发布《国务院关于个人独资企业和合伙企业征收所得税问题的通知》完成这一制度的变革，尽管属于征税权的自我限缩，于纳税人有利，但仍有

---

① 陈新民：《德国公法学基础理论》（上卷），法律出版社，2010，第 406～407 页。

违税收法定主义原则。应当注意的是，这里所指实质受到影响的基本权利并不仅局限于财产权，还包括生存权、经营自由权乃至个人信息权等宪法确立的基本权利。

（二）剩余立法权的再分配

理想的税收法律固然是将规则制定得非常详细，在具体个案中的适用及其税收后果都预先确定，而不需要在数个开放的方案中作出选择。然而，"通过抽象法律对社会生活的所有事实进行预先规范，原则上并无可能"①，制定足以涵盖复杂社会中成千上万、形式各异的交易的税收法律，确保纳税人能够在具体的个案中均可自行加以适用，无须进一步的指引且避免大量的争议，这一理想目前尚未实现。② 尽管严格的法律优位和保留可以增强确定性，但即使采用最详尽和精确的税收规则，绝对的确定性依然是空洞的幻想。③ 税法须规范的社会生活事实极其多样和复杂。如社会生活领域的所有细节均在税收法律中予以规定，税收法律势必错综复杂，甚至膨胀到完全失控的程度，结果同样会弱化税法的可预见性和可信赖性。④ 要避免规范事实的无限性与规则数量的有限性之间的矛盾，必然要求税法规范必须对征税事项进行一定的概括和抽象，并采用一般化的表达方式。然而，概括必然会导致不精确，明确具体的规则却失于不够周延。⑤ 无论法律如何被精准地制定，都存在不完备之处。⑥ 税法不可能为了确保遵从而处处要求精确性，精确性必然导致技术性和复杂化。⑦ 税收法律越详细和明确，固然越能够准确地区分个体和交易，但也意味着不同的规则有着各自严格确定的适用范围，交易形式的细微改变便可能落入不同规则的适用范围之内，产生纳税义务的巨大落差。明确规则之间

---

① 〔德〕齐佩利乌斯：《德国国家学》，赵宏译，法律出版社，2011，第357页。
② Edward Yorio, "Federal Income Tax Rulemaking: An Economic Approach", *Fordham Law Review*, Vol. 51, p. 13.
③ Edward Yorio, "Federal Income Tax Rulemaking: An Economic Approach", *Fordham Law Review*, Vol. 51, p. 11.
④ 〔德〕齐佩利乌斯：《德国国家学》，赵宏译，法律出版社，2011，第358页。
⑤ Joshua D. Blank, Leigh Osofsky, "Simplexity: Plain Language and the Tax Law", *Emory Law Journal*, Vol. 66, p. 250.
⑥ 〔美〕尼尔·K. 考默萨：《法律的限度——法治、权利的供给与需求》，申卫星、王琦译，商务印书馆，2007，第9页。
⑦ Gillian K. Hadfield, "Weighing the Value of Vagueness: An Economic Perspective on Precision in the Law", *California Law Review*, Vol. 82, p. 553.

的此种非融贯性必然催生税收套利的机会。① 不仅如此，即使是已被清晰制定的税法规则，无论所使用的概念如何明确、具体，在其适用的边界地带也不可避免地存在模糊性。这是由承载征税标准的语言表述的有限性所决定的。可以说，几乎任何税法规则都会在具体情况的适用上存在不完美。②

任何形式的税收法律的不完美状态都将随着社会的发展进一步加剧。持续性的社会演变将挑战已制定的税法规则。变化迅捷的社会必然会催生已有税法规则无法涵盖的新型交易形式。由于人类知识的有限性，立法机关永远不可能预知未来可能发生的社会经济生活的形态，无法预先为其制定精细的规则。随着市场主体人数的增加和新型交易的不断涌现，原本公平的税收分配方案可能被打破，这必然给税制的运行造成负面的影响，甚至渐趋于失灵。③ 越来越多的交易事项处于税法规则适用的两可之间或超出了已有规则的适用范围。已有规则的模糊地带的明晰、明确概念的不周延或过度周延而生的适用范围的调适、因非融贯性产生的规则裂痕的填补，都决定了税法不得不持续性地发展、修正和补充。但如果完全仰赖于立法机关修正法律的不完备，一则程序烦冗，二则任何税法条文的修改都牵扯众多的利益，牵一发而动全身，可能引发包含复杂的政治、经济和社会争议的改革，势必耗费经年才能完成。修法的滞后将导致税收法律的不完备状态被刻意利用以套取税收利益，从而进一步加剧税法的不完备。因此，税收法律的不完备引发的适用争议必须及时予以回应。而这却是静态的、纸面上的税收法律无法自行完成，也无法完全冀望立法机关完成的。这要求必须由富有经验和能力的机构承担阐明执行无效问题的任务，以适应变化的环境或至少确保其在新的情境中的适用。也就是说，在立法机关享有税收初始立法权的前提下，剩余立法权应当予以分配。④

在传统法律部门中，剩余立法权或法律续造的权力通常由法院行使。法院审判时所作的利益衡量和选择，已经混合了引导的功能。通过法官的法律

---

① David A. Weisbach, "Formalism in the Tax Law", *The University of Chicago Law Review*, Vol. 66, p. 870.

② 〔美〕理查德·J. 皮尔斯:《行政法》（第五版），苏苗罕译，中国人民大学出版社，2016，第196页。

③ 〔美〕尼尔·K. 考默萨:《法律的限度——法治、权利的供给与需求》，申卫星、王琦译，商务印书馆，2007，第23页。

④ Katharina Pistor, Chenggang Xu, "Incomplete Law—A Conceptual and Analytical Framework and Its Application to the Evolution of Financial Market Regulation", *New York University Journal of International Law and Politics*, Vol. 35, p. 931.

形成，司法事实上涉入了立法的功能领域。① 然而，法院是消极的执法者，无权事前介入并制定相应的规则，即使展现于它们面前的案件表明此种介入是必要的。只有争议发生且一方当事人启动司法程序后，法院才能开始法律的适用。法院只能通过审理的案件接受有关法律变革的信号。在此过程中可能存在严重的选择性偏好，所选取的信号可能是不完全的，其视野受到进入司法程序的案件的限制。因此，在一些现代法律领域中，如金融法，剩余立法权向法院的绝对分配受到越来越多的质疑，人们认为法官造法存在诸多的不足，由于法律的不完备性，监管者或执法者应当被授予一定的剩余立法权。② 在税法领域中同样如此。税法不完备意味着它是不清晰的，某一特定行为，尤其是新型交易活动，是否落入已有课税规则的适用范围是不明确的。税法是设定征税标准的行为规范，其适用争议首先在税收征管阶段发生。如留待法院对税法的释明，适用争议无法高效解决，纳税义务无法及时确定，势必造成征税权行使的延宕甚至落空，最终影响国家机构的正常运作。事实上，税务机关享有的税法解释权在一定程度上已经隐含了剩余立法的功能，因为"一旦概念的内涵和外延发生改变，也就意味着规范内容的改变"，因此，"两者间难以实质地加以区分并非常顺畅地相互转换，仅仅是同一思考过程的不同阶段"。③ 近年来，政府一定程度的造法弥补了税法的不完备，得到颇多的肯定。税务机关，尤其是国家税务总局，是持续实施税收征管的主体，可以时时发现税收征管活动中发生的税法适用争议。以积极主动的事实调查为基础，对存在规则适用争议的经济活动主动作出评价，在此基础上归纳、总结和将其类型化，于条件成熟时制定征税规则。这使他们可以及时回应社会经济生活的发展，作出符合税法原则和价值的规则续造，这对确保税法对诸项交易的普遍评价、确保征税公平、维持税法的统一秩序至为关键。

然而，如前所述，允许行政造法，极可能造成征税权的行使溢出税收法律限定的框架之外，成为完全不受拘束的权力。因此，行政机关的剩余立法权应当有一定的限度。其一，税法的剩余立法权不应当为政府部门所垄断。

---

① 〔德〕齐佩利乌斯：《德国国家学》，赵宏译，法律出版社，2011，第 378 页。

② Katharina Pistor , Chenggang Xu, "Incomplete Law—A Conceptual and Analytical Framework and Its Application to the Evolution of Financial Market Regulation", *New York University Journal of International Law and Politics* , Vol. 35, pp. 931 – 1013.

③ 〔美〕E. 博登海默：《法理学、法律哲学与法律方法》，邓正来译，中国政法大学出版社，2004，第 559 页。

司法机关对于征税行为的合法性审查不应被忽视。税法的专业性、技术性和复杂性不应成为司法机关一味尊重税务机关决定的借口。在司法审查过程中，法院同样有权发展税法的规定。其二，政府的税收剩余立法权的范围应当受到限制。除解释税法条文、规定执行税法所必需的技术性、操作性事项外，其税收剩余立法权应当仅限于：（1）立法机关有意预留的政策调整空间，政府可以根据社会经济形势的变化在此范围内对税收法律的含糊规定予以解释；（2）不确定概念的具体化，通过价值补充和价值判断，明确含糊概念解释的"合乎情理或相对正确"的答案区间；（3）裁量准则，在税法规定的裁量范围内制定作为裁量依据的准则；（4）税法未作规定或规定不完全的新型交易的税收待遇。

政府与立法者不同，不得享有征税规则的广泛塑造空间，不能完全自由地进行创造性的价值评价，其剩余立法权的行使应受到税法现有的规整意向和规范目的的拘束，[①] 尊重已确立的征税秩序，无权超越现有税收法律的相关评价，只能对其不完美之处进行补充或适度修正，而不能彻底地予以改变。为此，政府行使税收剩余立法权，首先应当探究税法的规范目的，确定立法者的价值判断标准。其次，应当基于所欲评价的经济和生活领域的事物本质，回归税收法律遵循的价值标准或政策目标，基于条文的不同规范目的和内部秩序作出评价。也就是说，政府发展税法，标准首先来自税收法律自身，其次是统一法律秩序，[②] 包括现行税收法律条文与一般基本原则所建构的整个税法体系的内部秩序以及税法与其他法律部门共同形成的外部秩序，而不能完全由政府基于自身的主观理解和自由意愿进行塑造。

更重要的是，政府行使税收剩余立法权续造的规则通常产生实质的实体效果，其制定过程和规范内容应当面临实质意义的监督，以防止其裁量权的滥用。制定过程中来自社会公众的事前监督和司法审查的事后监督是两种不同的监督机制。[③] 前者将通过保证利益相关人获得规则的制定信息并参与制定程序、发表意见、公开辩论、提出异议和改进意见，事先预防所制定的规则包含过度侵害纳税人权利的内容。后者则集中于技术性争议的正当性审查，

① 〔德〕卡尔·拉伦茨：《法学方法论》，陈爱娥译，商务印书馆，2016，第249页。
② 〔德〕伯恩·魏德士：《法理学》，丁晓春、吴越译，法律出版社，2013，第359页。
③ David L. Franklin, "Legislative Rules, Nonlegislative Rules, and the Perils of the Short Cut", *Yale Law Journal*, Vol. 120, p. 316.

质疑行政规则的有效性，① 于侵害事实或争议发生时对纳税人的权利予以事后的救济，并通过对税务规范性文件合法性的事后审查与否认，消除其与上位法或其他同位阶规则之间的矛盾和冲突，确保税法规范的连贯性和一致性。② 两种监督机制服务于不同的功能，将促进不同的价值。税务行政规则应当或者经由广泛的社会公众参与共同制定，或者接受事后严格的司法审查，③ 以免因监督机制的缺失而造成剩余立法权的行使突破现行税收法律的框架、自行扩张征税权的结果。

应当注意的是，税收法律含糊、不明确的不完全状态固然可以在一定程度上由政府制定更加详尽和复杂的行政规则予以完善，但这仅仅是税法规则形成过程中的过渡阶段，绝非最终目标。随着争议的日益普遍化和解决方案的相对成熟，立法机关应当及时在税收法律中确立相应的规则，替代行政规则。一旦立法完成，税收剩余立法权即告终止，政府机关自此应止步于事实发现和法条的解释与适用。④ 这也正是税收法律由简到繁，由一般、宽泛向详尽、具体逐步发展的普遍过程。

五　税法规范体系化的重构

（一）隐性概括授权之防杜：以严格规则为主的税法规范形式

如前所述，单纯法律对征税事项作出概要化的规定并不意味着税收法定主义的实现。框架式立法模式下一般条款和不确定概念的泛滥完成了近乎概括的全面授权。若要改变这一状况，除了明晰税收法律保留的范围，还应当选择适当的规范形式，尽可能弱化乃至消除因税收法律规定含糊或存在开放式结构形成的默示授权。税收法律固有的刚性要求其规范内容应当是完整的，规范形式应当尽可能保证其规范内容明确、具体和详尽，确保税务机关严格依照已确定的征税标准实施征管，而无权在规范空白领域自行调适

---

① Jacob E. Gersen, "Legislative Rules Revisited", *The University of Chicago Law Review*, Vol. 74, p. 1719.

② Michael P. Van Alstine, "The Costs of Legal Change", *UCLA Law Review*, Vol. 49, pp. 825 – 826.

③ Jacob E. Gersen, "Legislative Rules Revisited", *The University of Chicago Law Review*, Vol. 74, p. 1720.

④ James W. Colliton, "Standards, Rules and the Decline of the Courts in the Law of Taxation", *Dickinson Law Review*, Vol. 99, p. 301.

征税范围。

与其他法律领域一样,税收法律同样必须以其特有的方式同时包容严格规则和标准性规范。① 前者采用明确定义且具有普遍接受含义的用语传递征税标准,税收后果由明确的要件事实的存在或不存在决定,税务机关无须付出额外的努力即可将其适用于具体的情境之中。② 后者则仅确立相当一般化的征税标准,税收后果需要由税务机关根据个案事实并权衡环境因素最终加以确定。③ 那么,真正的问题在于,税收法律应以何种规范形式为主,才能真正实现税收法定主义。

一般条款、不确定概念或标准性规范是当前我国税收法律最为主导的规范形式。这有效地缩短了税收法律的制定过程,保证税收立法任务在预定期间内高效地完成。但如果认为税收法律的整体运作成本将由此得以节约,则是一种误解。如前所述,高度概括的一般性条款的立法成本相对较低,但税制运行包括税收制度的设计、税法的起草与制定、税收征管、税法遵从和争议解决的全过程。上述活动中消耗的资源都将构成税制的运行成本。④ 如果税收法律以不确定概念、一般条款形成开放式结构,未能确立某一经济活动与特定税收后果之间直接且明确的关联关系,纳税人和执法机构均必须权衡、评估具体情境的多重事实,才能最终进行条文的涵摄和适用。因此,抽象而概括的税法规范于个案中的执行与遵从成本非常高昂,税收后果也难以预测。⑤ 由于抽象标准的适用必须进行个案的权衡,纳税人无法从条文的表述中获得有效的行为指引,税务机关不得不消耗资源将个案中意义空洞的抽象概念具体化,⑥ 因此,在先例确定直至行政规则制定之前都将额外产生征税标准

① 〔英〕哈特:《法律的概念》(第二版),许家馨、李冠宜译,法律出版社,2011,第119页。
② Colin S. Diver, "The Optimal Precision of Administrative Rules", *Yale Law Journal*, Vol. 93, p. 67; Russell B. Korobkin, "Behavioral Analysis and Legal Form: Rules vs. Standards Revisited", *Oregon Law Review*, Vol. 79, p. 30. 此种规范形式又被称为"严格规则"或"水晶规则"。
③ 〔英〕哈特:《法律的概念》(第二版),许家馨、李冠宜译,法律出版社,2011,第119页; Russell B. Korobkin, "Behavioral Analysis and Legal Form: Rules vs. Standards Revisited", *Oregon Law Review*, Vol. 79, p. 30。此类规范形式又被称为"标准"或"污泥规则"。
④ Binh Tran-nam, "Tax Reform and Tax Simplification: Some Conceptual Issues and a Preliminary Assessment", *Sydney Law Review*, Vol. 21, p. 511.
⑤ Edward Yorio, "Federal Income Tax Rulemaking: An Economic Approach", *Fordham Law Review*, Vol. 51, p. 41.
⑥ Louis Kaplow, "Rules Versus Standards: An Economic Analysis", *Duke Law Journal*, Vol. 42, p. 613.

的认知成本。尽管通过行政机关确立先例或制定行政规则可以将标准性规范转化为明确规则，但这一过程将耗费大量的时间成本，且在此期间税制将不得不在规范内容规定不完全的情况下运作并持续相当长的时间，税收风险和争议因此将难以避免。[①] 一般条款、标准等模糊规范向明确规则转化的过程中制定成本将再次产生。就此而言，以标准性规范为主的税收法律的整体运作成本未必会更为低廉。

与不确定概念或一般条款形成开放式结构不同的是，严格规则的规范内容完整，事实要件的描述清晰且客观，指向的是能够机械地或至少是很容易确定的单个事实，与特定税收后果之间的联系单一且直接。在确定规范内容的过程中，立法机关已完成了对规范事项的价值判断或政策选择，并无规范空白需填补。因此，严格规则有着相对封闭的结构和明确的适用范围，对权利义务的设定是具体的，相应的税收后果也是确定的。[②] 在这一规范形式之下，税务机关无须也无权再对规范事项进行价值判断或补充，而仅有判断条文描述的要件事实是否现实地发生并作出是否涵摄的决定的权力。一旦判定要件事实已然发生，税务机关即应当适用规则，并据以确定税收后果并进行税款的征收。因此，税收法律采取严格规则的形式才能明确地限定政府征税的范围。税务机关仅有规则是否将被适用的判断权，裁量权被极大地限缩，再无发展、续造税法的权力，"造法"以修正征税界限的渠道因此被阻断，征税由此才能成为"拘束行政"，从而真正实现"依法征税"。

税法规则首先是征纳双方的行为规范，然后才是解决争议的裁判规范。因此，特定的规范形式能够提供的指引程度以及运作成本是选择税法规范形式的重要考量。规则的精确性是指具体化的程度或所包含的区分度。精确性和具体化程度越高，对不同行为或事实及其税收后果的区分度越明显。在行为的税收后果被明确区分的情况下，征纳双方可以更清楚地了解税收法律的内容，[③] 进而根据特定事件与税收后果之间简单而直接的联系预测、确定可能发生的税收后果。从执法的层面而言，税法必须由各个不同层级、不同地域的税务机关分别予以执行。而税务案件往往巨量、反复发生。税法规则越清

---

① Edward Yorio, "Federal Income Tax Rulemaking: An Economic Approach", *Fordham Law Review*, Vol. 51, p. 23.

② 〔美〕波斯纳：《联邦法院：挑战与改革》，邓海平译，中国政法大学出版社，2002，第393页；〔美〕理查德·A. 波斯纳：《法理学问题》，苏力译，中国政法大学出版社，2002，第56页。

③ Louis Kaplow, "General Characteristic of Rules", *Encyclopedia of Law and Economics* Vol. V, p. 508.

晰和详尽，越能够保证高度分散的税务机关在大量案件中适用税法的一致和公平。① 如果税法规则是明确且易得的，税务机关将可以减少其反复解释说明税法内容、协助纳税人遵从税法的努力，征管成本将大为减少。同时，控制各个层级的税务机关执行税法质量的压力也会随之减轻。如果税收法律的规范内容已然确定且完整，可以预见税务机关无权另行发展先例或其他规范对其内容予以补充、修正或变更，纳税人即可无须花费额外的成本在此之外寻找足以确定其纳税义务的资源。征税标准的获取和认知成本将大为减少。税法规范内容的认知越是便宜，遵从成本越低，纳税人越能够自愿遵从税法，遵从行为也越能够符合税法规范的要求，纳税人越能够在充分考虑税收成本的前提下实施价值增量的交易，税法精确性产生的收益就越高。② 如果税法规则的内容明确，征纳双方就税法适用的争议将会较少发生。即使发生，裁决者也只需要判定要件事实存在或不存在，即可准确适用税法，从而高效地解决争议。

因此，由于税法有着确定性、一致性和稳定性的价值偏好，严格规则是实现税收法定主义的最优规范形式。③ 以开放式结构形成隐性授权的标准性规范和不确定概念在税收法律中不应被过度地使用。但法律的精确性是有成本的。④ 明确的立法要求极高的立法技术，且精确化程度越高，立法成本越高。⑤ 如果针对每一征税事项都规定具体、明确的规则，税收法律可能膨胀到近乎功能失调的地步，不仅其整体运作成本将极为惊人，征纳双方也可能因无法理解和适用税法而选择性地予以忽视。⑥ 要求所有征税事项都采用明确规则予以清晰地规定并不现实。税收法律最优的精确程度应当因不同的规范对象而异。许多征税事项是高度分散且差异明显的，无法制定严格规则合理解决发生的所有问题。⑦ 因此，关键的问题在于，如何针对特定的征税事项选择

① Colin S. Diver, "The Optimal Precision of Administrative Rules", *Yale Law Journal*, Vol. 93, p. 75.

② 〔美〕尼尔·K. 考默萨：《法律的限度——法治、权利的供给与需求》，申卫星、王琦译，商务印书馆，2007，第145页。

③ Pierre Schlag, "Rules and Standards", *UCLA Law Review*, Vol. 33, p. 400.

④ Edward J. McCaffery, "The Holy Grail of Tax Simplification", *Wisconsin Law Review*, Vol. 1990, p. 1292.

⑤ Louis Kaplow, "General Characteristic of Rules", *Encyclopedia of Law and Economics* Vol. V, p. 504.

⑥ 这也是近一个世纪以来，美国税法学界一直疾呼"税法简化"的原因。可参见 Sheldon D. Pollack, "Tax Complexity, Reform and the Illusions of Tax Simplification", *Geo Mason Indep Law Review*, Vol. 2, p. 341。

⑦ James W. Colliton, "Standards, Rules and the Decline of the Courts in the Law of Taxation", *Dickinson Law Review*, Vol. 99, p. 310.

与之最为契合的规范形式。

一般而言，税法规范的形式选择应当基于如下的考量因素。（1）征税事项发生的频率及认知程度。选择何种规范形式应当首先取决于欲规范的征税事项发生的经常性和普遍性。如某类须纳入征税范围的事项经常发生且普遍具有共同特质，能够给予高度抽象化而作形式上无差异的假定，即可通过严格规则的制定批发式地确定其税收后果。（2）税法规范的整体实施成本。整体实施成本的确定必须考虑规范适用的频率。严格规则将一系列事实与特定的税收后果予以相应的匹配只于制定程序中一次性发生，如果规范事项经常发生，这一制定成本可以在后续发生的无数交易中予以摊销。因此严格规则的边际执行成本将会递减。金额不菲的初始投入也将由于后续税务机关解释说明成本的降低而获得回报。① 应税事实发生的频率越高，制定严格规则的整体实施成本将越低。

在长期的"优胜劣汰"过程中，必然沉淀为数众多被普遍接受的相对成熟和稳定的交易形式和结构，被追求同一目标的主体反复、大量且频繁地采用。这是社会生活的主要部分，亦是税收法律最为重要的规范对象。这些形式和安排通常形成具有普遍和典型的共同特征，可以为其制定严格规则确定税收后果。这也决定了税收法律的规范形式必然是以严格规则为主的。针对尚待发展的、不经常发生的、具有高度个性化的交易形式，其征税方案宜选择标准性规范；随着交易形式逐渐被普遍接受并广泛采用，则应当及时将标准性规范转化为严格规则。

因此，就整体而言，税收法律应当以明确规则作为最主导的规范形式。但不同的经济活动与生活事实有着不同的事物本质、发生频率和演变速度，立法机关对其认知程度也存有差异，因此，立法机关应当基于已获取的信息，评估其抽象化的可行性以及不同规范形式选择的潜在实施成本和必要的复杂性程度，选择与特定交易事项最为契合的税法规范形式。

（二）税法规范体系化建构

征税明确性原则要求各项税法条文应具有体系透明性，不应存在混乱状态而导致纳税人无所适从，即各个税收法律规定应尽可能具有"明确性"、整

---

① Colin S. Diver, "The Optimal Precision of Administrative Rules", *Yale Law Journal*, Vol. 93, p. 91.

体税收法律秩序应尽量提高"透明度",以便纳税人可以事先预测其税负金额,从而合理安排生活。① 税法备受诟病的复杂性并不仅因其专业技术性,更是因其就特定征税事项的规定无序、散乱、修改频繁、条文含糊而概念抽象,在某些情况下除非付出辛勤且专业的研究和极高的时间与金钱成本,否则无法得出合理的确定结论,甚至在某些情况下即使付出上述努力仍无法得出合理的确定结论。② 那么,欲增强税法的运作效率、减少实施成本,除了确保税法条文的清晰和明确,还应当以更加简明的语言表述、规范内容的确定性,以易于理解的形式尽可能地提高税法规范的有序性和可理解性。

税法适用的难易程度取决于两个因素,即税法本身的内容以及作为规范内容表达媒介的语言的使用。税法的规范内容无疑是复杂性的根源,但这无法从根本上予以消除。因此,重述或重构税收法律被认为是实现减少复杂性、提高遵从度的重要方法之一。重构或重述税法以便纳税人准确地找到与特定经济生活相关的所有条款并加以理解和适用。③ 也就是说,税务机关以易于理解的方式和语言表述税法的内容或将零散的税法规范以更具有一致性的方式重新编排,将复杂的税法规范内容以简明的方式转述,从而消除税法的复杂性,使其清晰且易懂。④

这种方式虽可以在一定程度上实现税法条文的有序性,增强可执行性,却不对金字塔式税法规范体系的复杂性作出实质性的改变,对改善税法的运行和遵从秩序的贡献相当有限。那么,提高税法的起草质量便值得关注。也就是说,保留当前的税制结构,但以简明易懂的方式重新表述,尽量消除条文中包含的不必要的复杂信息。⑤ 其重点并不在于税法的实质内容,而在于表达的技术。税法规范内容的表述受到语言的限制。为此,应当尽可能采用朴

---

① 陈清秀:《税法总论》,法律出版社,2019,第30页。

② Mark Burton, Michael Dirkis, "Defining Legislative Complexity a Case Study:The Tax Law Improvement Project", *University of Tasmania Law Review*, Vol. 14, p. 208.

③ Mark Burton, Michael Dirkis, "Defining Legislative Complexity a Case Study:The Tax Law Improvement Project", *University of Tasmania Law Review*, Vol. 14, p. 210.

④ Joshua D. Blank, Leigh Osofsky, "Simplexity:Plain Language and the Tax Law", *Emory Law Journal*, Vol. 66, p. 197. 如对企业重组的相关规范性文件,国家税务总局即采取了重新梳理和编排,使其更加清晰和易于把握。

⑤ Tamer Budak, Simon James, Adrian Sawyer, "International Experiences of Tax Simplification and Distinguishing Between Necessary and Unnecessary Complexity", *eJournal of Tax Research*, Vol. 14, p. 353.

素的语言，提高语言表述的准确性，去掉多余的语言，用简单、清晰的语句替代冗长的语句，避免晦涩难懂的表述，使条文尽可能易于阅读和理解。① 税法中，至少在同一税种的所有规范中，应当尽可能以相同的术语指代具有相同内涵和外延的概念，并在征纳双方共同约定的词义下使用。但无论如何，欲基于税收负担能力对各项交易进行准确的区分，税法规范就必然是技术性的。制定能够被所有普通纳税人完全理解的简单易读的税法几乎是不可能的。② 同一部税法的难易程度因人而异。③ 更何况，易于阅读和理解却存有歧义的条文，未必可以产生确定的结果。虽然详尽的条文规定篇幅较长且不易阅读，但是纳税人可能不需要付出额外的成本即可找到所应适用的条文并能够确信依据条文获得合理确定的答案。因此，条文的长短或是否易于阅读，并非判断税法"复杂性"的标准。④

简化税法条文的内容、对已有规范重新予以编排、精炼条文的表述等方式固然可以在一定程度上降低税收制度的复杂性，但如前所述，当前我国税收法律提纲挈领地确立税制框架的最大弊病在于，条文中大量抽象程度极高的概念使得规范内容空洞化，作为规范基础的价值标准及法律原则所形成的意义脉络被切断。在此基础上进行补丁式、碎片化的税务行政规则的制定进一步加剧了税法规范的散乱无序。单个规则看似明确而具体，但整体政策意图却晦涩难懂，其结果必然是只见树木不见森林，无法把握税法的体系脉络。各个税法规范追求不同的目的，而同一条文多重目的的存在又往往导致对该条文不一致的解释，使得适用更加困难并削弱纳税人对税法的信赖。⑤ 甚至连法院都难以把握税法的内容，不得不倾向于尊重税务机关的决定。如果没有费尽心力对碎片化、散乱的税法规范重新予以构建，对税法的规范目的和整体结构予以把握，巨量税法规范的无序性将成为理解和适用税法的最大障碍。因此，即使当前的税法规范条文都是明确且合理的，采取一定的方式使碎片

---

① Walter J. Blum, "Simplification of the Federal Income Tax Law", *Tax Law Review*, Vol. 10, p. 240.

② Samuel A. Donalson, "The Easy Case Against Tax Simplification", *Virginia Tax Review*, Vol. 22, p. 672.

③ Binh Tran-nam, "Tax Reform and Tax Simplification: Some Conceptual Issues and a Preliminary Assessment", *Sydney Law Review*, Vol. 21, p. 507.

④ Mark Burton, Michael Dirkis, "Defining Legislative Complexity a Case Study: The Tax Law Improvement Project", *University of Tasmania Law Review*, Vol. 14, p. 207.

⑤ Deborah L. Paul, "The Source of Tax Complexity: How Much Simplicity Can Fundamental Tax Reform Achieve?", *North Carolina Law Review*, Vol. 76, p. 162.

化的条文形成一定的体系，仍然是最为重要的。①

　　税法的复杂性并不单纯是数字技术性的问题。当前构成整个税制的各个组成部分的差异极大，从而在技术性之外，产生了层级性、相互关联或组织结构上的复杂性。② 在多个位阶的税法规范中寻找应当被涵摄的税法条文必然增加适用的难度。那么，一种似乎可行的方案是制定一项单一而全面的税收法律，将当前以多种渊源形式存在的税法规范均纳入其中，确保规范同一征税事项的所有条文都汇集并呈现于同一位置，由此纳税人只需面临一套而非多套税法，且所有税法规范的位阶都相同，不需要不时地面临不同位阶的税法规范的协调问题。③ 然而，税法不可能是"一次性"的锻造物，更不可能包罗万象而巨细靡遗。税法只能是以明确规则为主、兼容数量不在少数的原则和标准性规范的混合体，必须在立法机关享有初始立法权的前提下由政府因应社会经济的发展变化而解释、续造规范，从而实现动态的发展，因此税法必然是由不断发展的多种税法渊源形式共同构成的整体。即使庞杂如《美国国内收入法典》，亦不得不发展出数量惊人的行政规章、裁决、指引以及司法判例等多种渊源形式的税法规范。

　　因此，制定无所不包的税法典实现规范的体系性从而消解税法的复杂性，同样并不现实。寻找一种可以在税法的动态发展中保持规范的秩序和内部关联的方法对于税法的适用将有更为积极的意义。无论处于相同或不同位阶，任何特定的税法规范都不是孤立存在的，均为构成整个税法制度的"零件"，与其他税法规范甚至其他法律部门的规范存在内部与外部的紧密联系。任何税法条文都意在实现隐身其后的价值标准。其适用范围，也就是立法机关所期待的适用界限，也是由该条文在税法体系中的地位决定的。税法应当是相互联系的内容与价值评价的统一。在确定个案交易的税收负担时，尤其是条文适用的含糊地带，往往不是简单地确定应当适用哪个具体条文，而是如何从整个税法秩序出发对其作出评价。因此，无论特定税法规范的渊源形式如何，必须将税法作为价值评价的整体加以适用。但其前提必然是税法规范确

---

① Stanley S. Surrey, "Complexity and the Internal Revenue Code: The Problem of the Management of Tax Detail", *Law and Contemporary Problems*, Vol. 34, p. 699.

② R. George Wright, "The Illusion of Simplicity: An Explanation of Why the Law Can't Just Be Less Complex", *Florida State University Law Review*, Vol. 27, p. 717.

③ Mark Burton, Michael Dirkis, "Defining Legislative Complexity a Case Study: The Tax Law Improvement Project", *University of Tasmania Law Review*, Vol. 14, p. 209.

立了以规范目的为导向的内部协调且符合价值标准的统一秩序。① 只有税法秩序具有统一性，在特定税法规范间出现冲突或存在漏洞时，才能借助于体系性解释加以解决。

　　税法的复杂性既然无可避免，除了实质性地改变税法条文的内容外，在税法规范内部以价值标准建立层次分明、和谐有序的规范体系，形成稳定的层级秩序，应当是更为重要的立法追求。税法应当基于和谐且相互协调的价值标准建构理性、合逻辑和连贯一致的规范结构，形成内部不存在矛盾的统一体。税法是服务于多重目标的税法条文的混合体，对相互冲突的目标的适度平衡与协调，是形成税法内部统一秩序的关键之所在。② 在单一税收法律内部，各个部分符合逻辑地排列。特定领域所涉及的章节和条款应当具备内部的一致性，从而使条文的框架结构和意义脉络可以被掌握。特定领域的税法规范应当与相关领域保持一致，在更大的框架下确保协调性和整体性，使其秩序和逻辑性可以完全被把握，而不是无希望地淹没于具体的细节之中。③ 不仅如此，既然在税收法律之外由不同机构制定并发展不同渊源形式的税法规范难以避免，不同渊源形式的税法规范之间也应当以其效力位阶为基础形成有序的规范体系。除了形式上的意义外，位阶本身即体现了规范的价值及其在体系中的地位。④ 为此，具有相同位阶的税法渊源应当以相同的形式和条件制定，以确保特定税法规范所属的位阶基于形式即可判定。各个不同机构更应当在其权限范围内把握税收法律所确立的有效价值标准，通过协调的解释和规范续造，确保统一税法秩序的维持与发展。

六　结语

　　当前全国人大以税收法律构建了税制的大致轮廓和整体框架，而其精雕细琢则由政府以行政规则的形式最终完成，二者对于税制的塑造作用难分轩

① 〔德〕伯恩·魏德士：《法理学》，丁晓春、吴越译，法律出版社，2013，第65、120页。
② Samuel A. Donalson, "The Easy Case Against Tax Simplification", *Virginia Tax Review*, Vol. 22, p. 672.
③ Stanley S. Surrey, "Complexity and the Internal Revenue Code: The Problem of the Management of Tax Detail", *Law and Contemporary Problems*, Vol. 34, p. 696.
④ 〔德〕汉斯·J. 沃尔夫、奥托·巴霍夫、罗尔夫·施托贝尔：《行政法》（第1卷），高家伟译，商务印书馆，2007，第279页。

轻。但由于税收行政规则往往针对具体事项作出，有着较为清晰的适用范围和确定的税收后果，加之数量众多、涵盖范围广泛，在实践中大有凌驾于税收法律之势。但其散乱无序、修改频繁甚至彼此冲突或违反上位法，造就了当前税制普遍的复杂性。这却是当下极尽简约、高度抽象、概括、仅作提纲挈领式规定的税收法律确立税制架构的必然结果。2010 年之后全国人大虽加紧制定各项单行税种法，然而，平移国务院此前基于授权确立的税制内容并延续此种框架式的立法模式，看似税收初始立法权已然收回，却以宽泛的明确授权加不确定概念和一般条款的默示授权为政府保留了宽泛的剩余立法权。税收法律过于一般、抽象，既无法提供明确的征纳指引，又无法严格限定征税权的范围，防止其对纳税人权利的可能侵害。税收法定主义所希冀的法律保留，其民主、限权和确定的价值基本无法实现。税收立法权的形式收回、立法效率的过度追求，对税收法治的改善并无助益。税收法律的简或繁、具体或抽象，其症结不仅是规范形式的选择，更在于立法机关与政府之间就税收初始立法权与剩余立法权的分配。这历来是各国税收立法的难题，亦是关系一国税收法治状况的关键。全国人大十多年来完成了多部税收法律的制定，立法成效固然可圈可点，但未来如何实质地行使税收立法权，提高税收法律的立法质量，真正实现全国人大对"征税"的同意，仍有必要予以高度关注。

第二章　社会发展中的税法续造

——以漏洞填补为核心[*]

　　由于税法的"侵益法"的特性，税收法定主义被尊崇为税收领域的最高法律原则，"法无明文不为税"。在这一原则之下，税法的制定应为立法机关所保留，纳税义务的构成要件事实均应由法律予以规定，当且仅当经济活动被涵摄于法律的抽象构成要件之下纳税义务才发生。[①] 然而，变迁与演进是社会的常态。科技进步、创新、信息化正推动社会的高速发展。在此背景下，税收法定主义面临着前所未有的尴尬境地。意欲以税法规范征税行为而实现税收待遇的一致性和连续性、实现税负的可预测性的立法机关，尴尬地发现所欲涵盖的领域是无限扩容、具有高度"流动性"的，存在无限创新可能的交易形式与生活安排无时无刻不在削弱其费尽心力构建的税法规则体系。在税法滞后的情况下，税务机关在征税活动中的自由裁量权便得以大行其道。从表面上看，税务机关的此种裁量可以在现行税法的框架下缓解新型交易形式的课税无法可依的状态，却无力阻止税负不确定、税收风险倍增的顽疾的产生。税法如何应对因社会发展所造成的规则滞后甚至产生法律漏洞的问题，极有必要予以关注。

一　税收法定主义的现实：不仅仅是立法者的怠惰

　　课税要件法定、课税要件明确和征税程序合法是税收法定主义的基本内涵。[②]

---

[*]　税法漏洞可能产生于立法技术的不足，或是立法者有意为之，也可能源于社会的发展变化。本章仅关注因社会的发展而产生的税法漏洞。

[①]　陈清秀：《税法总论》，法律出版社，2019，第45页。

[②]　有关税收法定主义的基本内涵的探讨，可参见刘剑文、熊伟《税法基础理论》，北京大学出版社，2004，第104页。

依据立法机关所制定的明确而清晰的税法规则进行征税，是税收法治的理想状态。然而，税法存在漏洞，即存在税法上应当规定却未加以规定的不圆满或不完整的领域，已成常态。税法漏洞可能在税法制定时因立法者有意识或疏忽未加以规定而产生，也可能因立法者欲实现特定的立法目的而限定税法的适用范围却因语言的有限性或受限于立法技术对应当规范的事项未予涵盖而产生。即使制定时税法已然周全，随着社会、经济或技术的发展也可能产生应当但尚未纳入规范范围的新事项或新问题，税法漏洞因此产生。[①] 为实现税法的平等适用和征税公平，税法漏洞的补充，如举重明轻、举轻明重、目的性限缩或目的性扩张等方法的采用，一般被认为不仅必要且应为合法。但创制性的税法漏洞的补充是否违反税收法定主义的要求则不无争议。

基于其不圆满的程度，不同类型的税法漏洞的填补方法自然应当有所不同。其中，因社会或经济发展而产生的新的交易事项，在现行税法制定之时并不在立法者预见和把握范围内，必然游离于适用范围之外。如不尽快填补漏洞，不仅将形成新旧交易形式的差别化待遇，更可能因此创造税收套利的机会，有损税法的刚性与征税公平。基于税收的法律保留，此种因社会发展形成的税法漏洞自然由立法机关尽快予以填补最为妥适。然而，在我国社会、经济生活高速发展的过程中，税法漏洞比比皆是，立法机关在税收立法方面的消极与怠惰却无任何的改变，税法的滞后性已甚为明显。

（一）新型交易形式的涌现与税法漏洞的产生

在市场经济生活中，契约自由化为市场主体从事经济活动创造了无限的可能。任何市场主体都有权在经济后果相当但权利义务安排各异的法律形式中选择最符合其商业需求的交易形式。得益于科技的进步、互联网的发展和全球化趋势下文化的碰撞，以追求效率和利润最大化为目标的经济活动呈现出不断创新的趋势，各种异于传统经济活动的交易模式被创造出来，对社会经济生活产生了重要的影响。税法既以税收的平等普遍课征为目标，任何可能改变市场主体税收负担能力的经济活动都应获得税法的评价。然而，以传统经济模式建构而成的税法规则却难以涵摄某些新型交易模式，无法据以准确地确定其税收负担，税法漏洞由此产生。

---

① 有关法律漏洞的类型，参见黄茂荣《法学方法与现代民法》，法律出版社，2007，第 427 页以下。

以信托为例。信托是指委托人基于对受托人的信任，将其财产权委托给受托人，由受托人按委托人的意愿以自己的名义，为受益人的利益或者特定目的进行管理或处分，信托财产的收益最终归属于受益人。在信托中存在信托财产的利益的分割：受益人享有信托财产的经济利益，而受托人则享有信托财产名义上的法律权利。① 问题在于，受益人和受托人将因各自对信托财产的经济利益或法律权利而承担相应的纳税义务，还是因具有独立性的信托财产而作为独立的纳税人。信托财产的占有和使用权将随着法律所有权的变动发生转移。信托财产处于受托人的控制之下，受托人有权利也有义务根据信托合同对信托财产进行管理、使用和处分，而受益人则不参与信托财产的管理。② 如果法律所有权可以决定税法意义上的财产所有权，受托人应作为所有权人承担相应的纳税义务。然而，即使受托人作为名义上的所有权人且有权实际占有、管理和处分信托财产，其通常也会被认为仅仅构成技术上的所有权人，而受益人才是享有最终财产收益的主体。税法评价纳税人的税收负担能力的基础在于财产价值的增减，那么，在这种情况下，受益人，而非受托人，应该就信托财产产生的收益承担纳税义务。然而，尽管信托财产所取得的收益将最终归属于受益人，但信托财产在交付之后即独立于委托人和受益人，受益人对信托财产的收益仅享有合同上的请求权，而无实际的支配权。因此，在受益人不能直接取得收益的情况下，由受益人承担纳税义务显然有对未实现的收益征税之嫌。信托财产虽然具有独立性，却并未被法律赋予独立的人格，由此也形成了信托作为课税实体抑或税收导管的理论与实践之争。我国自 2004 年制定《信托法》，目前信托已成为重要的投资理财形式之一，对信托这一交易如何征税至今并无立法加以明确，实践中相关的争议不断发生，税务机关以法无明文规定为由不予征税的情形并不鲜见。因此信托，尤其是个人信托，成为重要的避税手段。

经济活动为国家创造税源，税法应当及时将各种新型经济活动纳入其规范范围，以防止因税法漏洞的形成而产生新型交易与传统交易活动之间的差别化税收待遇。新型交易形式的不断涌现，已使纳税主体资格的确定规则、

---

① Charles M. Bruce, *United States Taxation of Foreign Trusts*, Amsterdam：Kluwer Law International, 2000, p. 21.

② Charles M. Bruce, *United States Taxation of Foreign Trusts*, Amsterdam：Kluwer Law International, 2000, pp. 21, 24.

经济行为及其收益的归属规则和交易的定性规则等均产生不同程度的漏洞。然而,回应此种经济生活的创新趋势所进行的税法漏洞的填补,从现实来看是极为缓慢也是非常有限的。

(二) 立法机关填补税法漏洞的有限作为及其原因探究

税收法定主义一直被奉为税收领域的"帝王原则","法无明文不为税"。2015 年全国人大修改《立法法》,于第 8 条增修税收法定一项,规定"税种的设立、税率的确定和税收征收管理等税收基本制度"只能制定法律。税收立法权明确由立法机关行使,征税的相关事项以法律的形式明确作出规定。这不仅事关纳税人的税收负担的可预测性,也使得私人财产上附带的税收这一社会义务更加具有确定性,避免国家借口征税随意侵夺国民的私人财产。征税属于法律保留的事项,以形成"无国民的同意不得征税"的征税权限制。

我国的税收立法体制一贯备受诟病。尽管自 2011 年起全国人大加紧收回税收立法权,然而,在立法完成后,全国人大适应社会经济发展对税法加以修改,力度依然极为有限。以实施时间最长的《个人所得税法》为例,除去 1993 年和 2018 年外,其他年份的修改均是针对工薪所得的费用扣除标准和储蓄存款利息所得的征税问题。《个人所得税法》实施的 40 多年间是中国社会经济发生根本性改革并高速发展的年代,立法机关却未适应这一趋势对其进行任何修改。《企业所得税法》自 2008 年实施至今,仅在 2018 年修改该法第 9 条,增加公益捐赠的结转扣除,总体上保持了该法极大的稳定性。

与其他法律领域相比,全国人大在税收领域的有限作为恐怕难以以怠惰为由对其予以诟病。1984 年和 1985 年的两次税收授权立法或多或少是全国人大因其税收立法技术和经验的欠缺所作的一种妥协。时至今日这一理由已不足以成为全国人大收回税收立法权的绊脚石,但税收法定主义的实现绝非以立法权收归全国人大为最终目标。税法的明确和具体同样是税收法定主义的应有之义。已由全国人大制定的单行税种法,其条文之简约已尽极致,《企业所得税法》的条文最多,但也不过 60 条。① 由于缺乏可适用性,在无法律授权的情况下,国务院等行政机关以下位法细化、增修上述法律的情形比比皆是。在实践中,以法律为渊源形式的单行税种法的适用不得不仰赖于行政机

---

① 《个人所得税法》的条文不过 22 条,而《烟叶税法》则仅为 10 条。

关所制定的细则。立法机关制定真正符合税收法定主义的自洽的税法规则，仍存在诸多的现实障碍。

立法者所制定的税法规则就征税事项的要件事实及其法律后果予以明确而具体的规定，是税收法定主义的应有之义。既然税收是国家对私人财产收益的分享，征税必然是以经济活动为基础的。为确保国民负担与其经济能力相适应，税法规则必须对各种经济活动予以严格区分，判定因此项活动增加的经济价值，从而课以相应的税收。创造税源的经济活动必然是经由私法规则调整并确定当事人的权利义务的，由此确立的交易的法律形式在一定程度上必须受到税法的尊重，否则便可能引发法体系内部的冲突。因此，从总体上看，税法是以法律形式为基础的，通常必须严格地区分法律形式不同但经济后果相似的经济活动，并课以不同的税收。[①] 更重要的是，税收既为私人财产所附带的社会义务，任何以私人财产为基础从事经营活动的主体便无从回避这一法定成本。税收增一分减一分对纳税人的经济生活安排乃至社会经济发展的影响都极为显著。因此，税法必须有着精巧而复杂的规则设计，确保征税的公平与效率，以实现纳税人的财产权和自由权的行使与国库收入的取得之间的适度均衡。正因为如此，税法一直被认为是技术性最强的法律领域，也是规则最为繁杂的法律部门。

税法规范的明确化，实际上仰赖于概念规范的明晰化程度。一个特定概念的边界越是清晰，税法规则越能够得到准确的适用。由于税法固有的形式主义的要求，将某一特定规则所欲涵盖的行为归于一定类别的概念性规则尤为重要。然而，一方面，囿于立法者认知和语言描述的有限性，任何成文法规则几乎不可能被表述得如此完美，能够将所有应受该课税规则规范的交易情形均纳入该规则的文本阐述之中。[②] 另一方面，从立法技术上说，当立法者形构和界定法律概念时，通常考虑的是那些能够说明某个特定概念的最为典型的情形，而不会考虑那些难以确定的两可情形。[③] 当这一类型的概念在税法中被采用时，由于契约自由提供了无限的法律形式创造的可能，越是明确、具体的概念，其边界被突破的可能性越大。由此必然在概念的核心含义周围

---

① David A. Weisbach, "An Efficiency Analysis of Line Drawing in the Tax Law", *The Journal of Legal Studies*, Vol. 29, p. 71.

② 〔美〕肯尼斯·卡尔普·戴维斯：《裁量正义》，毕洪海译，商务印书馆，2009，第562页。

③ 〔美〕E. 博登海默：《法理学：法律哲学与法律方法》，邓正来译，中国政法大学出版社，2004，第505页。

形成大片模糊不清的区域。税法文本中充斥的不确定概念越多，规则适用的不确定性也就越大。因此，税法概念的形塑，是立法机关制定税法规则过程中的难题之一。

在契约自由之下，经济交易的形式可以因应不同的环境进行自由的创造，存在无限变化的可能。立法机关以高度抽象、一般性规则为基础维持其守成取向的税法去应对无限多样和复杂的经济交易，更多的时候是无能为力的。由于立法者无法预见社会变迁的趋势、公民行为模式的改变和新型交易形式的产生，现有的税法规则不可能全部将其纳入调整的范围。"法无明文不为税"，在社会变迁背景下的必然结果是税法的滞后。这不仅是因为"规则以及整个规则体系靠人类经验而形成"，[①] 立法机关不直接接触各种经济交易或进行税收执法，欠缺税收的专业知识，在相关信息的获取方面处于劣势地位，更重要的是，在社会高速创新的刺激之下，对新型交易是否以及如何征税，并无足够的时间与经验形成明确的一致意见，仍存在尖锐的分歧。立法机关为制定新型交易的完善的税法规则，应当对传统交易形式与新型交易形式、各种不同的新型交易形式进行明确的界分并分别确定其不同的税收负担，亦必须重新确立某一特定概念的内涵和外延以包容由于新型交易的出现而不断扩大的原有概念核心之外广泛的外围领域。前述税法制定的棘手难题在社会发展过程中更加尖锐和突出。以经济活动中最为常见的财产"转让"行为为例。现行税法中，一项有偿的所有权转移的行为被认为构成"转让"，从而产生相应的纳税义务。然而，随着社会经济的发展，所有权的占有、使用、收益和处分的四项权能均可以合同的形式加以分离并转让，如以出售—回租交易转移法律所有权而保留财产的占有，通过期权、互换、期货合约等形式转移财产的收益权而保留法律所有权，以信托形式保留收益权而转让其法律所有权，以融券的形式转让有价证券的处分权而保留收益权。上述交易或者形式上构成"转让"，或者实质上发生"转让"的经济后果，但是否发生"转让"的税收后果，存在诸多的争议。融券交易中标的证券在借贷双方之间的交付和返还，即存在依其法律所有权转让而发生纳税义务或依经济收益保留而不予征税的分歧。

在此情况下，立法者既不能预见并为一切新型交易形式制定课税规则，

① 〔德〕柯武刚、史漫飞：《制度经济学——社会秩序与公共政策》，韩朝华译，商务印书馆，2001，第35~36页。

亦无力解决税收立法的技术性难题而制定与其税收负担能力相一致、符合其法律与经济属性的课税规则，"怠于立法"反而成为明智的选择。"社会变化，从典型意义上讲，要比法律变化更快"①，规则制定的速度永远无法超越社会的发展变化，② 当税法的守成与高速流动的社会生活相冲突时，税法刚性的破坏、税负的不公、税收风险的增加、税收套利的频发、税收的流失及其导致的市场稳定性的破坏便是不得不付出的代价。

全国人大行使税收立法权，制定明晰且适用范围确定的税法规则，在社会发展产生税法漏洞的情况下，由作为立法机关的全国人大及时予以填补，无疑是税收法定主义实现的最理想状态。然而，不仅立法权的收回受制于政治体制的现实，收回立法权后全国人大如何突破立法技术的障碍，制定符合税收法定主义要求的明确、具体的税法规则，同样是艰巨的任务。随着社会的创新与发展，立法机关应当如何适时地将新型交易形式纳入税法的调整范围以保证税课的公平变得极为关键。

二 社会发展与税法漏洞的填补之策

受限于立法程序与技术，立法机关在回应社会的发展与创新、及时填补税法的漏洞方面有其先天的不足。社会发展所形成的税法漏洞的填补并不能完全依赖于立法机关。然而，怠惰的不仅是立法机关，我国司法机关在填补税法漏洞方面的作为亦极为有限。一方面，进入司法诉讼程序的税务案件数量相对有限，司法机关甚少有机会解释和适用税法；另一方面，法官解释和适用税法处理案件时对税务机关表现出强烈的谦抑的态度，法院反而成为税务机关填补税法漏洞的追随者，而非实施者。③ 相较而言，国务院及作为税务主管机构的财政部和国家税务总局却更为积极主动。这固然与当前税收立法体制中行政机关的相对主导地位有一定的关系，但也与上述主体作为税收征管主体最了解税法

---

① 〔美〕E. 博登海默：《法理学：法律哲学与法律方法》，邓正来译，中国政法大学出版社，2004，第420页。

② 徐晨：《权力竞争：控制行政裁量权的制度选择》，中国人民大学出版社，2007，第29页。

③ 美国的情况截然不同，每年联邦法院受理25000多起税务案件，法院也因此成为填补税法漏洞的重要主体。不少因社会发展所产生的税法漏洞首先由司法机关在审理个案中发现并确定其解决的方式，如有关混合金融工具的税法属性的判定因素就是由法院在长期的司法判例中确定的。详细可参见汤洁茵《新型投资工具的税法属性辨析——基于美国的经验与借鉴》，《交大法学》2014年第1期。当然这与两国司法体制的差异直接相关。

适用中所存在的问题并充分了解税法漏洞填补的急迫性有着直接的关系。

（一）税务机关的行政裁量

在税法领域中，自由裁量备受争议。基于税收法定主义，一般认为，在满足课税要件的情况下，税务机关对是否征税并无裁量权。[①] 有学者则认为裁量在税收征纳活动中并不少见。[②] 国家税务总局颁布的《关于规范税务行政裁量权工作的指导意见》（国税发〔2012〕65号）明确肯定了税收执法中的行政裁量权，却并未限定其行使的范围。尽管围绕税务行政裁量的争议始终存在，但学界对税务机关对课税事实及其性质的认定享有相当的裁量或判断余地已基本形成了共识。[③] 这是否意味着在新型交易的课税规则尚不明确的情况下税务机关有权裁量决定是否征税，仍有讨论之必要。

在社会变迁的背景下，税务机关自由裁量的范围已经远远超越了课税事实认定的范围。与司法过程一样，税务机关同样必须"揣摩如果立法者当时能想到这一问题的话，他会对此问题作出怎样的规定"[④]。税务机关对新型交易的应税属性的判定，实际上是实现从生活或日常事实到税法事实的过程，必须将税法所规定的相关法律概念作为参照的标准。在这一事实认定的过程中，逻辑推理已经失去其确定性的力量，而是依赖于税法概念的确定意义，关键在于对法律概念的解释和界定。[⑤] 如前所述，现有的课税规则包含着大量的不确定性概念。在参照标准不确定的情况下，税务机关就交易与规范（标准）之间的逻辑判断便存在更大的自由空间。在概念与概念之间的界限并不明晰的情况下，税务机关在此边缘地带作出个案判断更是无可避免。与此相关的问题是，与其他法律领域为实现其逻辑自洽性而努力构建"有关法律概念、法律技术和法律规范的自主体"[⑥] 不同的是，税法固然构建了自身的固有

---

① 葛克昌：《行政程序与纳税人基本权——税捐稽征法之新思维》，（台湾）翰芦图书出版有限公司，2012，第862页。
② 周俊琪：《〈税收征管法〉中的自由裁量权及其控制》，《涉外税务》2001年第11期。
③ 吴庚：《行政法之理论与实用》（增订八版），中国人民大学出版社，2005，第121~122页；薛钢：《浅议对税务行政自由裁量权的制约》，《税务与经济》2003年第1期。
④ 〔美〕卡多佐：《司法过程的性质及法律的成长》，张维编译，北京出版集团公司、北京出版社，2012，第6页。
⑤ 徐晨：《权力竞争：控制行政裁量权的制度选择》，中国人民大学出版社，2007，第198页。
⑥ 〔美〕E. 博登海默：《法理学：法律哲学与法律方法》，邓正来译，中国政法大学出版社，2004，第256页。

概念，但同时也采用了大量的借用概念。对于借用概念，税法鲜少单独界定其内涵和外延。对此类概念的使用是否严格受民事法律的拘束，在立法中并不明确，在理论上则存在如私法优先说、税法优先说和目的适合说等不同的观点。① 民法概念是否有优先适用的拘束力，还是税务机关可以借用他法概念构建税收构成要件，但可不受此等借用概念的他法定义而自行确定税法独有的内涵和外延，在立法和理论上均不明确，税务机关由此获得界定某一法律概念的内涵和外延的权力，从而进一步扩大其在事实判定上的裁量权。在此意义上，税务机关享有强的意义上的自由裁量权，是通过对作为参照标准的法律概念进行解释而实现的。

美国学者戴维斯并不将自由裁量权局限于德沃金所认为的"某个人在通常情况下根据特定权威所设定的标准而做出决定的时候"②。在缺少支配性的规则甚至有意义的标准的指引无法解决所有甚至主要问题的情况下，容许行政官员就所面临的每一具体案件作出回答，本身是行政裁量的正义，由此才能确立负责任的政府。③ 洛克也持大体相同的观点，认为立法者既然不能预见并以法律规定一切有利于社会的事情，那么拥有执行权的法律执行者，在国内法没有作出规定的许多场合，便享有利用自然法为社会谋福利的权力，直至立法机关有足够的能力来加以规定。④ 在当前新型交易课税的法律规定存在大量空白或模糊不清的情况下，税务机关获得了实实在在的裁量权。例如，当前对银行销售的理财产品的相关收益如何课税尚无法律规定，有税务机关即裁定，由于"通过银行销售的理财产品品种很多，有银行自行开发的理财产品，有银行代信托公司或保险公司代销的产品，还有委托贷款"，"对个人取得的上述收益现暂不征收个人所得税"。⑤ 我国台湾地区对于公司超过票面金额发行股票的溢价是否构成所得以及是否享受免税待遇并无明确规定，台湾地区司法主管部门认为，税务机关"依租税法律主义，得为合理的裁量"，台湾地区财政主管部门则据此作出裁量，认为该项收益

---

① 关于税法借用民法概念的问题，详细可参见汤洁茵《民法概念与税法的关系探析》，《山东财政学院学报》2008 年第 4 期。

② 〔美〕罗纳德·德沃金：《认真对待权利》，信春鹰、吴玉章译，上海三联书店，2008，第 53 页。

③ 〔美〕肯尼斯·卡尔普·戴维斯：《裁量正义》，毕洪海译，商务印书馆，2009，第 16 页。

④ 〔英〕洛克：《政府论》，瞿菊农、叶启芳译，商务印书馆，1997，第 99 页。

⑤ 《青岛市地方税务局关于印发〈2012 年度所得税问题解答〉的通知》（青地税二函〔2013〕1号）。但该通知显属内部文件，并无对外效力。

不属于免税之列。[1] 应当说，税法已经发展出确定传统经济模式的税收待遇的相对成熟的规则，所谓对新型交易的课税，大多并非新税种的开征，而是基于现行税法规定判定交易行为及其经济后果是否系属"应税事实"的过程，甚至仅仅是对"可税性"的判断。在新型交易的可税性足以确定的情况下，即使税法尚未明确规定或规定模糊，由税务机关在个案中根据税法的"一般原则及指导理念"判断该项交易是否以及如何课征税收，反而可以使符合实质法治国家原则的税法获得平等执行。

（二）税务机关的裁量之法

为在缺乏明确指导规则的情况下对案件作出征税与否的决定，税务机关可以采取事实拟制、税法规则的目的性扩张解释或类推适用等方法作出裁量决定。尽管《企业所得税法》第 47 条的一般反避税条款在一定程度上可以防杜利用税法漏洞套取税收利益的新型交易，[2] 但对同时具备合理商业目的和经济实质的交易安排却不能一味地否定其法律形式的选择，否则，势必严重阻碍市场的经济创新。[3] 对一项具有商业目的和经济实质，但利用税法漏洞获取税收利益的新型交易能否进行反避税的调整，仍然存在诸多的争议。[4] 从性质上而言，关于此项交易的否认，税务机关对此交易是否存在法律形式的滥用及被形式掩盖的经济实质作出判定，属于其事实认定的自由裁量，并非法律的补充。[5]

---

① 台湾地区司法主管部门大法官释字 1993 年 3 月 12 日；台湾地区行政管理机构台经字第 9494 号令；台湾地区财政主管部门台财税发字 13055 号令。详细可参见黄茂荣《税法总论——法学方法与现代税法》（第 1 册），（台湾）植根杂志社有限公司，2012，第 355 页，注 107。

② 本书探讨的仅限于因新型交易产生于税法制定之后形成的立法空白状态，属于立法者无认知的法律漏洞。对于此种漏洞的填补，一般反避税条款的作用极为有限。即使从法律解释论的角度来说，由于立法者在制定规则时并未考虑此种交易形式，因此，很难说此种交易形式满足某一特定的税收构成要件超出了"立法意旨"。

③ 详细可参见汤洁茵《原则还是例外：经济实质主义作为金融交易一般课税原则的反思》，《法学家》2013 年第 3 期。

④ 详细可参见汤洁茵《〈企业所得税法〉一般反避税条款适用要件的审思与确立——基于国外的经验与借鉴》，《现代法学》2012 年第 5 期。

⑤ 但亦有学者认为，一般反避税条款仅为税法的解释适用之法。一项经济活动是否涵摄于特定的税法条文，不仅取决于该活动是否满足依该条文字面含义所确立的税收构成要件，还必须符合立法机关制定该条文的立法意旨。详细可参见 Jason Quinn, "Being Punished for Obeying the Rules: Corporate Tax Planning and the Overly Broad Economic Substance Doctrine", *Geo. Mason Law Review*, Vol. 15, p. 1075; David P. Hariton, "When and How Should the Economic Substance Doctrine Be Applied?", *Tax Law Review*, Vol. 60, p. 34。

1. 税法规则的目的性扩张解释

在新型交易不为现行税法规则涵盖的情况下，衡诸该规则的立法意旨，如将其涵盖在内更能实现该税法规则的立法意旨，税务机关可以采取扩张解释的方法，使该新型交易纳入该规则的适用范围之内。所谓扩张解释，是指在税法条文用语可能具有的含义之内，扩张该用语的通常含义，赋予其比通常含义更广的含义的解释方法。新型交易本不在税法条文用语的字面含义之内，税务机关通过"扩大税法用语的通常含义"，使其涵摄于现行税法规则之下，从而确定其纳税义务。如个人投资者从上市公司取得的股息、红利所得的差别化税收待遇，仅适用于"个人从公开发行和转让市场取得的上市公司股票"。就税法条文的通常含义，这应当指个人投资者以自己的名义直接取得并持有上市公司股票，并不包括投资者通过证券投资基金投资并以后者名义持有上市公司股票的情形。但衡诸该条文的立法意旨，税务机关认为投资者通过证券投资基金取得的投资收益，与股票的直接投资相同，均是基于财产所有权取得的消极收益，而非因财产的积极利用赚取，可以包含于上述税法条文的含义之内，从而扩大该条文的字面含义的解释，认定上市公司向证券投资基金分配的股息红利同样适用这一税收差别化待遇的规定。①

扩张解释乃是将税法条文的规范意旨作为判定新型交易是否在条文的适用范围之内的依据。这一解释方法将原本不在法律文义适用范围之内的新型交易涵盖在内，性质上属于法律补充。② 尽管这一结论超出了税法条文用语的通常含义，但仍然处于其字面含义之内。因此，这种方法属于对现行法的解释方法，通常不被认为是对税收法定主义的违反。

2. 事实拟制

在纳税人所从事的经济交易无法涵摄于现行税法规则的情况下，为实现课税公平，税务机关虽明知此交易与现行税法已作规定的事实并不相同，但仍将此交易视为该事实，从而确定其纳税义务。这一事实拟制的方法并不改变既有的税法规范，而是通过对小前提事实要素的假定，对之作相同的处理，达到既不改变现有税法规定，又能取得所欲法律效果的目的。如现行税法对投资者买卖基金单位获得的差价收入并无明确规定，税务机关将此交易拟制

---

① 《关于实施上市公司股息红利差别化个人所得税政策有关问题的通知》（财税〔2012〕85号）。
② 陈清秀：《税法总论》，法律出版社，2019，第177页。

为上市公司股票的转让，从而确定相应的税收待遇。①

尽管事实拟制是有意将明知为不同者等同视之，但事实的拟制也"应避免不合时宜的等量齐观"，"不可自始排除事物本身所要求的差别处理"②，因此，拟制不得违反不当联结禁止原则，亦即拟制相当性原则。根据这一原则，税务机关进行事实关系的拟制时，应当考量未被税法评价的经济事实与参照性规范所规制的应税事实在税收负担能力上是否具有相当性，两者的事实能否在此基础上建立起一定的等值关系。唯其如此，税务机关才能对其作相同的税务处理。否则通过运用事实拟制技术，随意认同新旧事项之间的同等性，将根本上违背量能课税的基本要求。

忽略客观事实的不同而将新型交易与税法已规定的应税事项有意地同等对待，固然是为了弥补立法空白、实现课税的公平，但"法律拟制是危险的，因其有一种扩张的倾向"，③ 应当属于法律保留的事项，应以法律有明文规定为前提。在缺乏立法规定的情况下由税务机关以应税事实的拟制作出裁量决定，无疑将在刚性税法的堤坝上打开一个权力擅断的缺口，为税务机关以国库保护之名行侵害纳税人权利之实提供更多的可能性。

3. 类推适用

在税法中是否允许类推适用在学界仍存在诸多的争议。所谓类推适用，系由学说或判例将法律对特定案例所作的明文规定，辗转适用于法律未设规定的案例类型上。该案例类型法律上的重要特征与法律明文规定的案例类型相同或类似。④ 有学者基于税法的安定性、可预测性和税收法定主义，主张在税法中应当禁止类推适用。如日本学者金子宏即认为，税法为侵害性规范，强烈要求法的安定性，故其解释与适用，原则上应依文理解释，不许任意进行扩张解释或类推解释。⑤ 但亦有学者认为，类推适用的禁止，在税法与其他行政法上几乎同样不存在，类推适用是平等原则的适用，可实现课税平等与正义。在不妨碍税法的安定性、可预测性及信赖保护的范围内，不论有利或

---

① 《财政部、国家税务总局关于证券投资基金税收问题的通知》（财税〔1998〕55号）、《财政部、国家税务总局关于开放式证券投资基金有关税收问题的通知》（财税〔2002〕128号）。

② 〔德〕卡尔·拉伦茨：《法学方法论》，陈爱娥译，商务印书馆，2003，第141页。

③ Patrick Derlin, The Judge 162（1979），转引自卢鹏《从法律拟制到政治拟制》，博士学位论文，复旦大学，2013，第36页。

④ 李建良：《论行政法上之意思表示》，（台湾）《台北大学法学论丛》2002年第50期。

⑤ 参见〔日〕金子宏《日本税法》，战宪斌等译，法律出版社，2004，第104页。

不利于纳税人，均能够进行类推适用，以促进公平合理的税收正义的实现。①

在税收征管实践中，类推适用作为一种救济税法缺失的方法正在日益扩大其适用的范围。为解决因税法规则的缺失而产生的新型交易税负不明的问题，将某一新型经济交易与现行税法已作规定的经济活动进行比较，从而类推适用后者的税法规则，成为当前税法理论界和政策制定者极力主张的方法。② 如在现行规则无法解决创新金融交易引发的课税争议的情况下，美国税务机关往往通过交易的经济实质的分析，类推适用经济上相当的交易形式的课税规则，从而解决相关的争议。③ 根据这一方法，如果一种新型经济活动，相当于另一种税法已作规定的经济交易或若干经济交易的组合，可以认为两者具有相同的属性，那么，后者的现行税法规则可以"辗转适用于"此项新型经济活动。

类推适用是一种比附援引的解释方法，其适用的前提条件在于：其一，法律未设规定的案例必须与法律明文规定的案例相同或类似；其二，两者之间必须存在相同的立法理由。然而，新型经济活动的法律形式与现行税法所规定的经济活动存在诸多的差异，如以法律形式为基础，"类推适用"显然是无法实现的。相反，如以该交易与税法已作明文规定的交易模式"产生相同现金流或经济回报"这一相同的经济实质为基础，即可以符合类推适用的"立法理由类似"的前提条件。如股票的回购交易与以股票为质押物的借款行为被认为具有相同的经济实质，在欠缺明确的税法规则的情况下，尽管这项以股票附带期权的出售的交易与后者的法律形式截然不同，但仍被认为可以类推适用借款及利息的相关税法规则。又如基础资产的远期合约在经济上相当于该资产的所有权利益，可以类推适用现行税法对该基础资产的规定，对此远期合约交易进行课税。因此，将现行税法类推适用于新型经济活动只能建立在以"经济实质"判定课税基础事实的前提之下，否则无法突破现行税法对新型经济活动的法律形式涵盖不足的瓶颈，难以满足"立法理由类似"

① Tipke/Lang, Struerrecht 12 Aufl., 1989, §33.63S.66f.; Tipke, StuW 1981, S.189; Tipke, Steuergerechtigkeit 12 in Theorie and Praxis, 1981, S.131, 转引自陈清秀《税法总论》, 法律出版社, 2019, 第115页。
② Edward D. Kleinbard, "Equity Derivative Products: Financial Innovation's Newest Challenge to the Tax System", *Texas Law Review*, Vol.69, p.1355.
③ Gregory May, "National Report—United States, International Fiscal Association, Tax Aspects of Derivative Financial Instruments", *Cahiers de Droit Fiscal International*, Vol. LXXXB, p.617.

的类推要件。那么，在以新型经济活动的经济实质为基础类推适用现行税法规则的情况下，其结果必然是此类新型经济活动的法律形式被忽视，无论纳税人基于何种目的、选择何种法律形式，在税法上均无任何意义。然而，经济实质是无视交易当事人间权利义务安排的事实判定，以此为基础确定的税收负担可能与纳税人的预期产生一定的偏差。在此情况下，税法风险或不确定性所产生的或有成本，包括被调整的税收负担及因此面临的惩罚成本，可能大大抵消从事新型交易所产生的收益。因此，以填补因新型交易产生的税法漏洞为名，在现行税法框架下以经济实质为基础进行类推适用，所引发的税负不确定的税法风险将无可避免地成为市场创新的重要障碍。因此，以经济实质为基础的类推适用并非救济因交易形式创新而发生的税法规则缺失的有效方法。

在实务中，税务机关在个案中采取上述方法确定新型交易的税收负担。除此以外，税务机关还根据税法的一般原则和理念确定某项新型交易的税收待遇。以虚拟货币的转让收益的征税为例。虚拟货币是虚拟的、非实物存在的经济符号，虽名为货币，却非货币发行机关发行的一般等价物，不具有支付和流通的功能，并非真正意义上的货币。但税务机关裁量认定，个人出售其收购的虚拟货币取得的收入，应当构成"财产转让所得"。[1] 此项判断，一方面是由于此项交易增加了当事人实际可支配和消费的财产价值，基于可税性原则和量能课税原则，应当将其纳入应税所得的范围。另一方面，现行税法中对"财产转让所得"中的"财产"并未作明确的规定，但基于"任何财产的唯一商业价值是其未来收益或有用性的现有价值"的理念，虚拟货币将使其权利人可能于未来获得收益，处分此货币将实现新增价值，从而认定虚拟货币属于税法意义上的"财产"，其转让收益构成"财产转让所得"。

但上述诸种方法在实践中实际上难以进行严格的区分。如在其极为有限的适用范围内，就方法论而言，一般反避税条款对法律漏洞的填补，亦存在事实关系的拟制和类推适用的概括性授权之争。[2] 而无论在理论或实践上，扩大解释与类推适用之间的区别同样困难，甚至有学者断言，"类推适用和扩大解释之间并没有绝对的区别，在说明原理上二者甚至可以互换"[3]，对两者进

---

① 《国家税务总局关于个人通过网络买卖虚拟货币取得收入征收个人所得税问题的批复》（国税函〔2008〕818号）。

② 陈清秀：《税法总论》，法律出版社，2019，第217页。

③ 黎宏：《"禁止类推解释"之质疑》，《法学评论》2008年第5期。

行区分不过是"近代法治的一个美丽谎言"①。

三　作为税法漏洞之法的裁量与税收法定主义实现的二律背反

税收既为国家提供公共产品和服务的物质经费，市场主体在经济活动过程中对公共产品有所利用，应平等地予以分担。② 如果仅因欠缺税法的规定而使新型交易当事人免予分担公共开支，反而有违宪法平等权的要求。在新型交易的创造到其具体的税法规则生成的漫长过程中，由税务机关在个案中根据交易的"具体事实与环境因素"，参照税收负担能力相当的传统交易模式或依照税法的一般原则，确定其应当承担的税负水平，在一定程度上可以缓解税法滞后所引发的征税不公、税收套利等一系列的问题。但以此对因新型交易所产生的税法漏洞进行填补是否有助于税收法定主义的实现，仍有必要予以进一步的检视。

（一）　以税法漏洞填补为目标的行政裁量的实体规制之难题

对有规则的情况下的弱的意义上的自由裁量进行实体的规制已经非常困难。为填补因社会发展形成的税法漏洞而实施的强的意义上的裁量是在规范尚未建立的情况下进行的，确保裁量结果的合理性、防止裁量权的滥用显然更加困难。除了如前所述不同的裁量方法所应遵循的限制，至少还应当从以下三个层面对其予以约束：其一，税收立法的目的、立法精神的规制；其二，法的基本原则的规制，包括税法的基本原则和法的一般原则；其三，法定和正当程序的规制。③

然而，尽管程序性约束极为重要，却不足以对裁量行为进行实体性的规制。而要求税务机关在作出裁量时探求立法意图即使可能，也是非常困难的。④ 对立法意图的判定必须基于对立法背景、立法进程、立法者未明确表达的价值、目标及信仰等主观思想的把握，所作的判定必然是主观且存在不同的解读的。

① 吴丙新:《扩张解释与类推解释之界分——近代法治的一个美丽谎言》,《当代法学》2008 年第 6 期。
② 葛克昌:《所得税与宪法》,（台湾）翰芦图书出版公司, 2009, 第 276 页。
③ 姜明安:《行政裁量的软法规制》,《法学论坛》2009 年第 4 期。
④ Jason Quinn, "Being Punished for Obeying the Rules: Corporate Tax Planning and the Overly Broad Economic Substance Doctrine", *Geo. Mason Law Review*, Vol. 15, p. 1075.

在立法者尚且无法确定其制定或修改特定条文的意图的情况下，很难期待不同的税务机关能够以相同的方法作出同一判断。更重要的是，基于立法目的裁量决定新型交易的税收待遇，无异于要求纳税人实际上遵从立法者的意图，税法的客观含义在很大程度上将被忽视，纳税义务的确定将沦为主观的税法适用。① 一旦必须基于特定税法条文的立法意图而确定是否以及如何适用该税法条文，不仅纳税人无法基于对客观规则的信赖而预测所欲从事的经济生活安排的税收后果，其最终纳税义务的确定也必然是税法规则主观适用的结果，新型交易税负的不确定性将是无法避免的。

在缺乏任何规范的情况下，税务机关裁量确定新型交易的税收待遇，应遵循税收公平原则、量能课税原则、税收政策原则或税收效率原则等税法原则，甚至比例原则，上述多个税法原则是相互交叉、同时并存的。个案中应适用哪一原则不是不言自明的。要解决这个冲突，由于"原则具有规则所没有的深度——分量和重要性的深度"，税务机关必须在特定个案的具体情境下衡量上述原则分量的强弱进而确定其所欲遵循的特定原则。这往往不可能是完全准确的衡量，对哪一特定原则更加重要的判断也经常是有争议的。② 一旦税务机关在权衡各税法原则的分量后决定适用某一特定的原则，如量能课税原则，其他不起决定性作用的税收效率等原则将退而居次，但其本身并不受到损害。③ 即使确定适用量能课税原则，设定"纳税人的税收负担应与其经济上的负担能力相当"的要求，该原则也未明确如何满足此项要求，必须由执法者自行裁量决定。④ 原则的要求往往具有更高程度的一般性，因而需要依照具体场合加以解释。⑤ 原则通常亦不规定适用的结果，只引导案件处理的方向，此种引导也无法据以确定交易应负担的税款金额。

（二）"裁量"的个体化正义及其与税收法定主义的冲突

在规则尚未建立时，约束困难导致裁量权滥用将造成的公民财产权利的

① David P. Hariton, "When and How Should the Economic Substance Doctrine Be Applied?", *Tax Law Review*, Vol. 60, p. 34.
② 〔美〕罗纳德·德沃金:《认真对待权利》，信春鹰、吴玉章译，上海三联书店，2008，第47页。
③ 〔美〕罗纳德·德沃金:《认真对待权利》，信春鹰、吴玉章译，上海三联书店，2008，第59页。
④ 〔英〕A. J. M. 米尔恩:《人的权利与人的多样性——人权哲学》，夏勇、张志铭译，中国大百科全书出版社，1997，第23页。
⑤ 〔英〕A. J. M. 米尔恩:《人的权利与人的多样性——人权哲学》，夏勇、张志铭译，中国大百科全书出版社，1997，第23页。

侵害自不待言。作为一种治理方法，与法律规则适用的普遍性、一致性与连续性不同的是，裁量是税务机关通过对一般规范的个体化来解决具体问题，裁量权是其在个案处理中享有的权力。个别化正义的实现也被认为是裁量优于规则的基点。

由税务机关在每个具体的新型交易中考察其特殊结构、主体乃至收益的形式，从而判断是否应当以及如何课税，看起来确实是实现税收正义的最佳途径。然而，在规则缺失的情况下，税务机关裁量考量的因素并不仅局限于交易本身的经济属性及由此所决定的税收负担能力。创新的激励、经济的促进、国库的保护等都可能成为税务机关作出偏离量能课税的征税决定的借口。① 税收法定主义所欲实现的防止随意征税的目标，在个案裁量中是难以实现的，在我国尤其如此。由于税务争议案件极少进入司法程序，税务机关的征税决定很少面临司法机关的审查，即使有，由于自身税法专业性和技术性的欠缺，司法机关也往往尊重税务机关的判断。在此情况下，税务机关对新型交易课税的裁量将成为最终具有拘束力的决定。个案裁量所导致的结果显然不具有任何的普适效力，而裁量过程的主观性也决定了，即使是相同或极为相似的事实，不同税务机关甚至是同一税务机关的不同执法者也未必会作出相同的税务处理决定。于是，裁量的过度强调只会导致征税的公平与适度不得不仰赖于税务机关的自我约束，从而导致交易税负的确定性与可预见性的丧失，这已被无数的实践和理论证实而无须赘述。事实上，完全甚至主要仰赖于裁量解决新型交易的课税问题，从根本上说，并不符合税收法定主义。

裁量既然取诸个案的判断，税务机关在作出新型交易征税与否的决定前，应当对个案的具体情节予以全面的考量。基于职权调查主义的要求，税务机关应当收集一切阐明事实所必需的资料，以认定该交易的细节及其税法属性。事实探知或发现的成本将成为税务机关作出裁量决定的最主要成本。作为大量行政的典型，税务机关必须一次或同时多次、大致相同且运用制式方法一再重复地行使征税权力。② 为了对成千上万反复发生的经济生活事件进行有效的课税，征税决定通常必须以迅捷的方式作出。这也决定了，尽管事实的判

---

① 税务机关为填补税法漏洞实施的裁量同样要遵循行政裁量的一般要求。

② 黄源浩：《税法上的类型化方法——以合宪性为中心》，硕士学位论文，台湾大学法律学研究所，1999，第101页。

定对纳税义务有着决定性的影响，但在税收征管中根本无法构建诸如司法诉讼的证据规则与事实发现程序，而是有大量粗略的、大致的事实判定的程序设计，在一定程度上限缩税务机关事实调查的范围。否则，征管成本甚至遵从成本都将极尽高昂。① 然而，悖论在于，越是个性化的交易结构的设计，越是对税务机关的个案裁量有更高的期许，但裁量所依赖的事实必须更加地全面而具体，其事实的发现成本将更加高昂。因此，就征税效率而言，取诸个案裁量的个别化正义，在新型交易的征税实践中显然是难以企及的。

（三）以自由裁量填补税法漏洞的实质：行政造法

税收法定主义的课税要件法定与明确性原则固然要求纳税主体、课税对象、归属关系、税率和征管程序等均必须由立法机关在法律中明确详细地规定，但各国并不否认税收立法的有限性。在税法的规范事项已然周全的情况下，法律条文的高度抽象性、语言表达的有限性、文字的多义性、立法者的有限理性，都决定了立法机关所制定的法律规则并不必然达到明确、具体的程度且能够被准确、一致地实施。如果以事无巨细的规范周全为目标，税法将极尽烦冗复杂，不仅立法机关的行政专业经验欠缺而难以企及，高昂的立法成本和严苛的立法程序也将造成税法难以制定。正因为如此，税务机关，尤其是国家税务总局制定与税法的解释适用或课税事实认定有关的"通案"的认定标准，往往被认为并不违反税收法定主义。这些认定标准通常以行政规则的形式制定，裁量基准和以漏洞填补为目标的解释性规则是其中的重要组成部分。② 但上述认定标准的目标在于进一步明确立法者所制定的条文的规范意图和适用方式以协助税收法律的执行，内容应当仅限于由于法的体系性和抽象性而无法包含在内的程序上的技术性、暂时性、应变性或专业性的细节规定，"需要具体化或阐释其内涵的法律概念或规定"以及极少经由授权的"政策性决定"，方法也应当仅限于将税收法律中已有的规定加以细分、区别并予以具体化。③ 除非立法机关另有明确授权，税务机关的"造法"权限应仅限于此，而不得包括任何变更或改变税收构成要件从而导致纳税义务的增

① 由于纳税人负担课税资料提供的协助义务，交易的事实查明的成本将有很大部分必须由纳税人承担。
② 黄茂荣：《法学方法与现代民法》，法律出版社，2007，第34～36页。
③ 一般认为关于"执行法律的细节性、技术性次要事项"不在法律保留的范围之内。但如何区分此等"次要事项"与"基本事项"目前在学界则尚存在诸多的争议。

加或减少的内容。①

税务机关针对新型交易是否以及如何征税所为的裁量显然与为执行现有的税收法律在个案中进行的裁量有着根本的不同。在后一种情况下，无论如何都只是在规则适用范围内所作的决定，仅具有个案的效力，并不具有普遍的拘束力，是一种弱的意义上的行政裁量。然而，税务机关裁量决定尚未被立法所涵盖的新型交易的税收待遇，实际上已对立法机关所确立的税收构成要件进行了变更或修改，以"本不满足税收构成要件的法律事实为满足"，已产生创设新的税收构成要件的结果，具有实实在在的实体法上的效力。② 一旦税务主管机关将此裁量决定确立为通案认定的准则，由于税务系统内部的垂直领导和科层制的管理，这一裁量准则对具体处理个案的税务机关便具有事实上的拘束力，将产生普适性和反复适用的效力。那么，在规则缺失的情况下，一项新型交易因税务机关的裁量而确定其税收后果，此时的裁量事实上已经构成了"造法"。戴维斯对此并不予以否认，反而将其与普通法的创制过程相提并论，认为必须允许"具体案件中具有创造性的裁量权"，唯其如此，"逐案的判断才会逐渐形成规则"，否则，"规则永远不可能形成"。③

即使在已有规则但规定模糊的场合，裁量所产生的"造法"的结果同样不难发现。案件事实形成阶段的法律判断，比最终形成裁判结果的判断更为重要。④ 法律适用的关键，实际上并不在于最后的涵摄阶段，而在于该涵摄阶段的先行评价，即该生活事实所具有的特征是否与该构成要件所指称者相符。⑤ 于是，税务机关甚至无须在逻辑推理上拓展空间，而只需通过对作为参照标准的法律概念的重新解释来强化其裁量结果，即可实现对一项交易的税收后果的决定。过多的裁量将导致其不再依立法机关的课税准则行动，而是取代立法机关作出征税决定，成为实际上的立法者。⑥

在社会发展引发课税规则缺失或模糊不清的情况下，由税务机关在个案中

① 黄茂荣：《税法总论——法学方法与现代税法》（第 1 册），（台湾）植根杂志社有限公司，2012，第 159 ~ 160 页。
② 黄茂荣：《税法总论——法学方法与现代税法》（第 1 册），（台湾）植根杂志社有限公司，2012，第 159 ~ 160 页。
③ 〔美〕肯尼斯·卡尔普·戴维斯：《裁量正义》，毕洪海译，商务印书馆，2009，第 21 页。
④ 刘治斌：《案件事实的形成及其法律判断》，《法制与社会发展》2007 年第 2 期。
⑤ 黄茂荣：《法学方法与现代民法》，法律出版社，2007，第 248 页。
⑥ 陈清秀：《税收法定主义》，载《当代公法理论》，（台湾）月旦出版社，1993，第 613 页。

进行漏洞的填补，正是为了确保税收法定主义的实现，却可能造成对税收法定
主义的违反。尽管这确实可以最快捷的方式确定个案的税收后果，却忽视了行
政机关"造法"与法官"造法"有着根本的不同，尤其是在国家得以剥夺国民
"财产权"的税收领域。税法是典型的构成性规则，受其调整的征税行为在逻辑
上依赖于税法。[①] 税务机关的"造法"将使其在现有的立法之外自我创设一项
新的征税权限，并自行调适其范围。以国库保护为名，税务机关有着更强烈的
征税的偏好。由此所形成的并不必然是税负公平的考量，而是"疑则征税"的
权力诱惑。征税事项之所以强调法律保留，是因为"税收的课征在国民与国家
之间既有重大利益的冲突，却无事务法则可判断其中的曲直"，因此，只有诉诸
"国民的同意"方能确保其正当性。[②] 单纯要求税务机关对新型交易征税的裁
量应受到立法目的和法律原则的约束，远不能给予纳税人足够的实体保护。
在此二律背反之下，一项更加圆融的解决方案自然是势在必行的。

四 新型交易课税从裁量到法定的
初步尝试——标准规范的引入

严格意义上的税收法定主义要求政府所有的征税行为应受预先确定与公
布的"法"的约束，人们可以根据这些"法"相当确定地预测其行为或事件
的税收负担并据以规划个人的事务。为此，此处的"法"仅限于狭义上的法，
即立法机关制定的法律。征税行为在逻辑上依赖于税法这一构成性规则，无
法则无税。而解决社会经济的创新与发展所引发的征税与否这一急迫性的问
题，是催生规则的起点。税法作为"人为创造"的组织性规则的特性决定了
任何征税的制度设计都应当受到社会生活与经济发展的制约，应当尽可能地
精巧设计以确保新型交易的当事人不因其采取的特殊形式而负担不确定或具
有差异性的纳税义务。然而，一种新型的经济交易模式产生之初，是否将为市
场广泛采用并不确定。在对其如何征税尚且存在尖锐分歧的情况下，是否有必
要经历漫长的立法程序、耗费巨额的立法资源为其制定复杂、精巧的课税规则

---

① 关于构成性规则，可详细参见〔英〕A. J. M. 米尔恩《人的权利与人的多样性——人权哲
学》，夏勇、张志铭译，中国大百科全书出版社，1997，第16页。
② Kruse, Steuerrecht I. Allgemeiner Teil, 3. Aufl. 1973, S. 39f, 转引自黄茂荣《法学方法与现代民
法》（第1册），法律出版社，2012，第28页。

是存疑的。此时，立法机关"基本上明智地选择不作出规定"，而是授予税务机关宽泛的裁量权。相较于立法机关，税务机关在无论是信息的占有还是税收的专业知识和经验方面均有先天的优势。由税务机关替代立法机关，对非常复杂、琐碎、易变的市场活动作出专业的征税方案，便成为更有价值的方法。

然而，放任税务机关在严格规则缺失的情况下以个案的裁量为基础进行实质上的"行政造法"，虽然在一定程度上可以解决规则缺失所造成的课税争议，却无法回避与税法规则缺失相伴而生的不确定性和税收风险。因此，尽管在缺乏明确规则的情况下可以容许税务机关对新型交易的税务处理加以裁量，却不应放任其进行纯粹的"行政造法"而有损税收法治的实现。税务机关的裁量只能是解决税法滞后于社会发展的一时之策，只能作为规则的补充和辅助性的治理手段。

为摆脱新型交易税收负担的确定对无规范指引的行政裁量的过度依赖，将新型交易的征税事项尽快成文化无疑是极为必要的。但如果立法机关无法直接制定符合税收法定主义要求的明确而具体的税收规则，可以选择以"介于严格规则与一般的模糊性规定之间"的标准形式的规范对这一事项作出规定，此时"模糊或毫无意义的标准优于明确且有意义的规则"。①

标准②与规则同为法的规范形式，③都具有特定的规范对象，只针对某一种行为予以规定，严格遵循"行为模式"和"法律后果"的结构模式，在结构上表现出相对的封闭性。在内容上，一项标准性规范具有具体性和确定性，

① 〔美〕肯尼斯·卡尔普·戴维斯：《裁量正义》，毕洪海译，商务印书馆，2009，第53页。
② 这里所指的标准，并非在日常生活意义上的作为"衡量事物的准则"的标准（《辞海》1999年版）。法律意义上的标准同样可以在不同内涵和外延下使用。详细可参见林良亮《标准与软法的契合——论标准作为软法的表现形式》，《沈阳大学学报》（社会科学版）2010年第6期。这里的标准是指作为法的规范形式之一的标准。行政法学者往往也在"行政裁量的基本准则"的意义上使用"标准"或"基准"这一概念，但其外延包括行政规则、公共政策和行政管理。而作为规范形式的"标准"则属于行政规则的一种形式。详细可参见郑雅方《行政裁量基准研究》，中国政法大学出版社，2013，第32~36页。
③ 美国学者罗斯科·庞德即采用此种分类方法。详细可参见〔美〕罗斯科·庞德《法理学》（第二卷），法律出版社，2007，第100~103页；沈宗灵《现代西方法理学》，北京大学出版社，1992，第232页。国内也有学者将规则、原则和概念视为构成法规范的三种不同要素。其中，规则又包括规范性规则和标准性规则。详细可参见张文显《法学基本范畴研究》，中国政法大学出版社，1993，第51~54页。我国台湾地区学者黄茂荣教授则以"严格规定"和"衡平规定"分别指称上述的"规范性规则"和"标准性规则"。本书采用庞德的四分法。书中所指"规则"与"规范性规则"、"严格规定"以及"标准"与"标准性规则"、"衡平规定"基本上在同义上使用，具体的内涵和外延将在下文中进一步予以阐述。

即其对权利义务的设定是具体的，相应的法律后果也是确定的。[①] 因此，以标准形式对有关新型交易的征税事项进行规定，可以为市场主体安排其经济生活并预测其税收后果提供相对明晰的微观上的指引。

但与严格规则相比，标准性规范采取了一种相对模糊的方式确立行为模式，"有关构成部分（事实状态、权利、义务或后果）是不很具体和明确的，需要根据具体情况或特殊对象加以解释和适用"[②]，这一特点使其适用范围具有更大的包容度。

标准性规范不具有严格规则那样完整和明确的事实要件，仅提供一个抽象的判断标准，"在运用上不如法律规则那样绝对化，而是根据每一个案件的具体情况来加以适用"[③]。如波斯纳所言，规范通常具有这样一种形式的表达式：若 X 那么 Y，Y 代表的是一个具体的法律后果。严格规则中的 X 代表的是能够机械地或至少是很容易确定的单个事实的情况。与此不同的是，标准性规范的适用过程中，X 这个小前提，需要对事实进行相对广泛的调查，权衡数个非量化因素，或以其他方式作出一种判断或定性的评价，才能最终予以确定，依据标准必须发现、权衡和比较更多的事实。[④] 因此，典型的标准性规范并不规定单一的事实，而是或者列举数个需考量的因素或是对应考量的事实因素予以概括和抽象，由执法者裁量确定作为小前提的法律事实是否存在。[⑤]《企业所得税法》第 47 条的一般反避税条款就是立法者为遏制税法尚未作出明确规定的新型避税安排所制定的标准形式的规范。基于这一标准，税务机关必须在对一项交易的形式安排、预期利润、风险管理等多项事实进行调查之后裁量决定该交易是否不具有"合理的商业目的"，才能认定其是否构成避税安排。[⑥] 因此，仅以标准性规范确立交易属性、评价其税收负担能力所

① 李可：《原则和规则的若干问题》，《法学研究》2001 年第 5 期。

② 张文显：《法学基本范畴研究》，中国政法大学出版社，1993，第 54 页。

③ 〔美〕罗·庞德：《通过法律的社会控制：法律的任务》，沈宗灵、董世忠译，商务印书馆，1984，第 99 页。

④ 〔美〕波斯纳：《联邦法院：挑战与改革》，邓海平译，中国政法大学出版社，2002，第 393 页；〔美〕理查德·A. 波斯纳：《法理学问题》，苏力译，中国政法大学出版社，2002，第 56 页。

⑤ 如《反垄断法》第 18 条即采取列举多个考量因素确定经营者的市场支配地位的标准形式，而《刑事诉讼法》第 53 条规定的"证据确实、充分，排除合理怀疑"，则是概括式地规定刑事追诉的证明标准。

⑥ 详细可参见汤洁茵《〈企业所得税法〉一般反避税条款适用要件的审思与确立——基于国外的经验与借鉴》，《现代法学》2012 年第 5 期。在学界亦存在将这一反避税条款与实质课税原则等同视之的观点，但前者应当是基于后者所制定的标准性规范。这一问题容另撰文详述之。

应考量的因素，由税务机关根据社会的不断发展和征税的需求、基于实际发生的事实与环境考量各种因素的权重，就经济事实或行为是否达到标准所规定的尺度作出裁量决定，能够较为灵活地应对各种新型交易，其适用范围因此具有更大的包容度。

采取标准形式确立新型交易的征税事项也决定了规范的建构将赋予税务机关对要件事实的判断余地。对于社会发展中产生的形式各异、纷繁复杂的新型交易，提炼将发生同样税收后果的交易所具备的共同特质、将其行为模式予以抽象和固定如此之困难，那么，可以在规范制定时不确定所有内容，包括行为模式与法律后果，只确定判断要件事实是否发生的宽泛、模糊的考量因素。虽然这无法提供足以确定新型交易的税收待遇的完整的规范依据，但既然"一切法律尺度的基础毫无疑问的是人"，由税务机关在标准之下吸收一些宽泛的、变化性很强或不可预测的法律上的判断而拼凑完整的规范内容，在个案中考虑所规定的多种因素判断构成要件是否得到满足，[1] 从而尽可能将形态虽有差异，但具有相同或类似属性的新型交易纳入规范范围，能够在一定程度上解决税法规则滞后的问题。

尽管标准性规范之下必然保留税务机关在个案中的裁量权，但此种裁量与无规范的情况下依照"一般原则和指导理念"所作的裁量相比，具有较强的确定性，是一种在规范指引下的弱的意义上的裁量。由于内容的抽象性、模糊性和概括性，原则只能为税务机关裁量决定新型交易的税收待遇提出一定的要求并指出大致的方向，"在决定如何对一个特定的事件作出反应时指导我们对特定因素的考虑"[2]，执法者却必须自行裁量决定如何达到原则为行为所设定的标准和要求。标准性规范的内容尽管同样模糊，但仅指向特定的规范事项。裁量固然是标准性规范的应有之义，但规范内容的相对具体化和特定性以及结构的相对封闭性已经大大限缩税务机关的裁量空间。由于只是以模糊化的方式确立行为模式，在标准之下的裁量在于补充构成要件。一旦在所列举的考量因素或概括限定的事实调查范围内税务机关对缺失的、尚不完整构成要件进行了补充，那么，此标准性规范要么是有效的，将产生所确

---

① Russell B. Korobkin, "Behavioral Analysis and Legal Form: Rules vs. Standards Revisited", *Oregon Law Review*, Vol. 79, p. 23.

② 〔美〕罗纳德·德沃金：《认真对待权利》，信春鹰、吴玉章译，上海三联书店，2008，"中文版序言"。

定的法律后果；要么是无效的，对最终结果不起任何作用。裁量由此便成了羁束。[①] 裁量权应当是一定之规下的权力，"一个被授予了裁量权的人必须正确地要求自己依法办事，他必须让自己注意考虑他一定要考虑的事情，不考虑与之不相关的事情"[②]，标准性规范正是通过限定税务机关就新型交易是否满足事实要件所应当考虑的因素和应调查的多个事实范围，划定了税务机关裁量权行使的范围，也为其作出合理的裁量决定提供了基本的依据。

因此，立法机关对新型交易的征税事项可以采取标准的规范形式，以此种更具有弹性的规范形式容纳更多社会经济生活中发生但未被纳入现行税法适用范围的非常规交易以及未来可能发生的其他交易形式，同时限定税务机关对此事项的裁量范围。对于混合性金融工具的征税事项，美国即采取了包容裁量权的标准性规范的形式。尽管《美国国内收入法典》中明确规定了权益型投资和债权型投资的不同税收待遇，然而，在金融创新的趋势下，兼具两种投资属性的金融工具被频繁地创造出来，从而形成了从股权到债权、其间充满有如渐变色的各种不同的混合金融工具的色频谱。为使两种投资形式的税法规则能够应对未来层出不穷的各种新型的混合金融工具，《美国国内收入法典》第385条规定了税务机关区分权益型投资和债权型投资所需考虑的因素，包括本金偿还的确定性承诺、利息支付的确定性等，由税务机关在对交易的具体细节进行详尽的调查之后，在"每个案件中根据其自身的事实与环境予以裁决"。[③]

尽管标准性规范对税务机关就新型交易的税收待遇的裁量设置了一定的限制，不可否认的是，由于内容的模糊性，约束依然是有限的。那么，基于立法和司法控制的双重局限性，此时裁量权滥用的防杜，不得不寄望于税务机关本身的自我控制。[④] "控制裁量的根本的、有效的途径必须从行政机关内部去找寻"，应当要求其必须"尽其合理的可能通过标准、原则和规则进而形成裁量权所需要的限定并且使其众所周知"[⑤]，确立交易的征税细则。在标准

---

① 〔美〕罗纳德·德沃金：《认真对待权利》，信春鹰、吴玉章译，上海三联书店，2008，第58页。

② H. W. R. Wade, *Administrative Law*, New York: Oxford University Press, 1988, pp. 407 – 408.

③ 《国家税务总局关于企业混合性投资业务企业所得税处理问题的公告》（国家税务总局公告2013年第41号）尽管形式上也列举了判定企业混合性投资业务的5个条件，但由于上述5个条件必须全部满足才能将其认定为债权型投资。因此，这个规范应为规则，而非标准。

④ 郑雅方：《行政裁量基准创制模式研究》，《当代法学》2014年第2期。

⑤ 〔美〕肯尼斯·卡尔普·戴维斯：《裁量正义》，毕洪海译，商务印书馆，2009，第1、63页。

性规范不足以据以确定新型交易的税收待遇时，由税务机关按照立法者制定此规范的意图，在预定的适用范围内将裁量事项具体化以判断选择的标准化，为个案中的裁量决定提供更为明确具体的指引，即制定行政裁量基准，不仅是税务机关依据标准性规范行使裁量权的重要体现，也是其实现自我规制的重要方式。[①] 税务机关在处理形式各异的新型交易的过程中，应当逐渐总结经验，归纳、形成行政惯例，对不完整的要件事实加以价值补充和具体化，或对不确定概念加以阐明，并以内部规则的形式颁布。税务机关在标准性规范的框架内按照裁量基准的具体指引而作出裁量决定，形成某个个案，进而继续按照这种指引作出下一个类似的裁量决定，从而保证相同或具有同一性的事件获得相同的处理，防止裁量权的滥用。而此种裁量基准的日趋成熟和完善，恰恰为新型交易的征税规范的法定形式从标准向严格规则的发展提供了最佳的技术性经验。

由于标准性规范对课税与否的规定能够使纳税人对其税收后果形成一定程度的预见可能性，由行政机关以操作细则的形式进一步的具体化，明确对交易征税的技术性、细节性的事项，并非对税收法定主义的违反，反而能够依靠税务机关的专业知识和更加迅速、成本更为低廉的裁量基准的制定，尽快形成使市场主体得以预测其税负水平的依据，以应对经济活动的发展变化。因此，就社会发展中的新型经济活动所引发的课税问题，其规范依据可以遵循如下的进路生成：在无法直接且适时地起草明确规则时，首先付诸税务机关的裁量；随着同一事项被反复裁量且确定其解决的方案，形成可以遵循的先例，进而颁布具有指导意义的操作细则，并发展这一领域所应遵循的原则，最终使得这一事项的规则得以制定。

五　从标准到规则：新型交易的课税规范形式的阶段性选择[②]

作为公法的分支，税法所追求的主要是"分配的正义"，即"国家透过垂直的权力行使达到交易关系中的正义"，"通过国家权力实现社会资源的再分

---

① 王贵松：《行政裁量基准的设定与适用》，《华东政法大学学报》2016 年第 3 期。

② 在具体事项的课税中如何选择税法规范形式在国外已得到一定的关注，而国内未有所重视。事实上，国内甚少对在特定的法律领域如何选择规范的形式予以研究，就目前所掌握的有限的资料中，近年来仅有学者对证据能力的规范形式选择予以研究，详细可参见孙远《刑事证据能力的法定与裁量》，《中国法学》2005 年第 5 期。

配以及社会连带关系的维护"①。为达成这一目标,税法必须作为国家要求国民让渡部分财产权的法律依据而被制定。因此,即使是出于应对社会发展变迁的考量,标准也不应成为税法的主要规范形式。否则,法律内容尚需依赖于税务机关在个案中加以确定的标准性规范的泛滥,将使得市场主体无法对欲从事的交易的税收成本形成稳定的预期,这同样是有违税收法定主义的。因此,无论如何,标准都不应当是新型交易的课税规范的最终立法形式。以确定、明确而具体的严格规则确立一项交易的税收待遇才是符合税收法定主义的要求的。新型经济事项的课税规范应当实现从标准到严格规则的演进。关键的问题在于,如何在此事项的发展进程中确定与之最相契合的规范形式。

(一)行为的形式化差异与可抽象化程度

有学者在分析刑事证据能力的规范选择时,认为应当将行为的重要性和可预测性作为确定选择规范形式的考量因素。② 诚然,一项明显应当予以避免或引导的事项,如杀人,制定确定性更高的规则显然更加可取。③ 但具体事项孰轻孰重的价值判断即使可能,也是非常困难的。如企业所得税的税率采取规则的形式,一般反避税条款则采取标准的形式,但很难说税率比反避税"更为重要""具有更高的价值"。因此,规范对象的重要性并非进行规范形式选择的决定性甚至主要考量因素。

尽管杀人的具体情况千差万别,但制定禁止杀人的规则是可能的,因为在确立"杀人"这一行为模式及其法律后果时,所关注的仅仅是"生命的剥夺"这一核心属性。至于"杀人"的手段、形式、时间、地点等具体情况,一般不影响对这一行为的判定。因此,如某类须纳入规范范围的事项能够给予高度抽象化而作形式上无差异的假定,规则应当是更适当的选择,如对货物与劳务的流转课征增值税可以制定规则。相反,如果所规范的某类行为虽然具有相同的特质,但这一特质却不足以使该行为产生相同的法律评价,而必须考虑行为的方式、手段等多种因素,则应当制定标准而非规则。

行为的可抽象化程度往往是与发生的频率直接相关的。某一特定行为越

---

① 黄源浩:《法国税法上的实质课税原则及其宪法界限》,载葛克昌、贾绍华、吴德丰主编《实质课税与纳税人权利保护》,(台湾)元照图书出版公司,2012,第681页。

② 孙远:《刑事证据能力导论》,人民法院出版社,2006,第176页。

③ Louis Kaplow,"Rules Versus Standards:An Economic Analysis",*Duke Law Journal*,Vol. 42,p. 606.

是经常发生，人们越是能够发现其中重复发生的共同特质，对具备这一共同特质的行为越是能够给予一致性的法律评价。因此，对于某一行为认识的充分程度将决定是否采用规则的形式。这又取决于相关必要信息的获取和处理能否在立法前完成。如果特定行为的范围已经可以确定，行为普遍具备的共同特质已被抽象和概括并确立为基本行为模式，规范此类行为应当采取规则的形式。① 如果需要考虑成千上万种可能性，预先制定规则对其予以规范的成本将非常高昂。对此，只能首先确立相关的标准而由执法者在个案中加以裁量，再以先例为个体提供行为的引导。

（二）规范的实施成本

从法律经济学的角度考虑，一项规范的实施，包括制定、执行和司法适用的整个过程，必须进行收益—成本的分析。如果该规范的实施成本远远高于其对社会关系加以调整所实现的收益，则其规范内容和方式甚至其存在的必要性应予以重新考量。立法机关不仅应当考虑各种相关因素以确定一项规则是否在所有相同的案件中均可以适用，更应当考虑该规则是否在所有案件中将不得不以极端浪费或耗时的方式适用。② 因此，如果特定行为的不同规范形式将产生不同的实施成本，应当选择成本较低的形式。通常实施成本包括规范的制定与执行成本，也包括行为人的遵从成本。

就制定成本而言，规则的制定成本高于标准。由于规则的制定本身包含了法律内容的预先确定，与规范事项相关的所有信息必须在立法之前被收集且进行处理，规则的制定过程必然漫长且必须耗费大量的资源。如果考虑立法滞后引发的税收流失等成本，那么规则的制定成本会更高。

相反，由于标准不事前确定理性状态的法律边界，③ 执法者或裁判者需要在具体的个案中根据实际的事实与环境考量各种因素的权重，从而确定法律的内容。④ 信息的收集与处理成本是标准适用的必要投入。从遵从成本而言，规则包含特别指向性的事实要件，因此，公民可以事前预测其行为的法律状

---

① Louis Kaplow, "Rules Versus Standards: An Economic Analysis", *Duke Law Journal*, Vol. 42, p. 606.

② Ruth Gavison, "Legal Theory and the Role of Rules", *Harvard Journal of Law & Public Policy*, Vol. 14, p. 727.

③ Russell B. Korobkin, "Behavioral Analysis and Legal Form: Rules vs. Standards Revisited", *Oregon Law Review*, Vol. 79, p. 23.

④ Louis Kaplow, "Rules Versus Standards: An Economic Analysis", *Duke Law Journal*, Vol. 42, p. 563.

态，无须付出太多了解法律内容的成本。由于标准的内容需要由执行机关加以确定，咨询成本相对高昂。总体而言，标准的适用成本相对高昂。

就整体实施成本而言，规则并不必然优于标准，反之亦然。但立法成本是一次性完成的支出，而执行成本和遵从成本则在规范制定之后的每一个案件中发生，整体实施成本的确定必须考虑规范适用的频率。如果规范的事项经常发生，规则的边际执行成本将发生递减。相反，标准的边际执行成本却不会因规模效应的存在而递减，反而可能有所增加。因此，只有在法律规范的事项不经常发生，其适用可能很少甚至从不发生，规范的实施成本因此相对低廉的情况下，标准才是更优的选择。

（三）规范的复杂化程度

采用规则或标准形式制定的规范实际上并无必然的简单或复杂之分。规则可以极尽复杂而标准可能极为简单。简单规则与复杂标准的制定与执行的成本也可能在伯仲之间。① 因此，就同一事项而言，在一般法律领域中，并不会将复杂程度作为选择规范形式的考量因素，但税法的制定却必须对此有所考虑。

税法是以法律形式为基础构建其整体的规范体系的。② 为此，税法必须构建极为繁杂的规范体系以区分不同的个体或交易。规则加例外的规范形式保证了税法对常规或非常规交易能够一并给予规范，从而保证税收的公平课征。然而，正如上文所说，由于规则必须事先确定其内容，非常规的交易往往难以规则的形式规范。明确规则往往仅指明特定事项的税收待遇，有着确定的适用范围，但这也意味着，交易形式的细微改变，都可能导致税收待遇的根本差异，反而使得税法规则的连贯性因此缺失。这也同时意味着，纳税人可能改变其交易形式而适用不同的税法规则却无须改变其经济后果。只要规则对任何非常规的交易缺乏规定，就可能引发大量的税收套利行为。因此，税法规则或是全面而极尽繁杂或是简单但易于规避的。然而，复杂的税法规则固然能够区分交易的形式进行课税，却难以避免规则与规则之间的相互协调

---

① Louis Kaplow, "Rules Versus Standards: An Economic Analysis", *Duke Law Journal*, Vol. 42, p. 593.

② David A. Weisbach, "An Efficiency Analysis of Line Drawing in the Tax Law", *The Journal of Legal Studies*, Vol. 29, p. 867.

成本，即保证规则与规则之间协调作用而避免相互冲突或形成无意识的规范空白的成本。① 规则越是复杂，制定冲突规则的协调性规则的必要性越大。这又进一步导致规则越来越复杂。加上规则一般明确限定其适用范围，即使在边缘的两可情形中也必须予以适用，但在边缘地带的适用争议却仍是屡见不鲜和非常棘手的。

六　新型经济事项的课税规范的获取进程

（一）　与新型经济事项发展态势相适应的课税规范的获取进程

以上关于规则与标准作为规范形式选择的考量因素的分析，为确立与新型交易的发展阶段相契合的规范形式提供了理论上的指导。

随着社会经济的发展，个性化、契合于特定主体的交易形式不断被创造出来。在产生之初，新型交易具有更多独一无二的非典型特征。此时该交易形成税法规范空白显而易见，但由于立法机关无法完全了解该交易或类似交易的一切细节，无法完全预见其未来发展情况，故难以为其制定详尽的课税规则。即使制定规则，无论是特殊规则抑或传统交易课税规范的例外规则，也都无法实现规则的普遍和反复适用。加之交易形式的多样化，所需制定的规则数量将极为惊人，立法成本极为高昂，税法体系内部也将呈现非连贯性甚至跳跃性。虽然具体的个案中规则的适用成本很低，但由于单项规则的适用范围极为有限，整体的实施成本将是极高的。因此，新型交易产生之初即着手制定明确的规则是不现实的，将其留由税务机关裁量确定税收待遇是更为明智的选择。

如果说法律获取的核心行为是一种"个案比较或者案件之间的等置"的话，在法律获取的方法论程序中，必须基于个案的相关特征将其朝向规范来"构造"、"抽象化"和"普遍化"，在发掘相似案件的同时描述其典型性。② 因此，规范应当建立在具有相似性的交易开始普遍、反复发生的基础之上。但何时使用规则、何时采用标准的形式、课税规范的具体内容应当在当事人

---

① David A. Weisbach, "An Efficiency Analysis of Line Drawing in the Tax Law", *The Journal of Legal Studies*, Vol. 29, p. 871.

② 〔德〕阿图尔·考夫曼：《法律获取的程序——一种理性的分析》，雷磊译，中国政法大学出版社，2015，第50~54页。

从事交易之前（规则）确定还是行事之后（标准）确定，应当取决于该新型交易发生的频率。

当其他市场主体具有相同或类似的经济利益的诉求时，此种新型交易形式可能被重复地加以利用。但作为一种不成熟的形式在个案中仍须适应不同的需求而有所调整，应在避免法律风险的前提下，使交易形式的使用者实现经济收益。在这一阶段中，尽管此种新型交易形式开始逐渐凸显相同的特质，仍存在较大的差异且仅被偶然、临时地采用。在这种情况下，对此种交易形式的税务处理以标准的形式作出规定更有效率。既然交易形式在不同的个案间存在较大的差异，甚至某些情况极少甚至从未重复发生，标准加个案裁量可以实现税法的整体实施成本最低化。①

只有当一种具有经济合理性、能够创造更多经济效益的新型交易形式为市场广泛接受，交易发生的频率大大增加的情况下，选择以规则的形式制定其课税规范才是可行的。大量且频繁发生的交易为立法者归纳相同或类似形式之间共同的典型特征提供了最基本的可能性。尽管在此过程中将产生高昂的信息收集、分析和规则内容确定的立法成本，但规则制定后其实施成本将随着交易的大量反复发生而实现边际递减。由于规则的内容事先确定，税务机关的执法成本和纳税人的遵从成本也都将大大降低。一方面，税务机关无须再于个案中确定规范的内容，无须在个案中进行全面的事实调查并就各种因素进行裁量判断，从而能够大大减少执法成本；另一方面，由于规范的内容在交易发生前已经确定，纳税人对其交易的税收负担可以形成有效的预期，无须于交易发生后重新了解并作出判断，其遵从成本也可以大大降低。因此，一种被社会普遍接受并经常发生的新型交易的课税规范更适宜选择规则的形式。

可以说，从新型交易形式创造到严格的税法规则生成的过程中，规范形式的选择必然因交易的普遍性程度的差异而有所不同。立法机关难以在新型交易形式产生伊始即为其制定详尽的课税规则，新型交易的税收后果应起始于税务机关对个案的裁量，"如果不行使裁量，任何国家机关都不可能制定新的政策或法律"，没有个案的裁量，就没有规范的创造。② 随着一项交易形式

---

① 〔德〕沙弗尔：《"规则"与"标准"在发展中国家的运用——迈向法治征途中的一个重大现实问题》，李成钢译，《法学评论》2001年第2期。

② 〔美〕肯尼斯·卡尔普·戴维斯：《裁量正义》，毕洪海译，商务印书馆，2009，第21页。

被创造并为市场逐步接受，成为普遍、常见且典型的交易形式时，其课税规范的制定可以选择规则的形式；反之，可以为众多具有一定共同特质但个性化明显的新型交易制定标准性规范。如可转换公司债券，其产生之初作为债券和转换权偶发组合的典型个案由税务机关裁量确定其税收负担是恰当的。随着各种不同金融工具的打包组合日渐多样化、经常化，则可以由立法机关制定混合金融工具的基本征税标准，由税务机关考量混合金融工具所包含的各个金融要素的属性、权重及其特殊的组合方式，确定包括可转债在内的各个特定混合工具的税收负担。经过20多年的发展，可转债已逐渐发展成为市场上普遍接受并频繁交易的混合金融工具。税务机关通过逐案的处理也累积了对其进行征税的丰富经验，2021年国家税务总局即为其制定了较为详细、具体的操作细则①，在其逐渐完善成熟后则可以进一步制定明确的征税规则。任何交易形式从创造、传播直到被普遍接受，必定经历从个性化到普遍化的过程，这也决定了对新型交易的课税事项的明晰化必然经历从裁量到法定的过程。

（二）基于法律漏洞补充的课税规范续造进程的高度流变性

在新型交易发展的过程中从无规范的裁量到标准再到规则演进的阶段性划分同样是非常困难的。这在信托交易的课税规则的逐渐形成过程中即不难看出。在税务机关针对信托课税案件进行个案裁量的基础上，国家税务总局于1998年、2002年颁布的分别适用于信托型封闭式和开放式证券投资基金的征税细则中即存在将基金作为免税的应税实体与透明的税收导管的差异。② 这种分歧在《企业所得税法》颁布之后仍然未能消灭。③ 2012年全国人大修改《证券投资基金法》时确立了基金的税收透明的课税模式，但税务机关却依然自行其道，《证券投资基金法》第8条的规定在实践中并未获得真正的执行。④ 2006年国家税务总局针对同样采取信托结构的信贷资产证券化的征税细则却

---

① 《国家税务总局关于企业所得税若干政策征管口径问题的公告》（国家税务总局公告2021年第17号）。

② 《财政部、国家税务总局关于证券投资基金税收问题的通知》（财税字〔1998〕55号）、《财政部、国家税务总局关于开放式证券投资基金有关税收问题的通知》（财税〔2002〕128号）。

③ 《财政部、国家税务总局关于企业所得税若干优惠政策的通知》（财税〔2008〕1号）。

④ 有关信托课税的具体规则构建的方式，可参见汤洁茵《金融交易课税的理论探索与制度建构——以金融市场的稳健发展为核心》，法律出版社，2014，第253～270页。

明确将特定目的信托作为独立的课税实体。① 由此可见，不仅同一类型的信托交易形式的征税模式难以形成一致的意见，不同类型的信托交易的课税争议更是无法解决。

法律形成的过程是与整个社会相融的。② 一项新型交易形式被创造后，是否继续重复发生是不确定的，并继续保持不确定。各地不同层级的税务机关以分散的方式收集和处理信息，在此基础上由国家税务总局最终总结形成统一的行政细则。③ 这往往必须经历极为漫长的过程。在这一过程中，社会将继续维持不断发展的态势，在一定程度上将对税务机关就新型交易如何征税初步形成的共识造成一定的冲击。作为一种加诸经济活动的法定成本，税收的课征将直接减少交易主体的税后收益。因此，任何新型交易征税决定的作出或规范的制定，都可能招致市场不同程度的抗拒，即使其本身符合税法的基本原则。交易主体将随着规则的生成进程不断调整或修正其行为的模式，这也反过来妨碍税务机关就此交易的征税形成进一步的共识，迫使其不得不随之重新归纳甚至修正此前的决定，从而延缓了税法规范从裁量到法定的发展进程。

事实上，此种税法规范续造进程的延缓可能是税务机关甚至立法者自觉选择的结果。在社会的动态发展过程中从数以万计的交易中找出相同或类似的形式并归纳、总结其典型的本质特征并据以评价其税收负担能力的变化，从而制定符合量能课税要求的税法规则，这本身已非易事。随着经济活动越来越复杂，各种不同的经济活动，不同行业和不同的经济主体之间的相互联系将会同时得到加强，从而在经济生活整体上产生更具有混合性的问题。对一项新型交易征税，所影响的不仅仅是交易主体本身的税后收益及行为选择，更可能由于系统间的相互依赖而产生弥散性的后果。在这种情况下，立法者应当对高度的社会相互依赖性进行反思，并将其融入课税规范的生成过程中。④ 在针对新型交易进行课税规则续造的过程中，由于征税行为的弥散性后果，立法机关不得不面临更多的政策选择，存在更大的不确定性。这同样在

---

① 但税基仅以当年度未分配的利润确定。详见《财政部、国家税务总局关于信贷资产证券化有关税收政策问题的通知》（财税〔2006〕5号）。

② 〔德〕尼克拉斯·卢曼：《法社会学》，宾凯、赵春燕译，上海世纪出版集团，2013，第262页。

③ 〔德〕沙弗尔：《"规则"与"标准"在发展中国家的运用——迈向法治征途中的一个重大现实问题》，李成钢译，《法学评论》2001年第2期。

④ 〔德〕尼克拉斯·卢曼：《法社会学》，宾凯、赵春燕译，上海世纪出版集团，2013，第382页。

一定程度上延缓了从裁量到严格课税规则的演进过程。

税收的课征建立在社会生活的基础之上。社会的高度流动性将影响税收课征规则的续造实现从一个阶段向另一个阶段的不断发展演进。在不同的社会领域中，从裁量到法定同样存在不同的发展进路。建立在情感基础上的生活领域，尤其是家庭，对税法规则的续造呈现更明显的抗拒之态。在情感上中立的领域，如在经济领域中，为规避因税法漏洞而发生的税负不确定的风险，更加期待税法的及时回应，从而积极推动税法的续造进程。①

不仅如此，法律的续造从根本上说取决于人对新型交易的认识，取决于归纳、设证、类比等法律获取方法的运用。② 税法规则作为典型的构成性规则，是建立在理性基础之上的人为设计的概括性结果。③ 因此，在对新型交易的税务处理从裁量到法定的进程中，人的要素是至关重要的，"不仅与认识有关，也与决断和权力有关"。④ 在开始时，由于无任何指导性规则，各地的税务机关进行个案的裁量，形成具有一定拘束力的先例。在此基础上立法者可以制定标准，但由于标准存在较大的模糊性，税务机关仍保留要件事实的裁量。随着在标准之下裁量确定的案件越来越多，税务机关了解到更多信息并逐渐将其转化为行为范例，税收后果的不确定性也得以降低。这一过程在很大程度上取决于税务机关的专业知识和经验。如果税务机关掌握的信息或专业知识有所欠缺，或者如果他们在作出复杂判断方面能力有所不足，那么上述机制不可能良好运转。⑤ 从裁量到标准再到严格规则的生成过程也因此存在更大的偶在性。

七 结语

由于税法固有其刚性和安定性的要求，在社会发展过程中，漏洞的产生

---

① 〔德〕尼克拉斯·卢曼：《法社会学》，宾凯、赵春燕译，上海世纪出版集团，2013，第 374 页。
② 〔德〕阿图尔·考夫曼：《法律获取的程序——一种理性的分析》，雷磊译，中国政法大学出版社，2015，第 15 页。
③ 尹伊君：《社会变迁的法律解释》，商务印书馆，2010，第 309 页。
④ 〔德〕阿图尔·考夫曼：《法律获取的程序——一种理性的分析》，雷磊译，中国政法大学出版社，2015，第 55 页。
⑤ 〔德〕沙弗尔：《"规则"与"标准"在发展中国家的运用——迈向法治征途中的一个重大现实问题》，李成钢译，《法学评论》2001 年第 2 期。

几乎难以避免。受限于税法的专业性和技术性以及严苛的立法程序，立法机关在弥补税法漏洞方面的作用极为有限。相反，税务机关在个案中根据新型交易的事实和环境因素确定其合理的税收负担，在一定程度上可以避免新型交易因税法滞后性而负担差异化的税收待遇，从而确保税收公平和量能课税。然而，这实质上却形成了税收的"行政造法"，如不加以约束，则更加有损税收法治的实现。为此，在无法对新型交易制定符合税收法定主义要求的课税规范时，立法机关对此事项进行调整可以采取"介于严格规则与一般的模糊性规定之间"的标准形式，在此框架下授予税务机关宽泛的自由裁量权，由其在反复发生的个案中逐步明确对此新型交易征税的技术性、细节性的事项，并逐渐发展这一领域所应遵循的原则，最终使该事项的征税规则得以制定。从新型交易课税的个案裁量到课税规则的最终生成无疑是漫长而艰辛的过程。课税规范的获取进程应当与此新型交易事项的发展态势相适应，随着新型交易形式为社会逐渐接受、采用和扩散，应及时推进其征税事项由裁量到法定的进程。

第三章　实质课税原则之检讨与税法
形式主义的重提

　　"实质"通常为"形式"的对称，二者是对客观事物性质的一种揭示。形式与实质之争在刑法、民法等传统部门法领域早已备受关注，法律的形式主义与实质主义更是法理学争论不休的话题。税法领域亦无出其外。税收的课征以形式抑或实质为先的争论从未停歇。2015 年《立法法》修改第 8 条，税收法定原则得以进一步明确。税收法定原则应当具有形式主义的特征，这是保障纳税人基本权利的必然要求。同时，税收应当以国民的税收负担能力为基础进行公平的分摊，这是税收法定原则之下实质正义的基本要求。可以说，税收法定原则应当同时包含形式与实质两个侧面。然而，近年来以征税公平和量能课税为价值追求的实质课税原则广受推崇，[①] 税法形式主义渐失其声，让人每每产生税法中形式不受尊重的错觉。但征税公平与量能课税既非税法唯一之价值，实质重于形式被绝对化甚至一般化都是值得商榷的。那么，税法之中，形式与实质到底孰轻孰重？对此，首先应当对为何在税法领域中特别强调实质的价值，所受强调者为何者之"实质"以及如何确认形式之外的所谓之实质等问题，逐一予以考证。

一　纷纷扰扰的实质课税原则：形式
与实质之争的三个面向

　　所谓"形式"是指事物呈现其外的有形或无形的表征或外观，而实质则

[①]　除实质课税原则外，当前我国税法理论研究中还使用"经济实质主义"（Economic Substance Doctrine）、"实质重于形式原则"（Substance Over Form）、"经济观察法"等术语。其中，"经济实质主义"或"实质重于形式原则"形成于美国司法实践，而"经济观察法"则源于德国税法理论和实践对形式与实质的关注。国内学者在使用上述术语时甚少对其加以区分，但其内涵和外延其实并不明确。本书一般采用实质课税原则，仅在提及各国相关理论发展时采用该国的特定用语。

是指称符合实际的真正事实。法律的三段论包括抽象构成要件（大前提）、事实（小前提）以及法律后果。法律后果是事实涵摄于规则的结果，并无形式与实质之分。大前提和小前提均存在形式与实质之争。长期以来，以条文形式上呈现的文字用语确定法律的适用，还是追求"符合实质"的规则内涵，是法理学上一个重要的议题。实质课税原则的产生，就是为了解决税法领域的这一问题。德国学者 E. Becker 在起草《帝国税收通则法》时首次提出经济观察法，强调"税法解释依其经济目的"，即应采取基于财政收入目的的解释方法。① 通过假定立法者的立法意图，以税法条文的实质解释得出对具体征税事项的"符合立法者本意"的解决方法，在美国也被认为是经济实质主义的应有之义。不少学者认为，这项在长期税收司法实践中形成的普通法原则对纳税人套取的税收利益的否定，并不是通过否定交易的法律形式而重新定性的，而是通过探求立法机关制定条文的意图确定条文的实质内容以排除其适用来实现的，② 因此，这是一种税法条文的目的性解释方法。③ 我国不少学者，亦肯认这一观点。④ 我国台湾地区 2009 年增订的"税捐稽征法"第 12 条也明确规定税法解释应当"依各该法律之立法目的，衡酌经济上之意义及实质课税之公平原则"。⑤ 可以说，实质课税原则首先是一种不受税法条文的字面表述的拘束，而基于立法目的探求条文的实质内容的税法解释与适用

---

① 参见葛克昌《实质课税与纳税人权利保障》，载葛克昌、贾绍华、吴德丰主编《实质课税与纳税人权利保护》，（台湾）元照图书出版公司，2012，第 12~15 页。

② 参见 David P. Hariton，"Sorting out the Tangle of Economic Substance"，*Tax Lawyer*，Vol. 52，p. 244。

③ 参见 Joseph Bankman，"The Economic Substance Doctrine"，*Southern California Law Review*，Vol. 74，p. 11；Alexandra M. Walsh，"Formally Legal Probably Wrong：Corporate Tax Shelters，Practical Reason and the New Textualism"，*Stanford Law Review*，Vol. 53，p. 1544；David A. Weisbach，"Ten Truths About Tax Shelters"，*Tax Law Review*，Vol. 55，p. 215。但也有学者认为通过探求条文的目的性解释实施反避税的做法是不同于经济实质原则的一种方法，详细可参见 Shannon Weeks McCormack，"Tax Shelters and Statutory Interpretation：A Much Needed Purposive Approach"，*University of Illinois Law Review*，Vol. 3，p. 697。

④ 详细可参见张守文《税法原理》，北京大学出版社，2007，第 34 页；陈清秀《税法总论》，法律出版社，2018，第 188 页；黄茂荣《税法总论——法学方法与现代税法》（第 1 册），（台湾）植根杂志社有限公司，2012，第 371 页。

⑤ 我国台湾地区"税捐稽征法"第 12 条规定："涉及租税事项之法律，其解释应本于税收法律主义之精神，依各该法律之立法目的，衡酌经济上之意义及实质课税之公平原则为之。稽征机关认定课征租税之构成要件事实时，应以实质经济事实关系及其所生实质利益之归属与享有为依据。"

的方法。此时所争执的"实质"与"形式",所指的是法律文本。实质课税原则强调的正是法律的实质内容,而非形式的法律文本,对纳税义务的确定具有决定性的意义。[①] 此即实质课税原则引发的税法的实质与形式之争的第一个面向。

经济观察法的倡导者 Becker 并未将须经济观察的对象局限于"税法条文",而是进一步认为,征税事实"应不考虑当事人选择的法律形式及一切案件的法律包装",而应"依税收的经济意义予以把握"。[②] 我国台湾地区学者多采德国观点。如陈清秀教授即认为,在课税要件事实的认定方面,应当把握体现经济给付能力的实质事实关系,而非以其单纯外观的法律形式为准。[③]受此影响,我国台湾地区"税捐稽征法"第 12 条第 2 款肯定了税收构成要件事实的认定以实质经济事实关系及其所生实质利益的归属与享有为依据。在美国,经济实质主义作为一项反避税工具,主要用于判断交易的形式与实质之间是否存在落差,并于落差存在时确定交易的经济实质作为税法适用的事实基础。[④] 我国多数学者亦认为实质课税原则为应税事实的认定[⑤]或解释[⑥]之法。尽管当前我国的税收基本法律[⑦]中并未直接确立这一原则,但国家税务总局在其制定的税务规范性文件中已明确采用"实质重于形式原则"的表述。如《国家税务总局关于确认企业所得税收入若干问题的通知》(国税函〔2008〕875 号)规定销售收入的确认应遵循这一原则。此外,《国家税务总局关于印发〈特别纳税调整实施办法(试行)〉的通知》(国税发〔2009〕2 号)、《一般反避税管理办法(试行)》(国家税务总局令第 32 号)也将其作为认定避税安排应当遵循的原则。在此实质课税原则强调的是,作为小前提的税收要

---

① 参见 Allen D. Madison, "The Tension Between Textualism and Substance-over-form Doctrines in Tax Law", *Santa Clara Law Review*, Vol. 43, p. 739。

② 参见葛克昌《实质课税与纳税人权利保障》,载葛克昌、贾绍华、吴德丰主编《实质课税与纳税人权利保护》,(台湾)元照图书出版公司,2012,第 12~15 页。

③ 参见陈清秀《税法总论》,法律出版社,2018,第 188 页。

④ 参见 Yoram Keinan, "Rethinking the Role of the Judicial Step Transaction Principle and a Proposal for Codification", *Akron Tax Journal*, vol. 22, p. 52。

⑤ 详细可参见叶姗《应税事实依据经济实质认定之稽征规则——基于台湾地区"税捐稽征法"第 12 条之 1 的研究》,《法学家》2010 年第 1 期;贺燕《实质课税原则的法理分析与立法研究——实质正义与税权横向配置》,中国政法大学出版社,2015,第 61 页。

⑥ 参见闫海《绳结与利剑:实质课税原则的事实解释功能论》,《法学家》2013 年第 3 期。

⑦ 这里所指的税收基本法律,包括全国人大制定的《个人所得税法》等 4 部单行税种法和《税收征收管理法》以及国务院以暂行条例形式制定的《增值税暂行条例》等单行税种法。

件事实，应依经济的实质关系判定，纳税人选择的私法形式不作为税法适用的事实基础。这里所指的乃是应税事实的"实质"与"形式"。此为税法的形式与实质之争的第二个面向。

也有学者反对将实质课税原则作为税法解释和事实判定的方法，认为只能在具体的实体法中以个别立法把握蕴含纳税能力的经济事实，而不是外在的法律形式。① 日本学者吉良实肯定了这一原则在税收立法中的适用。② 持这一观点的学者认为，税收的课征与经济生活事实相联结，但其在私法上呈现出来的法律行为不能用来评断纳税人的税收负担能力，应当将经济上的事实经过、状态及活动作为纳税人税收负担能力的指标事实，确立抽象税收构成要件。③ 日本《所得税法》第 12 条、《法人税法》第 11 条有关实质归属者课税之原则，即适其例。④ 此时的经济实质原则，所要解决的形式与实质之争，在于确立抽象税收构成要件时用以评价税收给付能力的指标事实，是经济活动的法律形式抑或经济实质。此为税法的形式与实质之争的第三个面向。

围绕实质课税原则的三个面向的形式与实质之争各有不同，却息息相关。在立法层面，关涉基于经济活动呈现的法律形式还是最终实现的经济效果确立税收构成要件，是关于立法者以何者为基础征税最能实现量能课税所作价值判断的争议；在对已制定的税法条文进行阐述，使之被理解和适用层面，则争执条文的含义究竟以字面含义的解释为已足，还是尚需探究立法者的真实意图予以明确；在具体经济活动发生后，关注的是以该交易的法律形式还是经济实质进行税收构成要件符合性的判断，即在执法层面是否同样应为价值判断，还是只能进行规范和形式的判断。尽管围绕实质课税原则的研究成果丰硕，但学者们大多基于不同的面向对实质课税原则展开研究，难以形成真正的对话与讨论，甚至存在不少误解与误读。本章拟分别从上述三个面向对当前税法学研究中普遍存在的实质判断应先于形式判断、税法形式无价值等观念展开反思性的检讨。

---

① 参见刘剑文、熊伟《税法基础理论》，北京大学出版社，2004，第 160～164 页。

② 参见〔日〕吉良实《实质课税主义》（上），郑俊仁译，（台湾）《财税研究》第 19 卷第 2 期。

③ 参见黄茂荣《税法总论——法学方法与现代税法》（第 1 册），（台湾）植根杂志社有限公司，2012，第 371 页。

④ 参见〔日〕金子宏《日本税法》，战宪斌等译，法律出版社，2004，第 131 页。

二 抽象税收构成要件确立的形式与实质

(一) 基于有限建构性判准的实质重于形式?

在主张实质课税原则为应当遵循的税收立法原则的学者看来,由于量能课税是税法的精神或目标,因此,应当以经济利益的实质及其实际的依归,认识税收负担能力的有无及其归属,而不受限于形式,才能真正实现税收正义。① 只有在例外的情形下,如基于税收效率的考量,才能将法律形式作为衡量的基准。② 当前我国并未在现行税法中将依经济实质征税确立为法律原则。学者们力图通过对现有课税规则的"有限建构性诠释"来鉴别这一原则的努力值得肯定。③ 根据德沃金的观点,要通过诠释性判准进行法律原则的识别,起点是必须能够确定既存法律的特定范围,以便特定原则能够加以符合与证立。④ 但经学者辨别、认为内含或隐藏着实质课税原则的既存的法律规则,除去反避税规则能够形成相对普遍的共识之外,其他规则是否足以支持这一原则的存在,依然是存疑的。⑤ 实质课税原则能否作为"道德上最佳的、能证成大部分颁发的现有法律规则""确定法律规则如何扩展和修正以及解决法律规则冲突"⑥ 的税法原则,关键在于基于经济实质确认税收负担在国民间的分配

---

① 参见黄茂荣《税法总论——法学方法与现代税法》(第1册),(台湾)植根杂志社有限公司,2012,第375~379页。

② 参见贺燕《实质课税原则的法理分析与立法研究——实质正义与税权横向配置》,中国政法大学出版社,2015,第125页。

③ 参见贺燕《实质课税原则的法理分析与立法研究——实质正义与税权横向配置》,中国政法大学出版社,2015,第218~219页。

④ 〔英〕哈特:《法律的概念》(第二版),许家馨、李冠宜译,法律出版社,2011,第234页。

⑤ 如有学者认为,《营业税暂行条例实施细则》第11条规定的"单位以承包、承租、挂靠方式经营的,承包人、承租人、挂靠人(以下统称承包人)发生应税行为,承包人以发包人、出租人、被挂靠人(以下统称发包人)名义对外经营并由发包人承担相关法律责任的,以发包人为纳税人;否则以承包人为纳税人",体现了实质课税原则。具体可参见贺燕《实质课税原则的法理分析与立法研究——实质正义与税权横向配置》,中国政法大学出版社,2015,第218~219页。但该条文的规定,恰恰强调的是,确定以承包人还是发包人为营业税的纳税人,取决于以何者的名义对外缔结民事契约,而非实际上的真正经营者。因此,将该条规定作为实质课税原则的佐证未免有些牵强。

⑥ 〔美〕安德雷·马默主编《法律与解释:法哲学论文集》,张卓明、徐宗立等译,法律出版社,2006,第289~290页。

是否已形成普遍的"公共正当意识"①。

《证券投资基金法》第 8 条关于基金财产的投资行为及其收益归属于投资者承担纳税义务的规定，通常被认为是足以证成实质课税原则的课税规则。在信托交易中多数学者也认为应当遵循实质课税原则由受益人承担由此产生的纳税义务。② 然而，自 1998 年以来国家税务总局制定的有关基金运作的流转税规则，包括 2016 年营改增之后的增值税规则，却均将"以自己名义运营基金"的管理人而非最终受益的投资者作为流转税的纳税人。③ 同样，在信贷资产证券化交易中，信托人基于信托合同将财产交付于受托人，构成财产转让而发生企业所得税的纳税义务。④ 而有学者却基于实质课税原则主张这一信托财产的交付行为应"形式移转不课税"。⑤ 可以说，即使对特定经济活动，究竟将实质还是形式作为税收负担能力评价的基础确立抽象税收构成要件，并未形成普遍共识。

事实上，现行税法中存在大量的规则足以确证税收构成要件的确立是以形式为基础的。税法的制度设计固然以保证税收在国民间的平等分摊为目标，但不同的税种建构机制各异，并不尽然要求对经济活动实质的探究。流转税，如增值税，作为间接税，其整体税制设计就是高度形式化的。为减少纳税申报单位、降低税收征纳成本，增值税有意将法律上的纳税人与实际负税人予以区隔，以"名义上合同卖方"为纳税人，即以自己的名义销售货物并使买

① 参见〔美〕罗纳德·德沃金《认真对待权利》，信春鹰、吴玉章译，上海三联书店，2008，第 64 页。
② 详细可参见刘继虎《法律视角下的信托所得税制——以民事信托所得课税为中心》，北京大学出版社，2012，第 24 页；郝琳琳《信托所得课税法律问题研究》，法律出版社，2013，第 74 页。
③ 包括《财政部、国家税务总局关于证券投资基金税收问题的通知》（财税〔1998〕55 号）、《财政部、国家税务总局关于开放式证券投资基金有关税收问题的通知》（财税〔2002〕128 号）、《财政部、国家税务总局关于证券投资基金税收政策的通知》（财税〔2004〕78 号）、《财政部、国家税务总局关于信贷资产证券化有关税收政策问题的通知》（财税〔2006〕5 号）、《关于明确金融、房地产开发、教育辅助服务等增值税政策的通知》（财税〔2016〕140 号）、《关于资管产品增值税政策有关问题的补充通知》（财税〔2017〕2 号）、《关于资管产品增值税有关问题的通知》（财税〔2017〕56 号）。《财政部税政司 国家税务总局货物和劳务税司关于财税〔2016〕140 号文件部分条款的政策解读》，国家税务总局网站，http://www.chinatax.gov.cn/n810341/n810760/c2431727/content.html，最后访问日期：2022 年 8 月 17 日。
④ 《财政部、国家税务总局关于信贷资产证券化有关税收政策问题的通知》（财税〔2006〕5 号）。
⑤ 参见刘继虎《论形式移转不课税原则》，《法学家》2008 年第 2 期。

受人成为所有权的主体，并不考虑该主体是否为货物销售收益的实际取得者。在应税事实的把握方面，亦仅关注创设转让标的物所有权这一"过程性"事实，而不关注该所有权的转让方和继受人是否为经济上的实际控制支配者。[①] 为确保增值税抵扣机制的实施，进项税额的抵扣也是高度形式化的，将主张抵扣的主体严格限定于商品销售或劳务提供合同的卖方当事人，并以取得记载与民事合同相符的交易内容的合法抵扣凭证为形式要件。未能满足这一形式要件，即使实际负担进项税额或虽为实际买受人但非凭证记载的交易后手，亦不得主张税额的抵扣。[②] 这一高度形式化的抵扣要件，正是确保增值税税负得以层层转嫁而不至于发生高昂的征管成本的制度安排。

尽管大多学者基于所得税的直接税和属人税性质，认为为确保量能负担，其抽象构成要件的确立应有必要遵循实质课税原则，即以经济活动的实际状况和最终经济利益的归属衡量税收负担能力并确定纳税人，[③] 但经济数额上相当而法律形式不同的经济活动被课以不同的所得税的情形亦不在少数。[④] 市场主体从事同一经济活动承担个人所得税抑或企业所得税，取决于其选择的经济组织体的形式，这直接决定投资者将负担单一层面的所得税或是面临重复征税。[⑤]

德国法中关于违反强行法和公序良俗、无效或虚伪行为以及滥用民法形成自由的行为不影响税收课征的规定，一直被认为是税法中实质重于形式的有力佐证。[⑥] 以无效合同为例，税法无视经济活动的法律外观无效之事实，而以当事人使之发生并维持存在的经济后果认定税收构成要件的满足，被认为是依经济实质课税的典范。[⑦] 此种观点实际上将"当事人缔结的契约"等同

[①] 具体可参见陈清秀《税法各论》，法律出版社，2016，第449~451页；黄茂荣《销售当事人之认定》，《植根杂志》2010年第3期。

[②] 参见黄源浩《论进项税额抵扣权之成立及行使》，（台湾）《月旦法学杂志》2005年第3期。

[③] 参见葛克昌《所得税与宪法》（第三版），（台湾）翰芦图书出版有限公司，2009，第3页。

[④] 参见 David A. Weisbach, "An Efficiency Analysis of Line Drawing in the Tax Law", *The Journal of Legal Studies*, Vol. XXIX, p. 71。

[⑤] 如个人投资者选择以合伙企业或公司的形式从事经济活动，前者由其合伙人缴纳个人所得税，后者除在公司层面缴纳企业所得税外，其投资者还需就分配的股息缴纳个人所得税。

[⑥] 《德国税收通则法》第39~42条。我国2006年1月发布的《财政部、国家税务总局关于加强教育劳务营业税征收管理有关问题的通知》（财税〔2006〕3号）中关于择校费征营业税的规定也被学者认为在立法上确立了对非法或无效行为"实质"课税的做法。详细可参见刘映春《实质课税原则的相关法律问题》，《中国青年政治学院学报》2012年第1期。

[⑦] 参见陈清秀《税法总论》，（台湾）元照图书出版公司，2012，第201页。

于"经私法调整后确立的权利义务归属所呈现的法律外观形式"。当事人缔结的合约无效,包括绝对无效和相对无效两种情形。如合同存在相对无效的事由,是否最终发生合同无效的法律后果须经当事人请求、法院裁判予以认定。此时该合同的不生效只是一种可能于未来发生的状态,却仍存在生效的可能性。如当事人认为继续履行对其有利可以不主张合同无效,该合同的法律效力仍将得以维持。[1] 即使合同存在违反强行法的无效事由,如当事人在缔结合约时已明知此事由的存在,嗣后因合同有效对其不利而主张合同无效,可能被认定为恶意抗辩而不受支持。[2] 在上述两种情况下,交易经此合同确立的权利义务与其经济后果仍为一致,依然是基于经私法调整后的权利义务及其归属所呈现的法律外观进行课税。即使合同已被宣告无效,如当事人未将已发生的财产给付恢复原状,则双方当事人之间的财产给付,与当事人缔结的无效契约无关,而是依不当得利债权债务关系而发生。也就是说,即使合同具有法定无效的情形,其法律效力虽有疑问,但实际上不过是欠缺请求权基础而已。若当事人未争执而为履行,私法并不否定其履行行为的效力。[3] 在此情况下,作为征税基础的事实仍为经民商法调整后的财产归属,不存在无视法律外观而径行以经济后果进行征税的问题。以此作为税法上遵循实质课税原则确立税收构成要件的佐证,是值得商榷的。

如果遵循以有限的既存规则建构性诠释"实质课税原则"的方法,那么,从上述规则出发同样不难辨识"形式重于实质"这一完全与之冲突的原则。如果说法律原则的制度支持越多,其分量就越重,[4] 那么,要权衡"实质课税原则"与"形式重于实质"二者的分量孰轻孰重,恐怕穷尽所有税制安排也难分轩轾。因此,仅以有限范围内的现行规则得出抽象税收构成要件的确立遵循实质课税原则的结论是值得商榷的。

(二) 与民商法调整后果相联结的抽象税收构成要件

主张以实质为基础确立税收构成要件的学者鲜少提及何为一项经济活动

---

[1] 参见王利明《关于无效合同确认的若干问题》,《法制与社会发展》2002 年第 5 期。

[2] 参见崔建远主编《合同法》(第 5 版),法律出版社,2014,第 102 页。

[3] 参见 Wolfgang Schön, "Die Zivilrechtlichen Voraussetzungen Steuerlicher Leistungsfähigkeit", *Stu W*, S. 251。

[4] 参见〔美〕罗纳德·德沃金《认真对待权利》,信春鹰、吴玉章译,上海三联书店,2008,第 65 页。

的实质。① 一般仅仅简单地认为私法重视法律形式，因此，私法上真实未必为经济上真实。如以经济活动产生的回报、现金流或净利润等后果确定其实质，并据以衡量当事人因此交易发生的税收负担能力的改变，似乎又难以说明为何法律形式或交易结构已然不同而经济后果相当的经济活动的税负差异，如转让有限责任公司的股权与转让上市公司的股票，② 缘何是建立在经济实质而非法律形式的基础之上的。

为保证税法的实施效率，征税规范应当具有最大限度的反复并普遍适用的可能性。因此，税法规范必须选取社会经济生活中始终如一、具有普遍性的经济模式为规范对象，以"能够说明某个特定交易活动的最为典型的情形"为事实基础确立抽象税收构成要件。③ 税法固然关注纳税人因交易而发生的给付能力的变化，但给付能力原则上由私法形成且表彰于外。④ 不仅经济活动的发生必须通过一定的法律形式予以实现，最终收益的取得也必须以相应的法律权利为前提。就常态而言，私法行为所表彰的权利义务关系与税法所欲把握的经济实质互为表里，相互一致。两者的相互背离则为例外的少数情形。通常情况下，以交易的法律形式及由此形成的权利义务归属即可判定交易的经济后果，进而对税收负担能力予以评价。因此，立法者应当选择以典型的、形式与特定的经济实质互为表里的交易活动为基础确立抽象税收构成要件，而将形式与实质不符的情形作为例外予以规定，只有这样才能确保税法规范大量地、反复地平等适用。⑤ "规则 + 例外"的规范形式，是符合经济活动通常属性的税法规则的建构模式。

完整的税法规范，应当描述特定的典型生活事实过程或利益状态，并赋予该事实构成相应的税收后果。⑥ 应受税法评价的经济与社会生活事实多种多样，并处于不断发展中，无法穷尽。如果针对每一项事实制定特别的税法规

---

① 参见 Alexandra M. Walsh，"Formally Legal Probably Wrong: Corporate Tax Shelters, Practical Reason and the New Textualism"，*Stanford Law Review*，Vol. 53，p. 1544。

② 两者的增值税税负差异明显。前者不属于征税事项，后者则构成"金融商品转让"，按金融服务征税。

③ 参见〔美〕E. 博登海默《法理学：法律哲学与法律方法》，邓正来译，中国政法大学出版社，2004，第 251、505 页。

④ 参见黄士洲《税法对私法的承接与调整》，博士学位论文，台湾大学法律研究所，2007，第 123 页。

⑤ 参见〔日〕金子宏《日本税法》，战宪斌等译，法律出版社，2004，第 25 页。

⑥ 参见〔德〕伯恩·魏德士《法理学》，丁晓春、吴越译，法律出版社，2013，第 59 页。

范，税法规范的数量和范围将不断扩大，最终无法统计。因此，税法必须形成对社会生活多种多样的现象和事件进行分类的专门观念和概念，将具有相同或共同要素的典型事实归于同一类别，一般而抽象地确定法定的税收事实构成，并形成普遍的、一般化的税收负担能力的评价标准，确保税法规范的数量尽可能精简且具备条理性。任何主体必须利用民商法规定的法律形式从事经济或社会活动。经私法确认经济活动的经济利益及其归属之后，其税收负担能力方才确定地发生改变，税法由此得以获得评价的基础。税收负担能力本在衡量"可支配所得"的多寡，其具体表征乃为"现金或财物的价值"，须根据私法规定才能予以掌握和计算。其次，经济结果的判断也应当依循私法途径为之。[1] 社会经济生活同受私法和税法的调整，这决定了税法有必要处理税收与市场经济秩序及其法律上的表现，即私法秩序的协调关系。[2] 因此，税法不可能是独立存在的自我封闭的系统。在对社会经济生活事实进行评价时，税法与私法之间不仅在内容上应当相互联系，而且对同一经济活动的评价不能出现明显的矛盾，以确保"法律秩序的统一性"。作为税收负担能力评价基础的交易活动及其经济后果首先属于民商法规范的范围。对经济活动的高度抽象和无差异的概念化描述首先在私法的层面上完成。私法对具有成熟性和典型性的法律事实和关系予以区分，从而形成了不同的法律形式和相关的概念。那么，有意承接私法确立的各种高度抽象化的交易形式进行应税事实要件的描述，分别衡量不同契约形式之下当事人在交易前后的税收负担能力的变化，评价不同的法律形式的采用所耗用的公共物品或服务的差异，从而分别确立其税收后果，无疑可以最大限度地实现税收立法成本的最小化。加上私法通常含有特定用语的一般性意涵以及概念理解的预设判断，借用私法概念描述抽象税收构成要件亦能够实现在"集体约定"的词义的基础上使纳税人更易于理解并适用税法。[3] 在这一以价值为导向的系统化思维之下，纳税人选择以特定私法形式从事经济活动，基于私法形式与商业交易的意义关联，即可预见此法律形式所附带的税收后果，从而在税法的实施过程中尽可能地降低税法与私法规则之间的协调成本。

———————————

[1]　参见 Wolfgang Schön, "Die Zivilrechtlichen Voraussetzungen Steuerlicher Leistungsfähigkeit", *Stu W*, S. 251。

[2]　参见〔日〕金子宏《日本税法》，战宪斌等译，法律出版社，2004，第 24 页。

[3]　Wolfgang Schön, "Die Zivilrechtlichen Voraussetzungen Steuerlicher Leistungsfähigkeit", *Stu W*, S. 254.

税法原则上基于交易的法律形式确立课税要件，一定程度上也是基于税收征管效率的考量。① 基于税收法定主义，税务机关依职权调查主义对应税事实负有查明之责。但税收的普遍课征决定了税法必须涵盖社会生活的方方面面，所须掌握的经济活动事实复杂而多变。某些经济事实，其内容仅为纳税人所知悉和掌握，如家庭内部的私人生活安排，税务机关的全面事实调查存在客观上的障碍，加上税法案件本身的大量性、重复性和技术性的特点，如所确立的税收构成要件须完全考虑纳税人的个性差异，须深入无数纳税人的主观、实质的关系中考虑其具体、特殊的情况才能确定税法的适用，税法的实施成本势必极为高昂，甚至造成税收无法及时征收入库。税收的课征必须保证能够及时支应政府运作，这决定了税法在一定程度上不得不着眼于交易的外观形式规定课税要件，以确保征税的效率。可以说，税法的形式性正是以实质分配正义的适度牺牲确保税法的实施效率。

与任何法部门的规则一样，税法规则同样包括"事实要件"和"法律后果"的结构形式。由于税法与民法往往具有同一规范对象，为保证"法统一秩序"，税法承接私法确立的法律形式描述并确立税法的"构成要件"。但税法必须基于自身独有的价值判断和规范目的对这一行为作出量能或量益的评价，这决定了税法不仅把握同一行为的事实核心与私法有所不同，也独立于私法作出价值评价，而非严格受私法后果的拘束。如票据贴现在法律形式上表现为票据的背书转让，但经税法评价，此行为具有提供短期贷款的经济实质，因此，在课征增值税时，将此行为作为"贷款服务"确定其税收后果。② 正因为如此，才会形成税法在"私法形式"之外重新把握"实质"，确立税收后果的错觉。而这种不同于私法的事实核心的把握恰恰是税法实现其独有的价值追求和规范目的的应有之义和必然要求。因此，强调"私法形式"与税法所关注的"实质"存有落差实际上并无必要。相反，过度关注两者差异的逻辑前提却恰恰是严格将私法后果作为确立抽象税收构成要件的事实基础。

税法与私法对同一经济活动的规范视角、价值评价与规范目的等各有不同，两者对同一经济活动的事实核心的把握及由此确立的法律后果必然有所不同，但这并不意味着税法是完全与私法无涉的价值体系。相反，民法调整的在先性在一定程度上决定了税收构成要件的确立以法律形式为基础，能够

───────────────

① 参见〔日〕金子宏《日本税法》，战宪斌等译，法律出版社，2004，第24~25页。
② 《营业税改征增值税试点实施办法》销售服务、无形资产、不动产注释。

在最大限度地节约税法规则的制定和实施成本的前提下实现"法统一秩序"。因此，税法通常严格地区分法律形式不同但经济后果相似的经济活动，分别对其课以不同的税收。① 税法的庞杂也正是源于对各种不同形式的交易进行区分，基于经济活动的法律形式确立不同的税收构成要件。② 就抽象税收构成要件的确立而言，以法律形式为事实基础是常态，对交易实质的考察仅为例外。

三　税法文本解释的形式与实质

由于税收的课征必然在一定程度上形成对人民基本权利的限制，各国税法基本都采取了成文法的形式，构建繁杂的规则体系以明确从事一项经济活动的税收负担。与其他部门法的成文规则一样，税法同样采用一定的语词表述向纳税人传递国家将对何种事项、按照何种标准征税的决定。借助此种明示的语言表述传递征税的一般标准固然更加清楚、可靠和稳定，但对征纳行为的指引仍是有限的。③ 税法规则同样不可避免采用模糊化程度不同的抽象概念和一般表述，不仅其适用引发不同的歧见，更可能由此形成法律的漏洞，创造税收套利的机会。④ 那么，在解释和适用税法时，应当坚持某一特定条文的字面含义还是应当基于立法目的和意图确定税法意欲表达的实际内容，不可避免成为各方争议的焦点。⑤

（一）避税压力下的税法形式解释之殇

高度复杂化、形式各异的经济生活决定了税法的复杂性和高度的抽象化。采取一般而抽象的表述决定了税法必然需要解释。对于税法的解释与适用，文本主义与实质课税原则代表了完全相反的两极，即税法应当以文本的字面含义进行解释还是允许基于经济原则或纳税人的动机忽视税法文本而探求符

---

① 参见 David A. Weisbach，"An Efficiency Analysis of Line Drawing in the Tax Law"，*The Journal of Legal Studies*，Vol. 29，p. 71。

② 参见 Michael L. Schler，"Ten More Truths About Tax Shelters: The Problem, Possible Solutions, and a Replay to Professor Weisbach"，*Tax Law Review*，Vol. 55，p. 327。

③ 参见〔英〕哈特《法律的概念》（第二版），许家馨、李冠宜译，法律出版社，2011，第115页。

④ 参见〔美〕安德瑞·马默《解释与法律理论》，程朝阳译，中国政法大学出版社，2012，第176页。

⑤ 参见 Daniel J. Glassman，"'It's not a Lie If You Believe It': Tax Shelters and the Economic Substance Doctrine"，*Florida Law Review*，Vol. 58，p. 673。

合立法意图的真实含义以确定税法规则的适用。①

不独在税法领域，坚持文义解释的法律形式主义与信奉基于立法意图和规范目的确定法律内涵的目的主义之间的论战从未停歇。法律规则本身固有的僵化、语义含糊和界限不明的开放式结构在税法中表现得尤其明显。这使得坚持将条文的用语作为确定其含义的唯一合法来源的税法形式解释饱受批评。②

如前所述，税法是以交易形式为基础进行规则建构的。不同条文适用范围内的交易形式的税收负担差别明显。这决定了交易形式的细微改变便可能导致税收负担的巨大差异，从而形成规则的非融贯性。③ 因此，确定一项交易是否涵摄于某一特定税法条文甚为关键。由于税法条文通常采用一般化的语言表述，其适用范围不可避免地具有开放性。社会与经济生活安排存在无限种类的形式可供选择，不同形式的多种要素亦可以分割、重新组合与调整，并不断发展演变。语言的丰富和精妙程度却远不足以反映交易形式的细微差异并囊括所有异常和不规则的情形。税法所形构的概念通常只能涵盖极端和典型的生活事实过程或利益状态，而留下大量难以确定的两可情形。随着社会生活形式的创造，概念的边界将被进一步突破，从而在概念的核心领域周围形成大片模糊不清的区域。④ 在概念的核心领域内，将一项交易归属于某一特定概念相对而言是可以确定的，但在尚未被明确限定的模糊领域之内却往往发生诸多的争议。再者，由于立法者不可能预知未来可能发生的所有交易形式，必然无法将其涵盖于已制定的规则，从而形成了税法规制的空白领域。

税法条文的适用范围具有开放性，而其适用结果具有非融贯性。这为纳税人利用法律形式选择税法条文的适用以获取税收利益提供了更大的空间。税收与工资、租金一样，都是企业重要的经营成本。⑤ 税收的课征将直接减少

---

① 参见 Allen D. Madison, "The Tension Between Textualism and Substance-over-form Doctrines in Tax Law", *Santa Clara Law Review*, Vol. 43, p. 701。

② 参见〔英〕哈特《法律的概念》（第二版），许家馨、李冠宜译，法律出版社，2011，第114页。

③ 参见 David A. Weisbach, "Formalism in the Tax Law", *The University of Chicago Law Review*, Vol. 66, p. 867。

④ 如税法在形构股权性投资和债权性投资两种不同的投资形式时，仅仅考虑了最为典型的股权投资和债权投资，却并未考虑可转换公司债、可交换公司债、永久债券、次级债以及其他混合投资形式。

⑤ 参见 Daniel J. Glassman, "'It's not a Lie If You Believe It': Tax Shelters and the Economic Substance Doctrine", *Florida Law Review*, Vol. 58, p. 668。

企业的税后收益。作为经济的理性人，纳税人固有通过经济生活的刻意安排减轻其税收负担的冲动。这也被视为其基本权利之一。① 通过交易形式的精巧设计，纳税人可以在不实质改变其经济后果的前提下，利用条文的漏洞和模糊性，技术性地满足依照相关税法条文的字面含义确立的抽象要件事实而套取税收利益，② 但此种税收利益的取得却不在立法机关明确期待的范围之内，因此被认为是无效率的、将造成国家税收收入的流失，有必要加以规制，不允许其主张该税法条文所内含的税收利益。③ 这种税收套利的行为本身就是规则形式上僵化、表达含糊和界限不明的结果，严格遵照字面含义适用税法规则显然不足以遏制税法规则的选择性适用。由于税法规则制定在先且具有相对的稳定性和连续性，纳税人可以对规则的漏洞与模糊性加以利用套取税收利益。如果一种交易形式可以在通过满足税法条文的字面含义确立的要求的基础上获取税收利益，那么其极可能被复制和反复利用，直至逐渐泛滥。即使立法机关嗣后颁布新的立法纠正这一缺陷，纳税人仍可能利用新的规则漏洞进行全新的交易安排，套取新的税收利益。即使税法精密细致且修改频繁，形成了庞杂的税法体系，亦无法避免此种问题的发生。④ 实质课税原则，通过税法的实质解释，即探求符合立法意图和规范目的的条文的"本意"，限制或排除仅满足字面含义的交易适用该规则，从而遏制税法规则的选择适用，因此备受强调，并渐有普遍化的趋势。

实质课税原则强调的是，由于语言表达的有限性，税法条文未能精确地表述立法者所欲涵盖的适用范围和行为指示，对其进行解释，应当确定立法者制定这一税法条文所欲实现的规范目的和意图，"确定立法者在设计税法规则时是否将其涵盖在内"，⑤ 才能真正确定条文的真实含义，从而排除形式上满足税法条文但不在立法者期待范围之内的交易的适用。实质课税原则所要求的税法的实质解释，实际上就是要求以立法者的立法意图确定税法的真实

① 参见 David A. Weisbach, "Formalism in the Tax Law", *The University of Chicago Law Review*, Vol. 66, p. 885。

② 参见 Shannon Weeks McCormack, "Tax Shelters and Statutory Interpretation: A Much Needed Purposive Approach", *University of Illinois Law Review*, Vol. 3, p. 706。

③ 参见 David A. Weisbach, "Formalism in the Tax Law", *The University of Chicago Law Review*, Vol. 66, p. 860。

④ 参见〔美〕理查德·A. 波斯纳《法理学问题》，苏力译，中国政法大学出版社，2002，第72页。

⑤ David A. Weisbach, "Formalism in the Tax Law", *The University of Chicago Law Review*, Vol. 66, p. 880.

内容，依法律目的及意旨、经济上的意义加以解释。即使文本的用语是明确的，也应当保证解释与立法意图相一致。文义相同的概念，其内涵也可以因规范目的的差异而有所不同。税法中的借用概念，也必须遵从税法的目的进行解释。①

"目的是一切法的缔造者"②，任何税法条文必定体现立法者通过征税所欲实现的特定目的或目标。因此，税法规范的适用范围，也就是立法者所期待的实施界限，应当取决于其追求的规范目的。③ 因语言表述的有限性未能尽述的"言外之意"，基于立法规范目的重新解释予以明晰，显然更能使规则的适用最大限度地接近立法者的真实意图。基于规范目的的税法实质解释因此备受推崇。

（二）税法真意之探求与遵从：基于目的的实质解释真的可行吗？

既然要以规范目的确定特定条文的适用范围，其关键在于规范目的或立法意图的识别。如果规范目的无法识别，目的性解释便毫无作为。④ 税法作为"人为创造"的组织性规则和构成性规则的特性决定了每一项税法规则都是人为精巧设计的结果，以确保国家征税权与国民基本权利之间的适度平衡。然而，特定的规范目的固然支配着税法的规则设计，却有如灵魂隐身于形式的法律文本之中，甚至可能不可明言，其识别本身充满了争议。⑤

以税法确立税收课征的"国民同意"，与其他任何立法一样都是"合众为一"的集体决策的结果。在这一过程中，个体立法者对通过特定规则确立国家与纳税人之间的财产权利分配的多元价值判断与利益追求被逐步整合，并通过非人格化或机械化的立法运作过程以税法文本的标准形式确立。那么，在税法文本之外是否还存在与之相分离的单个立法者乃至立法机关整体的意图，不无疑问。⑥ 更何况，税收立法多采用整体审议的方式表决通过。而税法

---

① 参见陈清秀《税法之基本原理》，（台湾）三民书局，1994，第 205～213 页。
② 〔德〕伯恩·魏德士：《法理学》，丁晓春、吴越译，法律出版社，2013，第 67 页。
③ 参见〔德〕伯恩·魏德士《法理学》，丁晓春、吴越译，法律出版社，2013，第 310 页。
④ 参见〔美〕理查德·A. 波斯纳《法理学问题》，苏力译，中国政法大学出版社，2002，第 350 页。
⑤ 参见〔美〕安德瑞·马默《解释与法律理论》，程朝阳译，中国政法大学出版社，2012，第 192、198 页。
⑥ 参见〔美〕安德雷·马默主编《法律与解释：法哲学论文集》，张卓明、徐宗立等译，法律出版社，2006，第 437 页。

所欲追求的特定规范目的，如财政收入目的、社会经济政策目的或效率与简化的目的等，则是分别通过单个或复数的条文实现的。要从整体审议的结果中分离出立法机关对特定条款的价值判断，即使可能，也是非常困难的。事实上，就专业性和技术性极强的税法规则而言，个体立法者乃至整个立法机关是否以及有能力真正审查每个税法条款的用语并确定其已体现所欲追求的规范目的，即使在美国这种立法机关的税收立法技术相对较高的国家，也依然备受质疑。①

除了已在税法文本中明确的支配条文制定的规范目的，未被立法机关宣之于口、隐身于规则背后的目的，都尚待识别、发现甚至"想象"或"推测"。如果这种目的在作为其载体的税法条文中完全未得到反映，就不得不依靠可资利用的各种外部资料加以确定。这些外部资料可以是税法文本起草者的立法说明、立法准备资料、听证会或辩论会的资料、各种委员会表达的意见、参与法案起草的官员和专家的意图等，但也仅仅是据以推断立法意图或规范目的的间接证据。一则这些资料未必存在或被公开，即使存在也未必包含对特定条文的规范目的的说明；二则从税法制定到特定条文的适用发生争议可能间隔较长的时间，多年前的立法资料已经陈旧、过时；三则这些资料对特定条文的规范目的或立法意图的揭示可能是不充分、不完整的。更重要的是，新型交易事项可能发生于税法制定之后，立法者在制定税法时由于认识能力的有限性根本不可能预见此事项的发生，因此并不存在是否将此交易纳入适用范围的立法意图。可以说，立法机关的立法意图并不总是明确和可以确定的。② 在大多数采取目的性解释的场合，解释者只是将自己置于立法者的地位，设身处地推断立法者在创设规则时如已意识或面对这种情形将会作出何种决定。③ 这意味着对特定的税法条款的立法意图的判断必然具有主观性，不同的主体所作的判定可能各有不同。不同的税务机关可能赋予同一税法条文两个不同的目的，或在同一条文包含复数的规范目的的情况下随机、偶然地选择其中之一加以解释，甚至有意选择对国库有利的目的确定条文的内容，从而导致税

---

① 参见 Shannon Weeks McCormack, "Tax Shelters and Statutory Interpretation: A Much Needed Purposive Approach", *University of Illinois Law Review*, Vol. 3, p. 729。

② 参见 Michael L. Schler, "Ten More Truths About Tax Shelters: The Problem, Possible Solutions, and a Replay to Professor Weisbach", *Tax Law Review*, Vol. 55, pp. 333 - 334。

③ 参见〔德〕阿图尔·考夫曼《法律获取的程序——一种理性的分析》，雷磊译，中国政法大学出版社，2015，第 173 页。

法条文的解释的不一致。^① 这也决定了对税法规则所作的目的性解释和适用可能存在巨大的差异。

基于实质课税原则的目的性解释意味着,对于纳税人而言,为确定其交易的税收后果,不仅应当确定交易是否满足税法文本形式用语规定的条件,还必须确认是否符合此条文背后的规范目的。^② 然而,税法条文的规范目的和借以确定此目的的外部资料都是不透明的,了解、查明并遵从此种税法的规范目的以及由此确定的规范内容,难度显而易见。如果所有税法条文的内容均须基于规范目的作出实质解释,纳税人税法遵从的成本将会非常高昂。更何况,如果规范目的仅是基于外部资料主观推导的结果,纳税人所为之判断未必与税务机关保持一致。一旦存有偏差,纳税人基于税法规则预测税收后果所作的经济生活安排可能即告失败,所为的税法遵从行为也可能遭到否定性评价,甚至被追究相应的法律责任,对纳税人甚为不利。

税法授予税务机关的征税权,是具有优越性和强制执行力的金钱给付请求权,如不加以约束,极易造成对纳税人财产权利的侵害。这也是税法往往以严格规则的规范形式制定成文法的原因之所在。在我国,税务机关不仅仅是税法的执行者,同时也承担了部分立法职能。在执行税法的过程中,税务机关对税法的解释权自不待言,这是由其作为税法执行者和税收这一专业和技术问题的解决者的身份决定的,《立法法》对此也予以肯定。^③ 然而,如果允许税务机关通过确定税法条文的规范目的指明哪些问题与该条文的调整对象相一致,税法条文的用语将因此与其本应有的含义有所不同,规范内容也可能因规范目的的确定方法不同而存在差异。^④ 甚至可以说,税务机关基于其判定的规范目的对税法条文所作的实质解释,实际上将在税法用语明确表达的规范内容之外附加额外的例外或限制条件。这完全可能是超越税法文本的

① 参见 Alexandra M. Walsh,"Formally Legal Probably Wrong: Corporate Tax Shelters, Practical Reason and the New Textualism", *Stanford Law Review*, Vol. 53, pp. 1541 – 1579。

② 参见 Jason Quinn,"Being Punished for Obeying the Rules: Corporate Tax Planning and Overly Broad Economic Substance Doctrine", *Geo. Mason Law Review*, Vol. 15, p. 1041。

③ 对于税务机关对税法规范性文件的解释权,《立法法》《全国人民代表大会常务委员会关于加强法律解释工作的决议》《国务院办公厅关于行政法规解释权限和程序问题的通知》等均有所规定。

④ 参见 David A. Weisbach,"Ten Truths About Tax Shelters", *Tax Law Review*, Vol. 55, p. 217。

字面含义的，甚至与税法文本相背离的。① 借助于税法条文的实质解释，税务机关甚至可以重塑规则内容，代之以新的规则。然而，税法的实质解释的主张往往是单向的，纳税人主张特定条文的目的性解释以取得特定的税收利益，一般难以获得支持。② 相反，税务机关却可以采取这一解释方法否定纳税人依照税法的字面含义主张的、但不在立法者期待范围内的税收后果（往往是对征税权行使不利的后果）。③ 尤其在特定税法条文包含复数的规范目的的情况下，税务机关过分强调目的之一以实现符合其偏好的税收后果的状况将是很难避免的。这在税收法治现状之下是极为危险的。由于进入行政诉讼程序的涉税争议极为有限，税务机关对税法所作的解释和适用很少会受到司法机关的审查。司法机关也极少对税法条文予以解释。④ 税务机关成为税法最主要的解释者，解释权限几乎不受限制。当拒绝税法文本表面甚至最明显的含义、主张基于规范目的对条文进行实质解释时，税务机关实际上已经取代立法机关作出价值判断或者是政策选择，难免存在背离税法文本滥行征税权、加剧纳税人弱势地位的隐忧。以法律保留防止征税权的滥用便可能成为一纸空文。

　　实质课税原则所要求的基于立法意图或规范目对税法条文进行实质解释的结果必然是使客观规则主观化。纳税人遵守税法的字面要求进行经济生活的安排，是否发生预期的税收后果将是不确定的，因为尚需确定深藏背后的规范目的。而这一目的的判定是模糊和主观的，并无法轻易获得。⑤ 一旦税法的实质解释普遍化，税法条文的内容只能依赖于税务机关事后的主观判定和解释。由于税法条文的客观含义完全可能由于立法意图的判定而被忽视，这意味着，只有在税务机关对其作出进一步的目的性解释或等待其确定立法意图后，纳税人才能确定最终的纳税义务。可以说，基于规范目的的实质解释将导致税法规则作为课税标准指引税收征纳行为的规范性大为弱化，从而严

① 参见 Noël B. Cunningham & James R. Repetti, "Textualism and Tax Shelters", *Virginia Tax Review*, Vol. 24, p. 26; Alexandra M. Walsh, "Formally Legal Probably Wrong: Corporate Tax Shelters, Practical Reason and the New Textualism", *Stanford Law Review*, Vol. 53, pp. 1541 – 1579。

② 但也有学者认为，纳税人同样可以提出适用实质课税原则的主张。详细可参见滕祥志《实质课税的中立性及其与税收法定原则的关系》，《国际税收》2015 年第 10 期。

③ 参见 David A. Weisbach, "Formalism in the Tax Law", *The University of Chicago Law Review*, Vol. 66, p. 877。

④ 详细可参见崔威《中国税务行政诉讼实证研究》，《清华法学》2015 年第 3 期。

⑤ 参见 Jason Quinn, "Being Punished for Obeying the Rules: Corporate Tax Planning and the Overly Broad Economic Substance Doctrine", *Geo. Mason Law Review*, Vol. 15, p. 1043。

重侵蚀税法的确定性和可预测性的价值。

（三）税收法定主义之下的实质解释之限度：可以信赖的税法文本

为限制政府的征税权而逐步在各国确立的税收法定主义不仅仅意味着税收的法律保留。税收普遍、平等的课征意味着人人都是纳税人，税法的遵从是国民生活中不可回避的重要事项。正因为如此，税法的首要功能是对税收征纳行为的规范与指引。[①] 这一功能的实现以纳税人能够知晓税法期望其如何履行纳税义务为前提。[②] 这就要求税法对于特定的经济活动将产生的税收后果的规定必须是确定的，否则纳税人将无法据此实施相应的遵从行为。[③] 由于税收是经济活动所附加的社会义务，将直接减少其税后收益。因此，任何欲追求特定经济目标的主体都要求对税收后果的稳定预期，以便对经济生活作出税收上有利的安排。税收法定主义在现代商业社会中的机能正是确保国民经济生活中税收负担的确定性和预测可能性，[④] 纳税人安排经济生活或进行理性投资的能力与此密不可分。

一般而言，实现法的确定性和可预测性至少要求具备两个条件，即存在一种实际的、约定俗成的实践，赋予某一特定问题的解决办法以效力以及这一解决办法的内容能够为相关当事人方便地取得。[⑤] 税法选择成文法的形式，是因为通过一般的言辞表述可以明确传达税法条文的内容，无须寻求税务机关的权威指示，只要确认税法条文用语所包含的事项，将特定的事实"涵摄"在抽象构成要件之下，纳税人就可以基本准确地预测这一事实将发生的税收后果。[⑥] 因此，税法应当是以客观规则为基础的，其内容事前已足够确定，才能为纳税人提供确定的纳税指引，从而减少税收后果的不确定性。[⑦] 纳

---

① 参见〔美〕斯科特·夏皮罗《合法性》，郑玉双、刘叶深译，中国法制出版社，2016，第358页。

② 参见〔美〕安德雷·马默主编《法律与解释：法哲学论文集》，张卓明、徐宗立等译，法律出版社，2006，第287页。

③ 参见〔美〕安德雷·马默主编《法律与解释：法哲学论文集》，张卓明、徐宗立等译，法律出版社，2006，第289页。

④ 参见〔日〕金子宏《日本税法》，战宪斌等译，法律出版社，2004，第59页。

⑤ 参见〔美〕安德瑞·马默《解释与法律理论》，程朝阳译，中国政法大学出版社，2012，第137页。

⑥ 参见 Allen D. Madison, "The Tension Between Textualism and Substance-over-form Doctrines in Tax Law", *Santa Clara Law Review*, Vol. 43, p. 716。

⑦ 参见 David P. Hariton, "When and How Should the Economic Substance Doctrine Be Applied?", *Tax Law Review*, Vol. 60, p. 34。

税人应当有权利信赖事先确定的、形式上的客观税法规则以及由此将产生的结果。

不仅如此，应当将形式的税法文本作为客观规则予以尊重和解释。立法机关固然基于一定的意图和规范目的制定税法，但已通过非人格化的立法程序承认，最终生效的税法文本采用的语言表述所确立的征税标准最符合其立法意图，亦是最体现其真实意思的表达方式。① 因此，对税法条文真实含义的把握，"在绝大多数情形下确认文义就足够了"②。税务机关应当依照税法条文的字面含义、忠于成文税法的原则进行规范内容的发现，而无权随意背离税法文本对条文进行主观解释，无须总是诉诸立法意图决定税法条文的存在和内容。③ 尽管一般语言表述的特性决定了税法条文同样具有开放式的结构，其核心含义却是确定的。④ 税法规则的适用范围和界限可能存有疑议，但这仅限于少数的边缘地带。税法条文的核心部分的确定意义足以为税务机关和纳税人实施税收征纳行为提供基本的标准。这一核心领域是无论如何不能任意忽视且应当为任何人尊重和接受的，不得恣意偏离，也不允许进行任何创造性的活动。

无可否认，税法文本以言辞构成的一般性规则对税收征纳行为的指引，即使遵循严格的形式解释，同样可能产生不确定性。这是由社会的多变性、语言表述的多义与模糊性以及立法者对社会经济生活认知的有限性所决定的。税法文本总是不完备的，无法确保所有符合量能或量益评价的应税事项都被包涵于相关条文的语言阐述之中，同时排除所有不应当隶属于该条文适用范围的事项。正因为如此，税法的形式解释同样不能绝对化。在条文适用的边缘地带，即制定法的语言表述明显不完善的情况下，税务机关才有必要进行价值判断明确税法条文的适用范围，基于立法目的解释税法条文中没有确定指涉的语词的内涵和外延。基于规范目的对税法规则的用语进行实质解释，对于税法的实施同样有着重要的意义。

---

① 参见 Allen D. Madison, "The Tension Between Textualism and Substance-over-form Doctrines in Tax Law", *Santa Clara Law Review*, Vol. 43, p. 708。

② 参见〔德〕阿图尔·考夫曼《法律获取的程序——一种理性的分析》，雷磊译，中国政法大学出版社，2015，第 174 页。

③ 〔美〕斯科特·夏皮罗：《合法性》，郑玉双、刘叶深译，中国法制出版社，2016，第 358 页。

④ 〔英〕哈特：《法律的概念》（第二版），许家馨、李冠宜译，法律出版社，2011，第 116、133 页。

　　然而，这种税法的实质解释应当以审慎、节制的方式实施，尤其在当前我国税务机关身兼税法制定者和适用者且其税法的解释适用几乎不受司法审查的情况下。其一，立足于规范目的的实质解释应当是补充性的。在税法条文的模糊地带，以税法特殊的语言用法、法律或一般语言用法获得的字面含义、依税法的意义脉络或税法基本的概念体系所得的解释结果，仍包含不同的解释可能性，或税法文本的用语无确定的一般含义或表面上看是不明确的，以致某一事项能否涵摄于该条文还需要特别检验，或是如果严格依照条文的字面含义进行适用将会导致被绝大多数理性人斥责为完全不能接受或不合理的征税结果，才有探究何种解释最能符合立法者的规范意向或目的的必要。① 其二，税法条文"可能文义"的范围应当是施以实质解释的界域。既然国民同意征税的"意志"被赋予公正的制定法形式，那么，把握这一"立法意志"也只能在此制定法的文义范围之内，即指依一般语言用法、税法或其他法律的标准语言用法，这个用语还能够指称的意义。② 基于规范目的的解释所考虑的规范内容，必须仍是可以某种方式与税法条文的"字面含义"达成一致或以某种特殊的方式"表现"在税法条文中的。即使目的解释不得不"冲撞"这一界限，也绝不允许有所逾越。③ 任何突破字面含义的规范内容的确定，已不再是单纯的解释，而是改变其意义的法的续造。其三，这种解释方法应当仅限于规范目的或者在税法文本中已作明确规定，或者借助于条文的结构、用语、立法背景及其实施经验等可以客观地予以识别的场合。④ 一旦规范目的无法客观地识别，这种解释方法即不应当采用。

　　尤为重要的是，将目的性解释作为解决因社会发展产生的税法条文适用争议的方法应当更为审慎。基于规范目的衡量在税法条文制定时尚未发生、未纳入立法者考量范围的新型交易形式是否符合立法者制定该条文所持的价值判断，以确定该条文是否适用，实际上将产生类推适用的结果。一则，当规范调整的应税事实结构或整个法律秩序的评价标准发生改变时，必须检验

---

① 参见 Noël B. Cunningham & James R. Repetti, "Textualism and Tax Shelters", *Virginia Tax Review*, Vol. 24, p. 38。

② 参见〔德〕卡尔·拉伦茨《法学方法论》，陈爱娥译，商务印书馆，2016，第 202 页。

③ 参见〔德〕卡尔·恩吉施《法律思维导论》（修订版），郑永流译，法律出版社，2014，第 127 页。

④ 参见 Shannon Weeks McCormack, "Tax Shelters and Statutory Interpretation: A Much Needed Purposive Approach", *University of Illinois Law Review*, Vol. 3, p. 730。

立法时所欲追求的规范目的是否仍然具有重要意义。[①] 如果社会经济环境改变并由此造成价值取向、政策考量等较税法制定时已显著不同，税法规则本欲追求的规范目的和立法意图已经确定无法实现或没有必要实现，则不应以此规范目的确定税法条文的适用范围。二则，税法的解释仅仅是"规则的一种表述对另一种表达的替代"，税法漏洞应是税法解释的穷尽之处，是不可能通过对税法条文的解释以另一语言表述弥合的。[②] 基于规范目的在文义范围之外进行税法漏洞的补充、类推适用或目的性扩张或限缩，实际上都是税法的续造，而非所谓实质解释。

税法之为物，其主要价值在于以形式上客观存在的法律文本，为征纳双方提供征税的标准，作为纳税人规划经济生活的指引以及税务机关征税的依据。税法应当具有形式主义的特征。如果课税的"完整"要件未以法律或法规命令加以"穷尽"地规定，征纳双方尚需在条文表述之外寻求法律可能隐然包含的内涵与外延，则税法作为课税标准的工具目的性，将无法有效地达成。[③] 强调探究立法意图以确定条文用语未能完全表达的真实含义的实质解释，实际上是要求纳税人遵守不透明甚至"隐而不见"的立法意图。而这一意图却可能无法确定或虽可确定但具有主观性和随意性。税法实质解释的普遍化将导致客观的税法规则沦为主观化，造成规范内容的不确定，不利于税收法治的实现。为克服税法规则的开放式结构所导致的僵化性、易于滥用等问题，税法规则的实质解释不可避免，却不宜绝对化。税法的实质解释不应是对形式解释的完全否定，而应在形式理性的基础上和框架内追求实质理性。因此，税法的形式解释应当先于实质解释，仅在极其有限的范围内，才有实质解释之必要。

具体而言，税法条文的字面含义应当居于优先的地位，是规则解释的起点和首要的方向指标。当字面含义依其表述存在多种可能的含义时，可以通过税法的整体意义脉络，确定其文义内容。只有当采用上述两种方式条文内容仍难以确定或存有多义性时，才有目的性解释的空间，并在字面含义所划定的界限范围内，探求最符合税法规范目的的规则内涵。

---

① 参见〔德〕伯恩·魏德士《法理学》，丁晓春、吴越译，法律出版社，2013，第310页。

② 参见〔美〕安德雷·马默主编《法律与解释：法哲学论文集》，张卓明、徐宗立等译，法律出版社，2006，第84页。

③ 参见蔡朝安《实质课税原则内涵再探》，载葛克昌、贾绍华、吴德丰主编《实质课税与纳税人权利保护》，（台湾）元照图书出版公司，2012，第216页。

四　应税事实判断的形式抑或实质？

"法律适用的关键，实际上并不在于最后的涵摄阶段，而在于该涵摄阶段的先行评价，即该生活事实所具有的特征是否与该构成要件所指称者相符。"① 经济活动发生后税务机关对税收构成要件符合性的判断，将直接决定税法条文的涵摄及其税收后果。自实质课税原则被提出以来，经济活动应当依实质而非法律形式予以判定，似乎已形成相当的共识。有学者因此将实质课税原则视为"税法内在的最原始、最本质、最典型的法律原则"②。但既然纳税人必须利用民法形式从事经济或社会活动，才能根据民法的规定取得经济收益，该私法形式为何在税法中却有必要予以忽视而探究隐藏于其后的"经济上的事实关系及其产生的实质经济利益"，同样有必要予以关注。

（一）　交易实质的探究：常态还是例外？

尽管对于实质课税原则作为应税事实的认定方法在各国已有相当的共识，但这一方法的适用范围却存在诸多的分歧。在美国，作为一项反避税工具，经济实质主义仅在经济交易的形式与实质存在背离且此种背离不具有合理的商业目的的情况下适用。在德国，首先提出经济观察法的贝克尔将这一原则作为应税事实判定的一般方法，而不仅限于法律形式滥用的场合。日本学者对于实质课税存有"经济的实质主义"和"法的实质主义"的分歧，却不否认其在"形式与实质不一致的场合下"适用。③ 我国台湾地区受德国的影响，不仅在学界认为该原则应为事实认定的一般方法，④ 在立法⑤和司法实践中⑥

① 黄茂荣：《法学方法与现代民法》，法律出版社，2007，第 248 页。
② 〔日〕北野弘久：《日本税法学原论》，郭美松、陈刚译，中国检察出版社，2008，第 92 页。
③ 参见〔日〕金子宏《日本税法》，战宪斌等译，法律出版社，2004，第 131 页。
④ 详细可参见陈清秀《税法总论》，（台湾）元照图书出版公司，2012，第 188 页；黄茂荣《税法总论——法学方法与现代税法》（第 1 册），（台湾）植根杂志社有限公司，2012，第 371 页；葛克昌《实质课税与纳税人权利保障》，载葛克昌、贾绍华、吴德丰主编《实质课税与纳税人权利保护》，（台湾）元照图书出版公司，2012，第 12 ~ 15 页。
⑤ 我国台湾地区"税捐稽征法"第 12 条第 1 款。
⑥ 我国台湾地区"行政法院"1992 年判字第 2124 号判决："然租税法所重视者，应为足以表征纳税能力之经济事实，而非其外观之法律行为，故在解释适用税法时，所应根据者为经济事实，不仅止于形式上之公平，应就实质上经济利益之享受者予以课税，始符合实质课税及公平课税之原则。"

也均予以肯认。大陆地区学者大多认同这一观点，[①] 但在论及实质课税原则的适用时却毫无例外地以避税安排为典型，鲜少提及除此以外的其他情形。[②] 我国在提及实质重于形式原则的税务规范性文件中似乎肯定了这一方法不仅适用于反避税的场合[③]，也适用于一般情形之下的事实判定[④]。那么，实质课税原则究竟是应税事实的一般判定方法还是仅适用于以法律形式的滥用套取税收利益的场合，应有必要予以厘清。

　实质课税原则中的"实质"，指的是与纳税人的经济能力有关的"指标事实"，亦即税收客体的"有无""实际数额的大小"与事实上的归属。[⑤] 是否有必要穿透私法形式而把握经济核心进行税收构成要件符合性的实质判断，关键在于足以衡量税收负担能力的指标事实是否当然独立于作为实现手段的私法形式。如果答案是肯定的，立法者在确立抽象税收构成要件时，即应当以此种法律形式之外的经济利益的实质归属评价税收负担能力，进而确立其税收后果。此时税法规则对"事实要件"的描述采用了私法的形式，但确立的税收后果则是考量经济核心事实的结果。如在信托交易中存在法律所有权与经济所有权相分离的事实，即受托人对信托财产享有管理权和处分权而受益人享有受益权，那么遵循量能课税原则的要求，可以确立以受益人为所得税纳税人的征税规则，受托人享有法律所有权的形式安排在税法上则予以忽视。如果一项交易形式与其经济实质的分离是常态的话，形式被忽视、经济实质决定税收负担的结果应当以规则的形式确立，而不是留待税务机关在个案中分别作出判断。由此才能保证欲采取此种法律形式从事交易的纳税人可以预见这一结果，而不至于在交易完成后遭遇形式被忽视的执法突袭，也是保证"同案同判"的必然要求。此时，税务机关依然只需就该行为是否符合

---

① 详细可参见闫海《绳结与利剑：实质课税原则的事实解释功能论》，《法学家》2013 年第 3 期；叶姗《应税事实依据经济实质认定之稽征规则——基于台湾地区"税捐稽征法"第 12 条之 1 的研究》，《法学家》2010 年第 1 期。

② 详细可参见贺燕《实质课税原则的法理分析与立法研究——实质正义与税权横向配置》，中国政法大学出版社，2015，第 129 页；刘剑文、熊伟《税法基础理论》，北京大学出版社，2004，第 166 页。

③ 如《国家税务总局关于印发〈特别纳税调整实施办法（试行）〉的通知》（国税发〔2009〕2 号）、《一般反避税管理办法（试行）》（国家税务总局令第 32 号）。

④ 《国家税务总局关于确认企业所得税收入若干问题的通知》（国税函〔2008〕875 号）。

⑤ 参见黄茂荣《税法总论——法学方法与现代税法》（第 1 册），（台湾）植根杂志社有限公司，2012，第 371 页。

这一税收构成要件作形式上的判断，如判断此项交易构成信托安排，即发生税法所确立的受益人承担纳税义务的税收后果，并无就事实构成作实质判断的必要。

税务机关在个案中作出税收构成要件符合性的判断是否均有必要无视法律形式而独立判断经济核心的存在，才是争执焦点之所在。也就是说，在执法的层面，税务机关的这一判断是否同样应为价值判断与实质判断。实质课税原则的拥趸者一般坚持认为，由于经济活动的"事件过程、状态及作为外观表现的法律形式无法合理地推论其给付能力"，因此，征税时必须探究"经济上的实然"。但不容否认的是，一项交易的经济核心并不总是未能通过其法律形式予以表征。可以说，某一交易形式及其法律后果通常产生特定的经济效果。形式与实质相当，应当为常态，而非仅为例外。大多数经济活动发生后，交易的形式与反映其真实的税收负担能力的经济实质相当。以法律形式或是透过形式以经济实质为事实基础判断税收构成要件是否满足，其结果并无不同。纳税人基于民法规范所形成的法律后果被推定为真实、有效，并足以据此作出税收构成要件符合性的判断，也是诚实推定权的应有之义。① 因此，要求税务机关事事审酌法律形式之外的经济实质的存在，甚无必要，反而是对诚实推定权的违反。

可以说，私法关于权利义务的归属，对于量能负担的税法规范目的而言，具有"法律上的真实性"，当事人所采取的私法形式应当作为探知税收负担能力的起点。② 只有在个案中例外地发生在纳税人所采用的法律形式之外尚有未被形式真实反映的实际的事实关系存在的情况下，透过法律形式重新把握经济实质才是必要的。税务机关首先必须确定交易的形式与实质存在落差，进而才有必要对经济实质予以把握。但据何标准判断交易发生形式与实质的背离、何为交易的实质，至今在各国的税法实务和理论研究中均未形成定论。③ 美国司法实践强调，交易的经济实质应当"根据其自身的事实与环境因素"，在个案中予以判定。全面的事实探知与发现是经济实质判断的前提。税务机

---

① 参见朱大旗、李帅《纳税人诚信推定权的解析、溯源与构建——兼评〈税收征收管理法修订草案（征求意见稿）〉》，《武汉大学学报》（哲学社会科学版）2015 年第 6 期。

② 参见 Wolfgang Schön, "Die Zivilrechtlichen Voraussetzungen Steuerlicher Leistungsfähigkeit", *Stu W*, S. 251。

③ 参见 Alexandra M. Walsh, "Formally Legal Probably Wrong: Corporate Tax Shelters, Practical Reason and the New Textualism", *Stanford Law Review*, Vol. 53, pp. 1541 – 1579。

关只有获得充分的事实证据，才能忽视已被推定反映实质的私法形式，确定被隐藏的经济实质。[①]

然而，纳税人既是以私法上真实、有效的法律形式从事经济交易，表征交易发生的直接证据资料指向的恰恰是税法将不予尊重的法律形式。这意味着税务机关有必要在此之外收集充分的间接证据，只有这样才足以判定经济实质的存在。但作为大量行政的典型，税务机关必须一次或同时多次、大致相同且运用制式方法一再重复地行使征税权。[②] 要一一审查成千上万反复发生的经济生活事件是否存在形式与实质的背离，税务机关的事实发现成本将是极为高昂的。正因为如此，有学者认为，"从税务行政的见地来看"，判定经济实质"在实际上是困难重重的"。[③] 事实上，征税决定通常必须以迅捷的方式作出，以确保税款的征收及时支应当年度政府的财政运作。但要构建诸如司法诉讼的精细的证据规则和对事实发现程序进行全面的事实调查，确认每一笔交易的形式与实质是否存有背离以及被隐藏的经济事实，在税收征管实践中实际上是难以企及的，事实的调查成本将极为高昂，更可能因此导致税收入库的延宕。

税收征管行为尽管为严格的拘束行政，但税务机关依然享有一定程度的自由裁量权，尤其是对应税事实的认定。[④] 税务机关将基于所取得的证据，依据经验法则和法律规范，对应税事实作出判定。如果说交易的法律形式尚有合同、账簿、凭证和当事人的义务履行行为等客观表征形式的话，独立于法律形式之外的经济实质应当基于哪些事实因素和标准加以判定，依然是模糊不清的。对应税事实的实质认定因此存在大量非理性、推测性和偶然性的因素。我国最高院在广州德发公司案中更是肯定了税务机关"基于国家税收利益的考虑"，在真实有效的民事行为之外判定交易的经济实质"具有较强的裁

① 有关避税、节税、虚伪表示等行为之间的区别，详细可参见葛克昌主编《避税案件与行政法院判决》，（台湾）翰芦图书出版有限公司，2010，第 68 页。
② 黄源浩：《税法上的类型化方法——以合宪性为中心》，硕士学位论文，台湾大学法律研究所，1999，第 101 页。
③ 参见〔日〕金子宏《日本税法》，战宪斌等译，法律出版社，2004，第 131 页。
④ 对于税务行政裁量权的范围，《关于规范税务行政裁量权工作的指导意见》（国税发〔2012〕65 号）并未加以规定，但就事实的认定税务机关享有裁量权则有一定的共识。德国《税收通则法》第 88 条规定，"税务机关决定调查的方法及范围，税务机关不受当事人陈述及申请调查证据的拘束"，肯定税务机关裁量决定阐明事实的种类和范围。可参见陈敏《德国租税通则》，我国台湾地区"司法院"，2013，第 151～153 条。

量性",且"税务机关基于法定调查程序作出的专业认定",一般应当予以尊重。① 可以说，税务机关就交易的经济实质的事实认定为自由裁量，其裁量结果却几乎不受司法审查，成为一项实际上不受控制和无法控制的裁量权。如果说法律适用的重心不在最终的涵摄，而在于就案件事实的个别部分，判断是否符合构成要件的各种要素，② 交易实质判断的常态化所扩展的应税事实的裁量权，将导致最终的征税决定具有更大的主观性和随意性。同一法律形式之下所认定的经济实质可能各有不同，交易的税收后果也因此无法预见。

由于交易的形式与实质的脱节并非常态，税务机关并无必要事事审查形式之外实质的存在。即使勉力为之，其事实调查成本之高昂与征税之低效，必将延误国家机关的整体运作。更遑论这一事实判断方法无法克服的主观性和随意性，将直接导致税务机关在税法条文之外行使征税权的可能性大大增加。因此，实质课税不应当是事实判定的一般方法，而应有严格的适用范围，即仅在交易的形式与实质存有背离的情况下才有适用的余地。

（二）交易实质探究的前提——形式与实质的背离？

如前所述，强调以交易的实质进行税收构成要件符合性的判断，实际上只有在所采用的法律形式并未反映真实的经济实质的情况下才是有意义的。那么，关键的问题在于，是否一旦认定交易的经济实质与形式不符，其法律形式在税法上即无意义。避税安排为应依实质课税的交易，疏无争议。但避税安排是否涵盖所有形式与实质相背离的经济交易？如果不是的话，避税安排以外存在形式与实质落差的其他交易，是否与之作相同的税务处理？避税安排的法律形式之所以在税法中应当予以忽视，原因在于纳税人精巧地设计"复杂而多重迂回且均属有效"的法律形式，仅出于套取未在立法者期待范围内的税收利益的目的。若无此项税收利益，交易根本不会发生或不会采取此种形式发生，在税法上因此不予尊重。但如果纳税人基于税收以外的其他商业目的采取"异常且重复迂回的法律形式"，是否在税法上同样应当予以忽视，则是关键问题之所在。实际上由于避税安排的认定标准尚且模糊不清，一项交易一旦被认定存在形式与实质的背离，无论"异常且复杂"的法律形

---

① 《广州德发房产建设有限公司与广东省广州市地方税务局第一稽查局再审行政判决书》〔（2015）行提字第 13 号〕。
② 〔德〕卡尔·拉伦茨：《法学方法论》，陈爱娥译，商务印书馆，2016，第 165 页。

式的采用是否存在合理的商业考量，均可能被视为避税安排而导致法律形式的忽视。这一问题因此更加扑朔迷离。

税收是纳税人的特定私法行为及其经济后果附带的财产负担。这一经济后果及其归属首先必须经由私法确认其权属，但缘何在税法上却有必要予以忽视，而另行作出事实的判定？对于这一问题，最高院在广州德发公司案中虽然认为"有效的私法形式税务机关应予认可和尊重"，但"保障国家税收的足额征收是税务机关的职责"，有效的私法行为"并不能绝对地排除"税务机关对交易的经济后果的认定。"因涉及国家税收利益"，有效的私法行为并非绝对不能质疑。"基于国家税收利益的考虑"，也可以重新认定交易的经济后果。[①] 这一判决将国库利益作为税法是否尊重受私法调整的交易形式的决定因素，显然是值得商榷的。这意味着，一旦纳税人选择的非典型的私法形式产生不利于国库收入的结果，将导致这一形式不受尊重，须重新判定交易的实质作为征税的事实基础。其结果必然是在产生相同经济效果的诸类契约形式中，纳税人仅得选择对国库有利的形式，才能确保其税收负担的可预测性。在这种情况下，纳税人基于意思自治的经济安排自由将成为一纸空文，更可能产生扼杀市场经济活力的效果。

纳税人以合乎当事人真意的、私法上生效的法律行为从事经济活动，所取得的经济后果乃由此所生的法律后果，两者之间并无背离之说。所谓交易的形式与实质存在背离而应当依实质课税的潜在逻辑实际上是，纳税人的经济利益，本以通常应当采用的简单、直接的典型的法律安排即可实现，其实际采用的异常、复杂而迂回的法律形式与其相比显属多余且不必要。换句话说，也就是纳税人所实现的经济后果与实现这一后果本可以且通常采用的典型法律形式存在背离。正是基于这一逻辑，税务机关所为的"忽视形式"而"实质课税"，实际上是"将纳税人选择的法律形式，纠正转换为通常使用的法律形式"，从而认定课税要件的满足。[②] 其结果是纳税人就交易所作的法律安排虽与实现同一经济利益本应采取的法律手段存在形式的差异，在税法上仍作同一处理。为实现同一经济目标通常可以采取无限多种经济上相当的法

---

① 在该案中最高院并未将纳税人作出的拍卖行为认定为"滥用法律形式"避税交易。详细可参见《广州德发房产建设有限公司与广东省广州市地方税务局第一稽查局再审行政判决书》[（2015）行提字第 13 号]。

② 参见〔日〕金子宏《日本税法》，战宪斌等译，法律出版社，2004，第 95 页。

律形式。纳税人采用的异常、迂回反复的法律形式所实现的经济后果，通常采用哪一种形式予以实现，并不具有必然性。税务机关对认定哪一种是纳税人为实现其经济目的本应当采用却未实际采取的法律形式而确定税法条文的涵摄，将享有较大的自由裁量权，可能仅选择其中有利于国家财政收入实现的形式或是随意而偶然地选择某一经济相当的交易形式予以课税。如前所述，税法是以形式为基础确立抽象税收构成要件的，形式不同的交易即使预期产生相同或类似的经济后果也有意以不同的方式征税。① 如果税务机关能够决定不同法律形式的交易具有相同的经济实质、承担相同的税负，则确立不同法律形式的不同税收后果的税法条文都将确定地无法予以信赖。纳税人将随时面临承担超出预期的税负的风险。纳税人将不得不以各种方法过度遵从税法，如有意选择税负更高的交易形式而承担过度的市场风险，不选择税负存在争议的交易形式或只从事交易但不主张本可以享受的税收优惠，牺牲税收利益以避免税法的不确定性。②

私法赋予个人设立、变更和废除法律行为的创设自由，即为了追求其目的而给予个人最宽泛的自由。③ 为实现同一经济目标，纳税人有权在经济相当但权利义务安排各异的无限多种不同的法律形式中选择最符合其商业需求的交易形式，也可以通过各种不同的权利和义务的重新排列、组合甚至创造新的权利义务的内容而实现交易形式的创新。如大多数金融合约的创新正是对基础金融工具项下的权利和义务的分解和重组实现的。在不存在税收套利的情况下，如果纳税人选择更加复杂、非正常形式的交易安排实现其经济目标，意味着当事人将不仅接受该形式所产生的现金流，也同时承受由此异常形式产生的额外交易成本、经济风险和法律义务。此选择可能与其特定商业目的的实现有着直接的关系。这一异常交易形式之下的权利义务配置和风险的承担可能与经济回报的取得并无直接的关系，却可能间接造成投资者未来收益机会的增加或风险的减弱，由此实质地改变纳税人在交易前后的经济地位，使交易因此具有独特的经济属性。如忽视这些因素、直接对交易的经济后果

---

① 参见 David A. Weisbach, "An Efficiency Analysis of Line Drawing in the Tax Law", *The Journal of Legal Studies*, Vol. XXIX, p. 71。

② 参见 Kyle D. Logue, "Tax Law Uncertainty and the Role of Tax Insurance", *Virginia Tax Law*, Vol. 25, p. 373。

③ 参见〔德〕奥托·基尔克《私法的社会任务：基尔克法学文选》，刘志阳、张小丹译，中国法制出版社，2017，第 42 页。

进行课税，该纳税人即可能因特殊的商业目的的追求而与滥用法律形式套取税收利益的避税安排平等地受到税法的"惩罚"。如果无论是否以非税利益的追求为目标，无论是否构成形式的滥用，所采用的法律形式都将被忽视且国家基于本应当采用但实际未采用的交易形式进行课税，那么无论纳税人基于何种目的、选择何种法律形式在税法上均无任何意义，亦即纳税人交易形式的选择自由权在税法上不获承认，由此而增加的税收成本将可能完全抵消契约形式创新所产生的收益。这将大大妨碍市场主体以契约形式实现交易的创新。契约形式的创新是契约自由和意思自治的实现，有其独有的商业意义和社会价值，而非一概以税收利益的套取为目标。如不加以区分而一味予以否认，必然导致纳税人在承担创新风险的同时因税负的增加无法实现预期的税后收益。在欠缺经济利益激励的情况下，任何市场主体都将怠于进行契约形式的选择，更遑论创新。长此以往，契约创新无法回避的税额调增将成为扼杀社会创造力的元凶。

可以说，如果税务机关动辄以实质课税为由，否定纳税人基于商业考量选择的法律形式，将破坏依法征税原则，使税收法定主义保护纳税人的功能形骸化。[1] 纳税人从事交易所采取的法律形式经私法规范调整形成的权利义务关系已成为法律上真实的事实。税务机关应当尊重纳税人所作的法律形式的选择，根据这一法律事实进行税法的适用。若非构成税法上"滥用"法律形式的税收规避行为，税务机关应无任何权限，以纳税人从未选择的法律形式认定纳税义务。[2] 纳税人采取的法律形式应当可以决定税法条文的适用。

因此，实质课税原则应当仅作为一项交易是否构成避税安排的检测性标准，分别从主观和客观两个侧面，即合理商业目的和形式与实质相符的真实经济活动的存在，判定交易是否构成避税安排。一旦认定交易具有合理商业目的和/或发生真实的经济活动，该原则即不再有适用的余地。具体而言，基于经济理性人的考虑，如果交易意在追求一定的经济利润，可以认定为具有"商业目的"。此外，实现资金的融通、实现风险管理的改善和履行相关的监管义务、改善公司治理结构等非财务利益的追求，也应当认定为"商业目的"。税务机关可以根据交易发生时的宏观市场环境、行业的商业惯例、企业

---

① 参见葛克昌主编《避税案件与行政法院判决》，（台湾）翰芦图书出版有限公司，2010，第106 页。

② 参见葛克昌主编《避税案件与行政法院判决》，（台湾）翰芦图书出版有限公司，2010，第88 页。

的一般经营策略等判断交易欲追求的商业目的是否"合理"。这一判断应是最低标准的判断，即只有当与交易同行业或处于类似状况中的经济理性人在相同或类似的情况下，当然认为该目的的追求无助于企业未来的发展，或显然与未来实现财产价值的增加或与获取收益机会的创造无关，才能认定该商业目的不具有合理性。

德国《税收通则法》第 42 条以"滥用法律的形成可能性"认定一项交易是否存在形式与实质不符的情形。如纳税人选择不相当的法律形成，致使纳税人或第三人，相较于相当的法律形成，获得法律未预见的税收利益，可以认定形式滥用的存在。纳税人所采用的法律形式是否适当、是否存在滥用，应当将所采用的法律形式与所欲追求的经济目的之间是否具有相当性作为判断的标准。如果经济理性的纳税人，就一经济事件，尤其就其所欲达成的经济目的，通常认为不合适而不予选择的法律形式，为不相当的法律形式。[①] 欧洲法院在其判决中也基本持类似的观点，即纳税人通过"不自然的手段"满足享受税收利益所必须具备的条件。一般而言，异常、迂回曲折、复杂、多重反复、不切实际的法律形式，即属此种"不自然的手段"。[②] 如安排成立复数的协议，使其经济后果全部或部分互相抵消，以至于难以察觉其经济效果已经达成。仍须注意的是，纳税人采取不常见或不习惯的法律形式，并不能直接认定为此种"不自然的手段"。

五 结语：应受尊重的形式与实质课税之限度

近年来实质课税原则可谓备受重视和肯定，在税法领域中对于实质的追求因此渐有绝对化的趋势。然而，实质课税的"原则化"是值得怀疑的，完全脱离形式追求实质的理性，取得的只能是无法获得法治保障的个案正义，其结果是偶然、随机的，无助于税收法治目标的实现。与其他任何法律部门一样，税法的形式本身同样具有独立价值，这是税收法治的应有之义。在税法的形式主义之下才能确保税收征管机制有如"具有技术合理性的机器"进行运作，并确保征纳双方在税收征管活动中，基于税法的规范意义，拥有最大限度的自由活动空间。只有在税法形式所提供的空间范围内，实质理性才

---

① 陈敏：《德国租税通则》，我国台湾地区"司法院"，2013，第 69 页。
② 参见 ECJ's Judgement of 14 December 2000, Case 110/99。

有可能真正实现。这意味着，任何市场主体都应当有权信赖税法的文字含义并相应地预测和确定交易的待遇。除非滥用，私法形式一般在税法上应受到尊重。立法者在确立抽象税收构成要件时，尽管认为用以评价税收负担能力的经济活动的事实核心可以与私法有所不同，但确立"事实要件"却应当最大限度地承接私法形式，以确保"法统一秩序"的实现。实质课税原则应当仅作为判定一项交易是否构成避税安排的基础标准，即此法律形式的采用是否仅出于税收利益的套取。一旦认定不存在交易形式的滥用，实质课税原则即无适用的余地，税务机关无权再将交易转换成纳税人未采用的法律形式而进行税法条文的涵摄。

中 篇

CHAPTER 2

典型财税法规范生成之考察

第四章　专项附加扣除机制的检讨与完善：
基于明确授权的规范续造

　　2018 年《个人所得税法》做了第 7 次修正，于第 6 条第 1 款增加了关于专项附加扣除的规定，并于第 4 款具体列举了子女教育、继续教育、大病医疗、住房贷款利息或者住房租金、赡养老人等可扣除项目。可以说，这一制度，意味着家庭生计费用扣除制度在我国的正式确立，可谓具有里程碑意义。然而，这一制度的具体实施，在《个人所得税法》中并未明确作出规定。2018 年底，基于该法的授权，国务院制定并颁布了《个人所得税专项附加扣除暂行办法》（以下简称《扣除暂行办法》），详细规定了诸项可扣除费用的具体范围、可扣除金额以及扣除方式。及至 2019 年修改后的《个人所得税法》正式实施时，如何主张这一专项附加扣除更成为坊间普遍关注之话题，皆因这一制度惠及多数个人纳税人。2022 年 3 月国务院颁布《关于设立 3 岁以下婴幼儿照护个人所得税专项附加扣除的通知》（国发〔2022〕8 号），增加了 3 岁以下婴幼儿照护费用的扣除。正如《关于〈中华人民共和国个人所得税法修正案（草案）〉的说明》中强调的，"专项附加扣除考虑了个人负担的差异性，更符合个人所得税基本原理，有利于税制公平"。那么，《扣除暂行办法》所确立的扣除机制是否已实现这一目标，仍有必要予以检视。

一　为量能课税而生的专项附加扣除制度

　　从规范目的而言，税法规范可分为三种类型的规范群，即财政目的的税法规范、特定社会经济目的的税法规范和以简化为目的的税法规范。不同规范目的的规范群适用的建制原则不尽相同。[①] 以获取财政收入为目的的税法规

[①] 柯格钟：《量能课税原则与税捐优惠规范之判断——以所得税法若干条文规定为例》，（台湾）《月旦法学杂志》2018 年第 5 期。

范必须反映被规范对象所应分配负担的税收，通常遵循量能课税原则。而以实现特定社会经济政策为目的的税法规范通常必须有意创设纳税人间的差别待遇，以此奖赏或诱导纳税人实施政府所欲鼓励的行为，或以加重税负而约束、限制特定行为的实施，因此多遵循功绩原则。允许特定专项附加扣除的结果，将满足扣除条件的纳税人，个人所得税义务较之此前有所减轻，与不适格的纳税人相比税负亦为轻，似乎意在以此鼓励纳税人实施子女教育或接受继续教育等行为。[①] 那么，专项附加扣除制度究竟是一项税收负担分配的税法规范还是以实现鼓励婚姻或生育等社会目的的税法规范，有必要予以厘清，以便确立其建制之基本原则。

允许子女教育、赡养老人、大病医疗等支出的扣除，并非我国的独创，在诸多国家和地区均有类似的规定，但所采用的概念和术语存在一定的差异，如法国将其纳入费用扣除的范围，英国则将其与经营费用扣除相区分，作为独立的"免税额"或"生计扣除"。此外，亦有国家采用"宽免额"等概念。对其法律性质，也多有争议。如在美国，自 1942 年开始允许扣除医疗费用，有学者认为这构成一项税收优惠，以此对纳税人的部分医疗支出予以补偿。[②] 同样，住房贷款利息也被认为更具有税式支出的特性，甚至是一种"反向补贴"。[③] 我国台湾地区司法主管部门认为，所得税法有关扶养亲属免税额的立法目的，是以税收的优惠促使纳税人对特定亲属或家属履行其法定扶养义务，即将其定性为税收优惠。[④] 大陆地区亦有学者认为，免征额属于税收优惠的范畴，是考虑到纳税人或者课税对象在社会或经济中的意义而给予的税收优惠，以鼓励纳税人从事某种经济活动，是发挥税收政策导向作用的工具。[⑤] 上述学说的坚持者均认为，子女扶养等项目不计入应纳所得，乃是出于税收激励的目的，因此，其扣除范围和标准应当根据经济形势、地区消费差异和居民收入水平的变化而进行政策性的调整。[⑥]《扣除暂行办法》第 4 条规定专项附加

---

① 正因为如此，本次《个人所得税法》增设专项附加扣除后，坊间多有国家以此"鼓励结婚""鼓励生育"的提法。

② William D. Andrews, "Personal Deductions in An Ideal Income Tax", *Harvard Law Review*, Vol. 86, p. 333.

③ John R. II Brooks, "Doing Too Much: The Standard Deduction and the Conflict Between Progressivity and Simplification", *Columbia Journal of Tax Law*, Vol. 2, p. 229.

④ 葛克昌：《所得税与宪法》，（台湾）翰芦图书出版有限公司，2009，第 130 页。

⑤ 高亚军、周曼：《个人所得税改革目标不应局限免征额的调整》，《中国财政》2011 年第 18 期。

⑥ 曹桂全：《我国个人所得税免征额制度研究》，南开大学出版社，2017，第 77 页。

扣除范围和标准将"根据教育、医疗、住房、养老等民生支出变化情况，适时调整"，似乎也肯定了这一点。但也有不少学者认为，生计费用的扣除，"是量能课税原则的体现"，是"负担公平的强制性要求"，"与基于其他政策目的给予税收优惠的情形不同"，不宜归类于税收优惠的范畴。① 也有学者尽管不认为免征额为税收优惠，却同时强调免征额与税前扣除亦有不同。②

　　专项附加扣除在性质上是否属于"税收优惠"，值得关注。任何税制的基本功能都是根据预先设计的税基在一般大众之间分配政府运作的成本。在所得税的框架下，这种成本分配的基础是每个纳税人的应税所得。③ 基于征税公平的考量，任何应税所得，无论其来源和用途，都应无一例外地课以相同的税收。任何由于所得的特定来源或用途而被免除税收或差别对待的条款则可以归于税式支出。④ 这些条款并不服务于正确衡量应税所得的目的，因而必须以非税目的正当合理化。⑤ 税收优惠通常服务于与税收负担分配无关的社会经济目的，具有很强的政策导向性，是政府推动特定经济或社会政策的激励措施之一。对实施政府鼓励的行为（包括作为和不作为）的纳税人创设一定的税收特权，减免其依税收负担能力本应当负担的纳税义务，从而形成税收上的差别化待遇，将在一定程度上限缩或背离量能课税原则。⑥ 如就免税所得而言，该项所得在性质上为应税所得，具有与其他类型应税所得相同的税收负担能力，基于社会政策或经济目的的考量，立法作出例外的规定，以鼓励纳税人从事国家所期待的交易或活动。⑦ 故税收优惠可以说是为诱导纳税人实施特定行为而有意形成税收差别化的特殊税制安排。

　　然而，允许子女教育费用等支出的扣除是否属于此种基于政策目的的税负减让，不无疑问。问题的关键在于，上述在本人或家庭成员的生计维持中

① 陈清秀：《税法各论》，法律出版社，2016，第185页。
② 曹桂全：《我国个人所得税免征额制度研究》，南开大学出版社，2017，第77页。
③ Glenn E. Coven, "The Decline and Fall of Taxable Income", *Michigan Law Review*, Vol. 79, p. 1525.
④ William D. Andrews, "Personal Deductions in an Ideal Income Tax", *Harvard Law Review*, Vol. 86, p. 322.
⑤ Stanley Surrey, "Tax Incentives as a Device for Implementing Government Policy: A Comparison with Direct Government Expenditures", *Harvard Law Review*, Vol. 83, p. 705.
⑥ 柯格钟：《量能课税原则与税捐优惠规范之判断——以所得税法若干条文规定为例》，（台湾）《月旦法学杂志》2018年第5期；黄士洲：《扶养亲属免税额的列报与婚姻、家庭的制度性保障》，载林明锵、蔡茂寅主编《行政法实务与理论（二）》，（台湾）元照图书出版公司，2006，第276页。
⑦ 曹桂全：《我国个人所得税免征额制度研究》，南开大学出版社，2017，第72页。

被耗用的收入是否具有税收负担能力，是否构成应税所得。如果答案是肯定的，那么，此项消费支出占用的款项不计入衡量税收负担能力的税基中，则是对量能课税原则的背离。个人消费和积累的财产价值总和是衡量个人支付能力的基本指标，两者被认为代表着个人的消费力，也就是对经济资源的控制力，是个人可以放弃使用，而用于缴纳税款、转嫁给国家的部分。① 但构成应税所得的消费因素应当仅包括以意在产生私人收益的方式进行经济消费。② 如果一项消费只是造成了纯粹的物或经济权利的消耗或减少，未能产生相当于支出金额的私人价值或经济收益，则意味着纳税人对此项经济资源并无实质的控制力，此项消费所占用的款项不应计入应税所得，可以允许从收入总额中予以扣除。个体是否因经济资源的消耗而受益，是应计入应税所得的消费与可扣除支出的区别之所在。一般而言，一项个人可以自主决定的消费，被认为可以增加至少相当于其成本的物质福利，而强制性支出一般仅弥补了使此项支出成为必要的非经济损失，个人的消费力因此被削弱。因而，前者所代表的消费力应属于征税范围，而后者则不应当被计入税基。

个人身处家庭之中，对其家庭成员必须负担一定的物质帮助义务，即对子女的抚养义务和对父母的赡养义务，这是民事私法明定的义务，具有强制性。此部分生活开支的发生是确定的，无法避免的。用于受其扶养的家庭成员的生活维持的款项，纳税人不能随意变更用途，已确定地丧失支配的权利。家庭成员的教育或生活消费一旦发生，将造成纳税人掌握的经济资源的不可恢复的损耗，却不可能为其本人带来直接的收益回报或增加物质福利，生活质量不会有所提升，用于自我满足的消费力将因此而削弱，故不应将其纳入税收负担能力的评价范围。就此而言，允许收入中用于子女教育、赡养老人等项支出的扣除，是出于准确衡量税收负担能力的考量。同样，接受医疗服务仅仅使个人的身体机能恢复到健康状态，其物质福利水平并不因此而有所提高。③ 允许扣除正是对个人因疾病或伤害而错过工作机会、收入随之减少造成税收负担能力减损的客观结果的反映，体现了税收负担能力因健康水平的

---

① William D. Andrews, "Personal Deductions in an Ideal Income Tax", *Harvard Law Review*, Vol. 86, p. 327.

② Stanley A. Koppelman, "Personal Deductions Under an Ideal Income Tax", *Tax Law Review*, Vol. 43, p. 705.

③ William D. Andrews, "Personal Deductions in an Ideal Income Tax", *Harvard Law Review*, Vol. 86, p. 336.

不同而形成的差异，同样是以正确衡量应税所得为目标的。

就个人赚取所得而言，无论是积极所得还是消极所得，均必须包括人和物两方面的投入。在新价值被创造的过程中，商品或劳务被磨损、消耗或发生价值转移，从而使收入的取得成为可能。在取得的收入中必然包含用于弥补为赚取所得被消耗而发生价值转移的物的部分。这部分收入实际上是投入并被消耗的物的价值的回收，不具有税收负担能力，因此必须以经营费用扣除的方式实现对已有财产不予征税。在所得创造的过程中，人的投入同样必不可少，只有通过人的创造和劳动才可能产生新的价值。而人欲参与价值创造，必须以物理性的存在且具备特定的劳动能力为前提。缺乏特定的劳动技能或劳动能力，新价值将缺少创造的动力和来源。个人形成或维持特定的劳动能力，将直接造成物或服务的纯消耗性地使用。如果一项消费的发生，与形成并维持赚取特定水平的收入所需具备的特殊劳动能力直接相关，则这种物质消耗同样与收入的取得具有相关性，就此而言，这部分维持基本生活的物的价值也将通过人创造收入的劳动间接地转移到取得的收入中，与经济活动中直接的物的投入与消耗，即经营费用，并无实质性的区别。子女教育或继续教育支出正是与形成、维持或进一步提高赚取所得能力相关的必要支出，其扣除因此具有正当合理性。

子女教育、继续教育等支出是"私人无法避免的花费"，无法转作税收之用，不足以表征其掌控经济资源的消费力，因此不具有税收负担能力。[1] 允许上述支出的扣除才能对取得收入的个人的税收负担能力以净所得为基础进行准确的评价。因此，专项附加扣除性质上应当为费用的税前扣除，是平等分配税收负担的量能课税原则的基本要求。其扣除方式和金额都应当以最大限度地正确衡量应税所得为目标。

二　专项附加扣除的拟制化处理及其简化价值

遵循个人基本生活费用的标准定额扣除法，专项附加扣除的事实要件和可扣除金额也同样采用了相对简化的方法，即一方面对可扣除的要件事实仅

[1]　黄士洲：《列举扣除额的改定适用与基本权保障——评大法官释字第六一五号解释》，（台湾）《月旦法学杂志》2008 年第 1 期。

作粗略的描述，另一方面，除大病医疗支出①外，对其他项目的可扣除金额予以标准定额化。如子女教育支出，以子女年满 3 周岁与入学为要件，而对赡养老人费用，只要父或母之一年满 60 周岁即可主张扣除，无论上述费用是否实际发生、支出数额的多寡，均仅可扣除法定金额。此即拟制化方法，以实现"简便易行"②的目标。但与一般的拟制方法不同，此时作为拟制基础的事实为诸项生存性消费的常态化、均等化的案型或典型特征。也就是说，在描述特定专项附加扣除的要件事实时，仅将通常情形下发生且易于调查和辨识的"典型、常态或是平均的事实"予以提炼和抽象化，将其确立为发生扣除效果的要件事实。③ 只要符合这一典型特征，都被视同实际发生费用支出，无论个案中的具体状况、个别特征如何，是否发生除规范所描述的要件事实以外的其他特殊状态，均产生相同的扣除效果。不仅如此，拟制的后果并不容许纳税人提出证据而予以推翻。即使纳税人提出其实际支付的子女教育或（学历）继续教育费用高于标准扣除额的相关证据，亦不能主张高于扣除标准的费用扣除。上述子女教育等专项附加扣除的规范中，就其基础要件事实的发生、归属关系的认定以及具体量化金额等抽象要件事实的描述均单独或重复使用了拟制化这一立法技术。

由于将各项支出发生相关的相对客观的事实作为粗略的指标，指代此项生计开支已实际发生的事实状态，在事实取向上化繁就简，仅进行简单的事实描述，专项附加扣除形成了语言简明易懂、适用范围清晰的税法规则，是一种以简化为目标的制度设计。这种简化的立法模式有其天然的适用优势。其一，规则的清晰度高，规则内容简单而明确，预见税收后果的准确性随之提高，更加符合税收法定主义的明确性要求，且规范内容无须进一步地解释，易于遵从和执行。其二，由于规则对扣除要件事实进行高度客观的描述，确定了严格的适用边界，从而取消了税务机关对费用能否扣除的裁量权，同时也使其得以进行公式化的规则适用，在一定程度上可以提高征管的效率，有

---

① 大病医疗支出可以在限额内据实扣除。

② 《扣除暂行办法》第 3 条。

③ 所谓实质类型化是指"不可推翻的类型化"，即将税法的适用完全取决于一个典型的、常态化的或是平均的事实，纳税人不能就此提出证据予以推翻，是以拟制的事实为基础的类型化。相对应的"形式类型化"则允许纳税人针对个案有不同于典型事实的非典型情况存在提出证据而予以推翻，是以一个推定的事实为基础的类型化。详细可参见盛子龙《租税法上类型化立法与平等原则》，《中正财经法学》2011 年第 3 期。

效减少扣除争议的发生。然而，当前被确立为扣除要件的事实仅是此项支出发生情境中较为常见的客观事实之一，并非对此项消费事实的完整描述，也未考量个案中发生的特殊、细节的支出事实。只要合于这一法定的客观事态，不管费用是否发生、具体如何发生，都将发生费用扣除的税法效果。这就以标准化的评价取代了个案的评价，看似满足条件的纳税人均发生相同的税法效果，实现了"同案同判"的平等性要求。但纳税人个案间的不同之处被有意地忽视，生计费用的发生与否与实际支出金额的多寡等足以影响纳税人经济负担能力评价的重要个案因素也有意未作考量，因此不可避免地发生扣除金额与支出事实不一致的情形，从而造成"明知为不同者，在税法上却被等同视之"的法拟制效果，其结果明显有悖于"同案同判"的平等性要求，难谓与量能课税原则没有冲突。[①] 那么，关键问题在于，专项附加扣除能否采取此种拟制化的简化处理方式？其目的和价值何在？

（一）专项附加项目实额扣除之不可行

所得税法所欲掌握的，是表征税收负担能力的经济事实，故应以真实所得为课征对象。为掌握真实的所得，所得额的构成项目，包括各项收入和费用的计算，都应当以实际发生额为准。[②] 因此，实额扣除法是最符合量能课税原则要求的税基确定方式，实际支出的费用都应当允许以实际发生额为准在收入总额中予以扣除。这才能最大限度地准确衡量应税所得，真正实现量能课税原则的要求。然而，关键问题在于，就个人的生计费用而言，建构以实额扣除为目标的规则体系是否可行。为此，首先应当有必要对专项附加扣除的特质予以考察，以厘清其实额扣除规则建构所面临的障碍。

1. 生计开支据实扣除的累退效应

生活消费本属个人自决事项，出于收入水平、个人品位和消费观念等的差异，即使同一项强制性的生活消费，不同个人的消费支出金额也可能存在巨大的不同。收入越高的纳税人，越可能选择金额高昂的消费方式。因此，如果要完全准确地衡量不同个体"可扣除的实际发生额"，便必须于个案中考察一项生活消费于特定纳税人在特定环境因素之下是否构成强制性支出。即使这是可行的，允许强制性消费的实额扣除，也将意味着越有能力享受高消

---

① 〔德〕卡尔·拉伦茨：《法学方法论》，陈爱娥译，商务印书馆，2016，第 142～143 页。

② 吴金柱：《所得税法之理论与实用》（上），（台湾）五南图书出版有限公司，2008，第 487 页。

费的高收入者可以获得的扣除越多，相反，存在实际生活需求的低收入者却可能由于无法承受高消费而仅获得有限的扣除。这将使得专项附加扣除形成"反向"补贴，造成税负累退的结果。

2. 专项附加扣除的大量法特质

在所得税对国民普遍征收机制之下，任何生命有机体的自然人都是潜在的纳税人，只不过是否实际发生纳税义务必须在判定收入、费用等诸项事实后才能予以确定。允许专项附加扣除是以纳税人的生计开支将削减其可实际控制、支配的经济资源，从而降低其税收负担能力为逻辑基础的。而生计费用的支出与每个纳税人连续不断反复发生的日常物质或精神生活需求的满足直接相关，是几乎每个国民，包括个人和家庭，或多或少都会发生的。这就意味着，数以千亿计的生活事实和各种形式不同、金额不一但数量庞大的生计费用支出项目可能都必须纳入税法的评价范围以确定其可扣除性。这就决定了有关专项附加扣除的规则将在大量的、成千上万甚至是数以亿计的税务案件中被反复适用。此时税务机关面临的便非单纯的个案，而是数量无法预计的费用扣除主张。尽管由个人消费所表征的消费力是衡量税收负担能力的相对物质福利指标，但这仅仅是非常含糊和抽象的概念。一项生活消费是应税的自愿消费还是可扣除的强制性消费，往往是难以区分的，甚至被认为仅仅是一项"可能性的艺术"。[①] 一项生活消费是自愿的还是强制发生的，往往因人而异，具有一定的相对性。如医疗支出通常是为恢复身体机能的强制性的消费，但特定人群（尤其是富人）可能为改善或提高其健康水平而接受更为优质的照顾和护理，此种消费则具有自愿性。税务机关为审查个案中费用扣除的主张是否成立，必须调查、发现个案中诸多的事实和细节并加以权衡，纳税人也必须详尽地保存、记录相关消费事实的凭证资料，这意味着主张一项生计费用的实额扣除可能产生金额不菲的成本。这些成本不得不在数量难以计数的税务案件中反复发生，整体实施成本将是极为高昂的。

3. 生活成本发生事实的私密性特质

如前所述，只有强制性、非自愿消费的支出金额允许于税前扣除，而提升其生活质量水平的自主消费所耗用的款项，正是其消费力的体现，应当纳入应税所得的范畴。然而，在生活需求的满足方式可以控制和选择、强制与

---

① William D. Andrews, "Personal Deductions in an Ideal Income Tax", *Harvard Law Review*, Vol. 86, p. 337.

自愿消费可以相互转化的情况下，对两者予以区分，尤其在满足同一消费发生过的支出款项中确定两者相互转化的临界点，税务机关必须完全掌握纳税人的整体经济生活，这将是极为困难的。消费项目种类繁多，消费内容千差万别，精心设计规则明确两者之间的界限，恐非立法者力所能及。即使可以，其执行难度亦不难想见。与应税事实一般发生于公开市场领域不同的是，生计费用支出与个人的私人生活、消费活动直接相关，处于私人或家庭的私密生活空间，有些开支甚至难有迹可循，税务机关却处于其发生历程之外。如需完全查明纳税人于何时、何地，因何事发生何种消费，才能判定是否构成可扣除的强制性消费，税务机关不免需要介入纳税人的私人生活进行详尽的调查。允许扣除的子女教育、赡养老人等纳税人的日常生活开支，往往连续不断、反复地大量发生，税务机关除非巨细靡遗地掌握家庭全面的生活细节，恐难以准确地作出判断。即使要求纳税人自行告知具有税法意义的生活事实关系，也将使私人生活一览无余地呈现于税务机关面前，成为国家可以一眼看穿的玻璃人。①

4. 税务案件的迅捷执行特质

基于税收法定主义的要求，税务机关只有经调查、确定经济活动或生活事实的发生已使税收构成要件满足的情况下，才能主张征税权的行使。因此，税法能否迅捷执行，在很大程度上取决于税务机关调查并判断应税事实的效率。由于生计费用的发生在一定程度上具有私密性特质，除纳税人明确告知外，税务机关难有途径获取相关的凭证，单纯个案的调查已有相当难度。在须处理巨量相同或类似案件的情况下，如进行事无巨细的事实调查，不仅整体的税收征管成本将极为惊人，税款也难以确保及时征收入库。与其他法律规则相比，税法有着天然的迅捷执行的要求，当年度持续发生的财政支出需求必须以同年度征收取得的税收支应，一旦征税权行使延宕，将造成国家财政的紧急状态，可能直接危及国家机构的整体运作。

在这种情况下，如允许实额扣除，必须将每项生计费用发生的所有细节、足以影响税法评价的特殊事实均予以掌握并纳入考量的范围，这固然可以最大限度地掌握纳税人真实的税收负担能力，却必将缔造巨细繁复却毫无效用的规则。② 个人生计费用的大量性和私密性特质导致证据资料欠缺，即使配以

---

① 黄源浩：《税法上的类型化方法——以合宪为中心》，硕士学位论文，台湾大学法律学院，1999，第 97 页。

② Boris Bittker, "Tax Reform and Simplification", *University of Miami Law Review*, Vol. 29, p. 11.

相当的预算员额与征收经费，税务机关将依然面临事实调查的困难，对每一个扣除构成要件事实的完全掌握趋近于不可能，举证的困难将致使无法在众多个案中准确地发现真实，更遑论区分哪些事实关系应被考量，哪些则是不必要的。① 因此，在巨量的生计费用扣除案件中过度强调个案的特殊性和细节性将导致规则无法在全部案件中平等、有效地适用，选择性执法可能由此发生，反而会危害法律适用的整体平等，原本预期的量能课税也将因过度复杂的规则无法有效实施而最终落空。

（二）取向于整体平等的拟制化专项附加扣除规则

平等原则在税法上的要求，一方面表现为依税收负担能力承担纳税义务的平等，另一方面则表现为税收征管活动中适用法律的平等。专项附加扣除规则的目标亦在于，尽可能无遗漏地衡量一项生计开支所减弱的纳税人的给付能力，并避免执行困难导致负担的不平等。② 量能课税原则的实现固然依赖于税法的精确制定，完成对特定环境下特定生活消费的可扣除性和具体扣除金额的确认，但这不仅可能造就复杂而难以理解的税法规则，其实施成本也是非常高昂的。③ 如果对纳税人的个别行为都予以处理，所有个案的特殊因素都加以考量，繁重的事实调查与规则适用可能为税务机关所无法承受，精心设计的税制将陷入瘫痪，成为纸上的正义。④ 为了避免这一问题的发生，立法者在立法时就应当事先考虑，在税务机关有限的人力和物力条件下，如何才能使公平分摊税负的税法规则真正付诸实施。可执行性和执行效率应当是生计费用扣除制度建构的重要考量因素。

由于生计费用的扣除几乎关涉每个自然人及其家庭，价值高度多元化，平衡价值冲突、协调各方利益达成一致的立法成本是极为高昂的。个人所得税制的整体运作牵涉主体数量众多，每个个体只是成千上万的纳税人中微乎其微的

---

① 黄源浩：《税法上的类型化方法——以合宪为中心》，硕士学位论文，台湾大学法律学院，1999，第 109~60 页。
② 黄源浩：《税法上的类型化方法——以合宪为中心》，硕士学位论文，台湾大学法律学院，1999，第 105 页。
③ Edward Yorio, "Federal Income Tax Rulemaking: An Economic Approach", *Fordham Law Review*, Vol. 51, p. 42.
④ 黄士洲：《列举扣除额的改定适用与基本权保障——评大法官释字第六一五号解释》，（台湾）《月旦法学杂志》2008 年第 1 期。

一员。如果一项规则设计尽管在个别案件中偶然产生不公平或不正确的结果，却能够确保制度获得一体执行，同时大大实现个案征管和遵从成本的节约，且由此节约的税制运作成本的总和大于个案正义牺牲的成本，这一制度便是合理的，甚至是理性的纳税人所乐见的。① 因此，在规范对象大量反复发生的情况下，仅掌握其重要特征而适度排除个案特性的考量，使个别的平等让位于整体的平等应当是合理的。② 德国联邦财政法院在 1963 年 6 月 21 日的判决中指出，在一项法律必须上千次、上百万次地加以适用的情况下，对个别纳税人存在的特殊性可于一定限度内不予考虑，以使法律具有执行可能性。③ 在生计费用的实额扣除将遭遇执行成本高昂或困难的情况下，适用与大量案件相匹配的大数法则，借助扣除要件事实的拟制与扣除金额的概数化实现规则的简化，能够实现多数人公平同时确保规则实施成本的有效减少，是相对较优的选择。

当前专项附加扣除制度的拟制理方式，即以"典型"事实来描述扣除要件，只要纳税人发生被拟制为扣除要件的"典型"事实，即发生费用扣除的法律后果，税务机关不需要再进行事无巨细地全面的事实调查，不再关注个案中是否存在个别的（特殊的）、细节性的案件事实或非典型的事件可能影响费用可扣除性的判断，从而能够以既存的有限人力于期限内，尽可能地处理最多的案件，确保征税权行使的效率。④ 不仅如此，专项附加扣除的拟制化处理，允许税务机关就生计费用的发生及其金额等量化事实依据一般的生活经验，利用的拟制事实与实际发生的事实之间存在的"虽不中亦不远矣"的关系，进行粗略化、概然性的判断，纳税人众多烦琐、微小的私人生活事实被容许不予证明，税务机关介入私人生活领域的范围仅及于重要或典型的事实，可以避免过度侵犯纳税人的私人生活空间。

从纳税人的层面观之，这种事实的拟制化处理也有利于提高其自愿遵从度。个人所得税的核心特征在于制度的实施高度依赖于纳税人的自我评估和自愿遵从。⑤

---

① Edward Yorio, "Federal Income Tax Rulemaking: An Economic Approach", *Fordham Law Review*, Vol. 51, p. 47.
② 黄源浩:《税法上的类型化方法——以合宪为中心》，硕士学位论文，台湾大学法律学院，1999，第 81 页。
③ BFH BStBI IV, 1963, S. 38 if.
④ 陈清秀:《税法总论》，（台湾）元照图书出版公司，2012，第 242 页。
⑤ Edward Yorio, "Federal Income Tax Rulemaking: An Economic Approach", *Fordham Law Review*, Vol. 51, p. 47.

生计费用的扣除虽为权利性规则，如果必须花费大量的时间和金钱留存并提供相关的记录和凭证，纳税人仍可能放弃此种扣除的主张。为主张扣除需耗费的时间越多，放弃其他生产性活动遵从税法规定以实现扣除的机会成本将越高，纳税人越可能选择不遵从税法。[①] 如果纳税人的消费已经发生，却仅因无法提供必要的凭证资料而无法扣除，将对其造成不公平的结果，从而引发纳税人的不满乃至使其产生敌意。当前专项附加扣除规则删繁就简，仅考虑特定类型生计支出在大多数情况下通常发生的典型事实状态，纳税人仅需证明其已符合此种典型样态。这些事实是通常会发生的重要客观事实，相关的凭证资料相对易于取得，甚至无须特别提供资料予以证明，纳税人无须付出额外成本即可主张税前扣除，遵从意愿将大为提高。

如果税法无法被理解，则无法被遵守或执行，精巧设计的规则便是无效的。[②] 可以说，生计费用扣除的拟制化处理代表着一种粗略但实施成本较低的立法模式。以多数情况下发生的某一客观事实状态为扣除要件，不再考虑个案的细节和差异性，专项附加扣除规则化繁为简，规则内容清晰易懂，更易于操作适用。由于个案特性被忽视，税务机关仅对典型事实进行概然性判断，程序得以大幅简化，扣除规则可以高效地适用于多数案件而不至于引发争议。制度可以高效实施而无须耗费大量资源。对于纳税人而言，这种简单而明确的规则所实现的确定性、遵从的便利性以及大多数情况下的公平适用，更能够增强其遵从的意愿。此即"经由简化达成税收正义"。[③]

三　价值的冲突与妥协：专项附加扣除拟制化的正当性检视

（一）居于次席的税制简化与拟制化方法的适用限度

专项附加扣除因量能课税原则而生，具体的扣除规则却出于税收简化与效率的考量而进行了型构，可以说，当下专项附加扣除制度是量能课税与税

---

① Edward Yorio, "Federal Income Tax Rulemaking: An Economic Approach", *Fordham Law Review*, Vol. 51, p. 33.

② Glenn E. Coven, "The Decline and Fall of Taxable Income", *Michigan Law Review*, Vol. 79, p. 1535.

③ Edward Yorio, "Federal Income Tax Rulemaking: An Economic Approach", *Fordham Law Review*, Vol. 51, p. 44.

制简化共同形塑的结果。然而，量能课税要求消费项目的准确区分，而简化却要求避免复杂性，以便于更为直接的计算和更为简便的执行与遵从。两个目标从根本上说是存在冲突的。① 那么，问题在于，在税制的简化与效率面前，个案中量能课税的牺牲是不是绝对的？也就是说，是否因效率之名，专项附加扣除的规则设计可不再遵循量能课税原则？但专项附加扣除本为实现量能课税原则而设，一旦将此价值弃而不顾，这一制度是否仍保有其初心？

　　一般认为，当原则发生冲突时，由于"原则具有规则所没有的深度——分量和重要性的深度"，税务机关必须比较上述原则分量的强弱而确定应遵循的特定原则。② 然而，两个原则分量的强弱在当前税法理论中尚无定论，要判断两者在指引专项附加扣除制度的型构时孰轻孰重、谁主谁辅，显然并非易事。即使立法机关权衡上述原则的分量决定适用其中之一，如税收效率原则，此时退而居次的量能课税原则是否还发挥作用，发挥多大的作用，同样并不明确。原则的要求往往具有更高程度的一般性，并未明确应如何予以满足，因而需要在具体场合加以解释。③ 那么，在立法者享有广泛的规则塑造空间的情况下，在存有冲突的两项原则的共同指引下，立法者已经找到最正确、最适当、最合乎目的的方案，便值得进一步的考察。

　　征税平等与税法的简化与效率的分量孰轻孰重，历来是税法理论中争议不休的问题。如有学者认为，以规则的简化实现税制的确定性具有高度的重要性，即使是显著的不平等，所造成的损害的严重程度也远逊于轻微的不确定性可能造成的结果。④ 也有学者认为，量能课税原则为税法的最高法律原则，有如意思自治原则之于私法，仅在某些特殊的情况下，如出于重大公共利益或受限于征管技术和能力，才可予以限制或有所退让。⑤ 如果说税收乃是财产附带的社会义务，全体国民的财产平等负担公共支出，才能确保征税前

---

① John R. Ⅱ Brooks, "Doing Too Much: The Standard Deduction and the Conflict Between Progressivity and Simplification", *Columbia Journal of Tax Law*, Vol. 2, p. 205.

② 〔美〕罗纳德·德沃金：《认真对待权利》，信春鹰、吴玉章译，上海三联书店，2008，第47页。

③ 〔英〕A. J. M. 米尔恩：《人的权利与人的多样性——人权哲学》，夏勇、张志铭译，中国大百科全书出版社，1997，第23页。

④ Kenneth H. Ryesky, "Tax Simplification: So Necessary and So Elusive", *Pierce Law Review*, Vol. 2, p. 93.

⑤ 葛克昌：《所得税与宪法》，（台湾）翰芦图书出版有限公司，2009，第558页；黄茂荣：《税法总论——法学方法与现代税法》（第1册），（台湾）植根杂志社有限公司，2012，第146页。

后的财产使用自由乃至市场自由竞争体制不会因征税而受到扭曲。正因为如此，量能课税原则被视为税收正义的基础原则，是一项合乎事理、极具意义的基本课税原则。由于量能课税原则的核心价值，与市场经济私有财产权的保护密不可分，在税收立法中，这一原则虽可以有所牺牲或退让，但其核心价值不容侵害，否则将动摇自由经济的基础。① 税法的简化强调的是税收制度尽量简化，以提高其可操作性，尽可能减少税收征管与遵从成本，关注的是税法的效率价值。但从根本上说，税法的简化目的在于确保评估纳税人税收负担能力后确定的征税标准得以有效实现，尽可能减少甚至避免其因负担税收以外的隐性征纳成本造成的不公平结果。因此，尽管同为税法的三大建制原则之一，但从根本上说，税收效率原则不过是技术性原则而已，无法与量能课税原则等伦理性原则等量齐观。为实现量能课税而正确衡量所得的价值远远超过简化的价值。② 税法的简化与效率乃是实现征税平等的手段，其最终目的仍在于确保实质正义。税法的建制应当以公平为主，简化不过为次级利益。③ 因此，在税制建构时，尽管出于征管效率的考量量能课税原则有所退让，但应当有一定的限度，简化无论如何不应当凌驾于分配公平之上，不应当以个案正义的过度牺牲换取税收效率。

　　量能课税原则与税收效率原则的主次既定，那么，进一步的问题便在于，出于税法简化目的，量能课税原则的退让应当止于何处，亦即这两个相互冲突的税法原则在具体规范领域的效力范围如何。然而，简化与分配公平两个相互冲突的目标的最优平衡并不是不言自明的，甚至被认为是具有高度主观性的事项。④ 上述价值目标的界限是"开放"、具有"流动性"的，实现特定价值目标的要求是不明确的。⑤ "个案中的法益衡量"的方法常常被用以解决原则的冲突问题，即根据在具体情况下赋予各项法益"重要性"的评价，以此为基础进行权利或法益的比较、权衡。⑥ 具体而言，首先应当依照"价值秩

---

① 葛克昌：《所得税与宪法》，（台湾）翰芦图书出版有限公司，2009，第568页。
② John R. II Brooks, "Doing Too Much: The Standard Deduction and the Conflict Between Progressivity and Simplification", *Columbia Journal of Tax Law*, Vol. 2, p. 241.
③ 黄茂荣：《税法总论——法学方法与现代税法》（第1册），（台湾）植根杂志社有限公司，2012，第146页。
④ Glenn E. Coven, "The Decline and Fall of Taxable Income", *Michigan Law Review*, Vol. 79, p. 1535.
⑤ 〔英〕A. J. M. 米尔恩：《人的权利与人的多样性——人权哲学》，夏勇、张志铭译，中国大百科全书出版社，1997，第23页。
⑥ 〔德〕卡尔·拉伦茨：《法学方法论》，陈爱娥译，商务印书馆，2016，第279页。

序"，确定一种法益与他种法益相比是否具有明显的价值优越性。在无法进行抽象比较时，应当考察受保护的法益可能受到影响的程度，如对该项利益进行让步时可能受到损害的程度如何。最后还应当适用比例原则、最轻微侵害原则或尽可能微小限制原则，即为了保护某种较为优越的法价值须侵害一种法益时，不得逾越此目的所必要的程度。[①]

为使量能课税原则和税收效率原则可以共同塑造专项附加扣除制度，应当对征税公平与效率、纳税人整体平等与个案公平等法益进行权衡比较。所得税制的主要目标是实现分配公平，征税公平较之效率具有明显的优越性，因此，税制简化所能实现的收益应当与由此导致的征税公平的牺牲程度相权衡。简化同样是有成本的。专项附加扣除拟制化处理的简化价值不应当被过度高估。规则简化而导致的公平损失是其中不可忽视的重要成本。专项附加扣除规则的简化所牺牲的征税公平与其实现的征管和遵从成本的节约相比应当尽可能轻微。如果一项简化产生了较大的分配公平的牺牲，远非简化实现的收益所能弥补，此项简化即应当弃之不用。纳税人有权享有一个不被简化到严重不公平的税制。[②] 同样以简化为目标的收入减除费用的标准定额扣除甚少遭受诟病的原因就在于所确立的扣除金额非常接近大部分纳税人实际发生的基本生活支出，这一简化对于税收分配公平的扭曲程度较小，所得税制的整体公平得以加强而非削弱。[③] 在此基础上，纳税人整体公平较之少数的个案公平更为重要。拟制化立法造成的不公平对待应当控制在可以容忍的轻微程度之内，遭受不公平对待的仅为相当少数的人，不公平的程度不是非常强烈。[④] 只有背离量能课税原则的个案在数量上只占极小的比例且背离量能课税原则的程度并不严重，个案正义的牺牲才是可容忍的。换句话说，只有税收简化的利益大于由此牺牲的个案正义，拟制化处理所实现的简化才具有正当性。[⑤] 为此应当区分仅取消复杂的技术性要求的程序简化和改变税收负担的最终分配的实体简化，前者未改变税制的公平分配，因而具有正当性，后者却因简化而形成差别化待遇，其正当性因此存疑。

---

① 〔德〕卡尔·拉伦茨：《法学方法论》，陈爱娥译，商务印书馆，2016，第 285 页。
② Glenn E. Coven, "The Decline and Fall of Taxable Income", *Michigan Law Review*, Vol. 79, p. 1571.
③ Glenn E. Coven, "The Decline and Fall of Taxable Income", *Michigan Law Review*, Vol. 79, p. 1556.
④ 盛子龙：《租税法上类型化立法与平等原则》，《中正财经法学》2011 年第 3 期。
⑤ 盛子龙：《租税法上类型化立法与平等原则》，《中正财经法学》2011 年第 3 期。

（二）专项附加扣除拟制化处理的正当性审查

那么，当前对专项附加扣除予以拟制化处理的规则是否具有正当性，即是否因简化造成过度不公平的结果，这一简化方法实现的收益是否足以弥补征税公平的牺牲所造成的损害有必要予以审查。

以教育支出为例。以受教育者为子女还是本人，家庭教育支出被分别归入"子女教育支出"和"继续教育支出"两个不同的类型。但就接受学历（学位）教育而言，将发生法条竞合，既可以由受教育者的父母主张子女教育支出的扣除，也可以由受教育者本人主张继续教育支出的扣除，纳税人因此享有一定的选择权。① 然而，吊诡的是，一项学历（学位）教育发生的支出，由不同的主体主张扣除时，其税法后果存在巨大的差别。以子女接受本科教育为例，如其父母主张扣除，每月可以扣除1000元，如由本人主张扣除，则每月仅可扣除400元且扣除期限不得超过48个月。同一主体的同一项教育活动发生的事实，在税法上进行了完全不同的重复评价，可以说与现实是完全脱节的，与社会上多数人认知的经验法则明显不符。由于存在此种差别化税收待遇，除非父母俱丧或无收入可以进行扣除，受教育者才会自行主张此项扣除。这种家庭虽在社会中并不占有较大比例，不具有普遍性，但其中绝大多数应当为经济收入较低的家庭。父母收入低微的本科学生，以勤工俭学负担教育费用，所能主张的扣除金额却远低于接受同样的本科教育但家庭经济优渥而由其父母主张的教育支出扣除。对前者显然造成极不公平的结果。不仅如此，当前教育支出扣除金额的完全均等化实际上造成了过度简化的结果。纳税人教育支出的诸多差异被忽视，无论其所处教育阶段、所在地区、是否获得政府补贴、减免或取得奖学金，均按法定金额予以扣除。基于一般的经验法则，教育阶段越高，发生的教育支出越多，对纳税人经济给付能力的影响便越大。但根据当前的规则，无论处于哪一教育阶段，可扣除的教育支出金额均是相同的。高中以下的教育阶段，由于教育内容的相对一致性（均为基础教育和义务教育），各个家庭发生的必要教育支出不会存在太大的差异，从中不难确定最接近大多数人实际支出数额的金额作为法定扣除额。然而，

---

① 《扣除暂行办法》第9条明确规定了本科及以下学历（学位）继续教育支出扣除的选择权，但实际上基于法条竞合，即使无本条规定，纳税人也存在选择适用的法条。因此，本科以上的教育支出的扣除，纳税人同样可以选择扣除的主体。

在本科以上的学历教育或其他职业教育中，由于专业等因素的影响，学费等教育支出存在较大的差异，此种差异并非纳税人本人基于收入水平进行消费选择的结果，具有客观的不可选择性。此类学历教育支出与高中以下的教育归于同一类型进行相同的拟制化处理，将极大地偏离绝大多数人实际发生的教育支出情况，将造成大多数情况下的不公平结果。

　　同样造成量能课税原则过度牺牲的，还包括赡养老人支出的扣除。在当前允许扣除的 6 项生计费用中，该项扣除可以说是拟制化或者说简化程度最高的一项。这与赡养老人的支出发生于家庭内部，发生与否及其实际金额等事实均难有资料证明不无关系。当前的赡养老人支出以"父母其中一方年满60 周岁"为扣除要件。但年满 60 周岁仅为父母因退休而收入减少有赡养必要的常见样态，却并非子女实际发生赡养支出的常态化、普遍事实。其一，纳税人因私法的强制规定具有法定赡养义务，与父母年龄无关；其二，纳税人因父母维持生活的需要（无收入或低收入无法自行维持基本生活）而实际履行赡养义务，与父母的年龄同样无关。60 周岁仅为区分父母收入变化的客观但粗略的指标之一。父母不因年满 60 周岁而有受赡养的必要，已满 60 周岁仍取得高收入的并不鲜见。以此非典型化的事态为拟制化的基础，不再区分是否实际支付赡养费用及赡养人数，将导致父母收入越高，子女获得的税收利益越多的反向补贴。反之，父母收入越低，实际需支付的赡养费越多，反而可能面临最严苛的"税收惩罚"。其中父母未满 60 周岁，却因大病而丧失生活能力者，或配偶无收入且其父母无收入或丧失生活能力者，纳税人面临的"税收惩罚"最为明显。可以说，尽管年老是父母就业状况和收入水平变化的重要临界点，两者间却并无绝对的必然关联。将此作为拟制赡养费用支出的事实基础，虽可以客观的标准实现规则的简化，但由于这一指标并非通常情况下子女实际支出赡养费用的典型案情，以此进行粗糙的拟制，结果是未实际履行赡养义务者获得绝对的税收补贴，而实际负担老人生活费用的金额一旦超出扣除定额则将面临"税收惩罚"，受赡养的人数越多、实际发生的赡养费用越高，"惩罚"越明显，造成不公平结果的个案已非少数，且所造成的税负不公的结果亦非可容忍的轻微程度，拟制化处理的不正当性甚为明显。

　　在大病医疗支出方面，尽管通常情况下疾病的严重程度往往与治疗疾病的费用金额成正比，将治疗支出超过一定金额的疾病拟制为"大病"有一定的合理性。然而，罹患疾病的实际严重程度（对身体健康的实际危害程度）与医疗费用支出金额并不可绝对等同。医疗费用的发生，乃在于接受必要的诊疗服务以恢复正常生理功能，接受昂贵还是低廉的诊疗服务，纳税人享有选择权，[①] 即使病情轻微亦可能花费超过法定起扣点的医疗费用，相反纵然病情严重亦可能受限于支付能力而不得不接受低廉的医疗服务而未发生高昂支出。因此，以固定金额判定发生"大病医疗支出"的事实，同样可能导致税收负担能力的不准确衡量，甚至可能造成更有利于高收入者的扣除结果。事实上，在罹患同一种严重疾病的情况下，人们收入越高，越有能力在社保范围以外接受更为优越的医疗服务而产生更高的医疗费用并得以扣除，收入越低承受自付医疗费用的能力就越低，发生费用少且可能无法达到扣除的起付点金额。但越是在后一种情形下，医疗支出对其税收负担能力的减弱程度越明显，实际扣除金额却可能更有限。收入越低，此种税负不公的后果将越严苛。不仅如此，可扣除大病医疗支出归属关系的拟制同样造成对低收入者不公平的结果。无论实际负担者为何人，均拟制该笔支出由纳税人本人或其配偶负担。由于医疗支出的实际负担者与罹患疾病者未必为同一人，这可能导致未实际负担医疗支出的病患可以从所得中扣除，而实际负担医疗支出者，如父母或成年子女，却无法获得扣除。由于罹患大病极可能削弱病患的劳动能力，其工作机会和赚取的收入亦由此减少，仅允许其本人扣除将可能导致实际支出金额无法完全获得扣除的结果。在这一制度下医疗支出对各家庭成员的税收负担能力的影响程度无法得到正确的衡量。看似仅为税收负担在家庭成员间的转移，但在适用累进税率的情况下，实际负担医疗支出的家庭成员将因此负担超出其税收负担能力的纳税义务。

可以说，当前专项附加扣除的拟制化规则简则简矣，但由此而牺牲的个案正义却并不足以使此种简化获得绝对的正当性。过度简化的拟制在很大程度上与现实严重脱节，无法实现以个案正义的牺牲换取整体公平的目标，甚至在少数个案中造成了极为严苛的税负不公的后果，实际上已经逾越了税制简化的正当化界限。

---

① 这也恰恰是大病医疗支出设定扣除上限的考量因素。详细可参见 Boris I. Bittker，"Income Tax Deductions, Credits and Subsidies for Personal Expenditures"，*The Journal of Law & Economics*，Vol. 16，pp. 198 – 199。

四　专项附加扣除机制的完善：个案正义的适度实现

虽然几乎每个人都主张税制的简化，但这一目标却是捉摸不定的。[①] 在一项规则中同时达成公平与效率目标更是相当困难的。[②] 当前专项附加扣除规则的建构采取了拟制化的立法技术，这固然有利于保证规则在巨量的税务案件中的高效适用，有利于以此简化的事实调查确保规则的公平执行。然而，只有当拟制化处理实现的成本节约超过偶然的不公平和不公正的社会损失，这一规则才具有正当性。[③] 专项附加扣除的设置本出于实现量能课税的考量，无论如何简化都不能喧宾夺主，成为主导规则设计的基本价值。用以换取整体公平的个案正义的牺牲不能过度，而应当有所限制，对显失公平的个案应当采取一定的衡平措施，才不至于违反平等原则。

（一）作为拟制基础的社会典型事实的选取

尽管拟制化处理是一种"决断性的虚构"，却不可任意为之。实用性或可行性是税法中采用拟制化立法技术的最主要考量因素。要实现法执行的简化，借助拟制化处理而扩大规则的涵盖范围，可以将具有税法意义的共同特征的多数的案件事实归于一类，进行相同的拟制化处理。为了达成这一目标，以此方法建构专项附加扣除规则时，首先应当将纳税人实际发生的诸项生计开支进行分类，基于要素整体形成平均或经常性的类型。如果特定的生计支出具有整体上可以把握的税法意义上的一般性，存在在大量同类个案中反复、经常发生的典型样态，则可以将此类支出采取拟制化方法制定相关的扣除规则。反之，如果某项支出在个案中差异太大，根本不存在常态案型，则不得采取拟制化立法技术。对于支出的分类不宜过分笼统，在有区分必要时应当予以区分，不得把不同类型的案件或税法评价不一的案件归入同一类型予以处理，否则将造成量能课税的过度牺牲。[④]

---

① Kenneth H. Ryesky, "Tax Simplification: So Necessary and So Elusive", *Pierce Law Review*, Vol. 2, p. 94.

② Colin S. Diver, "The Optimal Precision of Administrative Rules", *Yale Law Journal*, Vol. 93, p. 78.

③ Edward Yorio, "Federal Income Tax Rulemaking: An Economic Approach", *Fordham Law Review*, Vol. 51, p. 45.

④ 黄茂荣：《税法总论——法学方法与现代税法》（第1册），（台湾）植根杂志社有限公司，2012，第557页。

其次，为确保制定的税法规则可以对多数同一类型的税务案件反复适用并在大多数案件中产生公平的结果，应当选取特定类型的生活消费中最具有代表性的"典型"事实来确立扣除要件，即该类生活消费具有相当程度共通性、在多数情境下均会发生的客观事实。这一"典型"事实的来源，为社会生活事实的经验，即经验法则。① 被确立为要件的"典型"事实与被拟制的实际事件，两者之间存在"虽不中，亦不远矣"的特殊关系，以便由此确立的扣除规则可以保证大多数纳税人依此主张的扣除后果基本与据实衡量相差不远，且涵摄的后果基本符合生活消费的本质。② 为此，立法者必须尽可能地将所有相关的纳税人以及欲允许扣除的生活消费案型纳入整体考察的范围。对拟规范的生活消费支出的状况事先进行全面的资料收集、统计分析和比较，借此找出其典型样态或常态案型。为使税务机关能够迅捷地执行案件，尤其在同一生活事实存在多个典型事件的情况下，应当尽可能选取最具有客观性的典型事件进行拟制，避免税务机关在规则适用时需进行主观判断而发生不一致的适用后果。非典型的案型，尤其是少数偶发的案型不得作为拟制化的基础，否则将导致拟制化规则过度偏离通常发生的案件事实，在大多数案件中造成不公平的结果。③

最后，此项客观的典型事件还应当尽可能以清晰、明确的语言表述，尽可能减少解释的空间，即在普遍接受的意义上采用内涵和外延均较为明确的用语，确保法律适用者，包括税务机关和纳税人，无须付出额外的努力即可将其适用于具体的情境。由此形成的客观拟制化规则，才能最大限度地保证条文的执行，提高纳税人的遵从度，并有效地减少争议的发生。

当前专项附加扣除对于可扣除生计费用是依照用途，也就是特定生活需求的满足进行类型化区分的。然而这一类型化方法是过于笼统的。教育支出、赡养老人支出扣除的拟制化处理所造成的不公平结果，与对生活消费的分类以及选取用作拟制基础的生活消费的代表性样态不当有着直接的关系。基于一般的经验法则，不同教育阶段，尤其是基础教育阶段与高等教育阶段，教育支出金额有所不同。忽视所有教育阶段发生的费用差异，统一归入同一类

① 黄源浩：《税法上的类型化方法——以合宪为中心》，硕士学位论文，台湾大学法律学院，1999，第19~20页。
② 陈清秀：《税法总论》，法律出版社，2009，第247页。
③ 盛子龙：《租税法上类型化立法与平等原则》，《中正财经法学》2011年第3期。

型而笼统予以处理，将造成对量能课税原则的过度偏离。同一主体的同一项教育服务，不会因费用的实际负担者不同而发生金额不同的支出，将实际负担者作为类型化的标准反而将造成相同案件的不同处理，同样过度背离量能课税原则。因此，对于教育支出宜将其区分为基础教育阶段的教育支出和高等教育阶段的教育支出两种类型，再选取最可能接近生活经验的典型生活事实进行拟制化。基础教育阶段的教育支出金额通常情况下不会存在太大的差异，允许扣除的金额可以概数化处理。但高等教育阶段的教育支出，因专业、教育机构所在地区等因素存在较大的差异，不宜作拟制化处理，可以考虑采取限额下的据实扣除法。无论教育支出的实际负担主体为父母还是本人，扣除金额则不宜再以此为标准加以区分。

同样，允许赡养父母费用扣除，乃是因为赡养义务一旦有实际履行的必要，将确定地减少纳税人可实际支配的收入，削弱其实际控制资源所表征的消费力。父母年满 60 周岁是部分子女实际负担其生活费用的共同特征，却并非绝大多数案件最经常存在的样态。与年龄相比，父母无收入或收入显著低微，不足以维持其基本生活的事实，则是更接近现实生活中社会上大多数人所认知的"子女实际支付赡养费用"的典型情形。与年龄这一粗略的客观事实相比，父母的收入状态的调查难度相对较高，如完全以此为拟制的事实基础，实现规则简化的程度较为有限。为此，可以"年满 60 周岁"为界，分别选取作为拟制事实基础的典型情况，即增加"父母虽未满 60 周岁，但无收入或低收入无法维持基本生活"，以此为赡养费用的扣除要件，允许其子女扣除该项支出。不仅如此，在确定扣除金额时，对需受赡养的父母人数不宜不作任何区分，应当允许根据受赡养人数加倍计算扣除金额。

（二）绝对拟制化的松动——例外与推定机制的适度引入

无论如何，将生活消费事实以其典型的常态化形式拟制为存在，使非典型的、不合常规的事实也发生与典型事实相同的法律后果，且此后果是绝对的、终局的，不允许推翻的，专项附加扣除拟制化处理造成个案正义牺牲的代价几乎是无可避免的。非典型的例外情形同样必须适用拟制化规定，发生与确立为扣除要件的典型案型相同的税收后果，无论产生的不公平程度如何，纳税人均不得不接受。为避免过度牺牲量能课税原则，在某些特殊情况下应当采取必要的措施恢复个案正义。

作为一种衡平机制，在拟制规则之外为非典型、非常规的案件创设例外的规则似乎是一种可以考虑的选择。拟制规则加例外的立法模式又可分为两种，即规则加特例或是规则加裁量。所谓规则加特例是指在适用于一般典型的生活消费事实的拟制规则之外附加一项或数项例外规则。税务机关只需根据个案的具体情形决定适用一般拟制规则还是例外规则。如果不合于典型事实的非常规案件数量相对较多且彼此之间同一性程度较高，则可以考虑通过创设例外规则实现个案的衡平。但如果非常规案件极少且彼此之间差异较大，采取此种模式可能导致例外规则的数量远远超过拟制性规则，与税制简化的目标明显不符。在这种情况下则可以采取拟制规则加裁量的方式，即在适用于一般典型事实的拟制性规则之后，附加特定情况下适用的比较抽象的裁量规范，税务机关可以根据非常规案件的具体情况确定更加符合个案正义的结果。但拟制化规则的本意在于通过清晰、明确的规定限制裁量权以减少事实调查的范围。因此，在这种情况下授予的裁量权应当给予严格的限制。只有在造成不公平结果极为严苛的极少数个案中允许税务机关进行个案的裁量。如前所述，将治疗费用超过特定金额的疾病等同于"大病"的拟制化处理尽管可以涵盖大部分"大病医疗"的情形，但由于医疗服务的消费具有可选择性，治疗费用低于特定金额不代表疾病并不严重，可能仅仅是纳税人收入低下而选择较为低廉的医疗服务而已。因此，作为一种例外的情形，可以考虑将同一纳税年度中发生的医疗费用占其应纳税所得额超过一定比例的医疗支出，如30%，也纳入允许扣除的范围。这样即可确保发生大病医疗支出的低收入者不会因为其实际支出未达到法定标准而无法扣除，从而在一定程度上实现个案的衡平。

然而，在上述两种情形之外，更可能发生的状况可能是，不合于典型的非常规事实数量不在少数且差异性明显，所造成的不公平结果亦不在可容忍的界限范围内，上述规则加例外的立法模式无法在确保税制简化的前提下实现个案适度衡平的目标。因此，一方面要以一定程度的事实虚构限缩税务机关的调查之责，另一方面又要确保非典型情况下纳税人对不公平结果的争执与救济机会，一种可反驳的推定机制被认为是一种成本较为低廉的解决方式。① 根据这种方法，一种生活消费事实首先基于典型样态推定为存在或不存

① Edward Yorio, "Federal Income Tax Rulemaking: An Economic Approach", *Fordham Law Review*, Vol. 51, p. 42.

在，主张事实与推定结果不一致的纳税人，可以通过反证加以推翻。[①] 也就是说，课税事实的认定，推定方法只是引为初审，而不作为终局的手段。[②] 这一机制实现了举证责任的转换，由欲推翻不利假定的一方致力于收集、提供足以推翻假定的有力证据。这赋予纳税人一定的选择权，权衡其提供资料予以反证的成本是否超过矫正不公平状态可能取得的收益，以决定是否向税务机关披露更多的生活细节否定不利的税收后果。如果是的话，他可以选择放弃反证而仍适用推定规则，如果不是，则可以积极提出证据以否定推定规则的适用。如当前可扣除生计费用的归属便因拟制的绝对化而被扭曲。为恢复个案的衡平，即可采取此种可反驳的推定机制。将生计费用确定地归属于特定纳税人固然是多数情况下的通常案型，也是当前以个人为纳税单位的必要选择。当前允许扣除的生计费用基本属于家庭生计开支，在大多数情况下是由家庭共同负担，无法绝对地归属于个人，因此不可忽视此项费用为家庭共同分担的情形，否则将造成对大多数人不公平的结果。如赡养老人支出，一对夫妻各自负担本人父母的赡养支出固然不在少数，但如配偶其中一方无收入或低收入而其父母又有赡养的必要，另一方实际负担姻亲属的赡养费用，允许其扣除才符合量能课税的要求。为此，对于赡养费用的扣除归属即可以采用此种推定的机制。原则上推定纳税人负担本人父母的赡养费用，但如纳税人有证据可以证明其实际负担配偶父母的赡养费用，如配偶与其父母均无收入来源或配偶已过世而其父母无收入来源、纳税人实际承担一定金额的赡养费用等事实，则应当允许扣除。同样，父母负担成年子女的医疗费用或成年子女负担父母的医疗费用，也可以通过此种事实推定机制允许相应的扣除，以保证个案的衡平。

五 结语

专项附加扣除制度的确立，表明国家为维护国民尊严、发展人格的生存权而对征税权行使的自我节制，以立法划定个人所得的课税禁区，确保纳税

---

① 黄源浩：《税法上的类型化方法——以合宪为中心》，硕士学位论文，台湾大学法律学院，1999，第42页。

② 黄茂荣：《税法总论——法学方法与现代税法》（第1册），（台湾）植根杂志社有限公司，2012，第557页。

人及其家庭成员基本生活的维持与发展。拟制化立法技术的运用实现了扣除规则的简化，确保了这一关涉千家万户的制度在 2019 年伊始便得以在全国范围内全面推行。然而，规则的简化却在一定程度上造成了少数个案中严重偏离量能课税原则，甚至是对高收入者更为有利的"反向补贴"的结果。不可否认，专项附加扣除几乎与每一国民休戚相关，其间必然存在价值多元、利益冲突，规则的设计又必须协调相互冲突的量能课税与简化效率的目标，简化造成的公平的损失超过其实现的收益的临界点并不易于科学地度量，公平与可操作性之间的权衡可谓难题重重。当下的专项附加扣除制度作为个性化生计费用扣除在我国的初尝浅试，已然可圈可点，但如何在保障规则可行性的前提下，确保生计费用的扣除最大限度地接近实际发生的状况，以量能课税的最小牺牲为代价实现专项附加扣除的征管效率，未来仍需更进一步的深入研究与完善。

第五章 基于不确定概念隐性授权的税法规则续造：以一般反避税规则为例

2008 年生效的《企业所得税法》首次引入了一般反避税条款，即第 47 条规定，企业实施其他不具有合理商业目的的安排而减少其应纳税收入或所得额的，税务机关有权按照合理方法调整。该条以高度抽象和概括的表述确立了一般避税安排的纳税调整，含糊的用语固然可以确保适用的灵活性，但可预测性和确定性因此被削弱，适用的随意性难以避免，争议时有发生。2018 年《个人所得税法》增补的一般反避税条款（第 8 条第 1 款第 3 项）以《企业所得税法》第 47 条为蓝本，同样形成了开放式的结构，未来适用的困难与争议不难想见。在诸项征税权能中，反避税调整权是最具攻击性的一项权力，一旦行使不当，对纳税人的影响甚巨。尽管不确定概念与生俱来的开放式结构为反避税提供了弹性的运作空间，但如何消解语义含糊、规定概括所造成的反避税调整的随意性和不确定性，无疑是反避税制度进一步建构的重中之重。

一 一般反避税条款的双重开放式结构

与一众具有明确要件事实和法律后果的税法规则相比，一般反避税条款显得格格不入，与税收法定主义固有的"条文规定明确、具体"的要求明显相悖。反避税调查和调整与众不同的实施模式与此不无关系。所以，先考察该条款的特殊规范结构实属必要。

1. 作为裁量规范的一般反避税条款

《企业所得税法》第 47 条和《个人所得税法》第 8 条第 1 款第 3 项均规定，如交易构成避税安排，税务机关"有权按照合理方法调整"。该条款并未直接明确规定一项"不具有合理商业目的"的交易的特定调整后果，而是留给税务机关加以决定。税务机关被赋予了某种程度的选择自由，在避税安排的构成要件被满足时，可以在至少两种甚至数种可能的"合理方法"之间作出选择，进而确定其税收后果。此时，税务机关的"行动自由"指向的是已确认的避税事实的"法律后果"，是就如何作出纳税调整享有的决定权，即"效果裁量"。《一般反避税管理办法（试行）》（国家税务总局令第32号）第5条明确列举了三种调整方法，税务机关有权在个案中综合考量全案的环境和事实因素后决定采用哪一种调整方法，甚至可以采用不在列举范围之内的"其他合理方法"予以调整。就此而言，一般反避税条款是一项包含确定避税交易调整后果的行动自由的"裁量规范"，授予执法者确定法律后果的选择权。

2. 作为标准规范的一般反避税条款

税务机关基于一般反避税条款得以享有的行动自由并不仅限于调整后果。税务机关实施特别纳税调整的前提在于交易构成避税安排这一事实的认定。根据《个人所得税法》第8条第1款第3项"个人实施其他不具有合理商业目的的安排而获取不当税收利益"的规定，构成避税安排的，税务机关有权进行纳税调整。那么，何种安排应认定为"不具有合理商业目的"？交易安排获得何种税收利益应认定为"不当"？可以说，避税安排构成要件的核心概念高度抽象，内涵和外延均是含糊而不明确的。

制定一般反避税条款的本意在于使税务机关能够及时有效地应对层出不穷且花样不断翻新的避税交易。由于交易安排千差万别、各异其趣，为了保证该条款形成最宽广的适用范围，不得不采用抽象程度较高、外延较广的"合理商业目的""不当税收利益"等不确定概念来完成对避税安排的"模糊定性而非严格定量"的描述。借助这些概念的"开放性"和不确定性，一般反避税条款具有适用的包容度和灵活性，可适用于任何法律未作特别规定的避税安排，甚至为立法后出现的新型交易提供是否构成避税的判断标准。[1] 由于这些概念高度抽象，仅描述避税安排极少数的特质，意涵极为空洞，有关避税安排的要件事实的规范内容因此是不完全的，仅提供近乎空白的评价标准。立法者不欲对个案差异明显的交易安排作出统一的价值判断，以免造成僵化和不确定的结果，借此开放式的规范结构将价值判断留由执法机关在个

---

[1] 参见 David A. Weisbach, "Formalism in the Tax Law", *The University of Chicago Law Review*, Vol. 66, p. 860。

案中完成。故此，税务机关必须通过解释"不当税收利益"等不确定概念拼凑出完整的事实构成要件，才能据以认定交易是否构成避税安排。

不同领域的社会生活形式各异，经济目标和利益追求各自不同，经济交易或社会、家庭生活安排的"合理商业目的"的判断必然因行业特性、当事人身份地位、商业惯例等有所不同。一方面，税务机关必须对交易的具体细节和事实进行详尽的调查后，才能基于"每个案件自身的事实和环境因素"，寻求最能够实现"实质的公平与妥当"的价值标准或经验法则来确定"合理商业目的"等不确定概念的内涵和外延；另一方面，税务机关所选择的价值观念或经验法则将影响调查和纳入评价范围的事实面向和不同侧面的交易事实在具体个案中的权重评价，最终影响对交易是否构成避税的判断。正因为如此，通过反避税条款中的不确定概念，税务机关"被委任不仅经由解释和推论，还更借助评价和意愿的决定，去发现具体案件中的法"，从而享有一定的行动自由。① 这种自由被称为"概念解释性裁量"或"事实要件裁量"，是一种与"结果裁量"不同的授权，是在适用不确定法律概念的过程中享有的涵摄自由。②

不难发现，反避税条款实际上是一种典型的"双重开放性的规范"③，即条文同时包含要件事实的判断自由和结果裁量。由于避税安排的构成要件采用不确定的法律概念，税务机关得以享有要件事实的判断余地，同时对调整方法享有选择权，从而对交易的税收后果享有裁量自由。一般反避税条款因此完成了一项概括的授权，使税务机关获得了一项界限不甚明晰的扩张性权力，其中内含的选择权和概然性判断将大大削弱反避税调整的确定性和可预测性，成为高悬于纳税人头顶的"达摩克利斯之剑"。

二　一般反避税条款的授权导向与反避税调整权约束之不足

（一）一般反避税条款的概括授权：模糊不清的权限边界

纳税人利用税法漏洞的方式纷繁各异，契约自由之下交易形式的选择如

---

① 〔德〕卡尔·恩吉施：《法律思维导论》，郑永流译，法律出版社，2014，第 161 页。
② 〔德〕汉斯·J. 沃尔夫、奥托·巴霍夫、罗尔夫·施托贝尔：《行政法》（第 1 卷），高家伟译，商务印书馆，2007，第 351 页。
③ 〔德〕汉斯·J. 沃尔夫、奥托·巴霍夫、罗尔夫·施托贝尔：《行政法》（第 1 卷），高家伟译，商务印书馆，2007，第 363 页。

此广泛且难以预测，加上立法机关制定税法规则在先，纳税人可以在充分了解税法规则后再对其中的漏洞加以利用，即使立法者为制止避税交易而填补漏洞或制定新法，纳税人仍可能利用新法的漏洞发展新的避税策略，从而形成"道高一尺、魔高一丈"的循环博弈过程。① 立法者对避税安排的要件事实不可能作出严格的明确规定，故此使用不确定法律概念，将衡量交易的各种因素、求取其中合理均衡的任务交由税务机关，授权其基于一般商业交易通常具备的大致共通的典型特征，对交易是否构成避税安排作出公正合理的个案判断。也就是说，一般反避税条款是"考虑经济上形成可能性之复杂多样性"，允许税务机关"将当事人选择的法律形式，纠正转换为通常所使用的法律形式"，并类推适用相应税法条文的概括授权。②

这一概括授权至少包含了三个层次：首先，判定交易的形式选择是否构成避税安排；其次，判定被交易形式掩盖的经济实质；最后，基于所认定的经济实质决定具体条文的涵摄。然而，上述三项权限的界限范围均不明晰，满足哪些条件可以以及如何实施反避税调整同样并不明确。判断交易是否构成避税取决于"不具有合理商业目的"等概念的内涵和外延的界定，但这些概念必须经由税务机关的价值补充才能解释其具体含义。用以填补的价值观念或经验法则又必须基于个案的具体情形加以选择，且选择的范围是"宽泛、变化性很强和不可预测的"，可能出自"法、道德或其他文化领域"，并无统一的标准。税务机关有权在个案中选择用以填补规范空白的价值观念，这实际上使其甚至可以自行设定纳税调整的权限范围及其行使的条件。同样，如何在缺少直接证据的情况下判定在交易的法律形式之外存在独立的经济实质，亦无明确的方法或标准。反避税调整的方法同样是可选择的，但每一种方法的适用条件却是不明确的。加上调整方法的选择与上述两项事实的判定直接相关，这些都将加剧特别纳税调整后果的随意性和不可预测性。

因此，一般反避税条款的设定是以授权为导向和规范内核的。但这一授权规范的内容并不全面，特别纳税调整的权限范围是宽泛且界限模糊的，亦未明确规定这一权力行使的条件、方式和后果。税务机关甚至可以在个案中"主观"地选择、补充不同的规范内容，自行决定实施纳税调整的参照标准和

---

① 参见 David A. Weisbach, "Formalism in the Tax Law", *The University of Chicago Law Review*, Vol. 66, p. 860。

② 陈清秀：《税法总论》，法律出版社，2019，第 219~220 页。

调整后果。可以说，纳税调整权的行使几乎不存在实体上的限制。

（二）一般反避税调整程序之殇

纳税调整权的实体约束既然形同虚设，权力的限制只能寄望于程序的约束。然而，《个人所得税法》及其实施条例均无一般反避税管理程序的规定。在"陈建伟诉莆田市地方税务局稽查局、福建省地方税务局案"（以下简称"陈建伟案"）中，陈建伟的交易由地方税务局稽查局立案，遵循稽查程序作出最终的调整结论。① 程序具有影响实体结果的独立价值。不同的行为对纳税人权利的限制程度有别，所应遵循的程序步骤因此存在诸多差异。这是反避税调查程序必须在一般税收确定程序之外另作规定的根本原因。稽查程序主要适用于调查涉嫌违法行为，② 反避税调查程序则是特殊的税款确定程序，两者存在很大区别，尤其是纳税人的协力义务、证据调查的步骤和方法等方面。在税务稽查程序中并无纳税人应主动提供证据资料的规定，否则可能构成不得强迫自证其罪原则的违反。而主动提供相关证据在《税收征收管理法》和《企业所得税法》建构的反避税调查程序中是纳税人承担的一项重要的法定义务。由于稽查程序中纳税人无权利／义务提供证据，该案纳税人不得不于行政复议程序中才提供"补充条款"这一重要证据，致使其真实性饱受质疑，引发该证据是否应当被排除的争议。因此，在《个人所得税法》及其实施条例未作规定的情况下，直接适用税务稽查程序作出反避税决定并不恰当。

虽然同为所得税，个人所得税的一般反避税调查能否参照或类推企业所得税的相应程序，同样存疑。作为特殊的税款确定程序，税务机关对避税安排及交易的经济实质应负职权调查之责。③ 然而，《特别纳税调查调整及相互协商程序管理办法》仅在第 8～13 条规定了税务机关实施证据调查的方式和程序要求，对如何调查、事实查明的程度、收集的证据应达到何种证明标准

---

① 参见中华人民共和国最高人民法院（2018）最高法行申 209 号行政裁定书。

② 参见《税务稽查工作规程》（国税发〔2009〕157 号）第 2、5 条。2021 年 8 月 11 日开始实施的《税务稽查案件办理程序规定》（国家税务总局令第 52 号）规定税务稽查程序适用于"依法对纳税人、扣缴义务人和其他涉税当事人履行纳税义务、扣缴义务情况及涉税事项进行检查处理，以及围绕检查处理开展的其他相关工作"，不再限定于涉税违法案件，但这一程序能否适用于反避税调查仍是值得怀疑的。

③ 参见汤洁茵《反避税调查程序的举证责任：现行法的厘清与建构》，《税务与经济》2018 年第 5 期。

才能作出避税认定等均无规定。与企业的经济活动大多发生于公开市场不同的是，私人事务大多发生于私密的生活空间，税务机关为探求其安排的"实质"进行调查，必然造成对隐私和个人信息权等不同程度的干预，因此调查的广度和深度应与公开市场交易有所不同，相应的证明标准和程度等也应当有所区别。2014 年颁布的《一般反避税管理办法（试行）》第三章规定了企业所得税一般反避税管理的"调查"程序，但仅规定了纳税人及相关方提供资料的协力义务。可以说，在该程序中，据以判定交易是否构成避税的证据主要源自上述主体的协力和主动提供。然而，个人往往不以商事主体的身份从事经济交易，其经济活动一般不具有持续性，且交易形式更加多样化，不少交易甚至以口头形式完成，可能没有直接或书面证据的记录和留存。《税收征收管理法》第 24 条规定的留存账簿和资料凭证的义务主体并不包括个人。即使个人作为商事主体从事生产经营活动，如个体工商户或个人独资企业，由于其经营规模一般较小，通常难以维持较为健全的会计核算和资料留存机制。因此，要求个人纳税人事后提供证据证明其交易的"合理商业目的"，显然过于苛责。是故，简单套用企业所得税的一般反避税调查程序实施个人所得税的纳税调整，并不妥当。

不仅如此，在反避税调查程序中，纳税人提供资料的协力义务被强化，拒绝提供资料或提供的资料不完整将面临税收核定的不利后果。[①]《一般反避税管理办法（试行）》第 11 条规定，除列举的证据资料外，纳税人还应提供"税务机关认为有必要提供的其他资料"。这意味着税务机关有权最终决定纳税人提供的证据资料是否"不完整"。即使纳税人穷尽已掌握的证据资料或提供税务机关认为"有必要提供"的资料存在客观困难，税务机关仍可以决定采用核定方式确定税额。

税收核定是一种简化调查的事实认定机制，固然可以缓解纳税人不完全履行协力义务造成的避税认定困难，但交易是否存在避税意图、被交易形式所藏匿的经济实质如何，往往难有直接的证据载体，仅有的有限的直接证据又指向税务机关意欲忽视的交易形式，在不承担建账、留存交易凭证等法定义务的情况下，个人纳税人主动提供证据证明交易的"合理商业目的"较之于企业显然更为困难。一旦纳税人不主动或难以提供证据，税务机关即可免

---

① 《特别纳税调查调整及相互协商程序管理办法》第 14 条。纳税人如提供虚假、不完整的资料，税务机关是否有权予以核定，上述规定存在冲突。

于进一步的事实调查，而直接判定交易构成避税并核定应纳税额，最终的纳税调整便可能在无任何证据或证据极少的情况下作出，事实认定的主观性和随意性可想而知，对普遍未事先留存证据的个人纳税人而言，"疑则核定"的不利结果几乎是难以避免的。

即使个人纳税人有能力留存并提供与其交易目的相关的证据资料，但过度依赖纳税人提供的证据来判断其交易目的的合理性，不仅有违税收法定主义所衍生的职权调查原则，纳税调整权的程序性限制更将因此失之阙如。与司法程序中法院作为中立的裁判者认定案件事实不同的是，在反避税调查程序中，只存在税务机关和纳税人两方当事人。税务机关是对交易的经济实质存疑而启动调查程序者，又是证据的认定者和最终裁判者，① 即税务机关实际上同时为当事人和裁决者。作为代表国家行使征税权的行政主体，本已有国库保护优先的先天倾向，在不存在证明标准的情况下，税务机关是否收集证据、收集何种证据、收集证据达到何种程度才能作出决定，缺乏必要的约束，反避税调查将可能流于随意或形式化，甚至出现怠于调查。税务机关完全可能仅基于薄弱的证据基础作出纳税调整，却不至于遭到否定性的评价。反避税调整的主观性陡增，纳税人遭遇反避税调查和调整的风险也将大幅增加。

（三）一般反避税案件司法审查的缺位

当前反避税实践正在如火如荼地深入推进。但绝大多数一般反避税案件在行政程序便告结束，进入司法诉讼程序的案件极为有限。根据中国裁判文书网的检索结果，自 2008 年《企业所得税法》实施以来的十余年间，涉及该法第 47 条一般反避税条款适用的行政诉讼案件仅有历经三审的"儿童投资主基金诉杭州西湖区国家税务局税务征收案"（以下简称"儿童投资主基金案"）②。这基本与税务争议诉讼率整体偏低如出一辙。避税争议是典型的"纳税上发生的争议"，缴纳税款和行政复议均为行政诉讼的前置程序，这极大地限制了纳税人寻求司法救济的意愿和可能性。③ 行政复议前置的本意在于以税务机关内部纠错确保争议解决的专业性和效率。然而，根据《一般反避

---

① 参见吴金柱《所得税法之理论与实用》（上），（台湾）五南图书出版股份有限公司，2008，第554页。
② "儿童投资主基金案"，浙江省杭州市中级人民法院（2015）浙杭行初字第 4 号行政判决书。
③ 崔威：《中国税务行政诉讼实证研究》，《清华法学》2015 年第 3 期。

税管理办法（试行）》第 16、17 条的规定，反避税案件的主管税务机关形成调整与否的初步意见和理由，应层报省级税务机关复核同意后，报国家税务总局申请结案，并根据国家税务总局形成的结案申请审核意见作出处理决定。也就是说，主管税务机关最终作出的纳税调整决定已是经过上级复核乃至国家税务总局审核的结果。在税务机关科层制的管理体制之下，纳税人对纳税调整的争议即使提起复议，也很难获得支持。

绝大多数面临反避税调整的纳税人或出于对税务机关可能报复的忌惮，或出于对司法机关就反避税案件的独立专业审判能力的怀疑，放弃寻求司法的救济。事实上，进入司法程序的反避税案件中，司法机关对税务机关调整决定的审查是极度克制的。在"儿童投资主基金案"的三审判决中，法院对税务机关提供的证据全盘采信、直接认可税务机关认定的事实，对所涉税务规范性文件也直接认可其效力并肯定其适用合法，表明其对税务机关适用反避税条款作出的纳税调整决定的审查谦抑态度。在"陈建伟案"中，税务机关在个人所得税一般反避税条款尚未生效的情况下径直适用实质课税原则实施反避税调整，法院在判决中论证原则适用的必要性后，便以税务机关认定的事实为基础得出其实施反避税调整符合法律规定的结论，既未阐明实质课税这一"非法定"原则的适用范围和条件，更未对该交易如何满足该原则的适用条件进行实质的审查。① 在具有反避税性质的价格偏低的税收核定案件中，法院同样表达了司法审查谦抑的态度，其中以"广州德发公司案"② 最为典型。③ 最高院在该案判决中强调，"计税依据明显偏低，又无正当理由"的判断，具有较强的裁量性，法院"一般应尊重税务机关基于法定调查程序作出的专业认定"，甚至将其确立为该案的典型意义，已对下级法院审理类似的核定案件产生了示范性的影响。上述案件均由最高院最终审理并作出判决或裁决，且"儿童投资主基金案"和"广州德发公司案"均为 2017 年最高院公布的十大典型行政案件。最高院在案件审理中展示的司法尊重的态度一旦为下级法院所效仿，类似的反避税案件的司法审查必将趋于消极。

与企业纳税人相比，个人纳税人由于受经济实力和税法专业知识的限制，

———————

① "陈建伟案"，中华人民共和国最高人民法院（2018）最高法行申第 209 号行政裁定书。
② "广州德发公司案"，中华人民共和国最高人民法院（2015）最高法行提字第 13 号行政判决书。
③ 价格偏低的税收核定案件虽未涉及一般反避税条款的适用，但同属于反避税调整的范畴。同样可以通过此类案件一窥法院对反避税调整决定的审理态度。

无论是自行提供有效证据还是聘请专家提供专业协助，均可能力有不逮，在面临反避税调查和调整时，处于更加弱势的地位，无法与处于主导地位且具备丰富专业知识和经验的税务机关相抗衡。行政司法诉讼是防范税务机关滥用权力并对因其错误决定权利受到侵害的纳税人予以救济的重要机制。如果一般反避税案件极少进入司法程序，或即使进入司法程序，也仅面临司法机关极为有限的审查，税务机关无论作出反避税调整决定的事实基础如何、法律依据是否充分，都无被否定之虞，那么反避税调查领域将俨然成为税务机关内部绝对权威的堡垒，导致纳税调整权由此扩张至征税权，完全逃逸税法的约束。纳税人因错误的反避税调整决定而被侵害的权利将无法获得必要的救济，税收法定主义可能由于缺乏事后的审查和纠正机制而落空。

为确保税务机关有效应对层出不穷、花样翻新的避税安排而以不确定概念和裁量规范所作的反避税调整授权具有天然的扩张倾向，实体上权力界限模糊不清，程序限制亦失之阙如，却不受或仅受到极为有限的形式上的司法审查。这一条款的"双重开放性"无异于在刚性的税法的堤坝上打开了权力擅断的缺口，将为税务机关以国库保护之名行侵害纳税人之实提供更多的可能。

三 权力入笼：一般反避税条款具体化的必要性

可以说，一般反避税条款是不精确且包含适用弹性的，往往被不一致且不可预见地适用。因此，消减其中的"不确定性"和"模糊性"是该条款得以准确适用的前提，为此，有必要运用多维的技术手段予以具体化。

法规范的涵摄要求确认待判断的案件事实中概念的全部要素是否一一出现，一旦可以逐一确定，依据逻辑的规则即应当将案件事实归属于此概念之下。因此，适用法规范必须发掘其中所包含的评价及该评价的作用范围。[①] 然而，如前所述，一般反避税条款的规范内容是不完全的，存在"须填补"的评价标准，"合理商业目的""不当税收利益"等概念的内涵，直至税务机关

---

① 〔德〕卡尔·拉伦茨：《法学方法论》，陈爱娥译，商务印书馆，2016，第 94 页。

将其"适用"于特定事件时，其才能被充分地具体化。因此，该条款的适用并非简单的"涵摄"，而必须首先完成符合该条文意旨的价值判断，填补判断的标准，阐明完全的规范意义，使其具体化到可以适用于当下的个案。在此过程中，需要在不确定概念与案件事实之间建立起中间概念或媒介概念，完成一系列的中间判断或辅助判断，在法律概念与案件事实之间不断寻找相似之处，才能最终将这一条文适用于个案。① 税务机关将特定的经验法则和价值观念与特定的避税事例及案件类型相联结，以该类避税安排的个性特征不断丰盈概念的内涵，逐渐充实原本相当"不确定的"条文内容，最终形成由诸多规范构成的脉络。② "合理商业目的"等不确定概念在个案中的具体化，同时也是对该条款本身的续造，条文的适用与法的续造将相伴而来，两者本属同一过程。③ 因此，一般反避税条款包含高度抽象和不确定的概念，必须经由税务机关采取评价的态度才能认识其意义，"须于具体的个案中予以价值判断，使之具体化，随后其法律功能始能充分发挥"④。一般反避税条款具体化的过程，是税务机关认识、解释该条款规范内容的过程，也是价值补充和规范内容逐步确定的过程。

一般反避税条款的不确定概念的具体化和续造，是其内涵逐步充实、外延得以界定的过程，也是反避税调整权限范围逐步明确的过程。只有实现概念的具体化，这一条款才能被准确地理解和适用，减少税务机关适用的随意性，确保纳税人得到公平的对待。更重要的是，一般反避税条款的具体化应当以特定的形式和载体加以表达，并能够为纳税人所知悉，否则对消减该条款适用的不确定性依然不会有实质的助益。纳税人依然无从知晓税务机关判定"合理商业目的"等事实的依据和标准，无从预测税务机关是否将施以调整，无法获得交易安排和纳税的准确指引。税务机关实施反避税调整的权限也无法从客观上予以明确，仍可能漫无标准地解释和适用该条款。因此，一般反避税条款不仅应以价值补充等手段实现具体化，而且具体化的结果还应以一定的形式进行表述并向纳税人有效地传达。

---

① 王贵松：《行政裁量的构造与审查》，中国人民大学出版社，2016，第60页。
② 〔德〕卡尔·拉伦茨：《法学方法论》，陈爱娥译，商务印书馆，2016，第173页。
③ 〔德〕卡尔·拉伦茨：《法学方法论》，陈爱娥译，商务印书馆，2016，第170～171页。
④ 杨仁寿：《法学方法论》，中国政法大学出版社，1999，第131页。

四　我国一般反避税条款的具体化实践：现状与效果考察

（一）一般反避税条款续造的行政主导模式——以企业所得税为例的考察

我国《企业所得税法》第 47 条和《个人所得税法》第 8 条第 1 款第 3 项的一般反避税条款均采用了不确定概念加裁量的"双重开放"的规范结构，其规范内容须进一步明确和具体化。其中，2008 年以来，企业所得税一般反避税条款已采用不同的形式实现一定程度的具体化，个人所得税领域则未见相关的实践。

解释与裁量基准是企业所得税一般反避税条款完成具体化的最重要形式。十余年间，财政部、国家税务总局相继发布了《特别纳税调整实施办法（试行）》、《国家税务总局关于加强非居民企业股权转让所得企业所得税管理的通知》、《一般反避税管理办法（试行）》、《国家税务总局关于非居民企业间接转让财产企业所得税若干问题的公告》以及《特别纳税调查调整及相互协商程序管理办法》等解释与裁量基准对第 47 条予以具体化。如《一般反避税管理办法（试行）》第 4 条将避税安排的事实要件进一步具体化为：（1）以获取税收利益为唯一或主要目的；（2）以形式符合税法规定，但与其经济实质不符的方式获取税收利益。而《国家税务总局关于加强非居民企业股权转让所得企业所得税管理的通知》和《国家税务总局关于非居民企业间接转让财产企业所得税若干问题的公告》则具体指明了该条款在间接转让财产这一特殊案型中的适用。

尽管近年来反避税实践不断加强，仅 2014 年立案调查并最终结案的反避税案件就已达到 257 个，[1] 但税务机关鲜少公布被调查的反避税案件的具体事实细节和处理结果，更遑论披露案件处理依据的条文及其解释适用和相应的理由等信息。在少数公开的案件中，如"境外投资方间接转让北京燕莎友谊商城有限公司股权案"[2]，税务机关仅在陈述事实的基础上直接适用反避税条

---

[1]　《税务总局：2014 年反避税工作贡献税收 523 亿元》，国家税务总局网站，2015 年 3 月 5 日，http://www.chinatax.gov.cn/n810219/n810724/c1507274/content.html。

[2]　《国家税务总局关于境外投资方间接转让北京燕莎友谊商城有限公司股权征收企业所得税的批复》（税总函〔2014〕579 号）。

款及相关的裁量基准，并未进一步表明其解释立场。纳税人实际上难以从中管窥税务机关的价值补充和个案的判断标准，尚不足以形成具有指引意义的先例。

在一般反避税规则的发展中，财政部和国家税务总局可以说是最为重要的主体，甚至是居于垄断地位的。自确立该条款以来，由于立法程序的烦冗和繁重的税收立法任务，全国人大并未对该条款的内容予以进一步的发展。由于进入司法诉讼程序的反避税案件极为有限，加上专业审判能力相对不足，法院在反避税案件中基本上径行认可反避税裁量基准的合法性，确认税务机关已认定事实，"尊重其基于法定调查程序做出的专业判断"，鲜少阐明自己对该条款的解释和适用观点，更未以司法解释的形式明确"合理商业目的"等不确定概念的内涵和外延，而仅仅扮演了税务机关"追随者"的角色。在"陈建伟案"中，法院直接肯定了实质课税原则的适用，认为"相关应税行为的性质的识别和判定"，是"实质课税原则的基本要求"，"税务机关对名实不符的民事法律关系的认定权"不容否认。① 然而，原则是具有流动性的，不会提出具体的行为要求和法律后果。法院在该案中直接依据实质课税原则认定税务机关作出的反避税调整决定合法，却未能阐明实质课税原则适用的条件和范围，也就是在何种条件下税务机关有权对实质民事法律关系另行予以确认。这不仅使法院作出反避税决定合法的判定的法律基础极为薄弱，也未能借由该案的司法裁判使这一原则得到进一步的发展。法院对于一般反避税条款及其上位原则的发展是极度保守和谨慎的，这与其在其他法律部门，如民商法，扮演积极的法律解释者和规则续造者的角色有着极大的不同。几乎可以说，政府垄断了一般反避税条款的具体化和续造，且规则的发展过程中政府是独大且缺乏监督的。在一般反避税条款概括授权不足以形成实质性约束的情况下，行政造法过于强势，以至于几乎可以自行设定反避税调整的界限和范围，难以确保这一权力的规范行使，于税收法定主义的实现是根本不利的。

（二）一般反避税条款续造效果之考察

不可否认，财政部或国家税务总局对一般反避税条款的具体化和续造，

---

① "陈建伟案"，最高人民法院（2018）最高法行申209号行政裁定书。该案发生于《个人所得税法》第8条生效之前，税务机关对陈建伟的交易实施反避税调整的依据仅为"实质课税原则"。

对加强该条款的可执行性功不可没。这对控制各级税务机关实施反避税调查和调整的质量、尽可能确保同案同判、增强反避税调整的确定性和可预见性具有重要的意义。然而，裁量基准是"行政机关制定的内部规则，只能通过对裁量规则进行情节细化和效果格化的技术，补充裁量权行使的判断选择标准，不能创设新的法律规范"①，国家税务总局为实现一般反避税条款的具体化而制定的"裁量基准"，创设或增加纳税人新的义务或负担的规定却俯仰可拾。如《企业所得税法》第 44 条关于纳税人未尽协力义务税务机关可采用核定方式进行纳税调整的规定仅适用于转让定价案件，《一般反避税管理办法（试行）》第 12 条、《特别纳税调查调整及相互协商程序管理办法》第 14 条却将该条的核定方法类推适用于"其他不具有合理商业目的的安排"，扩张税务机关特别纳税调整权的同时加重了纳税人与非关联方交易的资料提供义务。而上述规定不仅与《特别纳税调整实施办法（试行）》第 95 条不一致，就适用核定方式的具体情形两个办法之间也存在矛盾。不仅如此，就避税安排的事实要件，《一般反避税管理办法（试行）》第 4 条与《特别纳税调整实施办法（试行）》第 92、93条的规定也难谓没有冲突。这些彼此矛盾、冲突和不一致的规定，非但没有弱化一般反避税条款的不确定性，反而使规则的适用更加无所适从，选择性执法依然无法避免。

从制定技术上看，裁量基准的首要任务是对相关的事实情境作出准确的认定并加以类型化的区分，以此作为适用不同效果格次的基础和依据。然而，不少反避税的裁量基准却未能建立这一"事实—效果"的对应关系。如《国家税务总局关于加强非居民企业股权转让所得企业所得税管理的通知》第 6条仅是在间接股权转让的语境下对《企业所得税法》第 47 条表述的简单重复，并未使"合理商业目的"在此情境下的特殊判定标准得以明晰化和具体化，未能实现指引纳税调整的目标。正因为如此，国家税务总局嗣后以《关于非居民企业间接转让财产企业所得税若干问题的公告》取代该文，才使这一特殊交易类型的纳税调整规定得以细化明确。同一规范事项的裁量基准的频繁修正、补充在反避税领域中并不鲜见。这加大了纳税人掌握反避税规则的难度，增加了其交易安排的税法遵从成本，也难以真正实现预期的加强反避税调整确定性的目标。

---

① 周佑勇：《裁量基准的技术构造》，《中外法学》2014 年第 5 期。

更重要的是，在当前国家税务总局等政府部门主导反避税条款具体化和续造的情况下，执法宽松化、加重纳税人的遵从负担几乎成为主要基调。从《特别纳税调整实施办法（试行）》到《一般反避税管理办法（试行）》，再到《特别纳税调查调整及相互协商程序管理办法》，纳税人在反避税调查程序中承担的资料提供义务被层层加码。在一般反避税条款的宽泛授权之下，相应裁量基准的制定基本上形成了政府内部相对封闭的系统，国家税务总局对公众参与方式、途径和范围有着绝对的主导权。以公开征求意见方式制定的反避税裁量基准极为有限，其制定过程缺少必要的民主监督。一旦制定，却基本能够受到法院的高度尊重，如最高院在"儿童投资主基金案"中即承认《国家税务总局关于加强非居民企业股权转让所得企业所得税管理的通知》是《企业所得税法》第47条的"技术性、程序性规定"，从而直接肯定其适用。这就使得政府主导制定的反避税裁量基准既可以免于事前的民主程序的公众监督，又可免于事后的司法审查，从而成为完全不受监督的"法外空间"。政府借由裁量基准限权还是扩权，将完全取决于本身的自我约束，权力滥用的风险始终无法避免。

五　一般反避税规则续造的路径选择：两种模式的借鉴与反思

各国的一般反避税条款毫无例外地采用了"不确定概念＋裁量"的规范形式，税务机关得以享有避税事实的判断余地和税额调整结果的裁量自由，这与税收法治之间存在不可避免的紧张关系。因此，如何具体化乃至续造一般反避税规则成为各国反避税立法的重中之重。但由哪一主体采取何种方式和途径完成这一任务，各国对此存在诸多的差异。澳大利亚和美国的模式分别代表了两种不同的反避税规则的续造模式。

（一）澳大利亚："立法＋司法"续造模式

由其特殊的政治体制所决定，澳大利亚通常以立法的形式发展反避税规则。新型的避税安排可以及时地通过法律的制定或修改予以规制。澳大利亚制定税法的程序相当直接。税务机关起草并提出法律草案，提交立法机关后很大概率将获得通过，通常税收法律的生效时间也就是草案最初提交国会的时间。① 如由于纳税人采用集团内部借款和以股换股等交易方式成功实现避税，澳大利亚税务机关起草并于 2013 年 3 月公布了"反拟法"的草案，同时提交立法机关。同年 6 月，立法机关便以全票审议通过了该草案。尽管澳大利亚税务机关可以影响甚至指导反避税立法，但本身无权制定规章对一般反避税条款予以具体化和续造。

澳大利亚有着健全的司法体制，税务诉讼是其发展反避税规则的另一重要工具。为了明确用语宽泛的一般反避税条款的适用范围，澳大利亚法院在司法实践中发展了反避税的三个标准，即可预见性标准、选择原则和先行交易主义。② 这三个司法标准实际上削弱了一般反避税条款的适用效力，使其甚至无法应对最典型的避税安排。为了克服上述标准形成的适用障碍、确保一般反避税条款的可适用性，立法机关不得不专门制定了第ⅣA 章以明确其适用范围。纳税人可能针对反避税争议提起诉讼，且法院极有可能推翻税务机关的调整决定，这促使其适用反避税条款、实施纳税调整更趋谨慎，从而不断推动反避税立法的完善。

（二）美国和加拿大："行政 + 司法"续造模式

与澳大利亚不同的是，美国和加拿大在行政和司法两个层面上发展一般反避税规则。③ 上述两个国家烦冗的立法程序决定了一般反避税规则的发展无法通过立法完成。美国财政部和国内收入局对立法程序无法施加具有实质意义的影响，但对包含不确定概念的税法规范享有较大的解释裁量权，可以通过制定包括规章在内的纳税指引发展一般反避税条款。这些纳税指引通常会受到程度不同的司法尊重。在加拿大，与大部分税法行政解释仅仅简单重复法律条文用语不同的是，税务机关对一般反避税条款进行了详尽的解释，不仅指明其立法理念、阐明其适用的环境因素，还指明不予适用该条款的具体情境，以消除其适用的不确定性。④ 无论在美国还是加拿大，详尽的行政指引

---

① Susan C. Morse, Robert Deutsch, "Tax Anti-Avoidance Law in Australia and the United States", *International Lawyer*, Vol. 49, pp. 111 – 148.

② Jeffrey Waincymer, "The Australian Tax Avoidance Experience and Responses: A Critical Review", in Graeme S. Cooper, ed., *Tax Avoidance and the Rule of Law*, Amsterdam: IBFD Publications in Association with the Australian Tax Research Foundation, 1997, p. 280.

③ Brian J. Arnold, James R. Wilson, "The General Anti-Avoidance Rule-Part 3", *Canadian Tax Journal*, Vol. 36, pp. 1369 – 1410.

④ Brian J. Arnold, James R. Wilson, "The General Anti-Avoidance Rule-Part 3", *Canadian Tax Journal*, Vol. 36, pp. 1369 – 1410.

都构成了税务机关实施反避税管理的重要规则基础。

不仅如此，两国司法机关在续造一般反避税条款方面的重要作用同样不可忽视。自 1935 年起美国司法机关便已通过 *Gregory v. Helvering* 等诸多的反避税争议案件发展了实质重于形式、阶段性交易等原则作为反避税的工具。2010 年《美国国内收入法典》正式确立经济实质主义之后，法院的解释和续造权限并未因此受到限制。相反，只有在与普通法原则相关的情况下，成文法中的反避税条款才会得到适用。

（三） 两种模式的共同启示

从形式上看，澳大利亚和美、加在一般反避税条款的发展和续造上存在显著的差异。在美国，立法过程必须完成对诸多冲突利益的平衡和协调，立法工作不易推进且耗时冗长。司法机关不得不在立法有所不足的情况下承担一般反避税条款事后续造的重任，行政机关也被授予更大的权限以规章等纳税指引的形式对其加以具体化和续造。而澳大利亚的反避税规则草案可以由立法机关高效地通过，因此，一般反避税规则的发展多以修法的方式完成，规范内容基本上以立法的形式明确。

即便如此，两种模式之间的共通之处依然显而易见。在两种模式之下，税务机关作为执法者，均是影响一般反避税条款实现从抽象到具体的发展的最重要主体。美国税务机关看似可以不经过立法程序而决定一般反避税条款规范空白的内容，但只有在成文法和司法原则共同确立的框架下，经由公众广泛参与的"公开—异议的民主立法程序"制定并充分说明解释理由的纳税指引才能获得司法的尊重，否则将受到严格的司法审查，以保证其内容的合法性。[①] 也就是说，美国税务机关看似享有一般反避税条款解释和续造的宽泛权限，但其行使或者受到事前民主程序的公众监督，或者受到事后司法审查，面临诸多因素的制约，从而确保具体化的规范内容、续造的规则的合法性和科学合理性。

拥有强有力的司法体系并有能力对反避税调整行为予以实质且全面的审查，是两种模式的又一共通之处。独立而专业化的司法审判极有可能推翻税务机关反避税调整的决定，这促使其在每个个案中慎重地作出调整决定。司

---

① 〔美〕理查德·J. 皮尔斯：《行政法》（第五版），苏苗罕译，中国人民大学出版社，2016，第 165 页。

法机关的严苛审查甚至导致一般反避税条款执行不足，而非过度执行。[①] 法院可以审查税务机关未经民主程序制定的反避税指引，否定越权或规范内容不当的指引的适用。同时，法院还在反避税案件的判决中修正成文法和反避税规章的规定，或自行发展新的反避税规则的内容，从而影响甚至决定一般反避税规则的续造，成为规范税务机关反避税调整权行使的又一重要规则来源。

六　走向确定性的一般反避税条款：续造权配置与具体化要求

（一）司法功能的强化：审查者与续造者

在一般反避税条款的开放式结构之下，规范内容的进一步具体化和续造是无可避免的。税务机关作为反避税调查和调整的主动实施者，可以及时发现该条款的适用争议，且拥有丰富的专业知识和反避税调整经验，由其发展和续造规范内容无可置喙。但税务机关既是反避税调查的启动者，也是纳税调整的决定者，完全由其填补规范空白、明晰纳税调整权的边界，结果必然是权力约束不足，权力行使的怠惰、任性甚至滥用都将难以避免。因此，一般反避税条款的具体化乃至续造不能由政府部门一家独大。税务机关自行"度身定制"反避税具体规则的状况有必要予以改变。法院应与其共享这一权限，并对其具体化和续造的规范内容给予合法性审查。

在传统法律部门中，法律的解释和续造权力是由法院行使的。法院一方面通过审判表明条文的适用立场，以审理结果进行行为的引导和塑造；另一方面通过法律解释和漏洞填补，在一定程度上补充和细化立法。[②] 法律解释以及开放的法律形成，已经作为常规的司法作用得到广泛认可。税法不仅是征纳行为的指引之法，也是法院解决征纳纠纷的裁判之法。法院承担税法的解释和续造功能，与传统法律部门并无不同。从方法论的立场来看，一般反避税条款包含的不确定概念仍是"法律"概念，并无制造独特思维方式的必要性。法院在个案中对反避税条款进行解释和适用，并据以对税务机关的反避税调整决定加以肯定或否定，将混合引导的功能。基于平等对待和法的安定

---

① Susan C. Morse, Robert Deutsch, "Tax Anti-Avoidance Law in Australia and the United States", *International Lawyer*, Vol. 49, pp. 111 – 148.

② 〔德〕齐佩利乌斯:《德国国家学》，赵宏译，法律出版社，2011，第 357 页。

性要求，个案判决之后将获得正当的约束力，成为该条款具体化的实现路径之一。同时，法院也有权在审理反避税案件的过程中进一步发展和细化一般反避税条款的具体内容。

尽管一般反避税条款授予税务机关宽泛的权力，使其可以灵活判断花样翻新的交易是否构成避税安排，以防止国家税基的侵蚀，但授权并不意味着权力的行使不受任何拘束。反避税调整的结果必然是纳税人的应纳税额被调增，对其财产权和经营自由权将产生程度不同的影响。在一般反避税条款包含宽泛授权的情况下，司法非但不能退缩，反而应当肩负起保障纳税人权利的重任。承认、尊重税务机关在反避税调整过程中的主观判断自由，不应演化为司法机关的完全退让，以免纳税人遭受任性的反避税调整。作为中立的裁判者，司法机关应对税务机关行使反避税调整权是否突破权限的边界、是否过度干预纳税人法律形式的选择自由予以全面的审查，着眼于纳税调整权的规范行使，这对预防、阻碍纳税调整权的滥用至关重要。

法院在审查依据一般反避税条款的具体化规范实施反避税调整的案件中，应当完成两个阶段的审查——审查税务机关填补的规范内容的合法性和适用具体化规范的合法性。①

首先，以实现不确定概念的具体化为目标的解释与裁量基准，本质上即法律解释。② 因此，法院有必要审查税务机关作出的解释是否在被解释的"合理商业目的"等不确定概念的语义射程范围之内，是否已进一步阐明该条款中抽象、模糊的文字表述的具体含义，解释方法是否得当，是否违背该条款以及具体个案所涉税法条文的规范目的和一般原则，在不确定概念存在多种解释方案时，税务机关最终采纳的解释是否合理，是否考量了特殊情形等。③对具体化规范的司法审查，尤其是否定性评价，将借助司法建议的手段事后传递给制定机关，敦促其对具体化的内容予以修正，从而使续造和发展的规则更具有技术安排上的合理性和科学性，防止反避税调整权行使的过度宽松干预、扭曲纳税人的法律形式选择自由。司法机关由此亦得以间接地影响一般反避税规则的发展。

其次，法院在特定个案中应就税务机关对反避税条款的概念解释、事实

---

① 王贵松：《行政裁量基准的设定与适用》，《华东政法大学学报》2016 年第 3 期。
② 王留一：《论行政规范性文件司法审查标准体系的建构》，《政治与法律》2017 年第 9 期。
③ 魏治勋：《文义解释在法律解释方法中的优位性及其限度》，《求是学刊》2014 年第 4 期。

认定及其规则的涵摄进行审查，具体审查是否进行了全面的事实调查并加以综合考量，是否遵守了税法的原则、宗旨等基本准则，是否在反避税条款的"概念晕"范围内作出了唯一正确的决定。对于解释有欠妥当、恣意认定和评价交易事实、涵摄逻辑不够合理的反避税调整决定有必要予以否认。在司法审查的压力下，税务机关作出个案的调整决定将更加审慎，说理也将更加充分。这在一定程度上将有利于促成先例的形成。

（二）一般反避税条款的具体化方法与形式

"合理商业目的"是一般反避税条款中最核心的概念之一。以此概念的具体化为例，目的作为个体积极追求的结果，必然与特定的行为或活动相关联，可能是经济交易，或者是家庭和个人的私人生活安排。不同领域的社会生活形式各异，经济目标与效果也各有不同。交易目的的合理性的判断，可能因交易发生的场域、当事人的身份地位、宏观市场环境等有所不同。因此，某一目的是否出于商业的追求、是否合理的评价标准将因指涉的交易各有不同。欲具体化这一概念，首先应当确定其适用的特定情境，也就是商业目的所附着的特定交易或交易类型。在此基础上，对其具体化可以从两个方面展开：一方面，尽可能去价值化，即将上述概念的抽象内涵转化为经验性内容，如确定合理商业目的的事实表现，将"合理商业目的"分解为"交易主体""交易结构""经济后果""风险管理"等若干经验性概念，使其可以通过客观证据加以证明；另一方面，进行价值补充，即确定合理商业目的的评价标准，"具体化的价值判断，应参酌社会可探知、认识的客观伦理秩序及公平正义原则"，[①] 如市场主体的一般常识性认识、道德观念、政策目标、商业惯例等法规范以外的因素。具体而言，一般反避税规则的具体化和续造可以采取如下形式。

1. 个案判断与先例的确立

一般反避税条款首先要与具体案件事实相联结，用以填补一般反避税条款规范空白的价值标准必须在个案中予以展现，基于交易的具体情境补充特定的价值标准，才能据以完成个案的评价。因此，纳税人通过了解税务机关已处理的反避税案件，在一定程度上可以探知税务机关适用该条款的基本立

---

① 王泽鉴：《民法实例研习·基础理论》，（台湾）三民书局，1981，第158页。

场和标准，进而指导其交易的安排。

纳税人从具体的反避税个案中获得行为的指引，在很大程度上取决于可以获知的先前个案及其价值补充等信息的方式和范围。只有先前的个案被公开，且其调整结果和法律适用状况得到了充分的说明，纳税人才能从中获取有关价值补充的有效信息。[①] 为了使已有的反避税案件对此后相同或类似案件的处理产生示范和引导作用，统一反避税调整的适用标准，确保"类案类判"，已作处理的反避税案件，尤其是典型案件，有必要以一定的方式公开。国家税务总局应当定期或不定期地公布典型反避税案例，包括反避税调查、行政复议和诉讼案件，并予以适当地类型化，使各级税务机关工作人员可以发现对一般反避税条款在同类案件中的"平均理解"，以此限制其适用过程中的价值判断和裁量选择，最大限度地实现个案处理结果的均衡化。

然而，先前个案中有关的价值补充仅对相同或类似的交易具有示范意义，纳税人从数量众多的已处理案件中获取具有指引意义的规范标准可能必须付出巨大的努力、耗费大量的资源和时间。因此，以个案乃至确立先例的方式实现具体化，纳税人获取税务机关补充的规范内容的成本相对较高、效率较低。

2. 概念解释

概念解释，尤其是有权解释，可以有效地传递有权机关对一般反避税条款的理解立场，从而产生重要的指引作用。解释是一种媒介行为，"解释者将其认为有疑义的文字的意义，变得可以理解"[②]，即通过解释阐明一项用语在法律中的含义。[③] 有权机关可以将包含在一般反避税条款的含糊的文字表述之中，且被抽象概念遮掩的意义加以分解、摊开并以其他语词更加清楚、更加精确地加以表达，从而将其规范内容向征纳双方予以传达。

解释的目的是查明法律中包含的立法者的价值判断。[④] 但一般反避税条款是高度抽象和概括的，其中包含的法律评价是不完全的，在规范空白之处是缺少可解释的对象的。寄望于解释完全消除该条款的不确定性和多义性不仅

---

① Louis Kaplow，"Rules Versus Standards：An Economic Analysis"，*Duke Law Journal*，Vol. 42，p. 615.

② 〔德〕卡尔·拉伦茨：《法学方法论》，陈爱娥译，商务印书馆，2016，第 193 页。

③ 〔德〕罗尔夫·旺克：《法律解释》（第六版），蒋毅、季红明译，北京大学出版社，2020，第 24 页。

④ 〔德〕伯恩·魏德士：《法理学》，丁晓春、吴越译，法律出版社，2013，第 308 页。

是不现实的，也违背了立法者的初衷。

3. 解释与裁量基准

一般反避税条款的适用不仅包括法律效果的选择，也包括避税要件事实的判断。由有权主体以要件—效果的形式设定具体、细化的判断标准，为个案中的判断和裁量决定提供更为明确具体的指引，即制定裁量与解释基准，是一种同样可行的选择。解释基准是对避税事实构成要件内涵的具体化，而裁量基准则对如何选择合理方法进行纳税调整予以界定，是对法律效果的具体化。解释与裁量基准是反避税条款具体化的重要形式，能够针对特定的交易类型作出相应具体化、个性化的规定，有助于保证不同税务机关对相同或类似案件的一致性评价，可以为反避税调查和调整提供更为明确的行为指引，防止其因国库收入的诱惑或征管压力而随意进行调整。

（三）一般反避税条款的具体化要求

1. 以交易类型化为基础的多元价值选择

尽管直接的商业利润是经济交易最普遍的目标追求，却非唯一目标。当前社会生活日趋多样化和复杂化，据以判定商业目的存在及是否合理的价值观念应是多元的，不同情境之下价值选择可以有所差异。如财产所有权的转移或出于利润追求，或出于家庭或社会责任，或出于道义诉求，均可以认定为合理。同时，此种价值选择是灵活且具有应变性的，应及时回应社会经济生活的发展，不应当过于僵化。

尽管交易类型繁多，但经常反复发生的相同或类似的交易通常具有大致相同的典型目标。因此，判断交易追求的目的及其是否合理，社会常识，也就是经验法则往往可以作为重要的参照系。常识性的经验判断和解释，并不是简单地采信某个个体的生活观察，而是基于统计学意义的生活经验完成事实的认定。① 为此，将数量众多、形式各异的交易按照一定的标准予以类型化，提炼其共同特性和普遍价值观念，并予以归纳、总结，形成足以作为评价标准的生活经验，对税务机关就同类案件作出相同处理具有重要的意义。如自然人间的经济交易，即可以根据是否存在亲属关系予以类型化。如为亲属间的财产转让，应当基于维护家庭和谐、亲情、血缘关系甚至道义伦理等

---

① 于立深：《行政事实认定中不确定法理概念的解释》，《法制与社会发展》2016 年第 6 期。

社会价值予以判断；而非亲属间的财产转让，则更应当关注经济利益的因素。这种类型化将成为反避税裁量准则的重要基础。应当注意的是，尽管对同一类型的交易可以基于大致相同的价值观念作出判断，但不应过度"机械化"或"统一化"。如交易具有明显特殊的情境，税务机关仍可以作出不同的判断。

2. 具体化适用及其处理结果的说明理由

从一般反避税条款的整个适用过程来看，必须在事实认定和规范适用的两个阶段之间"来回往返"。对法律模糊之处的"能动"明晰，对处理结论的正当性证成，是税务机关的任务。这是因为"合理商业目的"等概念的具体化，必然掺杂着税务机关大量的主观价值判断，是其"内心考量"的行为。只有要求税务机关将具体化的考量因素和补充的价值观念等论证过程以说理的方式呈现，使"内心考量"的过程形之于外，才能确保其审慎且理性地作出反避税调整决定，防止其怠惰、恣意或片面，才能使纳税人从理由说明中获取经由价值补充形成的规范内容等有效信息，从而增强纳税人和社会公众对反避税调整决定的认可度，也使公众监督和司法审查得以有效进行。

七 结语

包含高度抽象和不确定概念的一般反避税条款，仅提供了判定避税安排的"滑动"的准据，具有较大的变化空间和相对的开放性。这种特殊的规范结构是由一般反避税条款作为打击避税安排的"兜底"规范的功能所决定的。然而，这一条款对反避税调整的概括授权，同时兼容了要件事实的判断余地和效果裁量，边界极为模糊。在欠缺程序性约束的情况下，反避税调整权因此成为极可能被滥用的"任性的权力"。一般反避税条款必须完成从抽象到具体、从规范内容不完全到逐步填补直至完整的转化，才能对反避税调整有所约束。遗憾的是，在企业所得税一般反避税条款的具体化和续造过程中政府一家独大，日渐丰盈的规范内容是否足以形成对反避税调整权的规范与限制，依然不无疑问。如何打破政府的这一垄断，如何通过规范内容的进一步填补有效约束反避税调整权的行使，将是未来反避税制度完善的重点之所在。

第六章　行政主导下的制度转型：金融保险业的营改增

　　开始于 2012 年的营业税改征增值税的改革，至 2016 年 5 月 1 日尘埃落定，实现了在全国范围内将原本属于营业税的征税范围的应税劳务、不动产和无形资产的转让全部纳入增值税的课征范围，金融保险业亦无出其外。总体而言，这一改革实现了增值税的普遍课征，对实现税收中性、避免增值税抵扣链条的断裂对经济造成的扭曲、减轻企业的税收负担无疑将产生深远的影响。在此次改革中，对金融保险业的增值税课征，并未借鉴欧盟的免税模式，亦未采取新西兰的零税率模式，而是对其一并适用一般规则，即将金融保险服务的提供纳入增值税的范围，适用一般的税率，同时允许其进行进项税额的抵扣，是其课征模式的又一种全新的尝试。

　　然而，金融保险业的增值税课征，一直是增值税制度设计中的难题，而其中以金融保险服务的"增值额"的确定最为突出。此外，在金融创新的浪潮中，如何确定一项服务构成"金融保险服务"，同样存在一定的困难。那么在《营业税改征增值税试点实施办法》（以下简称《实施办法》）及其配套的税务规范性文件所确立的金融保险服务的增值税课征规则中，上述难题是否已经迎刃而解，实际上依然是存疑的。事实上，金融保险服务的特殊性在此次改革中在一定程度上被忽视，专门适用于金融保险服务的特殊规则甚为有限。因此，现行金融保险服务的增值税制度是否能够真正实现对金融保险服务的"新增价值"的课征，在税负转嫁的基础上实现对最终的金融消费行为的征税，即有必要予以检讨。

　　尽管同属于金融保险服务，不同的金融、保险服务在提供方式、服务内容等方面仍存在诸多的区别。因此，《实施办法》将金融保险服务细分为贷款服务、直接收费服务、保险服务和金融商品转让四个子税目，基于不同服务的特性分别规定了相应的特殊规则。本书重点以贷款服务、金融商品转让两个子税目进行解释论的研究，在此基础上对金融保险服务的营改增制度进行整体的检视，以期对其未来的完善有所助益。

一 "贷款服务"增值税规则的实施争议

（一）"贷款服务"的提供者及其纳税人之争

根据《实施办法》第 1 条的规定，在中华人民共和国境内销售服务、无形资产或者不动产的单位和个人，为增值税的纳税人。其中，单位包括企业、行政单位、事业单位、军事单位、社会团体及其他单位，个人则包括个体工商户和个人。与《贷款通则》明确将"贷款人"限定为"在中国境内依法设立的经营贷款业务的中资金融机构"不同的是，《销售服务、无形资产、不动产注释》（以下简称《注释》）并未对提供贷款服务的主体予以明确的规定。[①]因此，除部分明确规定专属于金融机构的金融业务，如信用卡、融资融券等，任何提供资金供他人使用而收取本息的主体，无论金融机构还是非金融机构，无论单位还是个人，都将成为增值税的纳税人，包括公司债券的投资者或民间借贷的债权人等。随着互联网金融业务的发展，如 P2P 网络借贷，将使这一问题变得更加尖锐。P2P 网络借贷业务的实质是将网贷平台作为中介的民间借贷行为，借贷双方可能均为个人，出借方并未取得任何的金融业务许可证。那么，上述资金提供者是否构成"贷款服务"的提供者而需承担增值税义务，有必要予以进一步的明确。

（二）贷款服务的界定

事实上，贷款服务的增值税纳税人的确定争议，归根结底，源于所提供的"贷款服务"范围的模糊化。

从理论上看，增值税的征税范围包括国民经济中所有能够产生增值额的货物销售与劳务的提供。[②] 由于接受贷款取得的资金能够使本只能在未来发生

---

① 这与金融保险服务的营业税纳税人仅限于金融机构有着明显的不同，详细可参见《金融保险业营业税申报管理办法》第 3 条。

② 全国人大预算工作委员会编《增值税法律制度比较研究》，中国民主法制出版社，2010，第 47 页。

的消费提前至当期，可以使个人的消费需求提前得到满足，为此而支付的费用与生产中发生的物质投入并无任何差异，因此，贷款服务属于生活消费的类型之一。① 正因为如此，此次营改增改革也将其纳入增值税的征税范围。

《注释》中以概括式和列举式并用的方式明确了纳入增值税课征范围的贷款服务的内涵和外延。尽管如此，其内涵和外延仍存在诸多的模糊之处。

《注释》对作为应税劳务的贷款服务作了广义的解释，将所有"将资金贷与他人使用而取得利息收入的业务活动"均涵盖在内，甚至包括以实物资产或股票为标的、具有融资性质的业务活动，如融券和融资性售后回租业务。就融券业务而言，有学者认为，融券业务在经济实质上相当于出借方向融券方提供资金，而由融券方以此资金在证券市场上买入标的证券，因此，融券方实质上亦形成对出借方资金的占用，由此所支付的报酬就是对出借方借出的资金的占用及其承担的风险的回报。② 正是基于这一经济实质的考量，融券业务同样构成"贷款服务"。但从形式上看，融券业务是以"上市证券"为标的的借贷法律关系，③ 与以资金或货币为标的物的贷款并不尽然相同。同样因具有以金融商品为质押物的借贷行为的经济实质，买入返售金融商品这一行为也被认为发生资金的占用，从而构成一项"贷款服务"。如果依照这一经济实质判定是否存在资金的占用，那么，消费借贷关系及其他具有相同经济实质的金融服务均应当被纳入征税的范围，而不仅仅是上述列举的金融业务。而更加吊诡的是，同样具有"融资"目的的租赁行为，融资性售后回租业务作为一项"贷款服务"课征增值税，而融资租赁业务却被纳入了"租赁服务"的范畴，判定一项行为构成"贷款服务"的标准益发模糊不清。

可以说，《注释》实际上是在"债权性投资"的意义上确定贷款服务的内涵和外延的。这意味着，非金融企业或个人将资金提供给他人使用收取利息，同样应在增值税的征税范围内。在这一定义之下，非金融企业或个人之间销售货物采取赊销、预付货款或是分期付款的方式进行结算所形成的短期资金占用，也将导致增值税纳税义务的发生。随着普惠金融和草根金融的发

---

① Donald Rousslang, "Should Financial Services Be Taxed Under a Consumption Tax? Probably?", *National Tax Journal*, Vol. 55, pp. 281 – 291.

② Andrew M. C. Smith, "Tax Treatment of Domestic and Cross-Border Securities Lending Transactions", *IBFD Publications BV*, Vol. 2001, p. 89.

③ 汤洁茵：《金融交易课税的理论探索与制度建构——以金融市场的稳健发展为核心》，法律出版社，2014，第156页。

展，以网贷平台为信息沟通的基础，借贷关系逐渐呈现脱媒化的趋势，非金融企业或个人将资金提供给他人使用而收取一定收益的活动也将开始出现规模化的发展。如将上述主体偶发的、金额显著低微的借贷行为纳入增值税的征税范围，其税收征管的难度和征管成本并不难想见。更重要的是，非金融机构和个人从事这一资金借贷行为发生增值税纳税义务，随着税负的转嫁，无疑将大大增加资金需求者的融资成本，从而减少其寻求民间借贷的意愿。一旦税负无法转嫁，出借方不仅将减少其税后收益，更将产生额外的税法遵从成本。相反，尽管同属资金占用的借款行为，作为商业银行发放贷款的重要资金来源的吸收公众存款则不被纳入增值税的征税范围。在这一差异化税收待遇之下，更多的民间资金可能选择流入银行，而非成为民间借贷或其他草根金融活动的资金来源，最终将抑制后者的发展。

在《注释》所确定的贷款服务的范围之下，一项金融工具的投资收益是否按照贷款服务缴纳增值税取决于是否在"合同中明确承诺到期本金可全部收回"①，无论是否定期支付确定金额的利息，却同时规定"货币资金投资收取的固定利润或者保底利润，按照贷款服务缴纳增值税"②，即使此项投资并无明确的投资本金收回的承诺或需要定期支付利息。这意味着，保本或是利润固定，可以作为决定一项交易是否构成贷款服务的唯一因素。这与《企业所得税法》存在明显的差异。那么，将一项资金提供给他人使用的行为，极可能分别构成企业所得税意义上的权益性投资和增值税意义上的"贷款服务"。这便使得被投资企业不仅不能扣除向投资者支付的、在性质上被认定为股息的款项金额，更不得不最终负担由投资者转嫁的增值税税负，导致整体的融资成本的增加。

（三）"贷款服务"的增值税应纳税额的确定

除在《营业税改征增值税试点有关事项的规定》对贷款服务的销售额的确定予以规定外，《实施办法》并无有关贷款服务的增值税额确定的特殊规定。与其他应税服务相同，提供贷款服务的一般纳税人和小规模纳税人分别采用抵扣法和简易法计算应纳税额。③ 其中，提供贷款服务取得的全部利息及

① 《关于明确金融、房地产开发、教育辅助服务等增值税政策的通知》（财税〔2016〕140号）。
② 见《注释》。
③ 《实施办法》第21条、第34条。

利息性质的收入均应计入销售额，计算销项税额。① 同时，贷款服务的提供者为提供贷款服务而购进货物、应税劳务、无形资产或不动产所支付或负担的增值税额，在取得增值税专用发票等合法抵扣凭证的情况下，可以从销项税额中予以抵扣。然而，货币或资金是提供贷款服务最重要的"原材料"。除去以自有资金发放贷款外，银行等贷款人往往将借入资金作为提供贷款服务的重要资金来源，却并不因此发生进项税额的抵扣。以银行为例，一方面，吸收公众存款和金融机构间的同业拆借是其最重要的资金来源，然而，前者为增值税的不征税项目，② 后者则属于增值税的免税项目，③ 不得进行进项税额的抵扣。另一方面，即使银行以发行债券或其他方式借入资金，尽管属于接受应税的"贷款服务"，根据《实施办法》第 27 条的规定，由此负担的进项税额也不得从销项税额中抵扣。因此，贷款服务的提供者仅得以抵扣部分进项税额，无法真正实现仅对"新增价值"征税的中性目标。

二 "金融商品转让"的增值税课征难题

（一）金融商品转让的增值税纳税人的确定

沿袭金融商品转让的营业税纳税人的确定方式，《营业税改征增值税试点过渡政策的规定》（以下简称"《过渡政策的规定》"）亦明确规定投资者是否为金融机构并不影响其作为增值税的纳税人，只是出于政策考量，对个人的此项纳税义务予以免除。然而，作为证券市场上重要的机构投资者的证券投资基金，其从事金融商品转让所发生的增值税纳税义务由哪一主体承担，却存在法规上的冲突。在此次营改增改革中，对此政策制定者的思路是明晰且一贯的，即以基金财产买卖金融商品发生的增值税纳税义务由基金管理人承担。④ 然

---

① 此外，《国家税务总局关于营改增试点若干征管问题的公告》规定，银行提供贷款服务按期收取利息的，结息日当日收取的全部利息收入，均应计入结息日所属的销售额。

② 《营业税改征增值税试点有关事项的规定》。

③ 《营业税改正增值税试点过渡政策的规定》。

④ 《关于明确金融、房地产开发、教育辅助服务等增值税政策的通知》中明确规定资管产品运营过程中发生的增值税应税行为，以资管产品管理人为增值税纳税人。但《过渡政策的规定》则免除其买卖股票、债券而产生的增值税纳税义务。2017 年财政部、国家税务总局颁布的《关于资管产品增值税政策有关问题的补充通知》（财税〔2017〕2 号）则进一步免除 2017 年 7 月 1 日之前资管产品运营过程中产生的增值税纳税义务。

而，这与《证券投资基金法》第 8 条所确立的基金作为税法上透明的主体的课税模式显然是格格不入的。根据该条规定，基金管理人运用基金财产买卖股票、债券，基金份额持有人应当作为纳税人承担增值税的纳税义务，基金管理人仅为扣缴义务人。基于这一税收透明的征税模式，由于个人从事金融商品转让可以享受增值税的免税待遇，基金管理人有必要将其从事的金融商品转让行为，以交易为基础，将购买和转让的各项金融商品分别归属于相应的基金份额持有人，以确保及时代扣代缴非个人的基金份额持有人的增值税税款。然而，要在频繁交易的金融商品与具有高度流动性的基金份额持有人之间准确地确立此种匹配关系，难度可想而知。因此，将管理人确立为基金运营过程中发生的增值税应税行为的纳税人，应该是出于简化税收征管、减少纳税单位的考量。然而，将基金财产运作过程中发生的金融商品转让归属于管理人，显然是以管理人对基金财产享有"管理权和处分权"为逻辑前提的。然而，基金财产具有独立性，其运作产生的债务应由基金财产本身承担，[①] 如果从事金融商品转让发生增值税义务这一法定债务由管理人承担，那么管理人是否仅限于以基金财产履行纳税义务？如基金财产不足以缴纳税款，那么管理人是否应当以其自身的固有财产进行清偿？如果答案是否定的，那么尽管管理人名义上为纳税人，实质上却与扣缴义务人无异。因此，围绕基金运营发生的纳税人及其纳税义务的承担问题，仍有待于进一步的完善与明确。

（二）作为应税金融服务的"金融商品转让"的界限

《注释》对金融商品转让以列举的方式明确其范围。所谓金融商品转让是指转让外汇、有价证券、非货物期货和其他金融商品所有权的业务活动，其中其他金融商品包括基金、信托、理财产品等各类资产管理产品和各种金融衍生品的转让。除明确其他金融商品的范围之外，课征增值税的金融商品转让的范围与原营业税基本相同。这就意味着，原来就一项金融交易是否构成金融商品转让、是否就此发生营业税的课税争议，在营业税改为征收增值税之后依然未能获得解决。

作为确认对股份有限公司投资所形成的股权的书面或电子凭证，股票在

---

① 《证券投资基金法》第 5 条。

营业税制度之下被视为最为重要的有价证券，从而在转让时发生营业税的纳税义务。① 然而，股票存在流通股与非流通股等诸多不同的类别，其中又包括在特定期间内限制转让的限售股，也存在普通股和优先股之分。那么，是否所有类型的股票的交易均应当纳入"金融商品转让"税目的范围，此前在营业税的课征实践中已引发了诸多的争议。如 2013 年税务机关要求两面针公司就其转让所持有的中信证券公司的解禁后的限售股依照"金融商品转让"缴纳营业税，② 该公司认为这一交易的标的物是由股权分置改革所形成的限售股，其转让的实质标的是股权，根据《财政部、国家税务总局关于股权转让有关营业税问题的通知》第 2 条"对股权转让不征收营业税"的规定，股权转让不应当作为"金融商品转让"缴纳营业税。对于这一问题，各地税务机关莫衷一是。许多地方的税务机关，如江苏南京③、湖南长沙④、福建⑤、浙江⑥、厦门⑦、天津⑧、海南⑨等，对上市公司的限售股转让应当征收营业税有明确规定。部分税务机关以国税总局未有明确规定为由，对限售股转让暂不予征收营业税，如宁波。事实上，一个更为棘手的问题可能是，在限售股的锁定期间发生的股票转让是否同样构成"金融商品的转让"。由此所衍生的问

---

① 《金融保险业营业税申报管理办法》第 7 条将金融商品转让分为股票转让、债券转让、外汇转让及其他金融商品转让四大类。

② 郭成林：《两面针被追缴 1300 万营业税、上市公司或在掀补税潮》，《上海证券报》2013 年 2 月 27 日。

③ 参见江苏省南京地方税务局网站，http://njds. nj. gov. cn/art/2010/2/3/art_15377_205745. html。

④ 《市局稽查局查结首例限售股股票转让补缴营业税案件——敢为人先追征股票转让营业税纪实》，长沙市地方税务局网站，http://dsj. hunan. gov. cn/hncs/zwgk/dtxx/sjdt/content_546982. html。

⑤ 《福建省地方税务局关于福建新大陆科技集团有限公司等企业转让限售股征收营业税问题的批复》（闽地税函〔2013〕138 号）：新大陆集团与新大陆生物减持限售股，属于企业买卖金融商品行为，应按转让金融商品征收营业税。

⑥ 《浙江省地方税务局关于明确股票转让缴纳营业税买入价有关问题的公告》（浙江省地方税务局公告 2013 年第 15 号），新昌政法综治网、平安新昌网，http://www. zjxc. gov. cn/200/zcfg/201310/t20131024_70240. html。

⑦ 《税务违法案件公告》（厦地税稽告字〔2014〕第 001 号），厦门市地方税务局网站，http://www. xm-l-tax. gov. cn/content/N1419. html。

⑧ 《天津市地方税务局关于股票转让缴纳营业税买入价确定有关问题的公告》（天津市地方税务局公告 2013 年第 4 号），天津财政地税政务网，http://www. tjcs. gov. cn/tnetcms/u/csgg/20130609/21428. html。

⑨ 海南省地方税务局稽查局《税务处理决定书》〔琼地税稽处（2013）8 号〕：根据《中华人民共和国营业税暂行条例》第 5 条第 4 项的有关规定，海南椰岛（集团）股份有限公司公司 2009～2011 年出售三安光电小非按原始成本计算所获收益应缴纳营业税。

题是，就"股票是公司签发的证明股东所持股份的凭证"① 而言，既然股票的转让将产生增值税的纳税义务，那么，单纯股权的转让，包括不以股票为载体的有限责任公司的股权的转让是否构成应税"金融商品转让"，同样值得探究。此外，对于《注释》进一步列举的"基金、信托、理财产品"，如基金份额即存在公募与私募、封闭式与开放式之分，并非完全可以自由流通转让，是否当然构成"金融商品"亦有讨论之必要。

（三） 金融商品转让的增值税应纳税额的确定

与其他金融服务的销售额的确定不同的是，金融商品转让以卖出价扣除买入价后的余额为销售额。转让金融商品产生的正负差，按照盈亏互抵后余额为销售额。若相抵后出现负差，可结转下一纳税期与下期转让金融商品销售额相抵，但年末时仍出现负差的，不得转至下一个会计年度。② 此外，在持有金融商品期间取得的股息、利息等收益的金额是否应当从买入价中予以扣除，当前的营改增规则中并未予以明确。由于金融商品持有期间的利息收入（保本收益、报酬、资金占用费、补偿金等），应当按照贷款服务缴纳增值税，因此并不影响金融商品转让的销售额的确定。但持有金融商品期间取得的股息、基金、信托等收益分配的金额是否减计买入价，则有必要予以进一步的明确。

由于金融商品转让不得开具增值税专用发票，因此，购进金融商品所负担的进项税额是无法予以抵扣的。

三 金融保险服务的增值税课税制度的整体检视

（一） 金融保险服务营改增的积极意义

将金融保险服务纳入增值税的征税范围，允许金融保险服务的提供者抵扣为提供此项服务而负担的进项税额，对于金融保险业发展的影响无疑是深远的。与课征营业税相比，金融保险服务的提供者提供金融服务消耗的商品或服务中负担的部分增值税，包括有形动产、不动产、无形资产的购入或接受应税劳务而负担的进项税额，可以获得抵扣，在一定程度上可以实现仅对

---

① 《公司法》第 126 条。
② 《营业税改征增值税试点有关事项的规定》。

金融保险服务提供"增值额"的课税，避免重复征税，减轻金融服务提供者的税收负担。作为增值税的纳税人，金融服务提供者亦可以在收取服务费用的同时，以交易金额为基础向服务接受者转嫁增值税的税收负担，由此亦可避免在课征营业税时所产生的隐性税负不公的问题。

作为现代经济的核心，将金融保险服务纳入增值税的征税范围，对整体经济的发展同样产生巨大的影响。由于可以抵扣之前环节的增值税，金融保险服务的提供者将与金融保险服务提供有关的技术开发等服务转由其内设职能部门提供的动力也大为弱化，这也有利于实现服务提供的市场化与专业化，避免重复课税造成的经济扭曲，提高经济的运行效率。不仅如此，作为增值税的纳税人，金融服务的提供者出口金融保险服务，同样可以享受出口退税的待遇，不仅出口环节可以免税，也可以申请退回以前环节负担的增值税税款。我国金融保险服务的提供者由此得以不含税的价格参与国际市场的竞争，有利于提高其国际竞争力。

（二）金融保险服务的"不彻底的抵扣模式"：被搁置的"抵扣难题"

然而，在当前金融保险服务的营改增规则之下，除直接收费服务可以实现进项税额的全额抵扣，保证增值税抵扣链条的完整性外，其他子税目下，不仅服务提供者将面临部分甚至全部进项税额的不得抵扣，服务的接受者因此负担的进项税额同样无法获得抵扣，增值税的抵扣链条由此断裂，无法真正实现对金融保险服务课征增值税的中性目标。

增值税固然是由应税产品和服务的最终消费者承担，与其他类型的流转税不同的是，增值税并不仅针对零售环节的消费品课征，而是在每一生产与流转环节对应税产品与服务的增值额分别进行课税。因此，如何确定每一流转环节的增值额或新增价值便尤为重要。

以贷款服务为例。在当前的营改增规则下，金融服务提供者提供贷款服务向借款人收取的全部利息均被计入销售额计算销项税额。银行等金融机构提供贷款服务收取的价格包括全部费用，既包括为提供贷款服务而消耗的中间产品和应税服务，也包括该提供者为提供此项服务而接受的融资服务支付的费用。[①] 因此，能否真正实现对金融保险服务的增值额的征税，取决于为提

---

① Alan Schenk, Oliver Oldman, "Analysis of Tax Treatment of Financial Services Under a Consumption-Style VAT", *Tax Lawyer*, Vol. 44, p. 185.

供此项服务而购进的货物或劳务所负担的进项税额可以抵扣的程度。然而，对于以吸收的公众存款为发放贷款的主要资金来源的银行等金融机构而言，由于存款人取得存款利息是不征税项目，因此，并无负担的进项税额予以抵扣的问题。即使是以同业借入的资金发放贷款，由于此项业务为免税项目，亦无进项税额的负担。从表面上看，似乎金融机构因此避免了由上一环节所转嫁而负担的增值税，然而，由于其收取的利息中必然包含向存款人或同业债权人支付的融资成本，其结果是本应在上一环节缴纳的增值税的税款，被推迟至银行将取得的资金发放贷款并取得利息收入之时。在这种情况下，银行等金融机构获得部分实际税负延迟的利益，但整体税负并不会有所减轻。一旦银行等金融机构以接受应税贷款服务所融入的资金发放贷款，由于接受此项服务负担的进项税额不得抵扣，就此项借入资金所负担的融资成本实际上被再次计入销售额中，增值税抵扣链条由此断裂，重复征税不可避免。此项不得抵扣的进项税额无法通过增值税抵扣链条转嫁给下一环节的服务接受者，只能作为这一环节的贷款服务的经营成本计入销售额中，构成计算这一环节的销项税额的税基。"税上加税"的税收阴影因此产生。这些不得抵扣的进项税额只能以提高价格的方式进行隐性的转嫁，所转嫁的金额将受到服务接受者市场竞争力、谈判能力等诸多因素的影响而存在明显的差异。贷款服务的提供者无论以何种方式取得资金来发放贷款，在这一环节发生的增值税固然可以向下一环节转嫁，由于不得抵扣进项税额，所有接受贷款服务的单位和个人都将作为最终消费者而负担增值税。

因此，从总体上说，贷款服务提供者的增值税税负与其用于发放贷款的资金来源和方式直接相关。以接受应税贷款服务者取得的资金发放贷款将产生重复征税和税收阴影的双重问题，实际税负最重。对于接受贷款服务者而言，由于贷款服务的进项税款不得抵扣，其作为最终消费者而负担以前环节的流转税的状况，则与原来课征营业税并无实质性的区别。

不仅是贷款服务，金融商品转让和保险服务同样无法通过进项税额的抵扣实现仅对该环节的"新增价值"的征税。金融商品转让时不允许开具增值税专用发票，这决定了负担进项税额的买受人无法加以抵扣。[①] 而提供保险服务收取的全部保险费都将被计入销售额中，由于保险赔付属于不征税项目，

① 《营业税改征增值税试点有关事项的规定》。

保险人从所收取的保险费中支付的赔付款无法减少其销售额。作为对被保险人的损失的补偿，这部分款项显然不属于"新增价值"。由此可见，对于保险服务而言，增值税仅对"新增价值"征税的目标同样未能实现。

可以说，将金融保险服务纳入增值税的课征范围，使得金融保险服务的提供者获得进项税额的抵扣资格，有利于避免重复征税。然而，作为以经营资金融通为主业的金融机构，为提供此项服务而接受的贷款服务所负担的进项税额同样不得抵扣，依然无法保持增值税抵扣链条的完整性。采取这一限制抵扣的模式，显然是与金融保险服务无法单独定价直接相关的。以贷款服务为例，贷款服务提供者所收取的利息费用，包括了反映改变消费时点相关的回报纯利息费用、损失调节的风险费用和金融机构的中介费用，也包括对借出资金的时间价值和机会成本的补偿。因此，贷款服务的提供与接受这一环节所产生的新增价值应当体现为贷款服务提供者收到的较高的利息费用与其为获取供他人使用的资金所支付的较低的利息之间的差额，[1] 同时还应当考虑坏账风险准备金、金融机构管理成本等因素。[2] 可以说，金融中介服务的费用往往难以与真正的利息或资金回报相分离，难以在某一特定的交易中确定金融中介服务的真正价格，这是对贷款服务难以实现"新增价值"课税的根本原因。

在当前的增值税抵扣税制下，对特定环节的商品流转的新增价值的课税是通过允许为生产商品购进货物或劳务而负担的增值税的抵扣实现的。因此必须确认在某一特定的应税劳务提供中真正使用、消耗的物质资产或服务，为此即有必要确立一项物质和服务投入与特定应税产品或劳务交易之间的匹配关系，从而确定该项交易已消耗并实现价值转移的货物或劳务所负担的税款。这必然要求将金融机构收取的资金总额以交易为基础分配给特定的服务接受者。[3] 但在当前的增值税制度下，尚无明确的方法将资金逐一分配到单一的交易中。[4] 金

---

① Harry Grubert and James Mackie, "Must Financial Services Be Taxed Under a Consumption Tax?", *National Tax Journal*, Vol. 53, pp. 23 – 40.

② Rita de la Feria, "The EU VAT Treatment of Insurance and Financial Services (Again) Under Review", *EC Tax Review*, Vol. 2007, pp. 74 – 89.

③ Tim Edgar, "Exempt Treatment of Financial Intermediation Services Under a Value-Added Tax: An Assessment of Alternatives", *Canadian Tax Journal*, Vol. 49, p. 1149.

④ Han A. Kogels, "General Report, IFA, Consumption Taxation and Financial Services", *IFA Cahiers de Droit Fiscal International*, Vol. 88b, p. 30.

融机构取得的利息净额是贷出资金的利息流入与大量的储蓄、借入资金的利息流出等一系列的资金流动的净结果。贷款所使用的资金并无特定来源，取得的资金与贷出的资金之间缺乏一一对应的关系。加上市场利率的实时变动，贷款服务所实现的利息差额也完全是具有流动性的，甚至可能每一时刻均发生变化。这些因素都使得一项特定的金融服务的增值额难以确定。这是本次营改增改革最终选择采用金融保险服务的不完全抵扣模式的决定性因素。

总体而言，本次金融保险业的营改增改革中，提供金融保险服务的金融机构得以实现部分进项税额的抵扣实际税负得到一定程度的减轻。[1] 然而，除去直接收费服务，其他金融服务的提供者可以进行的抵扣是不完全的，其接受者或者完全无法进行税额的抵扣或者只能进行不完全的抵扣，增值税抵扣链条同样不可避免地发生断裂。可以说，尽管名义上金融保险服务实现营改增，却依然不难看到隐隐约约的营业税的影子，尤其是金融商品转让，几乎是营业税的"金融保险业"税目课税规则的翻版。可以说，此次金融保险业的营改增是不甚彻底的改革，不仅遗留了诸多的问题尚待解决，大而化之的课税规则也留存了为数众多的不明确事项，税收风险也因此陡然增加。

四 金融保险服务的增值税课税制度的未来完善

金融保险服务课征增值税，是营改增改革的重要组成部分，对国民经济的影响不可谓不深远。然而，如果说由国务院废止《营业税暂行条例》、停止营业税的课征，尚在全国人大向其授予的税收立法权限范围内的话，授权"财政部和国家税务总局根据本方案[2]制定具体实施办法"，将包括金融保险服务在内的劳务纳入增值税的征收范围，已对《增值税暂行条例》规定的税收要素进行了实质的变更，有违背《立法法》第11条确立的税收法定主义和第15条转授权禁止之嫌。因此，在现行《增值税暂行条例》及其配套规则、

---

[1] 根据国家税务总局公布的数据，改革之后金融业共减负367亿元，税负下降14.72%。《财政部、国家税务总局联合召开营改增媒体吹风会》，国家税务总局网站，http://www.chinatax.gov.cn/n810219/n810729/n811748/c2424085/content.html，最后访问日期：2022年1月10日。

[2] 本方案指《营业税改征增值税试点方案》。

营改增制度的基础上，制定"增值税法"已成为当务之急。其中现行不尽如人意的金融保险服务的增值税课征规则亦有必要予以完善。

（一）金融保险服务增值税规则完善的考量因素

1. 增值税的普遍课征与税收中性

增值税是普遍课征的税种，税收中性是其制度构建的根本原则。增值税以商品或服务的最终消费行为为征税对象。因此，增值税税负应当与最终消费者支付的价格成正比，无论此前的生产与流转环节的交易数量如何，以避免增值税的课征对经济活动的扭曲。

为实现这一目标，金融服务的增值税课征规则的建构，首先应当考虑金融服务是否属于"最终消费"的范畴；其次应当考虑将金融服务纳入增值税的课征范围、金融服务提供者的税收负担如何确定、其税负水平是否影响以及将在多大程度上影响金融服务业的发展等问题在金融服务的课税方式上，则应当考虑每一种方式能够实现的普遍征税、税负公平的有效性、可能造成的重复征税以及由此产生的经济扭曲的程度等问题。

2. 税收征管成本

任何一项税收制度，效率价值是评价和判断其是否正当、合理的价值准则之一，"最大限度的减少法律实施过程中的经济耗费，是评价和设计程序法律时所应考虑的主要价值目标"[①]。优良的税制设计应当能够以最小化的征纳成本充分实现税收收入，实现二者的平衡。因此，金融服务的增值税课征规则的设计不仅应当考虑可以产生的直接财政收入，还应当考虑其执行成本，包括税务机关的税收征管成本和纳税人的遵从成本，应当有利于实现征管的便利，在提高纳税人的遵从度的同时降低遵从成本。

3. 增值税抵扣链条的完整性

增值税是以货物销售和劳务提供的增值额为计税依据的，抵扣法的采用能够实现在多环节征收的基础上避免重复征税。这一方法为各国普遍采用。我国也不例外。对金融服务课征增值税时，如何避免抵扣链条的断裂极为重要，是实现增值税税负由最终消费者实际负担的关键之所在。

---

① 〔英〕彼得·斯坦、约翰·季德：《西方社会的法律价值》，王献平译，中国人民公安大学出版社，1989，第 2 页。

（二）金融保险服务增值税规则完善的关键

1. 金融保险服务的增值税纳税人的确定

（1）金融机构 VS 非金融机构

基于金融风险防范和金融市场稳定的考量，金融业务受到严格管制，只有取得相关的经营资格才能合法地提供各种金融服务。基于网络技术发展起来的互联网金融正在悄然改变金融市场的版图。长期以来，一方面，中小企业的融资需求和小额消费信贷无法完全通过正规金融机构提供的金融服务获得满足，普惠金融缺失，草根金融需求得不到满足；另一方面，在存贷利差受保护的情况下，正规金融的进入门槛过高，普通民众缺少有效的投资理财的渠道。依托互联网技术，投融资者的资金供给和需求实现了对接，资金的融通脱离了传统的金融媒介，被誉为"金融脱媒"。互联网打破了金融行业的高门槛，以灵活性、便捷性和易得性等特征，为长尾客户群提供了金融服务，大大扩展了金融服务的广度和深度，对传统金融活动造成了强有力的冲击。[①] 在正规金融之外发展起来的非正规金融，所具备的金融核心功能以及所涵盖的股权、债权、保险、信托等金融契约，与正规金融并无差别。

增值税既以税收中性为目标，即应当保证普遍、平等的课征。服务的提供者是否具备业务的经营资格、提供的服务是否为其主营业务，不应当对其纳税义务的承担有所影响。正是在这一理念之下，《增值税暂行条例》中并未刻意区分有形货物和加工修理修配劳务的提供者的业务资质，即使是偶然地发生销售货物的单位或个人，只要达到起征点，也应承担增值税义务。同样，提供金融服务者的经营资质不应当成为增值税待遇的决定因素。否则，税收上的差别待遇不仅可能诱发税收套利，更可能引发扭曲金融服务接受者对金融服务提供者的选择。从长远来看，不利于金融市场的均衡发展。因此，提供金融服务的非金融机构或个人，也应当成为增值税的纳税人。

（2）资管产品项目的纳税人的确定——以投资基金为例

在投资基金成立之后，基金管理人负责基金财产的管理和运营，对外以投资基金的名义买卖股票、债券等金融资产，行使因基金财产的运作和处分所产生的财产权利。因此，基金管理人就基金财产的运营行为的法律和经济

---

① 芮晓武、刘烈宏：《中国互联网金融发展报告（2013）》，社会科学文献出版社，2014，第15页。

后果均应归属于基金，无论积极财产还是消极财产，包括因基金运营所产生的一切费用和债务，最终都归属于基金。尽管基金管理人名义上享有对基金财产的管理权和处分权，但其运用基金财产买卖股票、证券等金融商品赚取的差价收入是基金财产的组成部分，并不归基金管理人所有。如果基金管理人为基金财产运营过程中发生的应税行为的纳税人，即必须以自有财产缴纳此项增值税，而不限于基金财产，尤其在基金财产不足以缴纳税款的情况下。如果由基金管理人承担基金运营的增值税义务，再转嫁由基金负担，则基金将作为此项金融服务的最终消费者负担最终的纳税义务，而非金融服务的接受者，增值税的抵扣链条将由此断裂。[1] 因此，由基金管理人承担基金运营的增值税义务，并非最优的制度安排，反而可能违背间接税的基本原则。正如国家税务总局所强调的，"增值税和营业税一样，均是针对应税行为征收的间接税"[2]，在税负可以转嫁的情况下，是否具备独立的法律人格并不影响其成为增值税的纳税人，因此，尽管基金本身是否具有独立的法律人格尚且存在争议，但在增值税这一间接税制之下，由其作为纳税人，承担增值税纳税义务，应当为更恰当的选择。[3]

2. 纳入增值税课征范围的金融保险服务范围的明晰

（1）贷款服务范围的确定

为实现增值税的准确课征，对各项应税金融服务的内涵和外延必须予以清晰地界定。既然增值税针对一项货物销售或服务提供的"新增价值"的课征，税法所关注的，就应当是一项金融服务是否以及以何种方式为投资者创造新增价值。具体而言，一项交易构成"将资金贷与他人使用而取得利息收入的业务活动"的贷款服务，应当同时包括如下的权利内涵。

第一，投资回报取得权，即投资回报是不是在确定或可合理预见的期间内的绝对的无条件支付且收益数额可以合理地预见。

---

[1]　在财政部税政司、国家税务总局货物和劳务税司针对《关于明确金融、房地产开发、教育辅助服务等增值税政策的通知》所作的政策解读中，实际上混淆了基金管理人对资管产品提供的资产管理等服务和其运营资管产品提供贷款等金融服务，前者的服务接受者为资管产品，而后者，如贷款服务，其接受者应当为债权人，即借入并使用资金者。

[2]　《财政部税政司　国家税务总局货物和劳务税司　关于财税〔2016〕140 号文件部分条款的政策解读》，国家税务总局网站，http://www.chinatax.gov.cn/n810341/n810760/c2431727/content.html，最后访问日期：2022 年 8 月 7 日。

[3]　关于包括基金在内的资管产品的增值税课征问题，详细可参见本书第七章的相关讨论。

第二，投资本金收回权，即资金提供者可以要求在固定、相对固定或可确定的期间内无条件取回提供给他人使用的资金。

第三，清偿顺序与剩余财产分配权。这一权利决定在资金使用者终止时资金取回的可能性。如进入清算程序后，资金提供者是否有权优先受偿，是此项交易是否构成贷款服务的重要影响因素。

第四，救济权。尽管这一权利并不直接决定资金提供者的收益水平，但救济权的不同安排决定了本金取回与回报取得的确定性程度。本金与投资回报的可强制执行程度越高，资金提供者最终可以实现新增价值的可能性就越大。

上述四项权利从不同角度确定了"贷款服务"的税法属性，应当以此为核心综合判定将一项资金提供他人使用的交易是否构成"贷款服务"。应当注意的是，营改增意义上的"贷款服务"与金融法领域中的"贷款服务"并非同一概念。后者的内涵和外延远远小于前者，是前者的下位概念。当前营改增意义上的"贷款服务"实际上囊括了所有的概念。为保证不同法律领域概念的同一性，避免不必要的争议，应对所使用的概念和术语予以明确地解释。

由于金融交易的灵活性、易变性，极易被用作避税安排，长期以来形成了应以其经济实质判定税法属性的错误观念。[①] 探求交易是否具有资金供他人使用的实质，以判定是否应当纳入"贷款服务"这一税目课征增值税，就是这一观念误导的结果。以实物为标的物的交易固然可能包含资金的最终占用及其回报取得的经济实质，但双方当事人在这一交易中的法律权利与经济风险却与直接的资金占用和利息支付有着根本的区别。如买入返售金融商品与以金融商品为质押物的资金借贷，尽管可能产生相同的经济收益、具有相同的现金流。但不容否认的是，双方当事人在两项交易中对标的金融商品所享有的所有权存在明显的差异，所承担的经济风险也有所不同。尽管这些差异不影响经济收益的水平，但仍可能影响未来收益机会的增减或风险的承担，进而实质性地改变当事人在交易前后的经济地位，从而使交易具有独特的经济属性。因此，一味强调以交易的经济实质判定是否构成贷款服务，是值得商榷的。

（2）"金融商品转让"税目的界定

所谓有价证券，乃是表彰具有财产价值的私权证券，其权利的发生、移

---

① 详细可参见汤洁茵《原则还是例外：经济实质主义作为金融交易一般课税原则的反思》，《法学家》2013 年第 3 期。

转或行使，需全部或部分依据证券为之。[①] 证券是权利得以表现的形式和载体，权利则是证券的实质与内涵。对投资者而言，"最为重要的是证券背后的权利"，"而不是印刷精美的股票或债券"，[②] 从这个意义上说，无论股权的载体是股票还是出资证明，都不应当影响其转让构成增值税应税事实的属性的认定。然而，股票之所以为证券，不仅因其承载了股份有限公司的股权，更是因为股票是一种将公司股权等额化的形式，其标准化、要式化、等额化的特性使得投资者能够在证券市场上自由转让和流通这一证券化的股权形式，从而使股份有限公司资本的实物形态与价值形态发生分离，形成各自相对独立的存在和特殊的性质。[③] 作为一种证券形式，基于等额化的自由流通，股票不仅是股份的一种静态的表现形式，更代表着股份财产的独立运动。股票的价格尽管主要取决于公司的净资产额，但同时受到股市流入的资金总量、市场利率、宏观经济形势、股票供求关系等因素的影响，于是形成了独立于公司经营的定价体系，其价值流转与实物运动方式具有相对独立的发展趋势。借助于证券的流通性实现的经济的虚拟化，大大提高了经济运作的效率，促进了资源配置的优化，使社会财富能够得到最大限度的利用。正是从这个意义上说，股票等证券形式才得以成为与实物商品并行的商品形式，从而其流转额被纳入增值税的征税范围。

可以说，有价证券之所以成为金融商品，并不仅仅在于其承载了一定的财产权利，具有财产价值，更在于其流通性使其具有独立于实物财产的价值和定价机制。是否具备流通性是一项权利载体能否构成金融商品的决定性因素。然而，流通性不仅表现为商品所有权的可转让性，更表现为其易于与其他商品相互交换的属性。这不仅意味着以货币购买此种金融商品时，除价格以外的其他交易成本相对较低，且交易可以在较短的时间内完成。在将金融商品变现时亦然。因此，尽管出资证明与股票同样为股权的表现形式，但受限于有限责任公司的人合性，其股权的转让面临诸多的法律的限制，其他股东的优先购买权在一定程度上也形成对其转让的妨碍，交易的完成需要耗费更长的时间，并付出大量的信息收集、寻找交易对手以及协商谈判等交易成本，故其不具有通常意义上的流通性，不足以构成一项金融商品。同样，尽

---

① 伍伟华：《有价证券处分行为之准据法》，（台湾）元照图书出版公司，2010，第32~33页。
② 刘俊海：《现代证券法》，法律出版社，2011，第9页。
③ 周友苏：《新证券法论》，法律出版社，2007，第51页。

管限售股以股票为表现形式，但在锁定期间内其流通性受到限制，此时形式上的股票已丧失作为有价证券的基本属性，与出资证明无异。此时其转让并不应当认为构成金融商品的转让。一旦解禁，重新上市流通的限售股，即应当属于金融商品。

不单是有价证券，《注释》所列举的"外汇"和"非货物期货"同样具有流通性。外汇作为各国法定货币发行机关发行的一般等价物，其流通性自不待言。期货交易自远期合约衍生而来，因其契约的标准化、规格化和交易的制度化而与后者有着根本的区别。[1] 此种流通性是建立在每一份期货合约要素的固定化、内容的标准化以及所承载权利的同一性的基础上的。就此而言，外汇和非货物期货属于"金融商品"，并无疑义。

然而，《注释》进一步列举的其他金融商品，却并不当然具备此种流通性。[2] 以信托为例，尽管《信托法》第48条规定，受益人的信托受益权可以依法转让和继承，但此种可转让性并不等同于可流通性。其一，《信托法》对于信托受益权的载体及其记载内容并无明确的规定，受益人根据信托合同享有信托受益权，其转让的权利亦得通过信托合同予以确立或限制。其二，委托人得自由设立信托，不同的信托中信托财产的范围、种类及状况各有不同，受益人由此享有的受益权内容各有不同，基于受益权取得信托利益的形式和方法也有所区别，即使是同一信托中的共同受益人也基于信托合同各自享有不同的信托利益，并不必然完全相同。其三，信托受益权乃是对信托财产的经营收益所享有的权利，其价值在很大程度上取决于信托财产及其增值，在缺乏公开的情况下，市场无法完成对受益权的定价。信托受益权的取得、移转、行使亦不以提示相应的凭证为前提。因此，单纯信托受益权是不具有流通性的。完全将其纳入金融商品的范畴显然是值得商榷的。

以信托为基本架构的证券投资基金，如果其受益权凭证以基金份额的形式公开发行并上市流通，此项受益权凭证才具备"金融商品"的资格，而纳入增值税的课征范围。然而，《注释》虽然注意到了基金份额的有价证券的属性，却忽视了2012年12月《证券投资基金法》修改时已允许设立私募投资

---

[1] 王文宇主编《金融法》，（台湾）元照图书出版公司，2013，第186页。
[2] 《注释》列举了其他金融商品包括"基金、信托、理财产品等各类资产管理产品和各种金融衍生产品"，但"基金"只是一种集合投资的方式，其本身并不作为可交易的对象，因此，此处的基金，准确而言应当是"基金份额"。同样，"信托"亦应当是"信托受益凭证"之误。

基金，且设立投资基金亦可采取公司或合伙企业的形式，投资者的投资权益不再将基金份额作为唯一的载体形式，而私募基金份额或表征合伙份额的基金并不具有上市流通和自由转让的资格。因此，《注释》所称属于其他金融商品的"基金"，如涵盖所有类型的投资基金，显然有失妥当。

　　3. 以中性为目标的金融保险服务的增值税抵扣制度的完善

　　增值税的名义纳税人虽然是货物或劳务的提供者，其实际负税人却是货物或劳务的最终消费者。为实现对商品销售与劳务提供的普遍课征，增值税的征收范围并不局限于零售环节的消费品，并非仅在消费行为发生时才对消费品的价值总额课税，而是在每一生产和流转环节对应税产品与服务的增值额分别课征税收。[①] 因此，增值税的课征即要求必须通过一定的制度设计，将每一生产或流转环节中经营者就该环节商品的增值额所负担的增值税，层层转嫁给最终消费者，确保中间环节的经营者在税负转嫁之后整体税负为零。

　　抵扣机制是增值税实现这一目标的重要制度设计。这也是增值税制度实现中性的不可或缺的基本保证。[②] 一旦抵扣链条断裂，增值税无法顺利实现转嫁，经营者将不得不成为实际负税者，增值税的功能与目标将无法实现。因此，将金融保险服务纳入增值税的征税范围却不允许直接收费金融服务以外的其他金融服务进行税额的抵扣，必然导致抵扣链条将就此断裂，接受此项金融服务的经营者就此成为实际上的最终消费者而负担税款，是有违增值税的制度初衷和基本原则的。

　　《实施办法》第27条第6项中贷款服务与其他明显属于个人生活消费的旅客运输服务、餐饮服务、居民日常服务和娱乐服务等量齐观，认为其接受者即为最终消费者，并无抵扣之必要。尽管上述服务同样可能在提供最终消费品的过程中被消耗，但"其属性难以判断是否为经营活动所必要"[③]，形式上难以与被用于生活消费的上述服务进行明显的区分，如若允许其抵扣，可能导致企业将其作为逃漏税收的手段，通过虚增上述服务以获得最大限额的抵扣，造成税收的流失。然而，贷款服务显然不具有当然的最终消费品的属性，作为中间产品被消耗的金融服务与作为最终消费品的金融服务之间的区分并不困难。如经营者为从事生产经营活动进行融资，必然为此支付相应的

---

① 全国人大预算工作委员会编《增值税法律制度比较研究》，中国民主法制出版社，2010，第47页。
② 黄源浩：《论进项税额抵扣权之成立及行使》，（台湾）《月旦法学杂志》2007 年第 1 期。
③ 黄源浩：《论进项税额抵扣权之成立及行使》，（台湾）《月旦法学杂志》2007 年第 1 期。

资金使用成本。这些融资成本应当体现在相应的产品或服务的销售价格上。由于增值税对应税产品与服务的销售进行课征，消费型的增值税的税基中因此也就包含用于弥补融资成本的部分。① 由于银行或其他投资中介也需要中间产品、资本与劳动投入，因此，为提供金融服务而购入上述商品或服务也必须负担由上一环节销售者转嫁的增值税。这些进项税额必须通过抵扣的方式才能向下一环节转嫁，并实现由最终消费者负担。因此，包括贷款服务在内的金融服务的提供者也应当享有税额抵扣的权利。

确定隐性收费的金融服务的增值额的难题，无疑是立法者不允许贷款服务的接受者抵扣所负担的进项税额的重要考量因素。当前各国为解决金融保险服务的增值税抵扣难题，无论立法实践还是税法理论研究，都已进行了诸多的尝试和探索。如澳大利亚②、新加坡③的固定比例税额抵扣法，墨西哥④、阿根廷和以色列的全额课税并抵扣法，就是增值税立法的有益尝试。而加拿大、欧盟为探索金融服务的全额课税模式，在理论上提出了减除法、现金流量法等课税方法。然而，欧盟在 1996～1998 年选择了 10 个金融机构进行试点，证明该法的执行极为繁复。也正因为如此，到目前为止，该法并未被任何一个国家所采用。⑤

尽管金融机构，包括银行、证券公司、保险公司，从事的金融服务各有差异，但资产转换、风险管理和信息处理是所有金融机构的核心功能。可以说，所有类型的金融机构的核心业务为资本与风险的管理。⑥ 这也正是金融机构与其他企业的区别之所在。因此，资金与金融产品对于金融机构而言，与生

---

① Alan Schenk, Oliver Oldman, "Analysis of Tax Treatment of Financial Services Under a Consumption-Style VAT", *Tax Lawyer*, Vol. 44, p. 185.

② Australia, A New Tax System (Goods and Services Tax) Amendment Regulations 2000 (No. 2), Division 70; The Application of Goods and Services Tax to Financial Services-Consultation Document, August 1999, Commonwealth of Australia.

③ Glenn Jenkins and Rup Khadka, "Value Added Tax Policy and Implementation in Singapore", *International VAT Monitor*, Vol. 9, p. 40. 其他详细资料可参见 http://www.iras.gov.ag。

④ OECD, Indirect Tax Treatment of Financial Services and Instruments, October 1998; Christian R. Natera, "Branch Report-Mexico, IFA, Consumption Taxation and Financial Services", *IFA Cahiers de Droit Fiscal International*, Vol. 88b, pp. 563 – 584.

⑤ Howell H Zee, "VAT Treatment of Financial Services: A Primer on Conceptual Issues and Country Practices", *Intertax*, Vol. 34, p. 468.

⑥ Alain D' Hoore, *Essays on Taxation and Financial Intermediation*, New York: ProQuest Information and Learning Company, p. 6.

产性企业为生产目的而购入的原材料或机器等商品或服务，并无任何实质性的差别，均是从事日常经营活动所必需的物质投入。因此，金融机构为获取资金或金融产品而支付的成本，如吸收公众存款而支付的利息，是为提供服务而发生的实际物质投入。而金融机构使用资金或金融产品而取得的收费，如发放贷款而收取的利息，构成提供金融服务取得的销售额。两者的差额即为增值额，可以作为增值税的税基而计算应纳税额。金融机构在支付存款利息或金融产品的购入款时一并支付的增值税为进项税额，而收取贷款利息或收取金融产品转让价款时一并收取的增值税为销项税额。[①] 由此可以确定每一交易的应纳税额，从而能够兼容于抵扣制度。贷款人取得贷款如用于生产应税产品或提供应税劳务，则其支付利息并负担的增值税可以作为进项税额进行抵扣。

五　结语

金融保险业的增值税课征一直是各国增值税制度构建中争议最大、课征难度最高的税目。在本次营改增改革中，我们不难看到立法者为此所作的努力和有益的尝试。即便如此，仓促之间制定的规则依然难掩粗糙和瑕疵。现有规则所使用的"金融商品"等法律概念的非周延性，形成了大量税或非税的模糊与空白地带。更重要的是，金融服务提供者虽然取得了一定的进项税额抵扣的权利，但接受服务者的税额抵扣依然受到诸多的限制，增值税抵扣链条依然无法保持其完整性。金融保险服务并非天然地属于不可抵扣的交易范围。当前所采用的不彻底的抵扣模式或许是因金融保险服务的隐性收费方式所导致的增值额确定困难而不得不作出的妥协，但这便决定了税额抵扣机制的功能无法完全发挥。作为金融保险服务的提供者或接受者的经营者不得不有如最终消费者般负担或多或少的增值税，成为其额外的经营成本。可以说，尽管金融保险服务实现了营改增，却延续了诸多营业税的征税方式，是一次不甚彻底的改革。但当前金融保险服务的营改增规则的实施作为一种有益的立法尝试，必然能够为未来制定"增值税法"提供更多的征管实践方面的经验。但可以预见的是，未来的改革依然任重而道远。

---

① Howell Zee, "A New Approach to Taxing Financial Intermediation Services Under a Value-Added Tax", *National Tax Journal*, Vol. 52, pp. 77 - 92.

第七章　新型交易课税规则的续造：以资管产品运营的增值税纳税人为例

　　2016 年 5 月 1 日，营业税改征增值税最终全面完成，原本课征营业税的金融保险服务也被纳入增值税的课征范围。作为金融市场重要的新型投资方式的资管产品随之也面临着是否以及如何缴纳增值税的问题。至 2016 年底，国家税务总局发布《关于明确金融、房地产开发、教育辅助服务等增值税政策的通知》对这一问题进行了明确，规定资管产品业务运营发生的增值税应税行为，以资管产品管理人为增值税纳税人。这一规定在资管行业引起了轩然大波，业界纷纷指摘这一课征模式不仅违背了《证券投资基金法》第 8 条的规定，① 更是加重了资管项目管理人的增值税税负，势必有碍包括基金在内的资管产品的发展与推广。《关于明确金融、房地产开发、教育辅助服务等增值税政策的通知》仅仅确立了资管产品运营的增值税纳税人，如何课征却语焉不详。2017 年初，国家税务总局发布《关于资管产品增值税政策有关问题的补充通知》，暂时搁置这一税收的课征直至 2017 年 7 月 1 日。2017 年 6 月 30 日，财政部、国家税务总局以《关于资管产品增值税有关问题的通知》《关于租入固定资产进项税额抵扣等增值税政策的通知》进一步明确了自 2018 年 1 月 1 日起资管产品增值税的征管问题。至此，围绕资管产品的增值税课征问题似乎已然尘埃落定。然而，以资管产品的管理人为增值税的纳税人、采取简易法课税的模式是否符合增值税固有的中性要求，能否真正实现对资管产品的投资与管理这一环节的新增价值的征税，增值税的课征是否对资管产品的发展造成扭曲，显然有必要予以进一步的关注。

---

　　① 但《证券投资基金法》仅适用于证券投资基金，并不适用于资产证券化、信托计划和投资理财产品等其他的资管产品，是否存在立法上的冲突仍是存疑的。

一　资管产品运营的流转税规则的梳理与检讨

所谓资管产品是资产管理类产品的简称，比较常见的包括基金管理公司发行的基金产品、信托公司的信托计划等。① 资管产品是一种新型的投资方式，如何对其运营课征税收一直备受关注。财政部、国家税务总局从 1998 年开始陆续颁布税务规范性文件，明确了证券投资基金、资产证券化等资管产品运作中发生的征税问题。② 以证券投资基金为例，上述规范性文件均明确规定管理资产取得的差价收入以受托机构或管理人为纳税人，但基金管理人运用基金买卖股票、债券的差价收入免征营业税。基金本身或持有人均不因基金运作过程中发生的应税行为成为营业税的纳税人。然而，《金融保险业营业税申报管理办法》第 2 条虽明确规定证券投资基金为营业税的纳税人，③ 但其是否承担基金运作中发生的营业税纳税义务却语焉不详。如依照前述规定基金运营发生的营业税由管理人承担，申报管理办法的这一规定却又纯属多此一举。

2012 年底《证券投资基金法》增补第 8 条，明确规定"基金财产投资的相关税收，由基金份额持有人承担，基金管理人或者其他扣缴义务人按照国家有关税收征收的规定代扣代缴"。这一规定确立了证券投资基金作为税收透明的主体地位。基金运作发生的纳税义务，不论是流转税、所得税还是行为税，均由基金份额持有人承担。基金管理人仅作为扣缴义务人扣缴基金持有人应当缴纳的税款。这一模式显然与国家税务总局此前确立的管理人或受托机构作为纳税人的课税模式截然不同。但第 8 条仅原则性地确立了基金课税的税收透明模式，具体如何将基金运作过程中发生的纳税义务归属于基金持

---

① 《财政部税政司　国家税务总局货物和劳务税司　关于财税〔2016〕140 号文件部分条款的政策解读》，国家税务总局网站，http://www.chinatax.gov.cn/n810341/n810760/c2431727/content.html，最后访问日期：2022 年 8 月 7 日。

② 包括《财政部税政司　国家税务总局货物和劳务税司　关于证券投资基金税收问题的通知》（财税字〔1998〕55 号）、《财政部、国家税务总局关于开放式证券投资基金有关税收问题的通知》（财税字〔2002〕128 号）、《财政部、国家税务总局关于证券投资基金税收政策的通知》（财税〔2004〕78 号）、《财政部、国家税务总局关于信贷资产证券化有关税收政策问题的通知》（财税〔2006〕5 号）。

③ 《国家税务总局关于印发〈金融保险业营业税申报管理办法〉的通知》（国税发〔2002〕9 号）。

有人、基金管理人如何进行代扣代缴，并无进一步的规定。① 这一模式在实践中实际上并未真正予以实施。基金运作产生的流转税仍依国家税务总局的规定由管理人负担。

可以说，在 2016 年全面实现营改增之前，我国仅针对证券投资基金、信贷资产证券化等特殊资管产品制定了相应的营业税课征规则，对资管产品尚未形成具有一般普适效力的征税规则，对集合投资信托、银行理财产品等资管产品的增值税课征，依然存在立法的空白。

2016 年 5 月 1 日全面实现营改增后，延续此前营业税纳税人的确立思路，《关于明确金融、房地产开发、教育辅助服务等增值税政策的通知》同样规定以资管产品管理人为增值税纳税人。国家税务总局在对《关于明确金融、房地产开发、教育辅助服务等增值税政策的通知》的解读中强调，增值税与营业税同为间接税，资管产品的征税机制亦应一脉相承。资管产品管理人作为纳税人承担资管资产运营发生的增值税，源于其"以自己名义运营资管产品"这一法律事实。② 但国家税务总局通过税务规范性文件的形式以名义所有权为基础将资管产品运营业务归属于管理人或受托机构，显然是与全国人大制定的《证券投资基金法》相悖的。以享有法律所有权的管理人为纳税人，固然可以实现税收征管的便利，却产生了诸多包括进项税额抵扣在内的操作上的困难。正因为如此，国家税务总局不得不进一步明确，资管产品运营业务暂适用简易计税法，按照 3% 的征收率缴纳增值税。这意味着资管产品运营业务的增值税，除适用税率有所降低外，征税方式与原课征营业税方式并无不同，不得进行进项税额的抵扣，增值税的抵扣链条也将随之发生断裂，重复征税与税收阴影的问题并未随着营改增改革的完成而解决。

以管理人是纳税人为核心的资管产品增值税的课征规则，使得其名义上

① 汤洁茵：《金融交易课税的理论探索与制度建构——以金融市场的稳健发展为核心》，法律出版社，2014，第 253 页。
② 《财政部税政司 国家税务总局货物和劳务税司 关于财税〔2016〕140 号文件部分条款的政策解读》，国家税务总局网站，http://www.chinatax.gov.cn/n810341/n810760/c2431727/content.html，最后访问日期：2022 年 8 月 7 日。就《关于资管产品增值税有关问题的通知》列举的各项资管产品而言，并不尽然以管理人的名义对外从事交易活动，如定向资产管理业务中，证券公司以"客户名称"开立专用证券账户、由客户自行行使其所持证券的权利，履行相应的义务。详细可参见《证券公司定向资产管理业务实施细则》第 19、20、28 条，《证券公司客户资产管理业务管理办法》第 31 条等。国家税务总局在上述税务规范性文件中并未加以区分。

承担的增值税，实质上与营业税无异，因此在业界备受诟病。不仅如此，这一模式又与《证券投资基金法》第8条确立的持有人（即受益人）纳税的模式存有冲突而饱受合法性的质疑。那么，管理人作为资管产品运营的纳税人是否符合增值税的建制原则？如果答案是否定的，何人应就项目运营发生的应税行为成为纳税人，是投资者或产品持有人抑或资管产品项目本身？这无疑是构建资管产品增值税规则最为关键也是最核心的问题。

二 资管产品的持有人征税：实质课征
增值税真的必要吗

《关于明确金融、房地产开发、教育辅助服务等增值税政策的通知》确立的以管理人为资管产品运营的增值税纳税人的课征模式备受合法性的质疑，无疑是因其与《证券投资基金法》第8条之间存在明显的冲突。该条所确立的份额持有人作为基金财产运营的最终受益人而承担纳税义务的课征模式是建立在经济实质原则的理论基础之上的，即以经济收益的实质归属确定纳税义务的承担者。这一原则在针对信托的所得课税中甚至被尊崇为基本原则。[①]但性质上为间接税的增值税也同样必须如此吗？

何谓资管产品，国家税务总局仅在《关于明确金融、房地产开发、教育辅助服务等增值税政策的通知》和《关于资管产品增值税有关问题的通知》中分别予以列举，包括银行理财产品、资金信托（包括集合资金信托、单一资金信托）、财产权信托、公开募集证券投资基金、特定客户资产管理计划、集合资产管理计划、定向资产管理计划、私募投资基金、债权投资计划、股权投资计划、股债结合型投资计划、资产支持计划、组合类保险资产管理产品、养老保障管理产品以及财政部和税务总局规定的其他资管产品。但国家税务总局并未区分资管产品的法律形式和交易架构，似乎以管理人为纳税人的征税模式适用于资管产品的所有不同类型。如证券投资基金，根据《证券投资基金法》的规定，证券投资基金包括公募和私募基金，可以采用信托、公司、合伙的形式。[②]但公司或合伙制基金发生增值税应税行为，应以基金本

---

① 刘继虎：《法律视角下的信托所得税制——以民事信托所得课税为中心》，北京大学出版社，2012，第24页；郝琳琳：《信托所得课税法律问题研究》，法律出版社，2013。
② 《证券投资基金法》第2、154条。

身为纳税人并无疑义。《关于明确金融、房地产开发、教育辅助服务等增值税政策的通知》亦强调资产管理的实质就是"受人之托、代人理财"。可以说，以管理人为纳税人的征税模式，应当仅适用于以信托为基础架构的资管产品项目。围绕资管产品征税机制的诸多争议，实际上源于当前信托课税规则的缺失，理论上亦是争议不断。

所谓信托，是指委托人基于对受托人的信任，将其财产权委托给受托人，由受托人按委托人的意愿以自己的名义，为受益人的利益或者特定目的，进行管理或者处分的行为。① 基于信托法律关系，信托财产的管理权和处分权虽转移给受托人，但此种法律权利的转移仅为信托行为的必要手段，信托财产的管理和处分的经济后果实际上仍要归属于受益人，从而形成信托在法律上的形式归属与经济上的实质归属不一致的情形。②

信托财产的双重所有权必然引发运用财产发生的经济行为及其收益归属于哪一主体的问题。这一问题在税法规范上的表现就是对哪一特定主体课以纳税义务。③《关于明确金融、房地产开发、教育辅助服务等增值税政策的通知》将管理人作为资管产品运营业务的增值税纳税人，是建立在管理人取得受托财产并享有管理权和处分权、对外以自己的名义实施资产处置行为这一事实基础之上的。这一纯以法律形式为基础确立的征税模式，与历来对信托依实质经济利益归属确定纳税人的观念是格格不入的。《证券投资基金法》第8条确立的基金税收上透明的课税模式，正是建立在实质课税原则的基础之上的。基于这一原则，税法理论上多认为，在确认何人为纳税人时，不以其是否能够以任何形式取得产生收益的经济财产为指标，而应以其是否有权实际取得且控制支配因财产取得的新增财产价值为指标。④信托财产法律上的所有权虽移转给受托人，财产运营的结果却归属于受益人。实质受益人在法律形式上虽不享有信托财产的所有权，但实质上享有信托财产的经济利益，具有经济上的支付能力和税收负担能力，一般被认为应作为

---

① 《信托法》第2条。
② 刘继虎：《法律视角下的信托所得税制——以民事信托所得课税为中心》，北京大学出版社，2012，第24页。
③ 吴金柱：《所得税法之理论与实用》（上），（台湾）五南图书出版股份有限公司，2008，第390页。
④ 葛克昌：《行政程序与纳税人基本权——税捐稽征法之新思维》，（台湾）翰芦图书出版有限公司，2012，第503页。

纳税人。① 以经济实质为基础构建信托课税机制似有渐成通说的趋势。

然而，不同的税种，其建制机制本就存在巨大的差异，是否一概强调以经济利益的实际归属决定纳税人，不无疑问。基于量能课税原则，税收应当按照国民经济上的负担能力加以衡量并进行分配，通常将所得、财产以及消费作为表彰税收给付能力的指标。② 所得税乃为直接税，亦即纳税人与经济上的负税人为同一主体，税负无法转嫁给第三人负担，故此，必须以纳税人经济上的给付能力为基准进行课征。所得税复为属人税，必须以所得或财产的归属人为中心，考虑该主体的个别条件，才能确定其税收负担能力。③ 这决定了只有确定此项财产价值的实际归属，判定哪一主体可以对某项新增财产价值实施支配和控制，才足以认定因此项新增价值而发生税收负担能力改变的主体，并以其为纳税人。正因为如此，所得税一般遵循实质归属者课税原则，所得归属的主体，不为产生所得的财产的私法上所有权人，而应归属于经济上应得之人，即基于经济活动投入所得泉源而产生收益的人。④ 因此，在信托财产所有权的法律形式与经济实质归属存有落差的情况下，在所得税领域中确立依其经济实质，亦即由经济利益的最终受益人作为纳税人，而非受托人，无可非议。

与此不同的是，增值税是以消费，即所得或财产的消耗，作为评价税收负担能力的指标，乃是着眼于民众购买及消费商品或劳务的事实进行课税。⑤ 此时是以商品或劳务的购买或消费行为间接推定其消费能力，从而确定其税收负担能力。⑥ 消费这一税收客体归属于消费者，应以其作为纳税人缴纳增值税。⑦ 但如依此构建征税机制，一则消费者人数众多，二则消费行为频繁、大量且反复地发生，三则消费者与消费行为均具有高度的流动性，增值税的课征成本必然极为高昂，税务机关无从把握税源，征管难度不难想见。因此，基于征管便利或税收经济的考量，应将销售作为消费的替代表征形式，将消

---

① 郝琳琳：《信托所得课税法律问题研究》，法律出版社，2013，第 74 页。
② 陈清秀：《税法总论》，法律出版社，2019，第 30 页。
③ 葛克昌：《所得税与宪法》（第三版），（台湾）翰芦图书出版有限公司，2009，第 3 页。
④ 〔日〕金子宏：《日本税法》，战宪斌等译，法律出版社，2004，第 95 页；陈敏：《财税法经济财产之归属》，（台湾）《财税研究》1990 年第 5 期。
⑤ 陈清秀：《税法各论》，法律出版社，2016，第 413 页。
⑥ 葛克昌：《所得税与宪法》（第三版），（台湾）翰芦图书出版有限公司，2009，第 2 页。
⑦ 黄茂荣：《税法各论》，（台湾）植根杂志社有限公司，2007，第 457 页。

费品的生产者或销售者作为名义上的纳税人，从而减少纳税申报单位，降低税收征纳成本。① 同时为实现增值税最终对消费行为的课征，允许商品生产者或销售者通过商品或劳务的流通，将增值税税负转嫁给实际的消费者，使其成为经济上的最终负税人，此即增值税的间接税的机制。② 因此，商品或劳务的经营者虽为名义上的纳税人，却既非增值税的实际负担者，也非用以衡量税收负担能力的消费行为的实施主体。换句话说，商品或劳务的销售者不过是作为将最终消费者实际负担的增值税款转付税务机关的导管或媒介而在技术上成为名义上的纳税人的。增值税所需把握的是商品或劳务与最终消费者之间的归属关系，至于与其名义上的纳税人之间是否存在经济实质归属，却可以在所不问。因此，在各个经济环节课征的增值税只需把握商品或劳务的流转与销售这一"过程性"的交易事实，确保将税负转嫁给推定为消费者的交易相对人，无须考量经济利益的终极归属。

正因为如此，增值税的相关制度在确定征税客体及其归属方面是高度形式化的。增值税在制度上的重要特征之一，是仅对货物交易流通过程中的增值部分课税。③ 在确定纳税人时，货物发生流转的事实，远比由此所实现的经济利益的实际归属更具有决定意义。有形货物的交付等转移占有这一形式即可能构成其"所有权的转移"，并据以认定纳税义务的发生及其纳税人。如为委托代销发生的货物交付以及受托人销售代销货物，也被视为货物的销售进而确定纳税义务。④ 此时虽然商品在委托人与受托人之间仅发生形式上的占有转移，却不问受托人是否以委托人的名义销售商品并将其法律与经济后果归属于委托人，均以发生商品的形式移转这一事实认定应税事实的发生与归属。可以说，增值税以商品的销售或劳务的提供为征税对象，通常与形式上的给付行为相联结，⑤ 并不关注该交易事实的实际受益者。

在税负转嫁的情况下，通过交易的形式安排探究经济收益的实质归属确立纳税人也是没有意义的。如负担纳税义务的经营者并非最终的消费者，则

---

① 黄茂荣：《税法各论》，（台湾）植根杂志社有限公司，2007，第324页。
② 黄源浩：《欧洲加值税之形成及发展——以欧洲法院裁判为中心》，（台湾）《月旦法学杂志》2005年第3期。
③ 黄源浩：《欧洲加值税之形成及发展——以欧洲法院裁判为中心》，（台湾）《月旦法学杂志》2005年第3期。
④ 《增值税暂行条例实施细则》第4条。
⑤ 陈清秀：《税法各论》，法律出版社，2016，第455页。

可以向税务机关主张税额的抵扣，从而实现实际税负为零的结果。那么，无论是交易形式上的当事人还是实质上的受益人缴纳税款，在抵扣链条完整的情况下，其实并无实际的意义。相反，这一做法不过徒增经济事实的调查成本。交易的经济实质必须"根据其自身的事实与环境因素"，在个案中予以判定，实质的查明意味着高昂的事实调查成本。一旦以经济实质归属确定增值税的纳税人，税务机关不得不一一审查成千上万反复发生的商品销售或劳务提供行为的交易当事人，以确保抵扣机制的运作。而这"从税务行政的见地来看"，"在实际上是困难重重的"，[1] 甚至可能导致抵扣机制无法顺利地实施。因此，增值税的课征机制一般以外观可见的名义上的权利义务关系确立税收客体的归属，以法律行为的名义主体为纳税人，不问其是否实质享有或支配税收客体。[2] 在这一名义归属原则之下，增值税仅关注创设销售标的物的交易过程，以自己的名义向相对人交付货物或劳务之人，即增值税的纳税人。一项销售额是否归属于特定主体，原则上取决于行为的外部表现，即当事人所缔结的民事契约。[3] 也就是说，当事人之间依民事契约实施了货物或劳务的交付等履行行为，通过这一形式外观便足以认定发生了货物的流转，而无须进一步探究其背后的基础事实或经济利益的实质归属。只要以自己的名义销售货物或提供劳务，并使交易相对人取得处分权，即应当成为增值税意义上的经营者。

《关于明确金融、房地产开发、教育辅助服务等增值税政策的通知》确立管理人为资管产品业务上的纳税人，正是基于资管资产的法律所有权归属所作的制度安排。受托人控制信托财产，并以自己的名义管理处分信托财产，是信托制度的核心。多数资管产品项目的运营，均是由管理人以自己的名义，对资管资产进行管理或处分，对外签订资产处置或金融服务提供合同，行使诉讼权利、代表客户行使资管产品项目下所拥有证券的权利，履行相应的义务或实施其他法律行为。[4] 将管理人作为资管产品业务运营的纳税人符合增值

---

① 〔日〕金子宏：《日本税法》，战宪斌等译，法律出版社，2004，第131页。
② 吴金柱：《所得税法之理论与实用》（上），（台湾）五南图书出版股份有限公司，2008，第389页；黄茂荣：《税法各论》，（台湾）植根杂志社有限公司，2007，第441页。
③ 陈清秀：《税法各论》，法律出版社，2016，第451页。
④ 《信托法》第2条："本法所称信托，是指委托人基于对受托人的信任，将其财产权委托给受托人，由受托人按委托人的意愿以自己的名义，为受益人的利益或者特定目的，进行管理或者处分的行为。"也可以参见《证券投资基金法》第20条、《证券公司客户资产管理业务管理办法》第32条。

税以征税客体的形式归属确定纳税人的制度安排。不独在我国大陆地区，我国台湾地区也基本采取这一模式。[①]

增值税制度安排的另一考量在于税收征管效率，即通过间接税的制度安排，使消费者不直接对税务机关负担纳税义务，从而减少申报单位以节约税收征纳成本。[②] 这一制度初衷在以投资者为增值税纳税人的模式下是无法实现的，尤其是在公开或上市交易的资管产品项目中。一方面，公开发行或上市交易的资管产品的投资者一般人数众多，且具有高度的流动性，以其为纳税人将大大增加纳税申报单位；另一方面，以产品投资者为纳税人必须将各项金融商品或服务归属于各个特定的投资者，以确定其应当承担的增值税税负，这在资管资产具有高度流动性的场合，即使可能也会是非常困难的。因此，以资管产品投资者为增值税的纳税人，即便采取代扣代缴方式，其税收征管成本也将极为高昂。

由增值税的间接税属性决定，基于资管项目收益的实际归属以资管产品的投资者或持有人为增值税的纳税人，不仅没有必要，反而徒增增值税的征收成本，甚至导致增值税固有的抵扣机制无法实施。那么，基于"名义归属"以管理人为资管产品业务的纳税人是不是更加符合增值税作为间接税的制度设计，有必要予以进一步的检视。[③]

三 基于形式的纳税人选择：资管产品管理人
无可言说的痛

可以说，在增值税制度之下，以资管产品的投资者为纳税人并无必要，反而徒增不必要的征管成本。那么，以名义上的资管资产的所有权人，即管理人为纳税人似乎成为符合逻辑的选择。然而，管理人就资管产品运作发生

---

① 德国也基本采取这一立法模式。日本对于信托，一般规定须以信托受益人为纳税人，但对集合投资信托等则例外地以受托人为纳税人（《日本消费税法》第 14 条第 1 款）。详细可参见〔日〕中里实等编《日本税法概论》，西村朝日律师事务所西村高等法务研究所监译，法律出版社，2014，第 247 页。

② 黄茂荣：《税法总论——法学方法与现代税法》（第 1 册），（台湾）植根杂志社有限公司，2012，第 604 页。

③ 吴金柱：《所得税法之理论与实用》（上），（台湾）五南图书出版股份有限公司，2008，第389 页。

的应税事实负担纳税义务，固然可以解决依经济利益归属以持有人为纳税人的模式下所发生的应税事实与投资者或受益人之间难以匹配的问题，亦更有利于实现税收征管的效率，但其弊端同样是显而易见的。

（一）管理人增值税纳税义务的无限责任？——资管资产的独立性再考量

管理人必须作为纳税人履行资管产品运营业务发生的增值税纳税义务，是否以该项目中受托管理的财产为限，还是包括受托人管理的其他资管资产或其自有资产，不无疑问。尤其在发生此应税行为的特定项目下的资管资产不足以缴纳税款的情况下，管理人是否应当以其固有财产履行纳税义务，有必要予以关注。《关于资管产品增值税有关问题的通知》规定，管理人可选择分别或汇总核算资管产品运营业务的销售额和增值税应纳税额，并按照规定的纳税期限，汇总申报缴纳资管产品运营业务和其他业务的增值税。在汇总核算纳税的情况下，除了管理人受托管理的多个资管产品运营业务，其他业务的增值税纳税义务也将成为整体。以证券投资基金为例，管理人分别以不同的基金名下的财产从事金融商品转让交易，在汇总纳税的情况下，运用不同基金财产从事的金融商品转让交易可以在实现盈亏互抵后计算销售额。这决定了同一管理人管理的多项基金所产生的增值税纳税义务将成为不可分割的整体，管理人必须对其管理的全部基金财产和自有财产履行增值税纳税义务。即使不同的资管产品运营业务分别核算销售额和应纳税额，由于税收乃是在抽象税收构成要件满足时发生的法定债务，原则上纳税人必须以其自身的全部财产担保纳税义务的履行。管理人既为名义上的纳税人，其享有法律所有权的财产原则上均应当作为其履行纳税义务的财产担保。这意味着，如果特定项目下的资产不足以缴纳该项目运营业务所发生的增值税税款，则受托人或管理人有义务以其名下的所有财产，包括其固有财产及其管理的其他项目资产予以清偿。但由此必然造成受托人或管理人额外的经济负担，增加其参与资管产品项目的成本，从而影响其参与资管产品项目的意愿和积极性。

不仅如此，这一征税模式与信托财产的独立性也是根本相悖的。管理人取得该资产法律上的所有权是服务于其控制、支配和处分信托资产以赚取收益这一目标的。《信托法》明确规定，资管资产通常独立于受托人或管理人的固有财产，管理人因资管财产的管理、运用、处分或其他情形而取得的财产，包括积极财产和消极财产，也归入信托财产中。① 管理人为管理资产发生的费用、对第三人所负债务，以资管财产支付。管理人运用资产实施应税行为而发生增值税义务，是对国家负担的法定债务，应当以资管资产清偿，管理人并无义务以自有财产履行这一纳税义务。② 如遵循这一上位法的规定，管理人仅以发生增值税应税行为的特定资管项目的财产为限履行纳税义务，在资管资产不足以履行纳税义务的情况下无须以自有财产或其他资管产品项目清偿这一法定债务。但在这种情况下，管理人尽管名义上为纳税人，实质上却与扣缴义务人无异。③

以管理人为纳税人同样有悖于资管产品项目持续经营的事实。资管产品投资者在满足条件的情况下可以解任并重新选任新的管理人，管理人也可以辞任。④ 资管产品业务的运营具有连续性，并不受管理人离任的影响。正是基于这一持续经营的假设，资管项目在前后纳税期内发生的纳税义务往往密切相关。以主要从事金融商品转让的基金为例，一纳税期内发生的金融商品盈亏互抵后出现负差，可结转到下一纳税期与下期转让金融商品的销售额互抵。一旦原管理人离任，该项资管产品项目的纳税人发生变更，原管理人管理期间内发生的金融商品转让负差即无法实现结转并互抵。其结果必然是增值税税负的增加。此外，如管理人发生变更，资管资产的法律所有权转移给新的管理人，纳税人也随之发生变化。变更前发生但未履行的纳税义务是否应当随之在新旧管理人之间发生承继，并无规定。但在原管理人采取汇总核算方式计税的情况下，该管理人所承担的增值税是其管理的多项资管项目盈亏互抵的最终结果，将该特定项目的纳税义务分离出来并由新管理人继受，显然是难以实现的。

---

① 《信托法》第16条第1款："信托财产与属于受托人所有的财产（以下简称固有财产）相区别，不得归入受托人的固有财产或者成为固有财产的一部分。"《证券投资基金法》第5条第2款："基金财产独立于基金管理人、基金托管人的固有财产。基金管理人、基金托管人不得将基金财产归入其固有财产。"

② 2018年1月1日前后，多家基金管理公司，如华夏基金管理有限公司发布公告称："本公司作为资管产品管理人，将按照法律法规、税收政策等规定核算和缴纳旗下资管产品运营业务增值税，增值税由产品资产承担，税费增加可能影响产品净值、投资收益等……"

③ 正因为如此，有学者认为，在信托关系中无论将管理人规定为纳税人还是扣缴义务人，其真正的身份均是扣缴义务人。详细可参见黄茂荣《税法总论——法学方法与现代税法》（第1册），（台湾）植根杂志社有限公司，2005，第433页，注98。

④ 《证券投资基金法》第48条、《信托法》第38、39条。

（二）管理人课税之下的抵扣链条的断裂

增值税与营业税同为间接税，通过税负的转嫁，税负将由最终消费者承担。增值税与营业税最大的区别在于增值税仅以商品或劳务流转过程中每一环节发生的价值增加的部分为课税对象，从而避免重复征税，实现税收的中性。这一目标是通过税额的抵扣机制实现的，即经营者从事生产经营活动购买商品或劳务所负担的增值税，可在其将所购之物用于商品的生产或劳务的提供时，抵扣其应纳的销项税额。主张税额的抵扣，以发生一定的商品销售或劳务提供的交易事实为前提，即交易双方当事人依民事契约发生给付的权利义务。① 不仅税负的转嫁被严格限定于交易的前后手，表征此项税负转嫁的增值税专用发票的开立与交付也同样如此。这就决定了，只有取得前手开出的专用发票的交易后手，才可以就发票上记载的金额主张进项税额的抵扣。抵扣链条的完整性是保证税负顺利转嫁最终由消费者负担而中间环节的经营者实现实际税负为零的根本保证，也是增值税最终实现税收中性的根本要求。

然而，管理人作为名义上的纳税人的结果，必然造成增值税抵扣链条的断裂。在资产支持计划、资产证券化等资管产品业务中，原始权益人或发起人为取得基础资产，如不动产、信贷资产等，负担增值税进项税额。此基础资产交付管理人后，管理人运用基础资产进而产生增值税纳税义务。由于管理人并非基础资产取得环节负担进项税额的交易后手，也未取得基础资产的销售者或提供者开出的增值税专用发票，自然不得主张抵扣。这就意味着，一旦将信托财产投入资管产品项目中，委托人在此前负担的所有进项税额均无法实现抵扣，将成为实际负担增值税的"最终消费者"，抵扣链条将在资管产品业务运营的这一环节发生断裂。

事实上，在《关于资管产品增值税有关问题的通知》所列举的诸项资管产品中，除单一资金信托、定向资产管理计划等委托人和/或受益人与信托财产具有单一性的资管产品外，多数资管产品项目下委托人和/或受益人具有复数性、资管资产具有聚合性，这同样决定了以管理人为增值税纳税人将导致进项税额无法抵扣，进而导致抵扣链条的断裂。

国家税务总局在《关于明确金融、房地产开发、教育辅助服务等增值

---

① 黄源浩：《欧洲加值税之形成及发展——以欧洲法院裁判为中心》，（台湾）《月旦法学杂志》2005 年第 3 期。

政策的通知》的政策解读中将管理人提供资产管理服务和实施资管产品运营业务同等视之，认为其均为管理人"在以自己名义运营资管产品资产的过程中发生的增值税应税行为"。管理人应将由此负担的增值税转嫁予其交易后手，即以资管产品资产对外提供的资金融通服务的接受者。然而，资管产品业务的交易相对人，如管理人转让外汇的买方，并非资产管理服务的接受者。① 管理人并不从资管产品业务的交易相对人处收取管理费用和税金，而是从资管资产列支。更重要的是，《关于资管产品增值税有关问题的通知》第2条规定，管理人接受投资者委托或信托对受托资产提供的管理服务，如管理人为一般纳税人，应采取抵扣法计算缴纳增值税，不得采取简易计税法。管理人可以向其服务接受者开具专用发票。但如资管产品业务为金融商品转让等不得开具专用发票的应税行为，如将因管理服务的提供和资管产品业务发生的增值税一并转嫁给资管产品业务的交易相对人，由于前者为可抵扣项目而后者却不得抵扣，必须分别开出增值税专用发票和普通发票，分别记载税额，这在实践中显然不具有可操作性。一旦因接受管理服务而负担、本可抵扣的增值税被一并记载于资管产品业务开具的普通发票，也将无法实现抵扣。因此，在增值税以交易为基础进行税负转嫁的情况下，即使这部分因资管服务而发生的增值税可以转嫁给交易相对人或投资者，也只能为隐性的税负转嫁，无法于专用发票中记载，使后者得以主张抵扣，甚至可能导致税负在不同的交易相对人之间不公平地转嫁。② 这从根本上是违反增值税的中性要求的。

根据《信托法》第9、35条的规定，信托财产的管理和报酬的取得可以在信托合同中予以约定，委托人和受托人应为信托财产管理服务提供合同的双方当事人。接受管理服务的是投资者，而非接受以资管资产为标的物提供的金融服务的相对人。因此，从理论上说，受托人或管理人可以将其因提供管理服务而发生的增值税在收取管理费用的同时转嫁给投资者，并在符合法律规定的情况下开出增值税专用发票，使后者得以抵扣所负担的进项税款。这意味着必须将其提供的管理服务在资管产品的投资者之间进行明确的区分，以确定特定投资者各自应当负担的增值税款，并分别开出以单个投资者为受票人的专用发票。如果说这在单一信托或定向资产支持计划中尚有操作的可

① 资管项目运营中的交易相对人并非信托合同的当事人。
② 资管服务为直接收费服务，是金融服务税目中为数不多的允许抵扣税额的项目。

能性，在资管产品公开发行并可自由转让的情况下，投资者人数众多且分散，具有高度的流动性，此种区分将是极为困难甚至无法实现的，向各个持有人分别开出并交付发票同样不具有可操作性。资管产品的投资者即使实际上以信托资产最终负担此项增值税，由于无法取得以单个投资者为受票人的专用发票，也不可能抵扣此进项税额，将增加其进行资管产品投资的税收成本。更重要的是，虽然全体投资者为管理服务的接受者，管理人应当以"全体投资者"为交易后手开出专用发票，但是这并不符合发票的开具规则。如基于管理费用从资管财产列支的事实，由于管理人为此项财产的名义上的所有人，管理人便只能以自己为交易后手开具专用发票，抵扣自行发生的销项税额，从而陷入"自行开票、自行抵扣"的反逻辑怪圈。

与直接从事金融交易的投资者相比，通过基金等资管产品项目进行投资的投资者额外接受管理人提供的资产管理服务，因此项服务发生的增值税税负却无法归属于任何特定主体而获得抵扣。就此而言，资管产品投资者的增值税税负要高于直接投资的投资者。因此，基于名义上的所有权归属确定管理人为增值税的纳税人看似可以避免依经济利益的实质归属确立的受益人课税模式的诸多弊端，但如要求其以名义上所有的全部财产履行增值税义务，不仅有违信托财产独立性的根本要求，由此也将造成增值税抵扣链条的断裂，从而大大增加管理人的总体税收负担，必然影响其从事资管业务的积极性。采简易法计税，实际上正是回避以管理人为纳税人的征税模式下必然产生的抵扣难题的无奈之举，力图避免因进项税额不得抵扣而导致资管产品业务的过度重复征税，却使投资者成为最终负担增值税的"消费者"，不仅根本上违背了营改增的初衷，也大大增加了资管产品的总体税负成本，不利于其市场的发展。

四　资管产品运作的增值税纳税人的确立：基于间接税属性的考量

综上所述，无论基于经济实质归属将投资者作为资管产品项目运营的增值税纳税人，还是以法律上的所有权确定管理人为纳税人，都存在诸多的问题。那么，能否将资管产品项目本身作为增值税的纳税人，值得探究。

信托型的资管产品项下的资产虽具有独立性，但本身并不具有独立的民事主体资格,这是不将资管产品项目本身作为资管产品运营的增值税纳税人的主要考量。

在税法上,通常将具有经济上的给付能力或在技术上可以把握经济上的给付能力的主体作为税法主体。根据《实施办法》第1条的规定,销售服务的单位和个人为增值税的纳税人,包括企业、行政单位、事业单位、军事单位、社会团体及其他单位,并不以其是否具有民事主体资格为前提。

增值税本以国民购买与消费商品或劳务的事实为征税对象,只不过为减少纳税申报单位而改为以商品的销售者或劳务的提供者为法律上的纳税人,同时允许其在交易过程中将缴纳的增值税款转嫁给最终消费者。因此,就经济来源而言,增值税的纳税人用以履行纳税义务的款项来自最终消费者,并非以其自有的财产缴纳税款。也就是说,增值税的纳税人形如消费者负担的增值税款的代付者,实际并非负税人,因此,对此主体并无独立评价税收负担能力的必要。只要该主体可以参与商品销售或劳务提供的市场交易活动,能够在收取价款的同时取得应由消费者负担的增值税款,即可认定具备"技术上可以把握经济上的给付能力",从而成为增值税的纳税人。因此,以盈利为目的而独立、反复继续从事经济活动,即"独立"地提供有偿的营业活动,能够为自己的利益而独立地计算并自负盈亏的主体,包括不具有独立民事主体资格的合伙企业、分支机构,均可以作为增值税的纳税人。①

正是基于这一考量,欧盟法院在2004年作出的判决中明确肯定了投资基金构成增值税等商品流转税的纳税人,关键并不在于其本身是否具有法人资格,而在于其"独立地"以获益为目的、持续地从事经济活动。由于投资基金管理人代表基金份额的持有人以营利为目的从事证券组合投资并予以集中管理,符合上述要件,该投资基金构成欧盟《增值税指令》意义上的增值税等商品流转税的纳税人。②

资管产品项目本身能否作为我国增值税的纳税人,关键在于其是否"以盈利为目的反复独立地从事经济活动",并具有缴纳并转嫁税款的能力。投资者购买资管产品后,所投入的资产的管理权和处分权与投资者相分离,其目的在于通过这一资产的集合,由基金管理人实现"集合投资、专业理财",从而实现投资收益。资管资产可以说是该项目的核心。此种财产一旦聚集,即

---

① 陈清秀:《税法各论》,法律出版社,2016,第417页。
② ECJ, Banque Bruxelles Lambert SA (BBL), Case C-8/03, 21 October 2004.

取得法律上的独立性，不仅独立于管理人、投资者的固有资产，同一管理人管理的不同资管产品项目之间也相互独立，管理人应当分别予以核算，[①] 是"具有潜在主体性的财产的集合"[②]。不少资管产品项目亦有自己的名称，并以自己的名义开立资金账户。[③] 在资管产品项目成立后，管理人负责资产的管理与运营，基于信托合同的约定从事相关的经济活动，所取得的财产和收益归入资管资产中，所发生的费用也以资管资产进行支付。管理人尽管对资管资产享有管理权和处分权，却并不取得由此产生的任何收益。可以说，管理人在此并非严格意义上的所有权人，而是基于资管产品合同的目的为了全体投资人的利益而实施管理行为的"代表机构"，从而与资管资产共同构成以获利为目的的"人与财产"的集合体。管理人以法人单位为资管产品项目的代表机构，参与各种经济交易活动，并在获益后将取得的收益分配给产品的持有人。资管产品项目的运作具有长期性和稳定性，已成立的项目不因管理人或产品持有人的更迭而影响其存续。[④] 就持续性、独立性和营利性而言，资管产品项目本身已具备增值税的纳税人资格。

以特定的资管产品项目为独立的增值税的纳税人，是由基于信托关系所形成的资管资产的独立性所决定的。此时管理人仅作为该项目的代表机构以该项目的名义、将全部资管资产作为履行纳税义务的担保，只有这样才能在税收上维持其自有财产与资管资产的独立性。

不仅如此，只有将特定的资管产品项目作为独立的纳税人，明确与此项目相关的交易链条中的前后手，才能在确保增值税税负向下一交易环节顺利转嫁的同时，保证中间环节的负税者享有抵扣的权利，保证抵扣链条的完整性。如果资管产品项目本身为增值税意义上的独立主体，受托人提供管理服务、收取管理费用，在受托人发生销项税额，在资管项目层面则发生进项税额。此项管理服务乃是基于全体资管产品的持有人的利益，为了以资管资产对外提供资金融通等应税服务而接受的，由此所负担的进项税额可在该项目提供应税服务而产生的销项税额中予以抵扣。

此外，将资管产品项目作为独立的纳税人才能够保证在项目持续经营期

① 《信托法》第29条、《证券投资基金法》第6~8条、第20条第3项。
② 陈夏：《论证券投资基金的法律地位》，《西南政法大学学报》2003年第5期。
③ 《证券投资基金法》第53条、《基础设施债权投资计划管理暂行规定》第14条。
④ 《证券投资基金法》第23、34条。

间纳税义务的连续性，纳税义务的承担与履行、税款的计算与缴纳不会因管理人的离任而受到影响。管理人离任仅导致履行纳税义务的代表机构的更换，纳税人并未因此发生变更，其进项税额或亏损的结转也不会因此而有所改变。

增值税可以转嫁给最终消费者承担的特性决定其纳税人资格的确立并不以具备民事主体资格为前提。资管财产的独立性、经营活动的连续性与营利性，决定了将特定项目作为纳税人不仅符合增值税的间接税的属性，更能够保证抵扣链条的完整性，以实现资管业务中增值税的中性目标。

五 结语

资管产品已经逐渐成为一种重要的新的投资渠道，如何对其课税亟待明确。国家税务总局延续营业税的课征思路，明确规定资管产品的受托人或管理人为纳税人。这意味着，管理人不得不以自有资产对其管理的资管产品项目运营所发生的纳税义务承担"无限责任"，无疑将加重其运营项目的税收负担。加上由此所造成的增值税抵扣链条的断裂，无论资管产品的投资者或接受以资管资产为标的物的金融服务的市场主体，都可能成为最终的实际负税人。可以说，以管理人为资管产品项目的纳税人固然符合增值税形式主义的要求，却违背了该税种固有的中性原则。增值税既为间接税，所评价的不是名义上的纳税人，而是实际负税人，即最终消费者的税收负担能力。因此，即使资管产品项目不具有独立的民事主体资格，但资管资产的独立性、经营的持续性和活动的营利性，已足以使其具备增值税的纳税人资格。唯有如此，才能保证增值税抵扣链条的完整性，真正实现营改增改革的目标。

下 篇　财税法规范生成之司法监督

第八章　税务机关专业判断的司法尊重

——以价格偏低的核定案件为起点的研究

2017 年最高院公布行政审判十大典型案例，其中之一是广州德发房产建设有限公司诉广州市地方税务局第一稽查局税务处理决定案（以下简称"广州德发公司案"），强调该案的典型意义之一在于"尊重行政机关长期执法活动中形成的专业判断和行政惯例"①，却并未具体说明所受尊重的是何种"专业判断"和"行政惯例"，为何可以受到尊重。价格偏低的核定案件是不是应受到司法尊重的典型案件，是否可以扩展到其他类似案件？哪些属于与其类似的案件？税收是高度技术性和专业性的领域，税务机关所作的任何判断在一定程度上都包含了专业知识的运用。那么，该案中法院所强调的"专业判断"是否系指基于专业知识作出的判断，如果是的话，这与税收法定主义的要求是否相悖？在司法审查相对消极的情况下，如何防止税务机关的专业判断侵害纳税人的权利并对后者予以救济？尽管最高院同时强调本案的典型意义在于"体现法院在促进依法行政方面的司法能动性""防止税收权力的任性"，但其展示的自我克制的司法审查立场能否实现这一目标不无疑问，有必要予以进一步的考察和厘清。

一　广州德发公司案的示范效应——受尊重的"专业判断"的考察

广州德发公司案作为最高院公布的行政审判十大典型案例之一，不仅对此后法院处理类似问题提供了借鉴方法，亦向税务机关间接地传递了司法审

---

① 《最高人民法院行政审判十大典型案例（第一批）》，中国法院网，https://www.chinacourt.org/article/detail/2017/06/id/2893953.shtml，最后访问日期：2020 年 11 月 29 日。

查的态度。在本案中最高院以尊重税务机关的"专业认定"或"专业判断",表明司法审查自我节制的立场。这对法院审理相同或类似的案件将产生重要的示范效应。然而,哪些应属于与该案"相同或类似的案件",该案将在多大范围之内具有示范效应,税务机关的哪些决定为"可受尊重的'专业判断'",却语焉不详。广义的专业判断,或说日常语境下的专业判断,是指行政机关基于其实务经验和专门的知识和技术,在其职权范围内就法规的诠释或规范对象的认定所为的裁量与判断。狭义的专业判断,也就是行政法用语上的专业判断,是与法律上的不确定概念相伴而生的。由于不确定概念的歧义性和模糊性为行政机关提供了弹性的运作空间,行政机关通过适用不确定法律概念获得了一种判断余地,即对法律构成要件,尤其是其中的不确定法律概念进行具体化、确定化而拥有的自由活动空间。在这一活动空间范围内,对于行政机关作出的专业判断仅作有限度的保守司法审查。① 如果该案中受到尊重的"专业判断"是与不确定概念相关的判断余地,则该案应仅对与税收核定条款具有相同开放式规范结构、包含不确定概念的税法条文的适用具有示范作用。然而,该案判决书及其典型意义的阐明究系在广义还是狭义的含义上使用这一概念,是不甚明确的。有学者"推敲最高院的见解"后,认为这里的"行政专业判断"应是指稽核机关事后变更税务机关已作出的税额核定所为的认定,"不合精确行政法学的概念","偏向民间用语",由此得出此处的"专业认定"应属于广义的行政专业判断的结论。② 如果该案是在这一意义上使用"专业判断"这一概念,由于税收固有的专业性和技术性,所有涉税案件的处理都包含专业知识的运用,均属于"专业判断"。该案中司法尊重的立场应当对所有涉税案件具有示范效应。那么,如何确保税务机关所作的"专业判断"在税法规定的框架之内、如何纠正"专业判断"可能对纳税人造成的侵害,便不无疑问。

最高院在该案判决中强调尊重"税务机关基于法定调查程序"作出的专业认定。这种认定出于价格偏低的核定要件事实的裁量要求,必须在查明特定的案件事实和环境因素之后才能作出。不同的案件显然各有不同,税务机关所作的判断必然是独立的、彼此互不关联的。此种"专业认定"应当是具

① 〔日〕田村悦一:《自由裁量及其界限》,李哲范译,中国政法大学出版社,2016,第60页。
② 陈新民:《论行政惯例的适用问题——评最高人民法院"广州德发房产建设有限公司诉广州市地方税务局第一稽查局税务处理决定案"判决》,《法学评论》2018年第5期。

体情境下的个案判断，判断对象应为要件事实。然而，该案典型意义的阐释中将"专业判断"与"行政惯例"相提并论，强调应受到尊重的专业判断是在"行政机关长期执法活动中形成"的。在此意义上的判断显然脱离了个案的范畴，亦不仅局限于事实的判定。在长期执法活动中税务机关对数个类似案件为一定的裁量处理，由此累积形成类似案件的通常处理经验或惯常性做法。这些实务处理经验或惯例行之有年，是税务机关多年征管实践运用专门的税收知识和技术的结果，体现了其独有的专业性，将成为税务机关作出专业判断的重要依据。在这一语境下，最高院关注的是长期执法活动中多个孤立案件之间的彼此联系以及由此沉积的可供未来个案参照的处理方式。也正是在这个意义上，专业判断才能与"行政惯例"相提并论。因此，最高院依然是在不同的语义上使用"专业"认定或判断这一概念的。在前者的语义下，所受尊重的是税务机关在个案中作出的裁量决定，此时关注的焦点在于这一具体行政行为为何可以排除司法审查。而在后者，"专业判断"的尊重实际上意味着专业经验或惯常性做法可以作为判断个案裁量决定是否合法的依据，成为不受司法审查的"法源"。然而，无论是个案判断中的专业性还是长期执法活动中形成的判断经验或惯常处理方式所体现的专业性，是否足以使其成为不受司法审查的行为或法源，都是不无疑问的。

税务机关作出的专业判断，乃因其认定的"专业性"抑或是"主观判断"而受到尊重，最高院的态度亦不甚明朗。最高院在该案的判决中强调，"计税依据明显偏低，又无正当理由"的判断，具有较强的裁量性，因此作出的专业认定应当受到尊重。这里的专业认定不单单是运用专业知识作出的判断，更是在核定构成要件的"自由裁量空间"内运用专业能力作出的主观选择和决定。此时所受尊重的就是税务机关的"专业+主观判断"。就最高院所阐明的典型意义"尊重行政机关长期执法活动中形成的专业判断"而言，似乎意在强调税务机关在长期征管实践中所累积的专业经验和惯常做法符合税收专业性的要求而应当予以尊重，只要"不违反法律原则和精神且符合具体执法规律和特点"，即对税务机关处理类似的案件有所拘束，无论这种专业经验或惯常做法是否出于裁量的要求。这一意义上的专业判断受到尊重的结果，是在个案中只要税务机关依照专业经验、遵照惯常做法作出决定，便无司法否定之虞。税务机关内部在征管实践中逐步形成的专业经验和惯常做法因此具有法源的效力，将形成司法审查的界限。就此而言，专业性是其获得司法尊重的落脚点。

现代国家的行政机关基于专业分工而成立，为了妥适地对社会经济生活施加管理，必然要求各个机关汇聚具备特定专业知识和技能的专家，以精确且有效地解决特殊的社会生活问题。正因为如此，行政机关在其职权范围内代表国家行使公权力，均为不同程度的"专业判断"。①税收领域的专业性和技术性自然不言而喻，任何税务案件的处理决定，无论应税基础事实的判断、所涉金额的量化评估，还是税法规范的解释和适用，都必须综合运用法学、税收学、经济学甚至社会学等诸多领域的专业知识。但这个意义上的专业判断是税务机关行使征税权的应有之义。如以此强调对税务机关这一"专业判断"的尊重，无疑将导致对税务机关征税行为的司法审查的全面排除，税收将由于其固有的专业性而成为税务机关的"自治"领地。这意味着，征税权这一明显具有侵害性的公权力无论是否依法行使，都不会遭受任何否定性的评价，将因此成为一项完全不受拘束的危险权力。这与税收法定主义的要求是根本相悖的，也违反了行政诉讼确保公权力依法行使的制度初衷。事实上，征税决定并不因其专业技术性而当然具有合法性，滥用权力、侵害纳税人权利的征税行为同样可以专业的形式作出。因此，受到司法尊重的"专业判断"，不应当是税务机关运用税收专业知识和征管经验作出的技术性判断，税收领域固有的专业性和技术性并不妨碍法院对其运用专业知识作出判断而行使征税权的行为予以审查。

如果说税收的专业性不足以使税务机关作出的认定排斥司法的全面审查，广州德发公司案中最高院所指的受到司法尊重的"专业判断"不应当是指广义或日常用语意义上税务机关基于专业知识和技能的运用而作出的决定。那么，这里的"专业判断"是否属于狭义上与不确定概念及其衍生的判断余地相关联的概念？税务机关是否因其个案作出的判断决定受到尊重，还是因长期执法活动累积的判断经验所体现的专业性而排除司法审查？本案所体现的这种"专业判断"的尊重又可以为哪些"类似问题"的处理提供借鉴方法？提供哪些借鉴方法？又或者说，对于哪些"类似问题"的处理司法审查应当有所克制？

---

① 陈新民：《论行政惯例的适用问题——评最高人民法院"广州德发房产建设有限公司诉广州市地方税务局第一稽查局税务处理决定案"判决》，《法学评论》2018年第5期。

二　因裁量而生的判断"专业性"——价格偏低的核定条款的特殊规范结构

既然在广州德发公司案中税务机关所为的决定并非因其涉及税收这一专业技术领域而受到尊重，那么，该案中受到司法消极审查的核定决定究竟代表了何种"专业性"的"判断"，有必要予以进一步的考察。与其他涉税案件相同，税务机关所作的核定决定同样是在事实调查基础上对核定条款的解释与适用。因此，这一问题的解决，应当首先考察的是价格偏低的核定条款特殊的规范结构、规范内容和规范密度。

（一）价格偏低的核定条款下的"要件裁量"

广州德发公司案争议的焦点在于，如果拍卖行为中存在影响充分竞价的因素导致拍卖价格过低，如仅有一人参与竞拍，是否构成《税收征收管理法》第35条第6项规定的"纳税人申报的计税依据明显偏低且无正当理由"的核定事项。然而，该条规定的核定事项的要件是不明确的。如何判定计税依据"明显偏低"？与哪一参照价格相比偏低？如何认定偏低"过于明显"？哪些可以作为判定价格偏低的正当理由？无论是"明显偏低"还是"无正当理由"，内涵和外延都很模糊。这正是引发征纳双方争议的原因之所在。

不独《税收征收管理法》第35条第6项，价格偏低的税收核定条款也同样见诸单行税种法中，如《增值税暂行条例》第7条、《实施办法》第44条、《消费税暂行条例》第10条、《车辆购置税法》第7条、《土地增值税暂行条例》第9条第3项、《契税法》第4条第2款等。其条文结构和规范内容与《税收征收管理法》第35条第6项的规定大体相同，对核定事项的描述均采用了一般化的表述方式，均包含了"明显偏低""无正当理由"等高度抽象而概括、内涵和外延均不明确的法律概念。在这些条文之下，因价格偏低应受核定的事项并未得到精确的描述，如何评价价格偏低和理由的正当性仅有近乎空白的评价标准，其规范内容是有所缺失和不完全的，这使得上述核定条款的适用范围实际上未能得到清晰的界定。

价格偏低的税收核定条款是立法机关采用不确定法律概念这一立法技术解决规则涵盖不足问题的典型。基于私法的意思自治，交易价格应属当事人自由协商确定的事项，同时也是据以评价税收负担能力的指标之一，是计算应纳税额的重要事实基础。如任由纳税人出于获取不当税收利益的目的而随意约定，价格极可能不再遵循市场规律形成，而仅以"税负最小化"为基本诉求，从而导致国家税基的侵蚀。正因为如此，国家规定了税务机关在当事人约定的价格之外重新"估算"计税依据的权力。然而，对于税务机关在满足何种条件下可以行使这一权力，由于交易千差万别、价格设定的影响因素众多，一方面在立法中难以一一尽数列举所有应受重新核定的交易类型及其事实情境，另一方面设定对所有类型的交易统一适用的标准无法体现个案的差异，反而可能造成僵化和不公平的结果，因而不得不仅对将发生"核定"后果的"事实情境"以"一种模糊定性而非严格定量"的方式描述。[①] 此时用以描述核定要件事实的概念抽象而概括、外延宽泛而含糊，仅就核定要件事实提供近乎空白的评价标准，形成开放的法律结构，以确保最大限度地包含所有应受核定的交易，甚至为立法之后出现的新型交易提供判断的标准。反避税、延期纳税申报和缴税等条文也都采用了这一立法技术，以解决因规范事项的具体情境差异巨大而无法以同一内涵描述的难题。

在核定条款以及其他同样包含不确定概念的条文中，用于描述核定事项的不确定概念的高度抽象化，仅描述受规范交易的极少数最具典型性的共同特质，须受评价但差异巨大的具体事实情境未能被表述和涵盖，相应的价值判断亦存在缺位，从而形成了规范空白。为了实现规则的适用，税务机关必须首先确定未被条文完全表述的价值观念用以填补缺失的规范内容，这又必须基于立法时被忽视的个案具体情境进行评价性的判断才能加以选择。这实际上就赋予了税务机关根据案件具体情形进行利益衡量并作出主观性评价和决定的自由权力，即享有一定的判断余地。如应税交易的计税依据偏高偏低具有相对性，税务机关有权确定作为参照系的"价格标准"，判断其是否偏低以及偏低是否明显。[②] 其中一部分属于认识和判断的范畴，税务机关的认识应符合法律的要求，另一部分则是出于意志和选择，对概念模糊的中间领域进行填补。[③] 最高院在广州德发公司案的判决中强调对核定要件事实的判断，具

---

① 于立深：《行政事实认定中不确定法理概念的解释》，《法制与社会发展》2016 年第 6 期。

② 如广州德发公司案中，税务机关在最高院的再审答辩书中即强调对房产拍卖价格明显偏低的认定，是分别以（1）历史成交价；（2）同期、同类、同档次物业的市场成交价格；（3）纳税人自行提供的评估价和成本价为参照价格作出的判断。

③ 王贵松：《行政裁量的构造与审查》，中国人民大学出版社，2016，第 49 页。

有"裁量性",正是对税务机关在具体化"明显偏低""正当理由"等不确定法律概念的问题上享有一定自由的肯定。

但这种判断自由与核定条款中同时包含的法律效果的选择自由显然是不同的。《税收征收管理法》第 35 条仅规定了对计税依据明显偏低的交易税务机关"有权核定其应纳税额",具体个案中则可以在《税收征管法实施细则》第 47 条规定的同业利润率法、成本加成法等方法中作出选择。这种在存在多种执行可能时所作的选择指向的是法律后果。而对"明显偏低"等不确定概念的解释和涵摄自由,所指向的则是可核定事项的判定,是确定核定构成要件的内容并对系争交易是否涵摄于这一要件事实进行判断的权限,属于"要件事实裁量"。尽管对于两种裁量是否有必要加以区分存在诸多的争议,但两者间的差异依然是不容否认的。立法者以条文中的不确定法律概念赋予执法者自主确定其内涵和外延的权限。这一权限的行使不仅需要"经由解释和推论",还应"借助评价和意愿的决定""发现具体案件中的法"①,在法律适用前完成主观评价。借助于案件的特殊情况及法律精神将其具体化后,有关要件事实表述的多义性和模糊性将被消除,完整的规范内容得以形成,从而实现明确化和具体化。税务机关依据经由价值补充后确立的构成要件仅能作出唯一且确定的涵摄结论,并无其他选择的可能性。② 这与在数项可能的后果中进行选择的效果裁量明显不同。正因为如此,核定条款中的不确定概念赋予税务机关进行主观评价的权力,是有别于裁量的"自主评价空间"。

(二) 专业性:价值与事实的双重判断

一项交易是否构成可核定的事项,将取决于"明显偏低"和"正当理由"等不确定概念的内涵和外延的界定。因此,适用之前应先完成对需要规范内容的解释和补充。③ 税务机关首先必须找到未被条文完全表述的价值观念,而这又必须基于交易的具体情境才能加以选择。由于税收的普遍课征,应税交易发生于社会生活的方方面面。不同行业、类型的交易形式各异,经济目标与效果也各有不同,既包括经济交易,也包括社会活动甚至家庭或个人的私人安排。交易定价受到行业特性、发生场域、当事人身份地位、商业

① 〔德〕卡尔·恩吉施:《法律思维导论》,郑永流译,法律出版社,2014,第 161 页。
② 卢佩:《德国关于不确定法律概念之第三审级司法审查》,《现代法学》2013 年第 6 期。
③ 于立深:《行政事实认定中不确定法理概念的解释》,《法制与社会发展》2016 年第 6 期。

惯例等多种不同因素的影响。税务机关用以填补规则内容的"价值观念""经验法则""社会通常观念"等因此也极其宽泛。① 可选择的价值观念是"宽泛的、变化性很强或不可预测的",可能出自"法或道德或其他文化领域",甚至是"某些不同于仅属于法律规范体系及属于事实构成特征的东西"②,如社会可探知、认识的客观伦理秩序、道德观念、政策、习惯等法规范之外的因素。但无论如何,用以补充核定条款规范空白的价值观念,并无具体、统一的标准,无论是道义诉求还是社会普遍价值观,都是选择性的。择定并填补规范空白的价值观念,将直接决定案件中纳入法律评价的交易细节等案件事实,并最终影响对交易是否构成可核定事项的判定。

其次,由于可供选择的价值标准如此宽泛和易变,只有立足于交易的具体情境才可加以择定并对不确定概念予以具体化。税务机关必须首先发现交易的具体细节和事实,才能探求最能实现"实质的公平与妥当"的价值标准③,只有基于交易的具体情境确定与其相关联的价值观念,才能依据评价结果来确定规范的内容。在此过程中税务机关不得不对交易事实进行更全面的调查,发现、权衡和比较更多的事实和细节,确定其中重要且关键的事实和环境因素,择定构成规范内容的价值观念。如判断一项交易是否具有"正当理由",必须对交易的形式安排、预期利润、风险管理等多项事实进行调查,确定将基于何种价值标准,如伦理道德、商业惯例、法律监管甚至情感因素等,作出最后的评判。税务机关对于事实的发现、纳入评价范围的事实面向的选择及其权重的判定都将影响价值观念的选择。但这种纳入评价范围的交易细节的取舍,在很大程度上却又取决于所选择的价值观念。

可以说,核定条款中包含的"明显偏低"等概念缺少明确的内涵,而外延存在可变性,在据以判定交易是否应当予以核定的过程中,法律标准和交易事实都处于含糊不清的状态。法律标准的含糊性决定了必须进行解释才能予以适用,而解释的立足点在于案件事实。但"事实"并非客观事实,而是法律事实,只有通过解释法律才能找到被评价的"事实"。因此,税务机关在

---

① 如同样是股权转让行为,公司之间的股权转让的商业目的的判断仅需作商业上的考量,而兄弟姐妹之间的交易则需要考量血缘、亲情或家庭关系、责任等因素。

② 〔德〕卡尔·恩吉施:《法律思维导论》,郑永流译,法律出版社,2014,第135页。

③ 杨仁寿:《法学方法论》(第二版),中国政法大学出版社,2013,第186页。

适用核定条款时必须"在大前提与生活事实之间往返流转"①。无论事实的发现还是价值判断或补充并据以涵摄已查明的事实，都不可避免地包含税务机关的主观判断。这必然要求其发挥自身的技术专长和能动性。对案件事实作出法律评价，往往需要丰富的经验和大量的专门知识。所谓专业技术性裁量多数存在于此间。② 因此，广州德发公司案中最高院强调应受尊重的"专业认定"，应当是与不确定概念的解释与涵摄自由相关的专业判断，且指狭义上的"专业判断"。

三　税务机关专业判断的司法尊重：原则还是例外

行政受到市民代表（共同）创制的法律的约束，是法治国家的核心诉求。而监督此种规范性行为准则得到遵守的任务，应当由独立的司法裁判来承担。法律的约束作用因其规范密度的不同存在显著的差异。既然行政司法裁判的任务在于监督行政是否在宪法和法律之中运行，那么，约束性规范的密度与行政司法裁判的审查密度之间应当是相对应的。③ 规范结构越开放、松散，所规范的领域越复杂多变，司法机关的审查密度应当越小。④ 由于不确定概念与生俱来的多义性和模糊性在一定程度上削弱了法律规范的控制力，提供了弹性运作的空间，形成对司法审查权力的压缩，司法审查密度降低，从而赋予行政机关的专业判断自主空间，司法仅作有限度的保守审查。⑤ 行政判断余地理论，正是德国学者针对行政机关解释和适用不确定法律概念而提出来的。⑥ 税收核定条款中包含了"价格明显偏低，又无正当理由"等不确定概念已如前述，那么，税务机关适用这一条款作出征税决定是否当然应当获得司法的尊重，应有必要予以进一步的考察。

---

① 〔德〕亚图·考夫曼：《类推与"法律本质"——兼论类型理论》，吴从周译，学林文化事业有限公司，1999，第95页。
② 王贵松：《行政裁量的构造与审查》，中国人民大学出版社，2016，第52页。
③ 〔德〕卡尔-埃博哈特·海因：《不确定法律概念和判断余地——一个教义学问题的法理思考》，《财经法学》2017年第1期。
④ 张福广：《德国行政判断余地的司法审查》，《行政法学研究》2017年第1期。
⑤ 张福广：《德国行政判断余地的司法审查》，《行政法学研究》2017年第1期。
⑥ 吴庚：《行政法之理论与适用》（增订八版），中国人民大学出版社，2005，第439页。

（一）作为原则的全面司法审查：基于行政诉讼目的的考量

核定条款中包含的不确定法律概念决定了其适用是"一种在事实中对规范的再认识以及在规范中对事实的再认识的过程"，在不断的交互诠释之中需要完成对核定要件的相关概念的具体化和实证化以及案件事实的抽象化和规范化。这必须由税务机关运用专业知识和实务经验作出主观的评价和判断。那么，争议的问题便在于，税务机关作出此种判断的"专业性"是否足以使其拒斥法院的司法审查。

自19世纪末以来，德奥行政法学者相继发展了不确定法律概念学说，实现了与行政裁量的分野，对于不确定法律概念的适用是否应受司法审查、受到多大程度审查的争议从未停歇。在传统行政法学者看来，诸如"公共利益""必要性"等不确定概念，与"自由裁量"不同，应当受到法院的全面审查。[①] 在奥地利法学家特茨纳看来，适用时无须复杂推论的概念几乎是不存在的，如果以此为由排除法院的审查，就等于放弃了对行政的法律拘束。但随着不确定概念从裁量中分离出来，与效果裁量并立而行的行政判断余地学说也获得越来越多的拥趸。[②] 根据这一学说，将特定事实涵摄于不确定法律概念需要进行一系列复杂的推论，此工作只有行政机关才能胜任，法院对这种主观性判断的介入是对行政固有领域的侵犯。因此，行政机关应对不确定法律概念的具体化、确定化保留一定的自由活动空间，司法机关应对此仅作保守的有限度的司法审查。[③] 如凯尔森即认为，在不确定概念的意义范围内，在"复数解释可能性中选取其一"的行为是"意志行为"。"意志行为"已经不是法律问题而是政策问题。因此，对不确定法律概念的解释和适用，只要处于该概念的意义范围内，原则上就是合法的。[④] 无独有偶，美国法院在 *Chevron v. Natural Defense Council* 等一系列案件中，逐步确立了对含义模糊的不确

---

① 可参见〔日〕田村悦一《自由裁量及其界限》，李哲范译，中国政法大学出版社，2016，第 72～80页。
② 详细可参见伍劲松《行政判断余地之理论、范围及其规制》，《法学评论》2012年第3期，第 147～149页；〔日〕田村悦一《自由裁量及其界限》，李哲范译，中国政法大学出版社，2016，第127页；解志勇《行政裁量与行政判断余地及其对行政诉讼的影响》，《法治论丛》2005年第5期，第69页。
③ 在德国，巴霍夫、乌勒等行政法学者相继发展出合理性理论、评估特权说、规范授权论、功能优势论和功能边界论等理论，阐释不确定法律概念的判断余地的正当性。
④ 〔奥〕汉斯·凯尔森：《纯粹法学说》，雷磊译，法律出版社，2021，第429页。

定法律概念的行政解释的司法尊重，认为"如果法律对特定问题未作规定或规定含混不清"，出于国会授权的意图和行政决定的理性化程度，"法院需要回答的问题，就是行政机关提供的答案是不是基于法律的合理解释"，而"不能简单地直接适用自己对法律的理解"。①

　　尽管对不确定法律概念的绝对全面司法审查如今已是孤掌难鸣，但不确定概念的判断余地或司法尊重原则也仅作为对全面司法审查的部分修正而被逐步接受。② 不确定法律概念仍然是"法律概念"，而非授予行政机关法外的自由。不确定法律概念原则上应受全面司法审查，仅在少数的例外情况下，司法审查才有所谦抑。这也是我国行政诉讼实务中坚持的基本态度。③ 因此，价格偏低的税收核定条款并不因其包含不确定概念而当然排除司法机关的审查。该条款虽然采用内容和范围都含糊不清的"价格明显偏低""正当理由"等不确定概念，确立了税务机关就核定要件事实的"判断特权"，价值观念补充条文的内容，并将其适用于具体的个案之中。这种行动的自由被哈特称为"填充法律漏洞"的"有限的造法裁量权"，包括了价值补充和个案判断两个层面，是对要件事实判断的行动自由。④ 然而，这项包含"价值填补"的"特权"与填补立法漏洞的续造法的权力显然是不同的，并非授权行政机关取代立法机关创造规则。不确定概念所形成的是"概念晕"，其有效性的界限尚待明确，而不是存在立法的空白需要进行规则的创造。概念的不确定性实际上是语言多义性，须基于案件事实在多个可供选择的含义间进行选择，以确定客观法律规范的内容。⑤ 这种法律选择的可能区间是客观存在的，只不过概念的规范容量必须在个案中通过主观评价来完成，必须将概念关联到具体的个案交易才能够加以确定。被授权的机关只不过被委任考量具体案件的特殊情况作出价值判断而在概念的多种含义中选择其中之一作出唯一正确的决定。⑥ 也就是说，被授权机关只是被委任替代立法机关在"活动余地"范围内的多种选择中确定其中对具体个案而言最佳和最正确的选择。这一过程实

---

① 467 U. S. 837（1984）.

② 王天华：《行政法上的不确定法律概念》，《中国法学》2016 年第 3 期。

③ 王贵松：《行政裁量的构造与审查》，中国人民大学出版社，2016，第 64 页。

④ 〔英〕哈特：《法律的概念》（第二版），许家馨、李冠宜译，法律出版社，2011，第 240 页。

⑤ 〔德〕汉斯·J. 沃尔夫、奥托·巴霍夫、罗尔夫·施托贝尔：《行政法》（第 1 卷），高家伟译，商务印书馆，2007，第 349 页。

⑥ 〔德〕卡尔·恩吉施：《法律思维导论》，郑永流译，法律出版社，2014，第 143 页。

际上依然是揭示法律内涵的过程，属于法律解释的范畴。因此，税务机关基于税法条文中的不确定概念所获得的"裁量权"并非法规续造的权力，不可能有如立法机关享有不受法院审查的广泛的规则塑造空间。相反，税务机关行使的仅仅是"在个案中明确抽象的客观法律规范的内容"，并进而完成对交易事实的定性，原则上应当受到司法的审查。[①]

对因行政机关的错误判断受到侵害的个人权利予以救济是行政裁判的目的，也是行政法院的任务。[②] 即使是行政技术问题，当该认定涉及个人权利自由领域时，对该错误的认定予以纠正，是行政裁判的意义所在。[③] 一般而言，侵害个人权利自由的行为应当是法律保留的领域，侵害程度越深，法律的规定应当越严格、越明确，裁量的空间越有限。由于税收的课征直接关涉纳税人财产权，被认为应属于严格拘束行政的领域，税法规定应明确具体且税务机关必须严格依照税法行使征税权。即便税法已有明确的规定，如果税收的课征可以以专业性和技术性为由挣脱司法审查的拘束，依法征税与否将完全依赖于税务机关的自觉，征税权滥用的风险将会极高。因此，税收法律保留要求只有依据法律才能以征税的方式干涉纳税人的权利与自由，这一原则的真正实现必须由法院的全面审查予以保障。税务机关对课税要件事实的判定，必须以税法条文规定的法律概念为参照标准。在核定条款中包含不确定概念、参照标准不清晰的情况下，税务机关对交易与规范之间的涵摄关系便享有更大的自由度，此时的征税权较税法概念确定的情况下呈现更为扩张的状态，税务机关以国库保护之名行侵害纳税人权利之实存在更大的可能性。忽视当事人约定的合法有效的定价，对计税依据重新予以核定的结果必然是税额的调增，对纳税人税后收益的影响甚为明显。税务机关在个案中对参照价格和交易理由正当性的评价标准的选择，将直接决定核定条款的适用范围。由于此种选择的主观性和事后性，纳税人难以提前掌握核定条款的内容进而预测其交易是否将面临核定的后果，税负的不确定性因此陡然增加。如果法院再以专业知识的局限性为由，承认税务机关在此事项的判断余地，将导致核定权完全逃逸税法的约束，更将导致"全面排除法的救济"。承认、尊重税务机

---

① 〔德〕汉斯·J.沃尔夫、奥托·巴霍夫、罗尔夫·施托贝尔：《行政法》（第 1 卷），高家伟译，商务印书馆，2007，第 349 页。
② 〔日〕田村悦一：《自由裁量及其界限》，李哲范译，中国政法大学出版社，2016，第 56 页。
③ 〔日〕田村悦一：《自由裁量及其界限》，李哲范译，中国政法大学出版社，2016，第 60 页。

关对包含不确定概念的税法条文的解释、适用的主观判断自由，不应当演化为司法的完全退让。若仅因不确定概念而将一切委任于税务机关的主观判断，司法不再有所介入，必将导致由此享有的活动自由空间成为其"内部绝对权威的壁垒"。① 在包含不确定概念而使核定事实要件的规范内容失之阙如的情况下，司法权不但不能退缩，还应当肩负起保障纳税人权利的重任，使其免遭税务机关随意核定的侵害。在美国和德国建立的财税专业司法审查体系，恰恰是税务机关的专业判断同样必须予以司法审查的最佳佐证。

税收法定主义要求税务机关必须严格依照税法的规定行使征税权。这与其他行政法领域并无不同。行政诉讼是实现这一目标的重要保证机制。如果没有独立的第三方对税务机关是否在税法规定的界限范围内实施征税行为加以判断，其错误适用税法规范的行为便无被否认或推翻之虞。司法事后审查，尤其是审查后否定其违法的征税行为，才能对税务机关形成足够的威慑，促使其真正地依法征税。核定等条款包含的不确定概念固然内涵和外延不确定，却并非不设任何边界，税务机关对这些概念的价值补充和个案判断依然仅能在其可能的含义范围内作出。"不确定法律概念的背后总是一套行为规范，立法者正是通过不确定法律概念对社会进行适当的形塑和规范。要确保立法意旨的实现，法院的严格审查是非常必要的。"② 除非是落入判断余地范围内的少数例外情况，否则税务机关适用不确定法律概念的行为面临的并非是否应当受到司法审查的问题，而是司法审查的强度和范围的问题。

（二）核定事项的"专业判断"是否落入"判断余地"

不独在广州德发公司案中最高院明确表明对税务机关对核定要件事实的裁量判断的尊重，事实上，当前法院几乎在所有价格偏低的核定案件中都采用了极为保守的有限审查。

以中国裁判文书网公布的 2012～2020 年涉及价格偏低税收核定条款的解释和适用争议的 20 个案件③、34 项行政判决中，均涉及价格或计税依据的

① 〔日〕田村悦一：《自由裁量及其界限》，李哲范译，中国政法大学出版社，2016，第 56 页。
② 《孙立兴诉天津园区劳动局工伤认定行政纠纷案》，《最高人民法院公报》2006 年第 5 期。
③ 其中，2 个案件经历三审，10 个案件经历二审。范正刚诉江苏省苏州市工业园区地方税务局第一税务分局、江苏省苏州市工业园区地方税务局与孙小兵诉江苏省苏州市工业园区地方税务局第一税务分局、江苏省苏州市工业园区地方税务局案为同一交易，具有相同的诉讼请求，不另作统计。

"明显偏低"的概念与事实认定。不管税务机关以何种方式确定参照价格,无论委托评估、自行收集数据评估、计算机系统自动评估还是国家税务总局确定的统一适用的最低价格,无论以何种标准认定"明显偏低",法院均认可税务机关就此所作事实认定的合法性。法院既未审查税务机关选择参照价格的合法性,也未对偏低是否"明显"作任何的审查。

在上述案件中同样涉及"无正当理由"的概念解释和相关事实认定,除在瑞成公司诉新疆维吾尔自治区地方税务局稽查局案二审判决书①、阮煜诉四川省成都市国家税务局二审判决书②中,法院认可纳税人提出的价格偏低的理由具有"正当性",进而推翻税务机关的"无正当理由"的认定,其他32项判决均最终认定税务机关作出的交易"无正当理由"。在14项判决中,纳税人在税收征管和诉讼中提出或陈述了交易价格的"正当理由"。其中,在张家港广聚缘置业有限公司诉国家税务总局苏州市税务局稽查局、国家税务总局苏州市税务局案③一审、二审,以及王有志诉国家税务总局东莞市税务局南城税务分局、国家税务总局东莞市税务局案④中税务机关未就纳税人提出的理由是否"正当"作出认定,其他案件中税务机关均未采信纳税人就"正当理由"提供的证据,而是认定其提出的理由"不正当"。法院对此均予以认可。在陈浩诉国家税务总局遵义市播州区税务局案(以下简称"陈浩案")⑤一审和二审,周国威诉国家税务总局淮安市税务局、国家税务总局江苏省税务局案⑥一审,

---

① 《新疆维吾尔自治区地方税务局稽查局与新疆瑞成房地产开发有限公司税务行政处罚二审行政判决书》[(2014)乌中行终字第95号]。

② 《阮煜诉成都市国家税务局车辆购置税征收管理分局、四川省成都市国家税务局税务行政管理(税务)二审行政判决书》[(2016)川01行终589号]。但该判决书最终经四川省高级人民法院再审后被撤销。详细可参见《成都市国家税务局车辆购置税征收管理分局、四川省成都市国家税务局税务行政管理(税务)二审行政判决书》[(2017)川行再25号]。

③ 《张家港广聚缘置业有限公司与国家税务总局苏州市税务局稽查局、国家税务总局苏州市税务局行政复议一审行政判决书》[(2017)苏0508行初236号];《张家港广聚缘置业有限公司与国家税务总局苏州市税务局稽查局、国家税务总局苏州市税务局行政复议二审行政判决书》[(2018)苏05行终384号]。

④ 《王有志与国家税务总局东莞市税务局南城税务分局、国家税务总局东莞市税务局税务行政管理(税务)一审行政判决书》[(2018)粤1971行初673号]。

⑤ 《陈浩、国家税务总局遵义市播州区税务局(税务)一审行政判决书》[(2018)黔0321行初421号];《陈浩、国家税务总局遵义市播州区税务局(税务)二审行政判决书》[(2019)黔03行终83号]。

⑥ 《周国威与国家税务总局淮安市税务局、国家税务总局江苏省税务局行政复议一审行政判决书》[(2018)苏0804行初81号]。

高骥、吴迪诉江苏省苏州市工业园区地方税务局第一分局、江苏省苏州市工业园区地方税务局案①，姚惠春诉吉林省辽源市国家税务局车辆购置税征收管理所案②一审判决中，税务机关以纳税人未提供证据或未说明为由认定交易价格"无正当理由"，这一判断均得到法院的认可。在杨双珍诉上海市浦东新区地方税务局第二税务所、上海市浦东新区地方税务局案③，付重阳诉南京市国家税务局、南京市国家税务局车辆购置税征收管理分局案④等案件中，税务机关在征纳双方均未提供任何证据的情况下直接认定交易价格"无正当理由"，而法院对此也予以肯定。甚至在史相杨诉国家税务总局沈阳市辽中区税务局、国家税务总局沈阳市税务局案⑤，虞秋菊诉国家税务总局岱山县税务局第一税务所案⑥一审和二审中，税务机关未就交易价格是否"无正当理由"进行事实认定，即作出核定决定，法院亦同样肯定该决定的合法性。在上述所有案件中，税务机关均既未说明该条款中"无正当理由"的具体内涵和理由正当性的判断标准，也未自行收集并提供任何证据证明"无正当理由"，但法院均未对此表示任何的异议。

可以说，从价款偏低的税收核定条款适用争议案件的行政诉讼实践来看，法院明确或默示地表明了其仅作有限审查的谦抑态度，这与当前我国司法实务中对不确定法律概念一贯秉持的全面审查的态度是明显不同的。因此，关键的问题在于，包含不确定法律概念的核定条款的适用，是否属于不受司法审查的"少数例外情形"。

对于哪些涉及不确定法律概念的事项应受到司法尊重，一直以来并无明确的范围和判断标准。美国司法实践仅承认对以规则形式表现出来的行政解

---

① 《高骥、吴迪与江苏省苏州市工业园区地方税务局第一分局、江苏省苏州市工业园区地方税务局行政复议一审行政判决书》[（2016）苏 0508 行初 444 号]。

② 《姚惠春与吉林省辽源市人民法院一审行政判决书》[（2015）龙行初字 63 号]；《姚惠春与吉林省辽源市人民法院二审行政判决书》[（2016）吉 04 行终 19 号]。

③ 《杨双珍诉上海市浦东新区地方税务局第二税务所、上海市浦东新区地方税务局税务一审行政判决书》[（2016）沪 0115 行初 56 号]。

④ 《付重阳与南京市国家税务局、南京市国家税务局车辆购置税征收管理分局税务行政管理（税务）其他行政行为一审行政判决书》[（2016）苏 8602 行初 254 号]。

⑤ 《史相杨与国家税务总局沈阳市辽中区税务局、国家税务总局沈阳市税务局税务行政管理（税务）一审行政判决书》[（2019）辽 0192 行初 692 号]。

⑥ 《虞秋菊、国家税务总局岱山县税务局第一税务所税务行政管理（税务）一审判决书》[（2018）浙 0921 行初 29 号]；《虞秋菊、国家税务总局岱山县税务局第一税务所税务行政管理（税务）二审判决书》[（2018）浙 09 行终 86 号]。

释的司法尊重，在具体的个案中，美国法院从未限制其司法审查的范围。① 德国行政法学者毛雷尔认为，判断余地授权只有在具体案件适用不确定法律概念（涵摄）时才予以考虑。但如何确定属于判断余地授权的不确定概念，德国法院一直未能形成统一的标准。在其司法实践中，行政机关享有判断余地、法院只作形式审查的情形主要包括两大类：一类是行政权的形成领域，源于行政自主形成权力的功能特性，包括"古典的"政治保留事项、具有计划性与预测性的决定；另一类则是基于"事物本质"的判断余地，源于司法权的功能界限，如经验属人性事件、由专家和/或利益代表人组成的独立委员会作出的判断决定、环境和经济法领域预测、风险评估和政策性的行政决定等。② 我国虽然没有明确采用不确定法律概念的判断余地理论，但在不予审查的某些事项方面，与上述德国的理论和实践存在诸多的共通之处。③

承认不确定概念的判断余地的理论大多是以司法权的功能界限为证立基础的。为了适用不确定法律概念作出必要的事实认定，必须将这些概念分解为事实概念。但如果不确定概念规范的客体高度复杂且灵活、易变，行政决定作出的具体情境追溯起来非常困难，个别化的涵摄过程具有一次性和不可重复的特点，法院客观上无法认识主导判决的全部事实，以至于具体理解行政决定如此困难，即使引入相关的专业人员也无法解决，④ 在这种情况下，法官不能对行政机关的判断作全面的审查，⑤ 而是应承认行政机关享有"有限的决定自由空间"⑥。那么，基于这一标准和当前我国的行政诉讼实践的做法，价格偏低的核定条款是否可以落入判断余地的范围呢？

税法本身固有复杂性和技术性，这是我国法院在诸多案件中就税务机关对税法的解释和适用行为秉持司法谦抑态度的重要原因。⑦ 如果说税法规则的适用具有技术性，原因不外乎是课税的原因基础事实的定性及涉税金额的量化要求进行经济的分析和评估，而经济上的量化却非法院所擅长。税法为完

---

① 〔美〕理查德·J. 皮尔斯：《行政法》（第五版），苏苗罕译，中国人民大学出版社，2016，第 165 页。

② 〔德〕哈特穆特·毛雷尔：《行政法学总论》，高家伟译，法律出版社，2000，第 136~138 页。

③ 王贵松：《行政裁量的构造与审查》，中国人民大学出版社，2016，第 69 页。

④ 张福广：《德国行政判断余地的司法审查》，《行政法学研究》2017 年第 1 期。

⑤ 〔德〕迪特里希·耶施：《法学理论和宪法意义上的不确定法律概念与裁量》，载埃贝哈德·施密特-阿斯曼等《德国行政法读本》，于安等译，高等教育出版社，2006，第 343 页。

⑥ 陈敏：《德国行政法院逐条释义》，我国台湾地区"司法院"，2000，第 1308~1309 页。

⑦ 详细可参见崔威《中国税务行政诉讼实证研究》，《清华法学》2015 年第 3 期。

成对税收负担能力的评价亦形成自身所独有的概念和量化指标体系，与日常用语的含义，甚至其他法律部门同一术语的内涵和外延多有不同，对同一交易的评价内容和方式亦与其他法律领域有所不同。因此，税法规则的适用对于极少接受专业税收和财务知识训练的司法机关来说确实存在一定程度的"技术壁垒"。

价格本属于交易当事人意思自治的重要事项，具体个案中交易定价的方式及其影响因素千差万别。但交易细节以及影响定价的重要事实和环境因素并非不可追溯。作为应税事实的交易通常在公开市场发生，一旦发生即会在各方当事人甚至当事人以外的第三方留存相关的证据资料，如金融机构或政府部门。不仅如此，交易的完成通常以相应合约的缔结为前提。合同一旦订立，将成为交易当事人之间的法锁，所形成的法律关系具有一定的稳定性。因此，法院把握税务机关据以判断交易是否应予核定的全部事项并非不可能。价格是否偏低以及偏低是否明显，定价偏低的"理由"正当与否，法院可以基于一般经营者的立场，依据交易发生时的宏观环境、行业惯例、企业的一般经营策略等因素作出"一般、通常"的商业判断，无须借助专门知识或科学验证。这并非纯粹专业的技术性判断。法院和税务机关都远离商业实践，税务机关作出的判断未必比法院更加专业或高明而足以绝对排斥后者的审查。尽管核定条款中的"正当理由"等概念，不能推导出明确的一义性结论，但仍属于"根据解决该问题所必需的知识和逻辑法则，能够推导出确定的解决方法"[1] 的范畴，法官并不是全然没有能力审理税务机关基于已查明的事实所选择的价值观念的妥适性及由此作出的判断的合理性，至少可以判断交易是否构成核定事项的认定是不是不合理的。因此，将其归入不得审查的技术型或专家型的判断余地是不恰当的。

更重要的是，不确定法律概念的适用须借助于税务机关的专业知识和技术专长，这一事实是否理所当然地导致司法审查的限缩，不无疑问。即使是在科技法、环境法等具有高度专业性、包含风险预测与评估的领域中司法的谦抑也备受质疑。[2] 近年来德国在诸多的行政判决中明确拒绝将"存在于法律之外"的专业判断作为司法审查节制的理由，认为即使是被称为行政专门领

---

[1] 〔日〕田村悦一：《自由裁量及其界限》，李哲范译，中国政法大学出版社，2016，第60页。

[2] 详细可参见伏创宇《行政判断余地的构造及其变革——基于核能规制司法审查的考察》，《华东政法大学学报》2014年第5期。

域的技术性、政策性问题，也要遵从由一般原则确立的界限，裁量判断并非
当然不受法的控制。① 德国联邦宪法法院曾在 1991 年于某判决中指出"不能
仅因涉及专业知识而承认判断余地、排斥司法审查"，强调专业问题可以采取
引入专家意见等方式解决。② 税收核定条款所涉的价格明显偏低问题固然具
有一定的技术性，但一方面上述问题可借助会计、经济等方面的专家予以解
决，另一方面，司法审查并不要求法院替代税务机关直接作出专业判断，而
仅仅是对税务机关所作的判断是否在合理范围内予以审查。如在核定案件中，
对税务机关就"价格明显偏低"所作认定的司法审查重点在于税务机关对
"参照价格"的选择是否恰当、"偏低程度"判断标准的选择是否符合日常经
验或商业惯例、税务机关所作的技术性判断是否超出税法规范的范围、是否
造成额外的权利侵害等，而不是要求法院提出此项交易在通常情况下的"定
价"标准。因此，专业性与技术性不能成为司法消极审查的主要原因。

四　基于惯例的专业判断的可审查性分析

最高院阐明广州德发公司案的典型意义时，将行政机关长期执法活动中
形成的专业判断与行政惯例相提并论，着重强调了以司法确认的方式"认可
省级以下税务局及其税务稽查局在具体执法过程中形成的不违反法律原则和
精神且符合具体执法规律和特点的惯例"，并予以尊重。至于该案中所受到认
可的惯例为何、是否与专业判断相关，最高院并未有所说明，也并无确认其
存在及其内容的相关论述。③ 惯例是"行之有年，反复为之"的惯常性做法，
必须由先前的多个行政行为不断积累而形成。④ 广州德发公司案仅为单独个
案，其中所为的"专业判断"或裁量即使具有一定的"参照价值"，亦尚不
足以形成一项惯例。因此，真正的问题应当在于该案中税务机关是否遵循了

---

① 〔日〕田村悦一：《自由裁量及其界限》，李哲范译，中国政法大学出版社，2016，第 154 页。
② 黄先雄：《德国行政诉讼中司法权的边界及其成因》，《比较法研究》2013 年第 2 期。
③ 有学者认为，最高院此处提及的惯例，应当是指"稽查机关可以自行更改原来税务机关核课
的拍卖所得金额"，并由此认为这一惯例并非行政法学意义上"行政裁量在个案中应受到惯
例拘束"的概念。详细可参见陈新民《论行政惯例的适用问题——评最高人民法院"广州德
发房产建设有限公司诉广州市地方税务局第一稽查局税务处理决定案"判决》，《法学评论》
2018 年第 5 期。
④ 柳砚涛：《论行政惯例的价值及其制度化路径》，《当代法学》2013 年第 5 期。

类似案件中已经形成的惯例？遵循惯例的专业判断是否当然合法而仅受消极的司法审查？作为前提，如何确认不成文的惯例的存在？作为非正式法源的惯例是否应当受到法院的尊重、能否作为判断核定行为合法性的依据？如违反惯例作出决定，是否即构成违法？

（一）惯例的确认——以 2012～2020 年的核定案件为基础的考察

尽管对于法源意义上的行政惯例尚有争议，但通说一般认为所谓行政惯例是行政机关在处理某类行政事务的过程中，基于长期的行政实践和反复适用而形成的惯行做法，且这种惯行做法民众已一般地确信为法。一项行政惯例的存在，必须满足以下的条件：首先，存在长期普遍且反复适用的实践惯行，也就是在较长期间和空间内存在若干相同情况相同处理的行为；其次，这种实践惯行形成了一般的法的确信；最后，已形成法的确信的实践惯行不仅内容充分明确具体、具有可操作性、未违背成文法，且已公开实施为大众所知晓。[①] 那么，根据这一标准，与广州德发公司案类似的价格偏低的核定案件是否已形成了具有法源性质的惯例，下文以 2012～2020 年中国裁判文书网公布的此类型案件进行研究考察。

中国裁判文书网公布的因计税依据偏低而由税务机关重新核定的案件共计 20 件，其中主要涉及房屋（包括土地）转让（14 件见表 8-1）和车辆购置（6 件见表 8-2）等相关税种。以下分别以此为例对税务机关作出"价格明显偏低又无正当理由"的判断是否存在反复适用的惯常做法加以考察。

表 8-1　涉及房地产交易相关税种的核定案件

案件名称	参照价格的选取	明显偏低的判断标准	正当理由的判断标准
周国威诉国家税务总局淮安市税务局、国家税务总局江苏省税务局案	全省统一开发的价格评估系统现场评估	低于评估价格	要求纳税人说明"正当理由"
合浦雄鹰房地产开发有限公司诉合浦县地方税务局案	委托非独立评估机构认定的价格	低于认定价格	未接受纳税人提出的"销售困境""负债"为正当理由
陈秀华诉国家税务总局哈尔滨市平房区税务局、国家税务总局哈尔滨市税务局案	全省存量房交易价格评估系统确定的评估价格	低于评估价格	未提供证据、未要求纳税人说明，直接认定"无正当理由"

① 周佑勇：《论作为行政法之法源的行政惯例》，《政治与法律》2010 年第 6 期。

续表

案件名称	参照价格的选取	明显偏低的判断标准	正当理由的判断标准
上海湘维化纤经营部诉上海市地方税务局普陀区分局第十三所、上海市地方税务局普陀区分局案	有资质的房产评估中介机构评估的市场价格	低于评估价格	未接受纳税人提出的"纳税申报前房地产市场的价格波动及税务机关拖延办理房产税"作为正当理由
虞秋菊诉国家税务总局岱山县税务局第一税务所案	评估公司出具的评估价格	直接认定偏低未说明标准	未提供证据、未要求纳税人说明,直接认定"无正当理由"
王蔚茸诉上海市地方税务局静安区分局第三税务所、上海市地方税务局静安区分局案	第三方市场询价价格	低于询价价格	"三年内不得转让、抵押"不构成"正当理由"
高骥、吴迪诉江苏省苏州工业园区地方税务局第一税务分局、江苏省苏州工业园区地方税务局案	全省统一开发的价格评估系统计算机软件评估	评估系统"审核不通过"	未提供证据、未要求纳税人说明,直接认定"不存在……有正当理由的情形"
张家港广聚源置业有限公司诉国家税务总局苏州市税务局稽查局、国家税务总局苏州市税务局案	第三方评估价格、同期各时段全市商业用房平均销售单价	低于参照价格的70%	审查纳税人提供的资料后直接认定"无正当理由",未说明认定标准
孙小兵诉江苏省苏州市工业园区地方税务局第一税务分局、江苏省苏州市工业园区地方税务局案①	江苏省存量房交易纳税评估系统(省级集中版)评估价格	低于评估价格	民事调解书不属于江苏省地方税务局《关于进一步加强存量房评估工作的通知》所列举的"正当理由"
广州德发房产建设有限公司诉广东省广州市地方税务局第一稽查局案	历史成交价、市场交易价格、纳税人自行提供的评估价和成交价	未说明判定"明显"的标准	未说明认定"无正当理由"的事实基础
王有志诉国家税务总局东莞市税务局南城税务分局、国家税务总局东莞市税务局案	东莞市存量房交易计税评估系统评估价格	低于评估价格	未认可纳税人提出的理由为"正当"
杨双珍诉上海市浦东新区地方税务局第二税务所、上海市浦东新区地方税务局案	委托评估机构的评估价格	低于最低低税价格(评估价格)	未提供证据和说明理由,直接认定"无正当理由"
新宾满族自治县亿源房地产有限责任公司诉国家税务总局抚顺市税务局第一稽查局、国家税务总局抚顺市税务局案	全省统一招标的评估公司评估的市场价格	低于进入税务产权交易系统的价格(评估价格下浮20%)	未认可纳税人提出的"竣工以来无人买受"为正当理由

续表

案件名称	参照价格的选取	明显偏低的判断标准	正当理由的判断标准
新疆瑞成房地产开发有限公司诉新疆维吾尔自治区地方税务局稽查局案	纳税人向其他社会个人（无关联关系的购房者）销售同类商品房的价格	低于市场价格	未认可纳税人提出的理由的"正当性"

注：①范正刚诉江苏省苏州市工业园区地方税务局第一税务分局、江苏省苏州市工业园区地方税务局案与本案为同一交易，具有相同的诉讼请求，不作另行统计。

表 8 - 2　车辆购置税核定案件

案件名称	参照价格的选取	明显偏低的判断标准	正当理由的判断标准
史相杨诉国家税务总局沈阳市辽中区税务局、国家税务总局沈阳市税务局案	车辆购置税申报系统显示的最低计税价格	低于最低计税价格	未采信纳税人"低配手动款"为正当理由，未另行提供证据证明"无正当理由"
阮煜诉成都市国家税务局车辆购置税征收管理分局、四川省成都市国家税务局案	国家税务总局核定计税价格	低于最低计税价格	纳税人提出价格偏低的理由不属于规章明确列举的"正当理由"
胡曰归诉上海市国家税务局车辆购置税曹杨征收所、上海市国家税务局案			未发生规章明确列举的"正当理由"
付重阳诉南京市国家税务局、南京市国家税务局车辆购置税征收管理分局案			未认可纳税人提出的理由为"正当"
姚惠春诉吉林省辽源市国家税务局案			纳税人未提供正当理由
陈浩案			纳税人未提供证据证明属于列举的"正当理由"

在车辆购置税方面，参照价格为"同类型应税车辆的最低计税价格"，这在《车辆购置税征收管理办法》第 9 条第 3 项已明确作出规定。税务机关以此为参照价格进行认定，是统一的适法行为，而非"惯常做法"。但国家税务总局核定的最低计税价格是否构成"惯例"同样值得怀疑。在姚惠春诉吉林省辽源市国家税务局案中，法院认定最低计税价格"不属于政府主动公开的政府信息"，须经申请程序才可公开。这显然无法满足惯例应当具备的"已公开实施且为大众所知晓"这一要素。从上述涉及房地产交易的核定案件来看，

税务机关在选取认定房地产交易的计税依据是否偏低的参照价格方面，至少存在第三方评估价格、计算机软件统一标准价格、历史成交价、纳税人自行评估价、纳税人同类商品的市场价格等不同的做法。即使在同一省内涉及同一税种，不同的税务机关选取的参照价格仍有所不同，如高骥、吴迪诉江苏省苏州工业园区地方税务局第一税务分局、江苏省苏州工业园区地方税务局案，张家港广聚源置业有限公司诉国家税务总局苏州市税务局稽查局、国家税务总局苏州市税务局案（以下简称"广聚源案"）发生于江苏省且均涉及契税计税依据的核定，但税务机关所选择的参照价格却存在差异。就此而言，参照价格的选取是存在相同案件不同处理的。在较长时期和空间范围内反复适用的"惯常做法"已经形成的结论是值得怀疑的。

在认定计税依据是否"明显偏低"方面，广聚源案中税务机关指明偏低的标准，其他案件中税务机关多以"低于参照价格"直接认定"明显偏低"。这一做法在实践中确实反复发生，似乎足以认定为一种惯常的做法。在交易有无"正当理由"方面，考察的案件中税务机关均未明确说明其认定交易理由是否正当的标准或依据，因此，实际上难以判断其采用的标准或依据之间是否具有同一性。尽管江苏省地方税务局在《关于进一步加强存量房评估工作的通知》（苏地税发〔2014〕58号）① 中明确列举了可以视为正当理由的情形，但该省税务机关作出交易理由正当性的判定并未完全依据这一文件。可以说，在交易理由正当性的判断标准方面难以确认"惯常做法"的存在。但所考察的核定案件中，仍有一项做法几乎在所有案件中都是相同的，即税务机关不直接对交易是否存在正当理由这一事实进行调查、收集相应的证据，而是要求纳税人提供证据证明或说明其交易定价的理由，再由税务机关认定其说明的理由是否正当。如未提供证据，或虽提供证据但税务机关不认可其正当性，或提供的理由不属于被明确列举的"正当理由"的范围，税务机关即直接认定交易"无正当理由"。② 除广州德发公司案外，其他上述核定案件

---

① 由于未检索取得该文件的全文，这一文件为规范性文件还是税务机关的内部工作指引无法作出判断。

② 合浦雄鹰房地产开发有限公司诉合浦县地方税务局案中，法院根据《税收征收管理法实施细则》第47条第3款规定的纳税人异议权，认为纳税人应对此承担举证责任。详细可参见广西壮族自治区北海市中级人民法院《合浦雄鹰房地产开发有限公司、合浦县地方税务局税务行政管理（税务）二审行政判决书》〔（2015）北行终字第6号〕。然而，该条所规定的纳税人异议的范围为"税务机关采取核定方法认定的应纳税额"，而非"交易是否构成核定事项"。

中这一做法均被采用。

单纯依据公开的核定案件的司法判决得出同类核定案件已形成一定的惯例的结论，显然是片面的，因为当前进入司法诉讼程序的核定案件数量有限，不足以得出上述"'低于参照价格'构成明显偏低"和"纳税人须证明交易理由的正当性"是在较长时期内普遍采用的惯常做法，更不足以得出民众对此已形成一般的法的确信的结论。惯例必须由先前的多个核定行为不断积累才能逐步形成，是数量众多的行为所包含的共通性的做法。然而，大量税收核定案件未进入司法程序，未以任何方式公开，税务机关也从未公布具有共通性或先例意义的相关执法案例。最高院在广州德发公司案中直接表明了司法尊重的态度，却并未说明所指的惯例为何及其具体内容，更未指明其生成的路径，多个同类核定案件中是否已然存在较为一致的做法并演化为"隐性规范"，不无疑问。即使这种规范已然存在，如果不仅累积生成这种规范的案件本身未被公布、案件之间的一致性规则也未经任何程序和方式予以公布或确认，民众无从知悉其内容。在此情况下，具有一定拘束力的"惯例"何以存在，甚得怀疑。

（二）惯例的审查：司法尊重之惑

最高院强调广州德发公司案的典型意义之一是司法确认惯例并予以尊重。那么，即使同类核定案件的处理已形成了一定的惯例，如纳税人须承担交易理由正当性的证明责任，是否当然受到司法的认可和尊重，即承认其对税务机关和纳税人的拘束力，并将其作为判断核定行为合法性的依据，同样值得关注。

行政惯例必须被遵循的正当性基础是行政机关的先行为，尤其是一贯行为，已经在相对人心中形成基本的确信，相对人有权期待行政一贯性和规则平等适用，即行政机关对于情况相同的问题将作出相同的处理，从而确保行政处理的公平。税务机关作为行政主体，行使具有一定权利侵害性的征税权，同样应当受到先行为的拘束，以保证征税的公平。"当法律的弹性不足以应对'个案'的复杂情形和人们对公平正义的渴望时"，遵从先例在一定程度上可以确保相同或类似的案件事实的处理结果的一致性和相似性。可以说，行政惯例实际上是承认此前已发生的具体行政行为可以作为"典型案例"以及在此基础上形成的"惯例规则"，对此后相同情况的另一具体行政行为的作出产生拘束作用。因此，行政惯例产生于具体行政行为，赋予典型"个案"以基准的效力，产生跨程序的拘束力，使具体行为发挥其作为执法"尺度"与"基准"的功能，使其"一次性效力"在时间和空间上拓展为反复适用的参照、基准和依据。① 尽管已存的具体行政行为具有公定力和确定力，但其合法性却并非绝对不容置疑，经司法机关的合法性审查，其仍可能被宣告无效或撤销。一项在多个已发生确定力的具体行政行为中反复发生的惯常做法，可能完全出于行政便宜或部门利益的考量，却违反了现行成文规则或税法基本原则。如未经审查，即肯定税务机关的惯常行为合法并应作为依据予以遵循，无疑将使已生效的征税行为的违法性得以扩展到未来的征税行为，这对纳税人显然是极为不利的。更重要的是，由于税收固有的侵权性，基本税收制度根据《立法法》的规定应当由法律所保留。行政惯例作为一种非正式法律渊源，也不得触及属于法律保留范围内的税收要素等基本事项。如对征税活动中形成的惯例一概予以司法尊重，意味着其中削弱纳税人权利或加重其负担的惯例一旦形成便不会遭到否定性评价，那么，税务机关借由惯例形式扩张其权力的风险便可能随即而至。与同属非正式法律渊源的税务规范性文件相比，后者的制定程序已相对规范，但其规范内容变更上位法、与上位法存在矛盾和冲突之处仍不鲜见。这与其制定过程的民主参与程度相对较低和事后司法审查有所不足直接相关。我国尚未建立正式的行政惯例确认制度，惯例是税务机关长期执法实践形成的"隐性规范"，是其主动执法行为的选择和征管经验的积累，纳税人对惯例形成的影响相对较弱。一旦缺少司法审查，同样难以确保已形成的惯例均符合法律精神和原则。

在现行的立法体制之下，行政惯例作为法源的功能主要是补充成文法之不足或填补法律漏洞，应属于行政规范（行政规则）的不成文的表现形式。行政法学界一般认为，其法源上的效力位阶应当低于法律、行政法规和规章，相当于行政规范性文件的效力位阶。②

根据《行政诉讼法》的规定，行政规章在行政诉讼中只具有"参照"适用的地位，即法院在决定是否适用规章作为依据之前应对其进行审查，只有确认其具有合法性和有效性才能予以适用。对于规章以下的规范性文件，法院可以审查其合法性并决定不将其作为认定行政行为合法性的依据。无论规范性文件还是行政惯例，其主要价值之一均在于实现税务机关的"自我约

---

① 柳砚涛：《论行政惯例的价值及其制度化路径》，《当代法学》2013 年第 5 期。
② 周佑勇：《论作为行政法之法源的行政惯例》，《政治与法律》2010 年第 6 期。

束"。相较而言，前者作为成文规范的形式，更能够清晰地向纳税人传递税务机关在上位法缺失或不明确的情况下的行为标准，在其制定程序相对规范的情况下尚且面临事后合法性审查，如不成文且缺乏明确确认程序的行政惯例反而可以受到司法的尊重，力图突破挣脱法律拘束的税务机关便可能以行政惯例的形式形成规则，以此突破成文税法规范对征税权的约束。行政惯例将因此成为税收法定主义壁垒上的重要缺口。因此，对于效力位阶低于规章的行政惯例，法院也应在对其进行合法性审查之后才能决定是否适用。即使在成文的法律、行政法规以及规章缺位时，法院也应当依据征税公平等基本原则等对惯例的合理性予以审查。[1] 法院应审查行政惯例是否存在，确认惯例的规范内容，进而审查行政惯例的合法性。[2] 由于惯例往往形成于立法模糊或空白、税务机关享有决定自由的领域，因此，除审查行政惯例是否违反现行法外，法院还应当对其是否违反税法的规范目的、基本原则，是否加重纳税人的负担或减轻税务机关的责任等进行审查。

就税收核定条款的适用而言，广聚源案中税务机关指明偏低的标准，其他案件中税务机关多以"低于参照价格"直接认定"明显偏低"。这一做法实际上忽视了"明显"这一特殊要求的判定，难谓没有违反"法律原则和精神"。价格偏低的税收核定制度是为了防止纳税人以较低的约定价格减少征税客体的量化金额，授予税务机关在约定价格之外重新确定税基金额的权力，以确保征税的公平。只有当约定价格"明显偏低"的情况下，造成少缴税款数额较大，实施核定的征管成本远低于核定后纳税人须补缴的税款，重新核定计税依据才具有实质的意义。如但凡约定价格低于参照价格均施以核定调整，将极大地扩张核定的范围，造成数量众多的交易价格均被纳入核定的范围。由于参照价格往往事后确定，即使事先确定也极少对外公开，纳税人因此难以预判其约定价格是否将面临重新核定，即使在完成纳税申报后也依然无法形成"纳税义务因履行而消灭"的心理确信。即使严格制定、明确清晰的税法规则也不足以确保税收待遇的可预测性。税收风险将由此成为所有纳税人从事市场交易的一项重要的不确定成本。

在交易有无"正当理由"方面，税务机关审查纳税人提供的证明交易理由及其正当性的证据取代其主动调查，如提供的证据未能说服税务机关，交

---

[1]　周佑勇：《论作为行政法之法源的行政惯例》，《政治与法律》2010 年第 6 期。
[2]　尹权：《论行政惯例的司法审查》，《法律科学（西北政法大学学报）》2008 年第 1 期。

易将被认定为"无正当理由"。这一做法无异于要求纳税人就交易是否存在正当理由这一事实承担客观举证责任。交易的相关证据资料处于纳税人的掌握范围之内，由其对交易的理由予以陈述、说明，这固然有一定的合理性，但在法律并未明确规定的情况下，这将直接加重纳税人举证责任的负担，使其极易面临计税依据重新核定的不利后果。从上述公开的核定案件来看，纳税人陈述、说明的理由基本未被认可，部分案件中税务机关甚至基于"计税依据偏低"的事实便直接得出交易无正当理由的结论。这显然已违背了税收法定主义所衍生的税务机关的职权调查原则。

尽管最高院强调应受尊重的惯例应"不违反法律原则和精神"并"符合具体执法规律和特点"，但在司法不予审查的情况下，如何确保惯例符合上述要求，不无疑问。税务机关在核定实践中逐步形成的惯常性做法，同样可能存在合法性的争议，不当然符合税法的基本原则和精神，不能一概予以认可和尊重，同样应当对其进行合法性审查，才能将其作为判断核定决定是否合法的依据。

（三）基于惯例的专业判断的合法性审查

遵循先例使纳税人能够期待税务机关将对相同或类似的案件作出相同的裁量。这是确保法律获得平等执行的重要方式。这种"同案同判"也在一定程度上限制了税务机关的裁量空间，形成了"恣意禁止"。因此，惯例一旦被形成和确认，在未来的相同或类似的个案中应当有必要予以遵守。

然而，广州德发公司案中最高院尊重并认可惯例，进而直接得出依据惯例作出有关核定的裁量判断合法的结论仍然是值得商榷的。即使审查后惯例本身不存在合法性的争议，将此惯例适用于具体案件的方法或其结果的合法性也可能是存疑的，如错误地判定事实或忽视了个案与先例的差异，将"异案"作为"同案"适用惯例，或错误地理解了惯例的内容而进行了错误的适用等。因此，惯例本身可以受到尊重并不能当然得出依据惯例作出的专业判断合法的结论。同样，不循先例也不应被直接认定为违法。这是因为惯例本身形成于具体的个案，而不同案件在事实方面往往是存在诸多差异的，完全相同的个案实际上是不存在的。只有当案件事实与先例之间不存在实质性差异或虽有差异但不足以影响作出"同案"的判断的情况下，才有遵循惯例的必要。核定条款之所以采用不确定概念作出规定，就是考虑到个案中交易定价的影响因素差异巨大无法作出统一的规定，以此授予税务机关在个案中根据案件的具体情形灵活作出判断，以此确保个案的正义。惯例的形成并不能排除税务机关作出个案判断的权力。相反，在案件存在实质性差异或个案中存在特殊事由的情况下，不循先例反而是必要的。否则，完全无视个案差异，"机械"或"统一"地适用惯例作出"僵化"的决定，反而可能导致明显不当的结果，可能因未考虑应当考虑的事由而构成违法。[①]

无论如何，不遵循惯例可能造成"同案异处"的结果，为保证其正当性，税务机关有必要对背离惯例的事实和理由加以说明。这一方面可以增强其决定的公信力和权威性，使纳税人确信其并未被"另眼相看"；另一方面，法院也可以据此判断税务机关是否出于正当的理由而作出不同的处理，还是仅仅简单疏漏或忽视其先前决定。

综上所述，最高院强调"认可并尊重行政惯例"是广州德发公司案的典型意义之一，然而，惯例是一种不成文的非正式法律渊源，未经正式的确认程序，在其存在与否且具体内容尚不明确的情况下，法院在该案中既未确认同类核定案件中已经形成的惯例，也未阐明惯例的内容并对其合法性进行审查，更未对此惯例在该案中能否适用及其适用结果的正当性加以审查，而是径直得出了惯例应受尊重和遵循惯例的核定行为合法的结论，显然是值得商榷的。

五 税务机关专业判断的审查强度与范围

可以说，在广州德发公司案等税收核定案件中，法院将包含不确定概念的税收核定条款的适用简单作为"尊重行政机关的判断"的"裁量概念"予以处理，实际上没有正确理解法院的任务。税法条文中不确定法律概念的采用固然在一定程度上形成司法应当予以尊重的判断空间，却不能绝对化。

税收核定以及类似的条款为及时因应层出不穷的交易形式以及影响定价的诸多因素，以不确定概念对核定要件加以宽泛的描述，使税务机关获得更大的规范涵摄的灵活度，同时以个案的衡量实现实质的征税公平，本无不当。然而，这也使得税收核定权的确定性和界限性均有所不足。一旦法院以专业

---

① 〔日〕平冈久：《行政立法与行政基准》，宇芳译，中国政法大学出版社，2014，第256页。

性和技术性为由拒绝审查，纳税人的权利保障便将成为一纸空文。我国各单行税种法采取了原则性、概括性的粗糙立法模式，除了税率等数字之外，适用时无须复杂推论的确定性概念并不多见。如果单纯由于概念的不确定性排除法院的审查，将导致法院在税法领域的完全退让。这与我国《行政诉讼法》的立法目的是背道而驰的。①从方法论立场来看，包含不确定概念的核定条款并未形成特殊的规范结构，其中包含的不确定概念仍然是"法律"概念，并无制造出独特思维过程的必要性，不足以形成税务机关自由的法外空间。②不确定概念授予税务机关的个案判断自由，应当有必要通过法院的事后审查加以约束，法院对税务机关就此类条款的解释与适用，原则上应当予以全面的审查。

不容否认的是，"正当性""明显偏低"等概念的模糊性和多义性决定了无法通过纯粹的逻辑演绎得到唯一"正当"的答案。在评价具体交易是否构成核定事项的过程中，必然经历基于个案具体事实确定概念的最妥适含义的阶段。不确定概念所形成的"概念晕"，构成一个"合乎情理或相对正确"的答案区间。只要税务机关在个案中通过法律解释的手段、利用自身的征管经验和价值观，对不确定概念的具体化落入该区间之内，就此所作的解释和适用就应视为正确且妥当的。因此，法院对税务机关就不确定概念的"复数解释可能性中选取其一"的意志行为给予一定的尊重，承认税务机关基于自身的专业优势在此领域的积极作用，对此类决定的审查可以有所节制。

根据《行政诉讼法》第69、70条的规定，法院在行政诉讼中进行审查的范围既包括事实的认定，也包括法律的适用，并没有对事实和法律问题分别适用不同的审查标准。由于事实认定取决于法律概念的含义的确定，法院审查税务机关的事实认定和核定后果依然取决于条文的解释。因此，与确定概念的适用审查相同，税务机关对核定条款中包含的不确定概念的解释、确定已存在的事实状态以及将这一事实状态涵摄于不确定概念的过程，均应当受到司法审查。审查的内容限于合法性审查，标准来自税法，界限在于价值判断，以税法的宗旨目的和原则来防止核定权的滥用。在税务机关基于价值判断享有多种选择可能性的情况下，如所作选择能够被不确定概念的合理含义

---

① 《行政诉讼法》第1条。
② 〔德〕卡尔·恩吉施：《法律思维导论》，郑永流译，法律出版社，2014，第152页。

区间所涵盖且理由正当并已充分解释说明时，法院可不再予以审查，尊重税务机关的认定。这就意味着，税务机关作出核定决定时，不仅应说明在个案中对"正当理由"等不确定概念所作的内涵的具体化，同时还须明确其得出最终结论的根据，才属真正的"合法"。

原则上说，法院应当审查税务机关适用核定条款是否充分考虑一切法律，尤其是税法的准则，是否就"具体案件的情况"进行全面的调查和评价，从而在"主观认为正确"的"答案区间"内作出唯一正确的认定。由于不确定概念的适用过程必然包含价值判断和案件事实认定的相互交融，对包含不确定概念的税收核定等条文适用的审查，应当涵盖概念的认识正确与否、所有重要事实和因素是否已穷尽考量、是否存在可责问的程序违反等方面。具体而言，法院的司法审查应当包括如下方面：第一，不确定概念的解释是否妥当，是否有违税法原则、违背解释法则或抵触上位规范，是否存在通常的判断标准或客观性要求而未予以注意；第二，交易事实的把握是否正确，确认的交易事实是否真实、准确和全面，相关证据是否确实、充分；第三，不确定概念是否结合具体个案情境加以适用，从确认的事实中导出涵摄的逻辑是否合理，是否违背一般公认的价值判断标准，是否违背税法应遵循的原理、原则；第四，税务机关所作出的决定是否存在判断瑕疵，如恣意认定和评价事实、忽视本应当考量的事项、考虑了不应当考虑的事项或欠缺相反利益的慎重比较等。

六　结语

税法具有天然的"财产侵夺"的特性，本应采用内涵明确、外延清晰的概念予以严格地规定，但仍有不少条文采用了语义含糊、高度抽象的不确定概念，价格偏低的核定条款就是典型。这些条文的适用存在主观性的判断，在授予税务机关判断自由以实现个案正义的同时，却大大降低税法的确定性和可信赖程度，使征税权具有更大的侵略性，成为一项更为危险的权力。

囿于自身税法专业知识和专业人才的匮乏，我国法院审理税务案件往往趋于谨慎和保守。由于税法规则的复杂性和技术性，加上案件事实的繁复性，对于税务案件法院不愿介入太深，大多仅作形式审查甚至不予审查。这种态度在近年来的税收核定案件和最高院公布的两个典型涉税案例中可谓体现得十分明显。简单一句"尊重税务机关的专业判断",结果是纳税人权利救济之路的阻断。专业判断绝不能成为法院在税法领域完全退让的借口,尤其是涉及不确定概念的税法条文的解释适用争议的案件。否则,税务机关将得以在不确定概念形成的自由判断空间内享有一项不受拘束和制约的权力。在税法条文包含开放的规范结构的情况下,法院更有必要担负起纳税人权利保护和对税务机关的专业判断予以制衡的司法监督之职。司法节制并非法院专业判断唯一的选择,相反,提升税法专业审判能力、真正发挥法院钳制征税权行使的功能,方是未来的正途。

第九章 税务规范性文件的适用与司法审查：
实效考察与完善进路

在税收领域中，税务规范性文件的泛滥是不可忽视的现象，不仅数量众多，而且规范事项极为广泛，几乎涵盖了征管活动的方方面面。由于其规定更加具体和明确，其在实践中适用的频率和概率甚至超过了税收法律、行政法规，已成为不可或缺的征税依据，因此备受形式法治主义者的批评，他们认为其违背了税收的法律保留原则，将导致"政府自行创设自身征税的权利及其范围"。作为一种"非正式法律渊源"，税务规范性文件"对人民法院不具有法律规范意义上的约束力"①，这意味着法院有权在进行合法性审查之后将其弃之不用，由此政府对征税事项的绝对话语权才能被打破。因此，法院对税务规范性文件的审查强度和效果，对税收法治的实现有着极为重要的意义。那么，司法实践中税务规范性文件的审查实效如何，是否达到预期的目标，值得关注。本书将以中国裁判文书网上公布的 2016~2020 年的税务行政诉讼案例为样本，对其加以考察，以揭示当前税务规范性文件司法审查之不足，为未来之完善提供认知的基础。

一 税务规范性文件的滥觞与合法性之争

在税收法治建设过程中，税务规范性文件可以说一直处于争议的风口浪尖。关于其存废的观点似乎针锋相对，难以妥协。归根结底，原因不外乎税务规范性文件已然庞杂到远远超过其上位法规范之和，对征纳双方的拘束效力与其上位法难分伯仲。从条文数量上看，《个人所得税法》条文共 22 条，

---

① 《最高人民法院关于印发〈关于审理行政案件适用法律规范问题的座谈会纪要〉的通知》（法〔2004〕96 号）。

却已衍生 240 多项条文数量多寡不一、内容繁简程度不同的规范性文件，而《企业所得税法》的 60 条条文经过 10 多年的发展也形成了 300 多项规范性文件。[①] 这些规范性文件往往针对具体事项作出，且规定更加详尽、具体，更具有可操作性，在征税实践中已然成为不可或缺的规范依据。正因为如此，不少学者认为，税务规范性文件是合法也是合理的。如有学者认为，税务规范性文件（国税发、国税函、财税字等）"系我国税法的主要渊源之一，对指导我国税法实践发挥了不可或缺的作用，今后仍会长期存在"。税务规范性文件的存在，既节省了立法和司法资源，使得行政机关能够积极、主动、高效地应对多变的市场创新和交易类型，也解除了立法机关频繁制定和解释大量变动不居的税法规则带来的烦恼。[②] 然而，成也萧何、败也萧何，税务规范性文件备受诟病者也在于此。税务规范性文件的规范事项可以说是包罗万象，几乎涉及社会经济生活的方方面面，有意无意已然侵入了本应由法律保留的税收基本制度的范畴，由此引发其过度泛滥冲击税收法定主义实现的隐忧。

那么，何为"税务规范性文件"？何以其存废直接关涉税收法定主义的实现？《立法法》中并未对"规范性文件"作出任何的规定。《财政部规范性文件制定管理办法》第 2 条、《税务规范性文件制定管理办法》第 2 条以及最高院《关于审理行政案件适用法律规范问题的座谈会纪要》（以下简称《座谈会纪要》）对规范性文件的定义仅明确了其制定主体与作为法规范的属性，即反复适用且具有普遍约束力，除此以外，其规范对象、内容等均未有所涉及。《座谈会纪要》将规范性文件分为两种类型，即行政解释和"县级以上人民政府及其主管部门制定发布的具有普遍约束力的决定、命令或其他规范性文件"，但对后者可以涵盖的范围同样无明确的规定。《税务规范性文件制定管理办法》规定，税务规范性文件可以规定"影响纳税人、缴费人、扣缴义务人等税务行政相对人权利、义务"的事项，同时辅以负面清单排除若干不得制定规范性文件的项目。然而，一方面，足以影响纳税人、缴费人、扣缴义务人等税务行政相对人权利义务的事项范围极为广泛，凡属税收基本制度的事项当然亦均属之；另一方面，即使被列入负面清单的事项，如减免税等，

---

① 上述规范性文件数以国家税务总局政策法规库检索的现行有效的文件计算，不包括已失效的规范性文件。参见税收政策库，http://www.chinatax.gov.cn/chinatax/n810341/index.html，最后访问日期：2022 年 8 月 22 日。如加上曾颁布实施但已失效的文件数，总数更为惊人。

② 徐阳光：《民主与专业的平衡：税收法定原则的中国进路》，《中国人民大学学报》2016 年第 3 期。

在现有的税务规范性文件中也多有涉及。① 由于规范对象和范围极为含糊，税务规范性文件往往被用于规定上位法规范内容含糊、不明确甚至未有涉及的情形。在税收法律、行政法规的规定极为概括和原则的情况下，上述情形几乎比比皆是，从而造就了当前几乎无所不包、涵盖面极广的庞杂的税务规范性文件，对税收征管的实际拘束力甚至超过了上位税法规范。

如果税务规范性文件单纯只是上位税法规范的解释或政策的阐述，其存废之争乃至削弱税收法定主义的隐忧都将大为减少。税法是以语言表达的征纳行为规范。税法规范的普适性决定其表述的抽象性、概括性和一般性。然而，语言表达的有限性、固有的含糊性和规范内容的相对稳定性与应税事实的流动性之间的矛盾决定了条文表述的不确定性、多义性和变迁性，加上征税事项的技术性，税法概念每每偏离其日常含义甚至其他法律部门的含义，因此，征纳双方必须为税法上的"词语"约定特定的含义。② 税务机关通过发布规范性文件可以相对快捷地向社会公众传达将如何解释税法以及将以何种方式予以执行的信息，阐明其对模糊的税收法律、法规的理解，而无须启动正式的立法程序。在税务系统内部机构高度分散的情况下，通过发布规范性文件，也可以及时将税法概念的阐释或政策改变的信息及时传递给下级税务机关，以确保在税务系统内"同案同判"，避免执法错误而发生的沉没和机会成本，同时也减少征纳纠纷及其解决成本。③ 就此而言，税务机关以规范性文件的形式作出解释是必要的。在1981年作出的《全国人民代表大会常务委员会关于加强法律解释工作的决议》中规定"不属于审判和检察工作中的其他法律、法令如何具体应用的问题，由国务院及其主管部门进行解释"，即肯定了税务机关的这一解释权限。裁量性和可操作性、执行性规范性文件的功能与解释性规范大体相同，均在于确保税法执行的统一性和公正性，在保证执法质量的同时提高税收征管的效率。

然而，税务规范性文件的规范内容远不止于此。当前不少规范性文件涉及实体规范事项，对纳税人的权利、义务或负担予以调整或修正。直接规定政策事项者有之，如《关于支持个体工商户复工复业增值税政策的公告》（财

---

① 如《财政部、国家税务总局关于支持货物期货市场对外开放增值税政策的公告》（财政部、国家税务总局公告2020年第12号）。

② 〔德〕伯恩·魏德士：《法理学》，丁晓春、吴越译，法律出版社，2013，第89页。

③ David L. Franklin, "Legislative Rules, Nonlegislative Rules, and the Perils of the Short Cut", *Yale Law Journal*, Vol. 120, p. 304.

政部、国家税务总局公告 2020 年第 13 号）等一系列优惠性政策和措施。规定特定事项的具体待遇者亦有之，如针对"扶贫捐赠"这一"支出"类型，专门制定《关于企业扶贫捐赠所得税税前扣除政策的公告》（财政部、国家税务总局、国务院扶贫办公告 2019 年第 49 号）；颁布《海上油气生产设施弃置费企业所得税管理办法》（国家税务总局公告 2011 年第 22 号）专门对"弃置费"这一特殊的费用形式的计提、扣除和管理等事项作出明确的规定；针对"限售股"这一特殊"财产"，制定《财政部、国家税务总局、证监会关于个人转让上市公司限售股所得征收个人所得税有关问题的通知》（财税〔2009〕167 号）等一系列文件。还有意在填补立法者有意无意留下的税法漏洞或针对社会经济发展过程中的规范空白而制定的规范性文件，如针对 2010 年开展的融资融券业务专门制定《国家税务总局关于融资融券业务营业税问题的公告》（国家税务总局公告 2016 年第 20 号），在《企业所得税法》对债权和股权投资的区分未作规定的情况下对混合性投资①和永续债②的所属投资类型及其税收后果予以规定等。

不容否认的是，当前税收法律基本采用原则性、概括性甚至框架式立法，无法对特定事项的税收待遇的预测和确定提供充分的规范依据，交易的税收后果可能需要通过征纳双方的和解、协商或税务机关的裁量才能加以确定。这绝不应当成为确定纳税义务的主要机制。出于征税公平的考量，任何交易应税与否及其税负轻重必须加以确定。因此，当税法规范发生适用争议时，条文内容和适用范围应当予以明确，问题只在于由哪个机构于何时承担这一任务而已。与其他法律领域相比，由于税收的普遍课征，条文适用争议在税收领域发生的频率和密度更高，但迫于国家财政资金的紧迫需求必须被高效地解决。这决定了这一任务必须分配给最有能力快速提供明确答案的主体。财政部、国家税务总局作为税法执行机构，可以及时跟进税法执行中发生的适用争议，具备更为丰富的税法专业知识和征管经验，由其以规范性文件对税法规范的内容加以明确和具体化，弥补一般性条文表述存在的不足或缺陷，是更有效率且更为妥适的选择。由于税务规范性文件的制定或修正程序相对

---

① 《国家税务总局关于企业混合性投资业务企业所得税处理问题的公告》（国家税务总局公告 2013 年第 41 号）。

② 《财政部、国家税务总局关于永续债企业所得税政策问题的公告》（财政部、国家税务总局公告 2019 年第 64 号）。

宽松，以此种非正式法律渊源形式确定具体事项的征税方案更能及时、有效地回应征管实践的迫切需求。正因为如此，不独在我国，即使《美国国内收入法典》已繁杂精细至斯，亦由财政部、国内收入局发展出巨量甚至"已然失控"的庞大规范体系。

　　由此可见，税务规范性文件作为"非正式法律渊源"，对于税收法治建设有其独特的价值。然而，其过度泛滥可能侵蚀税收法定主义的隐忧并非空穴来风。如前所述，税务规范性文件可规范的事项范围至今并无清晰的规定。由于其制定程序更为宽松，国家税务总局等机构更乐于选择这一形式作为具体征税方案的载体，由此导致其规范事项不断扩容。其中变更上位法、创设上位法未作规定者俯仰可拾。如《国家税务总局关于调整个人取得全年一次性奖金等计算征收个人所得税方法问题的通知》（国税法〔2005〕9号）、《关于延续实施全年一次性奖金等个人所得税优惠政策的公告》（财政部、国家税务总局公告2021年第42号）在《个人所得税法》的工资薪金的一般计税规则之外创设全年一次性奖金的特殊征税方式；《关于创业投资企业个人合伙人所得税政策问题的通知》（财税〔2019〕8号）规定了合伙制创业投资企业可以选择按单一投资基金或年度所得整体核算两种方式，这与《个人所得税法》关于合伙企业的规定难谓没有冲突，亦明显突破了《企业所得税法》第31条规定的创业投资额抵免优惠的适用范围。即使是解释性的规范性文件也在一定程度上改变了被解释的上位税法规则的适用范围。如《国家税务总局关于明确残疾人所得征免个人所得税范围的批复》（国税函〔1999〕329号）对《个人所得税法》第5条第1款及其实施条例第16条的"可减征个人所得税的残疾、孤老人员和烈属的所得"加以限缩性的解释，即缩小了减征规则的适用范围。普遍缺乏税收专业知识的纳税人很难区分规范性文件仅是以简明易懂的语言重新总结、阐述复杂的税法规范，对模糊的概念加以明确，还是已然变更、偏离了税收的基本法律，只能一概予以遵循，由此便可能危及征税的民主与公平的价值。[1]

　　因此，在税收法定主义之下，存有争议的并非税务规范性文件的存废问题，而是其规范事项的界限何在以及如何确保有权机构，尤其是财政部、国家税务总局，在这一界限范围内以有利于促进税法规范目的实现、维持统一

---

[1]　Joshua D. Blank, Leigh Osofsky, "Simplexity: Plain Language and the Tax Law", *Emory Law Journal*, Vol. 66, p. 238.

征税秩序的方式行使制定权。如前所述，国家税务总局选择以规范性文件的形式明确具体的征税方案，效率是最为重要的考量。然而，文件的制定程序每每被简化，尤其是其中民主参与和公开征求意见程序，纳税人参与制定过程、对征税草案提出异议、表达观点和建议的方式和渠道都相当有限。这决定了以民主参与监督并防止有权机关通过制定规范性文件随意扩张征税权的目的将难以实现。在此情况下，在税务规范性文件制定之后的司法审查便尤为关键。只有法院有权审查税务规范性文件内容正当与否，并否定随意扩张征税权的文件的适用，纳税人才可能免遭不当的权利侵害。因此，当前《行政诉讼法》已经确立了对规范性文件的附带审查，在税收领域中实际审查状况如何，有必要予以进一步的考察。

二 税务规范性文件司法审查之缺位：基于 2016～2020 年司法判例的实效考察

2014 年 11 月修改的《行政诉讼法》第 53 条增加了对规范性文件的附带合法性审查申请的规定。2015 年 5 月 1 日该规定正式实施后，相关司法实践有所增加。然而，鉴于 2015 年税务行政诉讼案件相关裁判文书的上网率极低，总数仅为 80 件，难以一窥该年度税务规范性文件审查的全貌，因此未将其纳入考察范围。此外，2021 年税务行政诉讼案件相关裁判文书的上网率锐减，仅有 145 件，不具有统计学意义上的典型代表性，同样未将该年份的案件纳入考察。基于上述考虑，本章将考察的样本限定于 2016～2020 年的税务行政诉讼案件。具体检索方法为在该网站的高级检索项中选择"案由：行政主体——税务行政管理（税务）"和"案件类型：行政案件"，检索到 2016～2020 年全国法院受理的税务行政诉讼案件共计 3987 件，但其中 66.57% 的案件法院以裁决方式结案。由于这些案件并未涉及实体审理，故仅将统计、考察的范围限定于以判决方式结案的案件。在此期间，法院作出行政判决书 1333 份，剔除"社会保障与劳动纠纷"和"非税收入"等非税务争议案件，涉税相关的行政判决书共计 1011 份（以下称为"有效案例样本"）。① 尽管纳

① 有学者统计，2014 年之前，全国税务行政诉讼案件平均每年有 400 件。但在中国裁判文书网上仅检索取得 2012～2015 年间的判决书 49 份。详细可参见崔威《中国税务行政诉讼实证研究》，《清华法学》2015 年第 3 期。

入考察范围的判决书并未涵盖司法实践中的全部税务行政司法判决，但其在中国裁判文书网的登载仍有一定的"随机"性，因此在一定程度上具备统计学上"随机抽样"的效果，可以作为样本研究税务规范性文件在实践中受到司法审查的"实效"与存在的问题。

（一）税务规范性文件的适用与司法审查状况概览

在全部收集的有效案例样本中，共有462份税务行政判决未涉及规范性文件的适用，占全部有效案例样本的45.70%。其中，仅涉及程序性争议的判决共有364份，占78.79%。单纯涉及实体问题的判决仅为27份，同时涉及实体和程序性争议的，则有71份。这一方面反映了《税收征收管理法》的规定相对明确、具体且具有可操作性，能够作为解决征纳纠纷的有效依据；另一方面则是由于税收征管方面的操作性、技术性的规定大多以规章以上的渊源形式制定。如在多个判决中被作为合法性依据的《税务登记管理办法》（2019年国家税务总局令第48号）、《纳税担保试行办法》（2005年国家税务总局令第11号）、《税收违法行为检举管理办法》（2019年国家税务总局令第49号）、《税务行政复议规则》（2018年国家税务总局令第44号）等均采用了规章的形式。这在一定程度上说明了由于税务机关身处税收征管的第一线，能够掌握税收征管活动的步骤、期限等程序性安排的较为全面的信息、知识和经验，能够作出较优的制度设计，并以位阶较高的渊源形式确定下来，以确保征管活动的实施效率。

在有效案例样本中，超过半数的税务行政判决涉及规范性文件的适用，总数达到550份。其中，共有431份判决涉及财政部、国家税务总局制定的规范性文件的适用，占其中的78.36%，涉及地方规范性文件的有119份，其中88份同时涉及国家税务总局规范性文件和地方规范性文件，数量相对较少。以下将对上述规范性文件在税务行政判决中的适用状况予以分析。

（二）未经审查的规范性文件适用

1. 未经审查直接适用

（1）单独适用

所谓单独适用，是指法院在没有对税务规范性文件进行合法性审查，也未引用其他上位法规范作为依据，直接、单独地将相关税务规范性文件作为判断被诉征税行为合法性的依据予以适用。① 在涉及税务规范性文件适用争议的有效案例样本中，共有 46 份判决仅以税务规范性文件为依据审查税务机关征税行为的合法性，既未引用税务规章以上的税法规范，也未对其合法性进行审查。

在单独适用规范性文件的税务行政判决中，多个判决均涉及出口退税单证相关规范性文件的适用争议。如在爱点儿（天津）进出口贸易公司诉国家税务总局天津市河西区税务局一案中，征纳双方就有关退税申报适用《国家税务总局关于〈出口货物劳务增值税和消费税管理办法〉有关问题的公告》（国家税务总局公告 2012 年第 24 号）、《国家税务总局关于出口退（免）税申报有关问题的公告》（国家税务总局公告 2018 年第 16 号）还是《国家税务总局关于调整出口退（免）税申报办法的公告》（国家税务总局公告 2013 年第 61 号）发生争议。法院在一审、二审中均仅对上述规范性文件的生效期间进行认定，便直接依据上述文件对税务机关的出口退税决定的合法性予以肯定。② 在江门市长林贸易有限公司诉国家税务总局江门市蓬江区税务局一案中，法院则是以《出口退（免）税企业分类管理办法》（国家税务总局 2015年第 2 号）为依据认定蓬江区税务局超过出口退（免）税办结时限完成退税手续合法。③

在杨磊、杨东诉徐州市铜山地方税务局第一税务分局、徐州市人民政府不履行法定职责行政复议一案中，就铜山地方税务局第一税务分局以纳税人未提供销售不动产发票为由拒绝受理契税申报的争议，法院仅适用《国家税务总局关于进一步加强房地产税收管理的通知》（国税发〔2005〕82 号）、《国家税务总局关于实施房地产税收一体化管理若干具体问题的通知》（国税发〔2005〕156 号）和《国家税务总局关于契税纳税申报有关问题的公告》（国家税务总局公告 2015 年第 67 号），认定铜山地方税务局第一税务分局未为纳税人办理契税申报手续的行为不构成行政不作为。④ 此外，在郑州同盛实

---

① 余军、张文：《行政规范性文件司法审查权的实效性考察》，《法学研究》2016 年第 2 期。
② 《爱点儿（天津）进出口贸易公司、国家税务总局天津市河西区税务局行政管理（税务）二审行政判决书》〔（2019）津 02 行终 328 号〕。
③ 《江门市长林贸易有限公司、国家税务总局江门市蓬江区税务局税务行政管理（税务）二审行政判决书》〔（2018）粤 07 行终 174 号〕。
④ 《杨磊、杨东诉徐州市铜山地方税务局第一税务分局、徐州市人民政府不履行法定职责行政复议一审行政判决书》〔（2016）苏 8601 行初 280 号〕。

业有限公司诉郑州经济技术开发区地方税务局一案中，同盛公司提供土地使用权、昌茂公司提供资金，以同盛公司的名义合作开发房地产是否构成合作建房的问题，法院依据《最高院关于审理涉及国有土地使用权合同纠纷案件适用法律问题的解释》、《国家税务总局关于合作建房营业税问题的批复》（国税函〔2005〕1003号）、《国家税务总局关于印发〈营业税问题解答（之一）〉的通知》（国税发〔1995〕56号），判定税务机关作出的认定纳税人不能按照合作建房的相关政策规定享受相应的税收待遇的决定适用法律正确。①

上位法的相关规定过于原则，甚至对争议事项的规定存在空白，是上述判决单独适用税务规范性文件作出合法性认定的主要原因。如在出口退税方面，除《增值税暂行条例》第2条第1款第5项规定纳税人出口货物税率为零外，仅有《财政部、国家税务总局关于出口货物劳务增值税和消费税政策的通知》（财税〔2012〕39号）、《国家税务总局关于〈出口货物劳务增值税和消费税管理办法〉有关问题的公告》（国家税务总局公告2012年第24号）等规范性文件对这一事项予以规定，而规章以上的税法规范对此未有所涉及。在此情况下，法院在案件审理过程中不得不"仅适用"税务规范性文件作出合法性判断，税务规范性文件因此堂而皇之成为司法审查的当然法源。

（2）辅助适用

所谓辅助适用，是指法院审理税务案件在引用上位法的同时依据税务规范性文件作出最终的裁判结论，但未对其合法性进行审查。这是最为常见的适用方式。

①未经审查直接肯定税务机关适用税务规范性文件正确

在有效案件样本中，法院在156份判决中既未审查征纳一方或双方主张适用的税务规范性文件的合法性，也未依据规范性文件对税务机关作出的行政行为的合法性予以审查，而是直接认定税务机关适用规范性文件作出的决定"并无不当"或"适用法律、法规正确"。如在姚惠春诉辽源市国家税务局一案中，在税务机关未将其主张适用的《国家税务总局关于核定第50版车辆购置税最低计税价格的通知》和《车辆价格第50版信息采集表》作为证据提供的情况下，法院既未审查税务机关调查的事实是否满足了上述规范性文件的核定要件，也未审查核定决定是否符合文件的要求，便直接认定其行为

---

① 《郑州同盛实业有限公司诉郑州经济技术开发区地方税务局税务行政管理（税务）二审行政判决书》〔（2018）豫01行终493号〕。

"事实清楚、证据确凿，适用法律、法规正确，程序合法"。①

在此类案件中，法院实际上并未对税务机关的征税行为是否符合规范性文件进行实质性的审查，仅仅是在形式上审查了税务机关作出的行政行为及其所依据的规范性文件的存在，便直接作出合法性的判断。这一类案件在所有涉及税务规范性文件适用争议的案件中占有高达 28.3% 的比重。其中，尽管有 12 个案件中，纳税人提出了不同于税务机关的适用规范性文件的主张，但最终被法院直接认定"适用法律、法规正确"的规范性文件均为税务机关所主张。几乎可以说，在这一类案件中，法院"盲从"了税务机关的规范适用。

②未经审查以税务规范性文件为依据作出判决

在税务行政案件中，法院往往同时依据税收法律、法规和未经合法性审查的税务规范性文件进行征税行为合法性的审查。这一类的税务行政判决总数达到 231 份，是法院适用税务规范性文件的最主要形式。在这一类案件中，税务规范性文件甚至是法院进行合法性审查的最主要依据。如在重庆市涪陵区发昌成品油有限责任公司龙水加油站诉国家税务总局重庆市税务局案中，法院税务机关"对原告补缴增值税是否存在重复征税"的争议，主要适用《国家税务总局关于增值税一般纳税人发生偷税行为如何确定偷税数额和补税罚款的通知》[国税发（1998）66 号）和《国家税务总局关于调整增值税扣税凭证抵扣期限有关问题的通知》（国税函〔2009〕617 号），而《增值税暂行条例》则仅为辅助性的适用。②但也有不少判决中，法院仅是为了增强裁判理由的说服力，在依据上位法已可得出裁判结论的情况下，仍引用税务规范性文件。

在绝大多数案件中，法院以税务机关主张适用的税务规范性文件为依据进行审查，且审查结果均认定税务机关适用法律、法规正确，对其征税行为的合法性予以认可。尽管纳税人在 34 个案件中提出适用与税务机关主张不同的税务规范性文件，仅在王三吉诉国家税务总局南平市建阳区税务局案中获得法院认可。③ 在 19 份判决中，法院在税务机关未主张的情况下适用了规范性文件并认定其行为违法或虽然税务机关主张适用规范性文件但法院适用了与其主张不同的规范性文件认定其行为违法。如在前进化工诉葫芦岛市税务

---

① 《姚惠春与吉林省辽源市龙山区人民法院二审行政判决书》[（2016）吉 04 行终 19 号］。

② 《重庆市涪陵区发昌成品油有限责任公司龙水加油站与国家税务总局重庆市税务局等其他一审行政判决书》[（2018）渝 0119 行初 175 号］。

③ 《王三吉与国家税务总局南平市建阳区税务局税务行政管理（税务）一审行政判决书》（〔2020〕闽 0781 行初 21 号）。

局稽查局案中，在税务机关未主张的情况下，法院依据《税务稽查工作规程》（国税发〔2009〕157号）认定稽查局作出的处罚决定，事实不清，程序违法，进而判决予以撤销。^①仅在临沭县盛达草柳工艺品有限公司诉国家税务总局临沭县税务局案中，法院依据税务机关主张的规范性文件认定其行为违法。在该案中，税务机关主张适用《国家税务总局关于明确生产企业出口视同自产产品实行免、抵、退税的通知》（国税发〔2002〕152号）、《生产企业出口货物免、抵、退税管理操作规程（试行）》（国税发〔2002〕11号）及《山东省出口货物免、抵、退税操作规程（修改）》，以证明其征税行为合法。法院依据上述规定，认定"退税争议属于被告的法定职责"，但税务机关"对此争议没有对实体作出处理，应认定被告的行为违法"。^②

2. 未经审查但决定不予适用

在涉及税务规范性文件适用争议的行政判决中，共有81份判决中一方或双方当事人主张适用税务规范性文件，法院未对其合法性进行审查，最终也将其作为依据予以适用。其中，仅纳税人一方主张适用规范性文件的案件共有19件，仅税务机关主张的则有52件，纳税人和税务机关均主张适用但法院最终依据上位法作出判决的共有10件。

在上述案件中，法院以事实不清为由拒绝适用规范性文件适用的判决共有23份，如在福建标新集团（漳州）制罐有限公司诉福建省漳州市国家税务局稽查局一案中，即认为税务机关作出的漳国税稽罚〔2016〕28号《税务行政处罚决定书》"认定事实不清、证据不足"，因而未肯定其主张的规范性文件的适用。^③此外，认定税务机关适用规范性文件错误的判决为28份，其中大多数认定适用错误的理由仍是"事实不清、证据不足"。如在湖北福泽房地产开发有限公司诉国家税务总局云梦县税务局案中，法院即认为税务机关"认定事实不清，导致适用法律错误"，进而认定其作出的税务处理决定和行政强制执行违法。^④

---

① 《原告前进化工厂不服被告葫国税局作出的葫税稽罚〔2018〕5号税务行政处罚决定一案行政判决书》〔（2018）辽1481行初57号〕。

② 《临沭县盛达草柳工艺品有限公司与国家税务总局临沭县税务局行政确认一审行政判决书》〔（2018）鲁1329行初12号〕。

③ 《福建标新集团（漳州）制罐有限公司与福建省漳州市国家税务局稽查局税务行政管理（税务）一审行政判决书》〔（2017）闽0602行初9号〕。

④ 《湖北福泽房地产开发有限公司与国家税务总局云梦县税务局税务行政管理（税务）一审行政判决书》〔（2018）鄂0902行初113号〕。

因主张适用的规范性文件与法院审查范围无关而未被适用的判决共有 13 份，如法院仅对案件的程序性问题进行了审查，与实体问题相关的规范性文件因此未被适用。如在通化铭邦工贸有限责任公司诉通化市国家税务局稽查局案中，法院以税务机关未向纳税人送达《行政强制执行决定书》认定行政强制执行程序违法而予以撤销，对实体问题未进行审理，因而，税务机关主张适用的《国家税务总局关于纳税人善意取得虚开的增值税专用发票处理问题的通知》（国税发〔2000〕187 号）等规范性文件未被作为依据予以适用。[1]

法院以规范性文件与案件不具有相关性为由而否定适用的判决共有 6 份。如在上海韵博科技有限公司诉上海市浦东新区地方税务局稽查局一案中，韵博公司认为其应适用《营业税差额征税管理办法》（沪地税货〔2010〕28 号）对营业税进行差额征税。一审法院认为"该公司的经营范围不属于可以差额缴纳营业税的范畴"，因而不予适用。二审法院则以韵博公司"在调查及庭审过程中始终未出具符合上述规定的抵扣凭证，其关于抵扣的主张也与税收征管系统的记录明显不符"，对其上述主张未予支持。[2]

法院未将征纳双方主张的税务规范性文件作为判决依据且未说明不予适用的理由的判决共有 10 份。如营口生源房地产开发有限公司上诉时主张适用《财政部、国家税务总局关于营业税若干政策问题的通知》（财税〔2003〕6 号）第 3 条第 1 款的规定，但法院依据《税收征收管理法》及实施细则认定征税行为违法，但未说明上述规范性文件适用与否以及不予适用的原因。[3] 这一类不予适用的规范性文件基本均为纳税人所主张。

此外，在新疆夏梦投资发展有限公司诉乌鲁木齐市地方税务局一案中，乌鲁木齐市地方税务局以"案件涉及国家税务总局〔2010〕54 号文及其涉及的《个人所得税法》的适用问题，需要国家税务总局做出解释"为由中止复议，一审、二审法院均仅肯定这一中止行为的合法性，而未直接依据上述法

---

① 《通化铭邦工贸有限责任公司与通化市国家税务局稽查局（现国家税务总局通化市税务局稽查局）撤销强制执行税款行为一审行政判决书》〔（2018）吉 0502 行初 4 号〕。

② 《上海韵博科技有限公司诉上海市浦东新区地方税务局稽查局税务一案二审行政判决书》〔（2017）沪 01 行终 4 号〕。

③ 《营口生源房地产开发有限公司与国家税务总局营口经济技术开发区（鲅鱼圈区）税务局、国家税务总局营口市税务局撤销税务事项通知书二审行政判决书》〔（2018）辽 08 行终 265 号〕。

律和规范性文件解决案件争议。[①]

从总体上看，征纳一方或双方主张适用的税务规范性文件最终未被作为法院审查依据的案件数量并不多，仅占涉及规范性文件适用案件的 14.7%。事实不清、证据不足（包括因事实不清认定适用文件错误的案件）是法院最终决定不予适用的最主要原因，占其中的 62.96%。对于税务机关主张适用的文件，如不予适用，一般均会说明其理由；对于不予适用纳税人主张的文件，则有 2/3 以上的案件未说明任何理由。

（三）规范性文件的审查与适用

1. 经审查决定予以适用

（1）主动审查

在征纳双方均未明确质疑或申请规范性文件的合法性审查的情况下，法院在审理过程中主动对征纳双方主张适用的规范性文件进行合法性审查的案件并不多见。仅在极少数的案件中对所涉规范性文件的效力予以确认，但审查极为简单，且审查结果均为肯定文件的效力，如孙元林诉国家税务总局上海市虹口区税务局案（以下简称"孙元林案"）[②]、水利工程局宁夏工程处诉国家税务总局宁夏回族自治区税务局稽查局案（以下简称"宁夏工程处案"）[③]、儿童投资主基金案[④]、黄山市博皓投资咨询有限公司诉黄山市地方税务局稽查局案（以下简称"黄山博皓公司案"）[⑤] 等。在贵港贝丰科技有限公司诉国家税务总局贵港市港北区税务局案（以下简称"贵港贝丰公司案"）中，法院虽主动对税务机关作出不予退税决定依据的《财政部、国家税务总局关于出口货物劳务增值税和消费税政策的通知》（财税〔2012〕39 号）、《国家税务总局关于〈出口货物劳务增值税和消费税管理办法〉有关问题的公告》（2013

[①] 《新疆夏梦投资发展有限公司与乌鲁木齐市地方税务局其他一审行政判决书》〔（2017）新 0105 行初 2 号〕、《新疆夏梦投资发展有限公司与乌鲁木齐市地方税务局不履行法定职责二审行政判决书》〔（2017）新 01 行终 210 号〕。

[②] 《孙元林与国家税务总局上海市虹口区税务局税务行政奖励二审行政判决书》〔（2020）沪 03 行终 87 号〕。

[③] 《水利工程局宁夏工程处与国家税务总局宁夏回族自治区税务局稽查局税务行政处罚行政二审判决书》〔（2018）宁 01 行终 182 号〕。

[④] 《儿童投资主基金诉杭州市西湖区国家税务局一审行政判决书》〔（2015）浙杭行初字第 4 号〕。

[⑤] 《黄山市博皓投资咨询有限公司、黄山市地方税务局稽查局税务行政管理（税务）再审审查与审判监督行政裁定书》〔（2017）皖行申 246 号〕。

年第 13 号）进行了审查，却将上述文件作为税务规章而肯定其适用效力。①

此外，在南京江东房地产开发有限公司诉江苏省南京地方税务局稽查局、江苏省南京地方税务局案②等案件中，对纳税人主张适用的规范性文件，法院主动进行了效力审查，进而否定其适用。在李松明诉南京市玄武区国家税务局、江苏省南京市国家税务局案中，法院对李松明主张适用的《关于规范南京市增值税发票管理有关问题的通知》进行了审查，认为该文件"系南京市国税局下发的通知，其性质属于业务指导，并非法律、法规或规章，未明确相关法律后果，既不能设定行政处罚，亦不能作为被告作出具体行政行为的法律依据"。③ 但该通知是不是规范性文件、是否合法，法院对此未作进一步的审查。南京江东房地产开发有限公司诉江苏省南京地方税务局稽查局、江苏省南京地方税务局案中，法院对原告主张适用的《国家税务总局关于北京聚菱燕塑料有限公司偷税案件复核意见的批复》（税总函〔2016〕274 号）进行了审查，认为依据《税收规范性文件制定管理办法》（国家税务总局令第 20 号）第 7 条第 2 款及《税收个案批复工作规程（试行）》（国税发〔2012〕14 号）第 4 条的规定，该文是国家税务总局对北京国家税务局的个案批复，不具有普遍适用的效力，因此否定该文的适用。④

值得一提的是，在武汉中防瑞达房地产开发有限公司诉武汉市地方税务局稽查局、武汉市人民政府案（以下简称"中防瑞达案"）中，法院主动对《税务行政复议规则》（国家税务总局令 2015 年第 39 号）第 29 条第 2 款进行审查，并确认该规定违法不予适用。⑤

（2）应申请进行审查

在有效案件样本中，周诚超诉国家税务总局宜兴市税务局案（以下简称

---

① 《贵港贝丰科技有限公司、国家税务总局贵港市港北区税务局税务行政管理（税务）二审行政判决书》〔（2020）桂 08 行终 2 号〕、《贵港贝丰科技有限公司、国家税务总局贵港市港北区税务局税务行政管理（税务）二审行政判决书》〔（2020）桂 08 行终 3 号〕。

② 《南京江东房地产开发有限公司与江苏省南京地方税务局稽查局、江苏省南京地方税务局行政复议一审行政判决书》〔（2017）苏 8602 行初 43 号〕。

③ 《李松明与南京市玄武区国家税务局、江苏省南京市国家税务局税务行政管理（税务）其他行政行为一审行政判决书》〔（2016）苏 8602 行初 239 号〕。

④ 在周诚超案中，法院经审查后则认定《国家税务总局关于未申报税款追缴期间问题的批复》属于"可以在一定期间内反复适用的行政规范性文件"。

⑤ 《武汉中防瑞达房地产开发有限公司与武汉市地方税务局稽查局、武汉市人民政府税务行政管理（税务）一审行政判决书》〔（2015）鄂江岸行初字第 00249 号〕。

"周诚超案")① 等30个案件中纳税人申请对规范性文件的合法性进行审查或在起诉书或上诉书中表达对规范性文件合法性的质疑。其中，在韩进贤诉天津市北辰区地方税务局、天津市地方税务局案（以下简称"韩进贤案"）等19个案件中，法院对被申请的税务行政规范性文件的合法性进行了审查，对其合法性予以认可，并将其作为依据对税务机关作出的征税行为进行审查。在少数税务机关质疑规范性文件合法性的案件中，法院对文件均进行了合法性审查。如在南通新景置业有限公司诉江苏省地方税务局、江苏省南通地方税务局案（以下简称"南通新景公司案"）中，南通地税局认为《重大税务案件审理办法》（国家税务总局令2012年第34号）对税务局和稽查局的职责划分只是税务机关内部的工作指引，税务局与稽查局的职责分工无须严格遵守该办法的规定。法院对此办法予以审查，认为该办法为部门规章，所确立的职责分工"应当作为法定程序来遵守"，进而依据这一规章认定税务机关的行为违法。②

在浙江广鸿房地产开发有限公司诉杭州市地方税务局稽查一局、杭州市人民政府案（以下简称"浙江广鸿公司案"）等11个案件中，纳税人虽提出规范性文件的合法性申请或质疑其合法性，但法院并未予以审查。其理由详见表9-1。

表9-1　纳税人申请审查但法院未予审查的案件及其理由

编号	案件名称	法院未予审查的理由
1	浙江广鸿公司案①	规范性文件未作为本案行政行为的依据
2	南京雨花园林绿化工程有限公司诉南京市人民政府、江苏省南京市地方税务局稽查局、江苏省南京地方税务局案②	合法性申请于二审中提出，超出审理范围
3	广东省开平市创丰贸易有限公司诉国家税务总局江门市税务局稽查案③	法院未说明不予审查的理由
4	胡曰归诉上海市国家税务局车辆购置税曹杨征收所、上海市国家税务局案④	被申请文件为规章

① 《周诚超与国家税务总局宜兴市税务局二审行政判决书》[（2019）苏02行终18号]。

② 《南通新景置业有限公司与江苏省地方税务局、江苏省南通地方税务局税务行政管理（税务）行政处罚及行政复议二审行政裁定书》[（2017）苏01行终131号]。此外，还可参见《北海市国家税务局稽查局、国家税务总局北海市税务局稽查局、国家税务总局广西壮族自治区税务局税务行政管理（税务）二审行政判决书》[（2019）桂01行终321号]。

续表

编号	案件名称	法院未予审查的理由
5	何海洋、袁红梅诉四川省南充市地方税务局第二直属税务分局、四川省南充市地方税务局案⑤	法院未说明不予审查的理由
6	张婧诉广州市白云区地方税务局纳税服务分局案⑥	法院未说明不予审查的理由
7	陈浩案⑦	被申请文件为规章⑧
8	徐州赋隆能源有限公司诉国家税务总局徐州市稽查局案⑨	被申请文件未作为被诉处罚行为的依据
9	国家税务总局淄博市税务局第一稽查局诉淄博万达包装印刷物资有限公司案⑩	法院以税务机关作出行政行为"证据不足""事实不清"为由予以撤销，未说明不予审查的理由
10	长沙高高网络科技有限公司诉国家税务总局长沙市雨花区税务局井湾子税务分局案⑪	被申请文件未作为涉案行政行为的依据
11	九州在线（长沙）信用服务中心诉国家税务总局长沙市雨花区税务局井湾子税务分局案⑫	被申请文件未作为涉案行政行为的依据

注：①《浙江广鸿房地产开发有限公司与杭州市地方税务局稽查一局、杭州市人民政府税务行政管理（税务）一审行政判决书》［（2016）浙 8601 行初 225 号］。

②《南京雨花园林绿化工程有限公司与南京市人民政府、江苏省南京市地方税务局稽查局、江苏省南京地方税务局税务行政管理（税务）行政处理及行政复议二审行政裁定书》［（2017）苏 01 行终 1120 号］。

③《广东省开平市创丰贸易有限公司、国家税务总局江门市税务局稽查局税务行政管理（税务）二审行政判决书》［（2018）粤 0707 行终 134 号］。

④《胡曰归诉上海市国家税务局车辆购置税曹杨征收所、上海市国家税务局税务税收征收行政行为及行政复议决定一案二审行政判决书》［（2017）沪 03 行终 148 号］。

⑤《何海洋、袁红梅与四川省南充市地方税务局第二直属税务分局、四川省南充市地方税务局税务行政征收一审行政判决书》［（2017）川 1304 行初 2 号］。

⑥《张婧、广州市白云区地方税务局纳税服务分局税务行政管理（税务）二审行政判决书》［（2016）粤 71 行终 1687 号］。

⑦《陈浩、国家税务总局遵义市播州区税务局（税务）一审行政判决书》［（2018）黔 0321 行初 421 号］。

⑧但在该案二审判决中，二审法院推翻了一审法院对被申请文件为规章的认定，并对该文件的合法性进行了审查。详细可参见《陈浩、国家税务总局遵义市播州区税务局（税务）二审行政判决书》［（2019）黔 03 行终 83 号］。

⑨《徐州赋隆能源有限公司与国家税务总局徐州市稽查局行政检查、行政处罚二审行政判决书》［（2019）苏 03 行终 585 号］。

⑩《国家税务总局淄博市税务局第一稽查局、淄博万达包装印刷物资有限公司税务行政管理（税务）二审行政判决书》［（2018）鲁 03 行终 159 号］。

⑪《长沙高高网络科技有限公司与国家税务总局长沙市雨花区税务局井湾子税务分局税务行政管理（税务）一审行政判决书》［（2020）湘 8601 行初 453 号］。

⑫《九州在线（长沙）信用服务中心与国家税务总局长沙市雨花区税务局井湾子税务分局税务行政管理（税务）一审行政判决书》［（2020）湘 8601 行初 452 号］。

此外，在吴正鑫诉杭州市地方税务局西湖税务分局案中，吴正鑫在行政复议阶段提出对《财政部、国家税务总局关于个人股票期权所得征收个人所得税问题的通知》（财税〔2005〕35号）第2条第2项合法性审查的申请，但在诉讼阶段未提出附带审查申请。法院在一审、二审审查复议决定的合法性时，并未对复议机关对该规范性文件合法性审查的决定予以审查，而是直接依据该规范性文件作出判决。[①]

2. 审查后决定不予适用

在纳税人提出规范性文件附带审查的税务行政判决中，法院经过审查后认定税收规范性文件违法不予适用的案件仅有一项。在李言强诉南宁市地方税务局案（以下简称"李言强案"）中，纳税人质疑南宁市地方税务局制定的《关于调整南宁市地方税务局举报发票违法行为奖励标准的通知》（南地税发〔2012〕154号）的合法性。法院审查后认为，尽管该文件系南宁市地方税务局"在其职权范围内，为执行上位法的规定而制定并公布的细化上位法规定的规范性文件（南地税发〔2010〕104号）"，"其内容与上位法不冲突"，应当予以遵守，但该局嗣后对该文件进行修改，而修改后的规定并未公布，对外不能产生修改的效力，因此，修改后的规定不应作为判定行为合法性的依据。[②]

在李初祥诉国家税务总局温州市税务局第三稽查局案（以下简称"李初祥案"）中，一审法院将国家税务总局制定的《全国税务稽查规范（1.0版）》的效力等级等同于该局颁发的《检举纳税人税收违法行为奖励暂行办法》（财政部、国家税务总局令第18号），上诉人李初祥对此予以质疑，主张"该通知是内部文件，并未向社会公开，不能当作法律来适用"。二审法院虽肯定了上诉人的这一主张，认为"该规范是指引税务稽查部门和稽查人员执行法律法规和部门规章的内部操作标准，属于内部性规范、指引性规范"，"效力等级并不等同于部门规章"，但并不否认该指引的适用。[③]

尽管《行政诉讼法》明确规定了纳税人针对具体行政行为提起行政诉讼

[①] 《吴正鑫、杭州市地方税务局西湖税务分局税务行政管理（税务）二审行政判决书》[（2017）浙01行终164号]。
[②] 《李言强、南宁市地方税务局税务行政管理（税务）二审行政判决书》[（2017）桂01行终20号]。
[③] 《李初祥、国家税务总局温州市税务局第三稽查局税务行政管理（税务）二审行政判决书》[（2019）浙03行终797号]。

时可以一并提起规范性文件的附带审查，但从总体上看，纳税人提出附带审查申请的案件并不多，仅占涉及税务规范性文件适用案件总数的 5.5% 。而其中法院"不予审查"或"回避审查"的案件便高达 36.7% 。在法院作出合法性审查的案件中，仅有 2 份判决最终以税法规范违法为由决定不予适用，其中中防瑞达案所审查的对象实际上为规章，李言强案则是因规范性文件公布程序违法而不予适用，因此，实际上并无规范性文件因内容不合法而被否定适用。其他被审查的文件均被认定为合法有效，可以作为判定税务行政行为合法性的依据并加以适用，占所有审查案件的 96.7% 。其中，在浙江广鸿公司案①等 8 个案件中，法院在认定税务规范性文件的合法性后，直接判定税务机关适用法律、法规正确，未再对税务机关的行政行为是否符合上述规定作出审查。

从总体上看，在所有涉及规范性文件适用的判决中，共计 473 份判决中法院肯定了税务机关依据规范性文件作出的行政行为合法，高达 86% 。虽然在 84 件案件中纳税人主张适用不同于税务机关的规范性文件或虽主张同一文件但适用结果与税务机关不同，但均未获得法院的肯定。这固然与税务机关负担证明其征税行为合法的义务不无关系，但在一定程度上亦表明，税务机关在规范性文件的适用方面的绝对主导地位以及法院对规范性文件及其适用结果合法性的高度认同。

三 税务规范性文件司法审查标准与强度的实证考察

如前所述，法院对于税务规范性文件的合法性几乎可以说是不予置喙的，即使进行审查，合法性也基本得到认可。那么，一种可能是财政部、国家税务总局等有权机关的规范性文件制定技术较高，法院无从否认其合法性；另一种可能便是法院对税务规范性文件进行审查时所采取的标准过于简单和粗糙，以至于大量备受争议的税务规范性文件轻易地通过了司法审查，从而导致规范性文件附带审查制度在税收领域的预设功能完全落空。"审查标准相当于产品质量控制中的检测指标，其设置与检测结果具有直接关系"，② 审查标

---

① 《浙江广鸿房地产开发有限公司与杭州市地方税务局稽查一局、杭州市人民政府税务行政管理（税务）一审行政判决书》［（2016）浙 8601 行初 225 号］。
② 王留一：《论行政规范性文件司法审查标准体系的建构》，《政治与法律》2017 年第 9 期。

准越低、审查强度越弱，税务规范性文件越容易被认定为合法。税务规范性文件合法性的"绝对"认可，是不是司法审查标准过于粗放的结果，以下将对法院进行审查的案件加以考察。

根据《最高人民法院关于适用〈中华人民共和国行政诉讼法〉的解释》（以下简称《〈行政诉讼法〉解释》）第 148 条的规定，人民法院对规范性文件进行一并审查时，可以从规范性文件制定机关是否超越权限或者违反法定程序、作出行政行为所依据的条款以及相关条款等方面进行审查。该条第 2 款进一步列举了"规范性文件不合法"的情形：一是超越制定机关的法定职权或者超越法律、法规、规章的授权范围；二是与法律、法规、规章等上位法的规定相抵触；三是没有法律、法规、规章依据，违法增加公民、法人和其他组织义务或者减损公民、法人和其他组织合法权益；四是未履行法定批准程序、公开发布程序，严重违反制定程序；五是其他违反法律、法规以及规章规定的情形。根据这一规定，税务规范性文件的审查标准应当包括权限标准、上位法标准、权利义务影响标准、程序标准和其他标准。但这些标准可择一适用还是应全面适用，在该解释中并不明确。那么，法院是否遵循上述标准对税务规范性文件进行了审查，如何审查，存在哪些问题，下文将基于上述标准逐一展开考察。

（一）税务规范性文件的实践审查标准

1. 权限标准

根据《〈行政诉讼法〉解释》第 148 条第 2 款第 1 项的规定，制定规范性文件的权限来源应当包括法定职权与法条授权。只有在制定机关的法定职权范围内或在法律、法规、规章的授权范围内制定的税务规范性文件才可以认定为合法。在舟山远大海运有限公司诉舟山市地方税务局稽查局、舟山市人民政府案（以下简称"舟山远大公司案"）等 16 个案件中，法院依照这一标准对税务规范性文件进行了审查。

在李言强案等 11 个案件中，法院对被申请文件的制定是否属于制定机关的"法定职权"范围进行审查，重点关注是不是税务机关的法定职权或属于执行上位法的事项。如在李言强案中，法院认为，《关于调整南宁市地方税务局举报发票违法行为奖励标准的通知》（南地税发〔2012〕154 号）是南宁市地方税务局"在其职权范围内，为执行上位法的规定而制定并公布的细化上位法规定的规范性文件"。周诚超案①中，一审法院肯定了《国家税务总局关于未申报税款追缴期限问题的批复》（国税函〔2009〕326号）由"国家税务总局依职权制定并公开发布"，从而认定其合法。在苏州翎恺进出口有限公司诉国家税务总局苏州市税务局第一稽查局案（以下简称"翎恺公司案"）②、易菲特贸易（苏州）有限公司诉国家税务总局苏州市税务局稽查局案（以下简称"易菲特公司案"）③中，法院则强调《国家税务总局关于停止为骗取出口退税企业办理出口退税有关问题的通知》（国税发〔2008〕32号）是国家税务总局为"履行国家税务主管机关职责以落实法律规定"，对《税收征收管理法》第66条未作明确规定的"停止办理出口退税的期限"的专门细化规定。在南通新景公司案中，法院认为《重大税务案件审理办法》（国家税务总局令2012年第34号）中关于税务局和稽查局的职责分工是"对税收征管法和税收征管法实施细则要求的落实"，同样是基于法定职权标准的审查。

在舟山远大公司案等6个案件的判决中，法院基于法条授权标准进行了审查。在舟山远大公司案、福建汇鑫资源再生利用有限公司诉福建省漳州市国家税务局案（以下简称"福建汇鑫公司案"）④和孙元林案⑤中，审理法院具体指明了授权条文，但福建汇鑫公司案中法院将税务机关内部的指引性规范"税总发〔2014〕155号"作为授权依据，不无疑问。其他案件的判决均仅笼统地肯定被申请税务规范性文件基于授权制定。如在巢湖市祥盛商贸有限公司诉合肥市国家税务局第二稽查局、安徽省合肥市国家税务局案（以下简称"祥盛公司案（2016）"）中，法院肯定了《财政部、国家税务总局关于出口货物劳务增值税和消

① 《周诚超与国家税务总局宜兴市税务局二审行政判决书》〔（2019）苏02行终18号〕。

② 《苏州翎恺进出口有限公司与国家税务总局苏州市税务局第一稽查局行政处罚二审行政判决书》〔（2020）苏05行终271号〕。

③ 《易菲特贸易（苏州）有限公司与国家税务总局苏州市税务局稽查局行政处罚二审行政判决书》〔（2020）苏05行终101号〕。

④ 法院肯定了福建省国家税务局《关于明确出口货物劳务退（免）税审批权限有关问题的通知》（闽国税函〔2015〕154号）是根据税总发〔2014〕155号第92条的授权制定。具体可参见《福建汇鑫资源再生利用有限公司与福建省漳州市国家税务局行政复议二审行政判决书》〔（2016）闽06行终89号〕。

⑤ 法院肯定《关于贯彻国家税务总局财政部〈检举纳税人税收违法行为奖励暂行办法〉的通知》是基于《检举纳税人税收违法行为奖励暂行办法》第22条"各省、自治区、直辖市和计划单列市国家税务局根据本办法制定具体规定"而"结合本市税务系统工作实际"进行的细化和补充，属于本市税务机关对部门规章细化操作的行政规范性文件。详细可参见《孙元林与国家税务总局上海市虹口区税务局税务行政奖励二审行政判决书》〔（2020）沪03行终87号〕。

费税政策的通知》（财税〔2012〕39号）"系根据法律、法规的授权制定"。①

此外，在广东国兴农业高新技术开发有限公司诉佛山市顺德区地方税务局稽查局、佛山市顺德区地方税务局案（以下简称"广东国兴公司案"）中，一审法院以"财政部和国家税务总局有权制定相关规范性文件"肯定《财政部、国家税务总局关于房产税、城镇土地使用税有关政策的通知》（财税〔2006〕186号）的制定符合权限标准。在陈浩案②中，一审法院认为《国家税务总局关于核定第67版车辆购置税最低计税价格的通知》（税总函〔2018〕46号）"属于国家税务总局根据法律的授权制定的部门规章范畴"，二审法院却以"国家税务总局……有权规定税收的各项具体实施细则或操作性规范"，认定该通知为合法。上述判决中的"有权"所指为法定职权还是法条授权，并不明确。此外，青岛苏宁置业有限公司诉国家税务总局青岛市税务局稽查局案（以下简称"青岛苏宁置业案"）中，一审、二审法院均以"该文没有对法律保留事项进行规定"，认定被申请审查的《青岛市地方税务局关于转发〈国家税务总局关于印发房地产开发经营业务企业所得税处理办法的通知〉的通知》（青国税发〔2009〕84号）的合法性，似乎亦是进行权限标准的审查。③然而，不属于"法律保留"的事项并不当然属于财政部等机构制定规范性文件的权限范围，因此，法院以一种极为粗放的方式完成了审查，结果难以尽如人意。

2. 上位法标准

规范性文件的内容是否具有上位法的依据，是法院进行内容合法性审查的重要方面。《〈行政诉讼法〉解释》第148条第2款第2项确立了这一标准，要求规范性文件不得与法律、法规、规章等上位法的规定相抵触。法院对大多数税务规范性文件的审查均采用了这一标准。法院对规范性文件是否与上位法相抵触，主要集中于"是否与上位法的法律规范条文相抵触"和"是否与上位法的精神、原则相抵触"两个维度。④然而，在张君林诉武汉市江岸区

---

① 《巢湖市祥盛商贸有限公司与合肥市国家税务局第二稽查局、安徽省合肥市国家税务局税务行政管理（税务）一审行政判决书》〔（2016）皖0181行初32号〕。
② 《陈浩、国家税务总局遵义市播州区税务局（税务）二审行政判决书》〔（2019）黔03行终83号〕。
③ 《青岛苏宁置业有限公司、国家税务总局青岛市税务局稽查局税务行政管理（税务）二审行政判决书》〔（2018）鲁02行终500号〕。
④ 于洋：《论规范性文件合法性审查标准的内涵与维度》，《行政法学研究》2020年第1期。

地方税务局案（以下简称"张君林案"）① 等 7 个案件中，法院均仅宣示性地肯定了"不存在违反上位法的情形"或"与《增值税暂行条例》的相关规定不相抵触"。如韩进贤案中，法院仅肯定了"不违反法律、行政法规的强制性规定"。对于被申请审查的规范性文件的"上位法"依据，法院在上述判决中并未予以指明，如何得出不抵触的结论亦无从可知。在祥盛公司案（2016）中，尽管法院肯定了"与上位法并无冲突"，但该案中被申请审查的《财政部、国家税务总局关于出口货物劳务增值税和消费税政策的通知》（财税〔2012〕39 号）是缺乏直接而明确的上位法依据的。②《增值税暂行条例》仅第 2 条第 4、5 项和第 25 条涉及出口货物劳务的退税，但第 25 条是关于出口货物退税手续和相关单证的规定及相关的授权。而第 2 条中明确规定出口货物劳务适用的税率为零，适用零税率的服务范围以及不予适用零税率的货物范围应由国务院制定。《财政部、国家税务总局关于出口货物劳务增值税和消费税政策的通知》规定了出口退税的商品范围、退税率和退税办法等内容，已经超出了第 2 条和第 25 条的授权范围，财政部和国家税务总局也并非第 2 条被授权主体。在缺乏直接而明确的上位法依据的情况下，法院如何得出不违反上位法的结论，不无疑问。上位法不明确的审查案件见表 9 - 2。

表 9 - 2 上位法不明确的审查案件

案件名称	审查状况	审查结果
广东国兴公司案	未有证据显示该规范性文件与任何上位法不一致，不存在违反上位法的规定	肯定适用
张君林案	不存在违反上位法的情形	肯定适用
青岛苏宁置业案	未擅自扩大上位法规定的范围	肯定适用
李言强案	其内容与上位法不冲突	否定适用
祥盛公司案（2016）	与上位法并无冲突	肯定适用
韩进贤案	不违反法律、行政法规的强制性规定	肯定适用
陈浩案二审	没有证据证明该文件存在明显违法之处	肯定适用

① 《张君林与武汉市江岸区地方税务局税务行政管理（税务）一审行政判决书》〔（2017）鄂 0102 行初 131 号〕。

② 《巢湖市祥盛商贸有限公司与合肥市国家税务局第二稽查局、安徽省合肥市国家税务局税务行政管理（税务）一审行政判决书》〔（2016）皖 0181 行初 32 号、（2016）皖 01 行终 40 号〕。

在王鹏诉佛山市南海区地方税务局里水税务分局、佛山市南海区地方税务局案（以下简称"王鹏案"）① 等 13 个案件中法院明确了规范性文件依据且未与之相冲突的上位法。在福建汇鑫公司案等 8 个案件中，法院虽然指明了被申请规范性文件依据的上位法但未明确依据的具体条文。在舟山远大公司案等 7 个案件中，法院不仅指明规范性文件依据的上位法，且指明依据的具体条文。此外，在舟山远大公司案中，法院还特别强调被申请规范性文件"符合《税收征收管理法》第 69 条的立法目的"。孙元林案的一审法院同样强调"从《奖励办法》第 6 条的宗旨和理念出发……并不违反《奖励办法》的原意"。但该条的立法目的或宗旨理念为何，被申请规范性文件如何与该目的保持一致，判决中并无进一步的说明。事实上由于上述判决仅简单地得出了"不抵触"的结论，法院如何基于上位法标准进行税务规范性文件的合法性审查并不明确。

而在福建汇鑫公司案中，法院判决认定规范性文件合法的上位法依据仅为税务系统内部的指引性规范，这能否作为评判规范性文件合法性的上位法依据，同样是值得怀疑的。上位法明确的审查案件见表 9 - 3。

表 9 - 3 上位法明确的审查案件

案件名称	上位法依据	审查内容
舟山远大公司案	《税收征收管理法》	没有与《税收征收管理法》的规定相冲突（一审）
		符合《税收征收管理法》第 69 条的立法目的和授权范围（二审）
王鹏案	《契税暂行条例》《广东商品房预售管理条例》	未违反……关于契税纳税申报期限及商品房买卖合同备案期限的规定
洪玉希案		
卢金焕案		
福建汇鑫公司案	《全国税务机关出口退（免）税管理工作规范（1.0 版）》	与……所规范的范围、内容均不同，不存在冲突的问题（一审）
		与……不存在不一致情形（二审）
祥盛公司案（2017）	《税收征收管理法》《增值税暂行条例》	与……等上位法并不冲突，与第 4 条以及 12 号公告第 5 条的规定不矛盾

① 《王鹏与佛山市南海区地方税务局里水税务分局、佛山市南海区地方税务局税务行政管理（税务）一审行政判决书》[（2016）粤 0606 行初 414 号]。

续表

案件名称	上位法依据	审查内容
周诚超案	《税收征收管理法》	填补了……对这一规定的空白……在内容上与《税收征收管理法》第52、64条等上位法不抵触
新景置业公司案	《税收征收管理法》及其实施细则	有明确的上位法依据
昆山先进电子公司①案	《国务院关于统一内外资企业和个人城市维护建设税和教育费附加制度的通知》	被申请文件是……操作细化规定,原告主张……抵触……没有法律依据
翎恺公司案	《税收征收管理法》第66条	上位法依据充分
易菲特公司案	《税收征收管理法》第66条	不存在明显违法情形
孙元林案	《检举纳税人税收违法行为奖励暂行办法》	文件是从……第6条的宗旨和理念出发,对奖金幅度进一步明确了具体操作方法和计算公式,并不违反……原意
贵港贝丰公司案②	《行政许可法》《增值税暂行条例》	与……的相关规定不相抵触

注:①《昆山市先进电子科技有限公司与苏州市昆山地方税务局稽查局、苏州市昆山地方税务局行政复议一审行政判决书》〔(2015)张行初字00249号〕。

②《贵港贝丰科技有限公司、国家税务总局贵港市港北区税务局税务行政管理(税务)二审行政判决书》〔(2020)桂08行终2号〕、《贵港贝丰科技有限公司、国家税务总局贵港市港北区税务局税务行政管理(税务)二审行政判决书》〔(2020)桂08行终3号〕。

3. 权利义务影响标准

《〈行政诉讼法〉解释》第148条第2款第3项规定了权利义务影响标准。基于这一标准,法院应当对税务规范性文件是否在没有法律、法规、规章等依据的情况下,违法增加公民、法人和其他组织的义务或者减损公民、法人和其他组织的合法权益。① 在洪玉希案等9个案件中,法院依据这一标准对被申请规范性文件的合法性进行了审查,肯定了被审查文件满足这一标准,进而得出其合法性的结论。

根据《〈行政诉讼法〉解释》的规定,权利义务影响标准的审查应当至少包括两个维度:一是是否缩小上位法规定的权利主体的范围、限制或剥夺上位法规定的权利范围;二是是否增加或扩大上位法规定的义务主体和义务范围。

———————

① 但也有学者认为,这一标准与上位法标准互为判断方法和违法后果的关系。详细可参见于洋《论规范性文件合法性审查标准的内涵与维度》,《行政法学研究》2020年第1期。

但法院往往并未完全从上述两个维度进行审查。具体而言，法院对被申请文件的权利义务影响的审查维度如表9-4所示。

表9-4 法院对被申请文件的权利义务影响的审查维度

编号	案件名称	被申请文件	上位法依据	权利减损维度	义务增加维度
1	韩进贤案	国税发〔2005〕172号	判决未指明	从客观实际出发，最大限度地保护了当事人的合法权益	
2	舟山远大公司案	国税发〔2003〕47号	《税收征收管理法》第68条	没有对原扣缴义务人带来实体上的损害，即尚不属于构成……损益性或侵害性规定，未减损权利	未加重扣缴义务人的法定义务
3	王鹏案	《佛山市顺德区地方税务局公告》	《契税暂行条例》《广东商品房预售管理办法》	未限制纳税人办理契税纳税申报及办理商品房买卖合同备案的权利	
4	洪玉希案				
5	卢焕金案				
6	青岛苏宁置业案	青国税发〔2009〕84号	判决未指明		未额外增加纳税人义务，也未擅自扩大上位法规定的范围
7	广东国兴公司案	财税〔2006〕186号	判决未指明	不存在减损公民、法人和其他组织合法权益	不存在增加公民、法人和其他组织义务
8	祥盛公司案（2017）	国税发〔2005〕199号	《税收征收管理法》《增值税暂行条例》		并非擅自对纳税人创设非法定义务
9	周诚超案	国税函〔2009〕326号	《税收征收管理法》第52、64条	未违法减损其合法权益	未违法增加作为该规范性文件规定对象……的纳税人义务

权利义务影响标准实际上要求对税务规范性文件制定前后相关主体的权利义务的变化情况进行比较，进而判断是否发生增加或减损。为此有必要与相关上位法进行对比。因此，这一标准适用的前提是确定上位法已作规定、可能受税务规范性文件影响的主体及其权利义务的范围。然而，在上述案件的判决中，除王鹏案等3个案件外，法院均未指明可能受到影响的主体及具体权利义务，在青岛苏宁置业案和广东国兴公司案中法院甚至未明确其上位法依据。在此情况下，法院无法比较相关主体的权利义务在税务规范性文件制定前后的变化状况，得出"未受影响"的结论显然是非常牵强的。

4. 程序标准

《〈行政诉讼法〉解释》第148条第2款第4项规定了程序标准。根据这一标准，法院应当审查税务规范性文件的制定是否"履行法定批准程序、公开发布程序和制定程序"。但法院依据这一标准对被申请税务规范性文件进行审查的并不多。在张君林案中，法院强调"对制定程序……进行审查后"，被申请税务规范性文件"不存在违反上位法的情形"。在广东国兴公司案中，法院则以"未有证据显示该文存在未履行审批程序、公开发布程序等"，认定规范性文件合法。在翎恺公司案和易菲特公司案中，法院均仅审查了文件"已向社会公开"这一公布程序，对文件是否遵循法定程序制定则未予以考察。值得一提的是李言强案中，法院依据这一标准对南宁市地方税务局制定的《关于调整南宁市地方税务局举报发票违法行为奖励标准的通知》（南地税发〔2010〕104号）进行了审查，以"修改后的规定并未公布"认定修改的条文内容不产生效力。

5. 其他标准

除了《〈行政诉讼法〉解释》第148条明确列举的四个标准外，法院在审理税务规范性文件的合法性时还采用了冲突标准和规范目的标准。

如果说抵触标准建立在法律规范效力层级的基础上，关注税务规范性文件对上位法的遵守，冲突标准关注的则是平行或同一位阶的税务规范性文件之间是否相互协调、规范内容是否存在矛盾和冲突。在中防瑞达案中，法院以《税务行政复议规则》（国家税务总局2015年第39号）第29条第2款与《重大税务案件审理办法》（国家税务总局令2012年第34号）"交叉部分规定存在冲突"，"引起行政复议和行政诉讼主体对接不畅"，确认该规定违法的。① 在深圳市玉龙宫实业发展有限公司诉国家税务总局深圳市税务局稽查局案（以下简称"深圳玉龙宫公司案"）中，纳税人主张《国家税务总局房地产开发经营业务企业所得税处理办法》（国税发〔2009〕31号）和《国家税务总局关于确认企业所得税收入若干问题的通知》（国税函〔2008〕875号）存在冲突，法院审查后认为两份文件分别为一般规定和特别规定，存在适用范围的差异，并非针对同一事项的不同规定，因此否定了纳税人的主张。② 在海南省尖峰岭林业局诉海南省地方税务局第五稽查局案（以下简称"海南尖

① 《武汉中防瑞达房地产开发有限公司与武汉市地方税务局稽查局、武汉市人民政府税务行政管理（税务）一审行政判决书》〔（2015）鄂江岸行初字第00249号〕。

② 《深圳市玉龙宫实业发展有限公司、国家税务总局深圳市税务局稽查局税务行政管理（税务）二审判决书》〔（2019）粤03行终1898号〕。

峰岭林业局案"）中，二审法院审查时否定这一标准的适用，认为被申请《海南省地方税务局关于明确保障性住房营业税问题的通知》（琼地税发〔2014〕170 号）与海南省地方税务局和海南省农垦总局联合作出的《关于农垦保障性住房营业税问题的通知》是效力平行的规范性文件，即使两个文件的规范内容存在矛盾和冲突，也不能因此确认其违法。① 规范性文件本身的合法性是有待审查的，彼此冲突无法得出必有其中之一为合法的结论。因此，这一审查标准是有待商榷的。

有的法院在审查税务规范性文件的合法性时采用了规范目的标准。如宁夏工程处案中，法院认为，《税务稽查工作规程》（国税发〔2009〕157 号）属部门规范性文件，其目的在于"规范税务稽查工作，强化监督制约机制，促进依法行政"，进而依据该规程作出判决。② 在黄山市博皓公司案中，再审法院认为，《财政部、国家税务总局关于规范个人投资者个人所得税征收管理的通知》（财政〔2003〕158 号）第 2 条规定的目的是"防止个人投资者以借款的形式掩盖红利分配"，进而肯定其可以作为税务机关征税的依据。③ 张君林案一审判决中法院也强调了对被申请税务规范性文件"制定目的"的审查，但并未具体说明其目的为何。然而，任何规则均有规范目的，规范性文件亦不例外。但规范目的并不固有合法性，合目的的规定亦非当然合法。规范目的与条文表述一般互为表里，以文件自身的规范目的审查其规则的合法性，无疑将陷入"自我证立"的矛盾之中。

（二）税务规范性文件的司法审查强度

从上述分析可知，法院对税务规范性文件进行审查所遵循的标准并不统一，有些仅遵循单一标准，有些则遵从多个标准。不同法院对同一税务规范性文件的审查标准和强度也各有不同（见表 9-5）。这种状况在 2018 年《〈行政诉讼法〉解释》明确审查标准后依然没有得到改变。

---

① 《海南省尖峰岭林业局与海南省地方税务局第五稽查局税务行政处罚纠纷一案的行政判决书》〔（2016）琼 97 行终 71 号〕。
② 《水利工程局宁夏工程处与国家税务总局宁夏回族自治区税务局稽查局税务行政处罚行政二审判决书》〔（2018）宁 01 行终 182 号〕。
③ 《黄山市博皓投资咨询有限公司、黄山市地方税务局稽查局税务行政管理（税）再审审查与审判监督行政裁定书》〔（2017）皖行申 246 号〕。

表9-5 法院对税务规范性文件予以审查的强度

序号	案件名称	审理法院	被审规范性文件	审查标准	审查强度	审查结果
1	广东国兴公司案	广东省佛山市顺德区人民法院	《财政部、国家税务总局关于房产税、城镇土地使用税有关政策的通知》（财税〔2006〕186号）	权限标准 权利义务影响标准 上位法标准 程序标准	较深	肯定
2	舟山远大公司案	舟山市定海区人民法院	《国家税务总局关于贯彻〈中华人民共和国税收征收管理法〉及其实施细则若干具体问题的通知》（国税发〔2003〕47号）			肯定
		舟山市中级人民法院				
3	青岛苏宁置业案	青岛市市南区人民法院	《青岛市地方税务局关于转发〈国家税务总局关于印发房地产开发经营业务企业所得税处理办法的通知〉的通知》（青国税发〔2009〕84号）	权限标准 权利义务影响标准 上位法标准	相对较深	肯定
		山东省青岛市中级人民法院				肯定
4	祥盛公司案（2017）	安徽省巢湖市人民法院	《关于出口货物退（免）税实行有关单证备案管理制度（暂行）的通知》（国税发〔2005〕199号）			
		安徽省合肥市中级人民法院				
5	周诚超案	江苏省无锡市中级人民法院	《国家税务总局关于未申报税款追缴期限问题的批复》（国税函〔2009〕326号）			肯定
6	李言强案	广西壮族自治区南宁市中级人民法院	《关于调整南宁市地方税务局举报发票违法行为奖励标准的通知》（南地税发〔2012〕154号）			否定
7	翎恺公司案	江苏省苏州市中级人民法院	《国家税务总局关于停止为骗取出口退税企业办理退税有关问题的通知》（国税发〔2008〕32号）	权限标准 上位法标准 程序标准	相对较深	肯定
8	易菲特公司案	江苏省苏州市中级人民法院	《国家税务总局关于停止为骗取出口退税企业办理退税有关问题的通知》（国税发〔2008〕32号）			肯定

序号	案件名称	审理法院	被审规范性文件	审查标准	审查强度	审查结果
9	常州外贸公司案	江苏省常州市新北区人民法院	《国家税务总局关于出口货物退（免）税实行有关单证备案管理制度（暂行）的通知》（国税发〔2005〕199号）	上位法标准权限标准	相对较浅	肯定
10	祥盛公司案（2016）	安徽省巢湖市人民法院　安徽省合肥市中级人民法院	《财政部、国家税务总局关于出口货物劳务增值税和消费税政策的通知》（财税〔2012〕39号）			肯定
11	福建汇鑫公司案（二审）	福建省漳州市中级人民法院	《关于明确出口货物劳务退（免）税审批权限有关问题的通知》（闽国税函〔2015〕154号）			肯定
12	南通新景公司案	江苏省南京市中级人民法院	《重大税务案件审理办法》（国家税务总局令2012年第34号）			肯定
13	陈浩案（二审）	贵州省遵义市中级人民法院	《国家税务总局关于核定第67版车辆购置税最低计税价格的通知》（税总函〔2018〕46号）			肯定
14	王鹏案	广东省佛山市顺德区人民法院	《关于规范房地产交易契税征收事项的通知》（佛山市顺德区地方税务局公告）	上位法标准权利义务影响标准	相对较浅	肯定
15	洪玉希案	广东省佛山市顺德区人民法院	《关于规范房地产交易契税征收事项的通知》（佛山市顺德区地方税务局公告）			肯定
16	卢焕金案	广东省佛山市顺德区人民法院	《关于规范房地产交易契税征收事项的通知》（佛山市顺德区地方税务局公告）			肯定
17	韩进贤案	天津市北辰区人民法院	《国家税务总局关于房地产税收政策执行中几个具体问题的通知》（国税发〔2005〕172号）			肯定

续表

序号	案件名称	审理法院	被审规范性文件	审查标准	审查强度	审查结果
18	张君林案	湖北省武汉市江岸区人民法院	《国家税务总局关于加强和规范个人取得拍卖收入征收个人所得税有关问题的通知》（国税发〔2007〕38号）《关于个人取得房屋拍卖收入征收个人所得税问题的批复》（国税函〔2007〕1145号）	上位法标准程序标准	相对较浅	肯定
19	运城中北公司案	山西省运城市盐湖区人民法院	《关于加强二手车市场管理的通知》《关于加强二手车市场监管工作的通知》			肯定
20	昆山先进电子公司案	江苏省张家港市人民法院	《江苏省地方税务局江苏省国家税务局关于贯彻执行生产企业出口货物实行免抵退税办法后城市维护建设税和教育费附加征收政策的通知》（苏地税发〔2005〕151号）			肯定
21	贵港贝丰公司案	广西壮族自治区贵港市中级人民法院	《财政部、国家税务总局关于出口货物劳务增值税和消费税政策的通知》（财税〔2012〕39号）《国家税务总局关于〈出口货物劳务增值税和消费税管理办法〉有关问题的公告》（2013年第12号）《国家税务总局关于出口货物劳务增值税和消费税有关问题的公告》（2013年第65号）	上位法标准	较浅	肯定
22	孙元林案（一审）	上海铁路运输法院	《关于贯彻国家税务总局财政部〈关于检举纳税人税收违法行为奖励暂行办法〉的通知》（沪国税稽〔2007〕9号）			肯定
23	福建汇鑫公司案（一审）	漳州市芗城区人民法院	《关于明确出口货物劳务退（免）税审批权限有关问题的通知》（闽国税函〔2015〕154号）			肯定

序号	案件名称	审理法院	被审规范性文件	审查标准	审查强度	审查结果
24	海南尖峰岭林业局案	海南省第二中级法院	《海南省地方税务局关于明确保障性住房营业税问题的通知》（琼地税发〔2014〕170号）	冲突标准	较浅	肯定
25	中防瑞达案	湖北省武汉市江岸区人民法院	《税务行政复议规则》（国家税务总局令2015年第39号）			否定
26	深圳玉龙宫公司案	广东省深圳市中级人民法院	《国家税务总局房地产开发经营业务企业所得税处理办法》（国税发〔2009〕31号）			肯定
27	黄山博皓公司案	安徽省高级人民法院	《财政部、国家税务总局关于规范个人投资者个人所得税征收管理的通知》（财税〔2003〕158号）	规范目的标准	较浅	肯定
28	宁夏工程处案	宁夏回族自治区银川市中级人民法院	《税务稽查工作规程》（国税发〔2009〕157号）			肯定
29	儿童投资主基金案	杭州市中级人民法院	《国家税务总局关于加强非居民企业股权转让所得企业所得税管理的通知》（国税函〔2009〕698号）			肯定
		浙江省高级人民法院				
		最高人民法院				
30	陈浩案（一审）	贵州省遵义市播州区中级人民法院	《国家税务总局关于核定第67版车辆购置税最低计税价格的通知》（税总函〔2018〕46号）	权限标准	较浅	肯定
31	孙元林案（二审）	上海市第三中级人民法院	《关于贯彻国家税务总局财政部〈关于检举纳税人税收违法行为奖励暂行办法〉的通知》（沪国税稽〔2007〕9号）			肯定
32	李初祥案	浙江省温州市中级人民法院	《国家税务总局关于印发〈全国税务稽查规范（1.0版）〉》（税总发〔2016〕170号）			肯定
33	北海税务稽查局案	广西壮族自治区南宁市中级人民法院	《税务稽查工作规程》（国税发〔2009〕157号）			肯定

所谓司法审查强度或司法审查范围，是指法院审查的纵深程度。法院可以对一个问题进行深入细致的审查，也可以只进行肤浅的审查，不作深入的探究。[①] 采用的审查标准越多，表明法院对税务规范性文件的审查维度越多，审查越全面，审查程度也越深。反之，审查标准越单一，对规范性文件的审查越片面，审查程度也就越浅。从表 9-5 中不难看出，仅在广东国兴公司案中，法院基于《〈行政诉讼法〉解释》第 148 条规定的 4 个标准进行了全面的审查，超过 2/3 的案件中法院仅依据 1~2 个标准进行了审查，便得出了规范性文件合法的结论，是有失片面的。因为即使依据单一的审查标准规范性文件的合法性可以得到确认，一旦依照其他标准从不同的维度进行审查，仍可能得出不同的结论。如在黄山博皓公司案中，法院以"反避税"的规范目的确认了《财政部、国家税务总局关于规范个人投资者个人所得税征收管理的通知》（财税〔2003〕158 号）的合法性，但在该文件制定时《个人所得税法》以及相应的行政法规、规章并未明确授权上述机构就"股息、红利"这一所得形式制定相应的反避税规则。另外，尽管《个人所得税法》对于"股息、红利"的内涵和外延并无明确的规定，该文件的规定实际上将导致股东最终归还公司、未形成其可控制和支配的新增财产价值的借款也被纳入应税所得的范围，突破了《个人所得税法》规定的"应税所得"的范围。就此而言，如基于权限标准或上位法标准进行审查，该规范性文件的合法性便是存疑的。可以说，法院审查标准越单一，审查强度越浅，被审查的规范性文件越容易被认定为合法而作为行政行为的依据，以司法审查监督税务机关依法征税的目标越可能无法得到实现。

就单一标准审查的全面性来看，由于法院在判决书中仅简单阐述了被申请文件符合标准的结论，并未展现其反思、论证和价值权衡的过程，因此，难以对其审查的纵深程度作出判断。单就程序标准的审查而言，法院均仅选取制定程序的部分"片段"进行了审查，如公布或审批等环节，依然不难得出审查较轻的结论。

从总体上看，法院对于税务规范性文件的尊重程度几乎可以说是绝对性的，因为无一规范性文件的内容被认定为不合法。这固然与税法一般被认为

[①] 王名扬：《美国行政法》，中国法制出版社，1995，第 673~674 页。有关司法审查强度，另可参见杨伟东《行政行为司法审查强度研究——行政审判权纵向范围分析》，博士学位论文，中国政法大学，2001。

具有高度的专业性和技术性不无关系。但除了中防瑞达案中法院对争议的税务规章的合法性审查进行了详细的说理论证外，在其他案件的判决中，法院或者仅提供合法性审查的结论而未说明理由，或者在论理上只有寥寥数语，分析论证的过程非常单薄，难以体现法院在此问题上进行了充分的反思与衡量，因而无法确知其进行合法性审查所采用的法律解释方法、价值权衡的过程以及作出最终判定的理由，其合法性审查的结论因此难以获得充分的法理支持。由于税务规范性文件"不是正式的法律渊源"，最高院 2004 年发布的《关于审理行政案件适用法律规范问题的座谈会纪要》已明确要求，法院经审查认为规范性文件合法，应当在裁判理由中对其是否合法、有效、合理或适当进行充分的说明和论证，这是对法院裁判文书说理性的要求。[①] 而在几乎所有的税务规范性文件的审查中这却是完全被忽视的。法院并未将对税务规范性文件的一并审查过程完整地呈现在裁判文书中，缺乏详细的审查和论证逻辑，通常仅以"无冲突"等模糊字眼简单略过，缺乏审查过程和合法性判断的详细理由。[②] 正因为如此，即使在广东国兴公司案中法院基于四重标准对被申请规范性文件进行了多维度的审查，依然难以得出其审查程度较高的结论，其合法性的判定难以让人信服。

（三）框架式立法的税收法律与失灵的司法审查标准

除李言强案中被审查文件因程序违法明确遭到否认外，其他案件中被申请审查的税务规范性文件的规范内容无一例外通过了合法性的检测，法院基于《〈行政诉讼法〉解释》的诸项标准进行审查，轻易地得出了规范性文件可以获得尊重和适用的结论。事实上，即使法院对税务规范性文件主动进行审查程度较深的全面审查，基于前述的审查标准，此种"一边倒"的绝对尊重的结果并不会有所改变。这是因为，上述标准是具有普适性的一般标准，其内涵须在特定的语境中实现一定的具体化，只有这样才能真正发挥其检测的功能。而审查标准具体化的依据来自上位税法规范共同构建的税制整体以及由此形成的体系脉络和统一秩序。那么，在当前税收法律、行政法规基本采取框架式立法模式，仅对诸项税收要素予以粗略、提纲挈领式地规定的情

---

① 余军、张文：《行政规范性文件司法审查权的实效性考察》，《法学研究》2016 年第 2 期。

② 这与法院在行政规范性文件的审查状况基本是吻合的。详细可参见卢超《规范性文件附带审查的司法困境及其枢纽功能》，《比较法研究》2020 年第 3 期。

况下，司法审查标准的具体化是难以实现的，缺少实质内涵的审查标准，审查将无可避免地处于失灵的状态，无法据以完成对税务规范性文件的合法性检测。

就权限标准而言，在税收法律保留的宪法框架下，只有在法定职权或法律明确授权的范围内制定的税务规范性文件才属合法。税务机关与税收相关的法定职权在于实施税收的征管。这一职权所包含的规范制定权包括两个层次。第一，不在法律保留范围内的征税事项的规则制定。然而，《立法法》第11条第6项列举的应在法律保留范围之内的"税收基本制度"极为模糊，并无明确的界限，通常认为属于"立法者裁量的范畴"。第二，为了确保税收征管的顺利实施而对税收法律、法规予以明确和具体化。在税收法律所确立的征税框架之下，针对已有规范制定执行性、操作性的细则固然属于"执行法律的事项"，在规范空白和空缺结构之下对特定的经济或生活事项确定与之匹配的税收待遇，是对税收法律、法规的一般概括性征税规则和不确定概念的具体化，同样是确保税收法律执行的必然要求，却可能远远超出"解释"的范畴，而具有"造法"的属性。在税收法律确立的宽泛的征税框架下，税务机关的法定职权因此具有极强的包容度和延展性。因此，法院基于法定职权标准进行审查，不难得出"属于法定职权范围"的结论。不仅如此，现行税收法律中包含大量的授权条款，其中不乏近乎"空白"的授权，如《个人所得税法》第4、5条，《企业所得税法》第35、36条。这些条文所授予的"权限"并无明确的内容和范围，甚至足以包容任何变更已有规范、创制新的权利义务的权力。[①] 在授权界限不明的情况下，评判特定规范性文件的制定是否在授权范围之内，不过是一句空话。因此，在框架式立法兼容空白授权的税收法律之下，权限标准的审查不过形同虚设。

上位法标准的审查必然遭遇同样的尴尬。上位法标准即不抵触标准，这是基于国家税收法律体系的统一性和整体性完成的审查路径，其法理基础在于"法规范的等级结构理论"。[②] 根据这一标准进行审查，首要的前提是确定规范性文件的上位法是否存在，其后才能进一步判定两者是否存在不一致或

---

① 以个人所得税为例，根据国家税务总局的统计结果，近百项涉及税收要素调整的规范性文件均被归入该法第4、5条所规定的"其他减免税事项"的范畴，占现行有效的个人所得税规范性文件的将近半数。

② 余军、张文：《行政规范性文件司法审查权的实效性考察》，《法学研究》2016年第2期。

相抵触之处。税务规范性文件的上位法不外乎两种情形。其一，文件的涵摄事项同属于上位法的规范内容，即存在直接的上位法。如前所述，当前税收法律中居于主导地位的是一般、原则性的规范形式。这些条文采用的概念是高度抽象的，忽略了规范事项重要性和精细化程度不同的个别属性和特征，税法意义的内涵甚为有限，条文内容空洞且不完全，包容度极强，有着宽泛的适用范围。上位法规范内容含糊且不完全，难以审查两者间是否存在相抵触之处，这是法院轻易得出"与上位法没有违反"的结论的根本原因。这些高度抽象的条文需要"解释"才能拼凑出完整的规范内容，而规范性文件恰恰是税务机关对上位法作出解释的重要载体，这正是法院在不少案件中以"文件"为依据审查"文件"合法性的重要原因。其二，涵摄事项在特定规范之外、征税框架之内。即使文件涵摄事项不存在直接的上位条文，涉及具体征税事项的文件却不难归入单行税种法所确立的笼统的征税框架之内。这也是法院在不少案件中泛指整体意义上的单行税种法作为上位法进行审查，而不指明具体条文的原因。在其空缺结构之内，要作出抵触性的判断，显然更加困难。在条文抵触的审查不可行的情况下，税法精神、原则等抽象层面的审查显得更为必要。价值标准、宗旨原则、规范目的乃至税制体系和整体秩序等隐身于税法文本之间，必须基于税制整体予以把握。然而，大量采用抽象程度极高的概念使得税法的意义脉络被切断，税收法律、法规所建构的征税框架急需税务规范性文件作为"血与肉"加以填充，才能完成税制的最终塑造。这意味着，一方面，税务规范性文件是构成整体税制的不可或缺的部分，至少是数量上具有绝对优势的规范形式，是把握税法整体秩序、价值目标的重要规则基础；另一方面，这些文件是碎片化的、散乱无序的，缺少连贯性和一致性，不仅由此建构的税法体系脉络难以把握，所遵循的价值标准、政策意图等同样晦涩不清。这都决定了对税务规范性文件进行抽象层面的"不抵触"审查同样极为困难，且难以避免陷入以文件审查文件的尴尬境地，审查结果也未必能够真正符合税收法定主义的实质性要求。

权利义务影响标准实际上要求对税务规范性文件制定前后相关主体的权利义务的变化情况进行比较，进而判断是否发生增加或减损。为此有必要与相关上位法进行对比。因此，这一标准适用的前提是确定上位法已规定的、可能受税务规范性文件影响的主体及其权利义务的范围。在上位法规定模糊或泛指税制整体的情况下，因特定文件所受影响的权利或义务及其内容、范围都是不明确的。这就决定了基于这一标准同样很难对文件的合法性予以科学地检测。

四 尊重还是审查：税收法定主义之下的能动司法

（一）税务规范性文件的"过度"司法尊重的原因探究

从总体上看，我国法院在税务规范性文件的审查方面无疑是消极的，主动审查几乎全面缺失，有限的应申请审查亦以近乎全盘接受和尊重的态势进行认可，使得规范性文件这一"非正式法律渊源"在税收领域俨然成为当然适用的正式法源，其适用范围和实际的拘束效力甚至足以比肩法律等上位阶的规范形式。虽然我国行政规范性文件的总体审查水平较低而尊重程度相对较高，但在税收领域的几乎"一边倒"的尊重，依然格外"特立独行"。一般而言，只有较强的行政专业性才能作为降低司法审查强度的原因。我国行政诉讼司法实践中对作为技术标准或者技术规范的行政规则确实不倾向于进行过多的审查。① 税法无疑是技术性的。为了平衡国库收入和私人税后财产的自由用度、征税公平和弱者保护等多元的、难以避免相互冲突的政策目标和价值追求，必然要求密集、技术化的规则予以包容和平衡，对不同的交易作出精确的区分、采用专业概念分别予以相应地描述。技术性的税法规则要求理解并适用规则的执法主体必须具备特殊的专业知识。"技术性规则将催生机构的自治"，因为规则的技术性越强，"越能够使机构难以控制且有助于模糊其对有争议的政策目标的追求"，"机构的决策越难以挑战"。② "如果法院无法理解行政机关的所作所为"，便不愿对其所作的决策介入太深。正因为如此，面对税法的专业性和技术性，法院更愿意倾向于承认税务规范性文件的可适用性。

一直以来，税收在我国被作为政府干预经济的重要工具和手段，税务规范性文件每每成为政府推行税收政策的载体。③ 这使得税务规范性文件的制定，包括对同一概念的内涵和外延的解释，均包括税务机关运用其专业经验所作的政策性选择。而我国税收法律、行政法规的规定大多原则、抽象和概括，所采用的概念大多含义空洞、外延不明确。"如果立法机关明确地留下了

① 俞祺：《行政规则的司法审查强度——基于法律效力的区分》，法律出版社，2018，第60页。
② Peter H. Schuck, "Legal Complexity: Some Causes, Consequences and Cures", *Duke Law Journal*, Vol. 42, p. 31.
③ 如营业税改征增值税这一重大的制度变革便是以税务规范性文件这一渊源形式最终确立下来的。

一项空白留待行政机关填补，就等于对行政机关做出明确的授权"，"由它制定文件来阐明特定规定的涵义"。① 正是基于这项"默示的授权"，财政部、国家税务总局等税法执行机关的政策裁量空间相对宽泛。此时，税法执行机关不仅进行税法的解释，更是进行规则的"建构"，所解决的不是一项"法律"问题，更是政策问题，需要根据日常经济和生活的现实解决利益的冲突和竞争，并在多项备选方案中选择最优的解决方式，是税收法律"授权"的行使，法院因此也不愿介入过深而是选择提高其尊重的程度。

不仅如此，税法本身要求较大的规范密度，以满足财产权附带的社会义务应力求明确的宪法要求。但在上位阶的税法规范的用语宽泛、结构开放、标准模糊而无法为所有日常的征纳活动提供准确的指引的情况下，税法执行机构不得不制定指引性的文件，以明确越来越多的关于征税的具体细节。② 税法的规范密度因此集中地体现在规范性文件这一渊源形式中，从而形成了几乎无所不包、涵盖社会生活方方面面的极为错综复杂的税务规范性文件。由于更加明确和具体、更具有可操作性，加上其规范内容包罗万象，税务规范性文件在征管实践中被作为征税依据的概率和频率甚至远远超过其上位阶的税法规范，成为不可或缺的征税标准和指引。缺少税务规范性文件，征管活动甚至可能陷于混乱。正因为如此，税务机关依据税务规范性文件作出征税决定日趋习以为常，甚至理所当然。在这一过程中，税务规范性文件的合法性问题渐渐被漠视，成为一种逐渐被"正式化"的非正式法律渊源，其合法性似乎已无可置喙。法院因此当然将其作为判定税务机关征税行为合法性的依据，甚至在被申请审查时亦仅进行消极的审查。

（二）能动的司法审查：税收法律保留的最后堡垒

长期以来，对税收法定主义的关注一直集中于应以法律的形式对征税的标准和方式加以规定，强调立法机关预先制定成文法，作为税务机关征税的依据并限定征税的范围。近年来全国人大收回税收立法权，被认为是税收法定主义实现的最重要体现。随着《立法法》的制定和修改，法律应当保留的

---

① 〔美〕理查德·J. 皮尔斯：《行政法》（第五版），苏苗罕译，中国人民大学出版社，2016，第131页。

② David L. Franklin, "Legislative Rules, Nonlegislative Rules, and the Perils of the Short Cut", *Yale Law Journal*, Vol. 120, p. 295.

"税收事项"范围受到高度的关注。然而,《立法法》第 11 条第 6 项所确立的法律应当保留的"税收基本制度"的范围如此宽泛而不明确,不在保留范围内的其他非基本税收制度自然也模糊不清。立法机关在税收法律中慷慨地授出了大量"保留事项"的立法权,其又以框架式的立法默示执法机关对"保留事项"具体化,加上税务机关基于职权而固有的规范制定权,其制定权的范围极为宽泛,所制定的规范事项也因此"鱼龙混杂",几乎涉略税法规范的方方面面。如果说"任何人都将行使权力直到有界限为止",在不存在制约机制的情况下,税务机关将"如入无人之境"地行使其规范性文件的制定权,"因解释之名而行立法之实",而不至于遭遇任何的障碍。借助税务机关在征管程序中的权威、主导地位,普通纳税人又缺乏甄别的能力亦难以否定其适用,这些规范性文件无论"合法"与否,都将事实上成为征税的依据。

税收法定主义的根本要义在于征税权的界定和限制,防止国家征税权的行使过度侵及国民的基本权利和自由。因此,借助民主立法程序的广泛民众参与,通过不同利益群体之间相互博弈、妥协和整合,确保国家征税仅限于"必要"的范围之内,所有国民均"平等"地分摊国家的公共成本。经由民主立法程序形成的税法规则因此被认为已事先限定了政府行使征税权的边界。只要税务机关遵照执行,便可使纳税人免于征税权的过度侵害。然而,在税务机关可以"规范性文件"完成"行政造法"的情况下,由于规范性文件的制定程序相对宽松,对于草案的公开征求意见亦无强制性的要求,大多以定向征求意见、专家论证会或座谈会的方式进行,整个决策过程和制定理由也甚少公开,民主参与度较低。① 在此过程中缺少利益的相互博弈,最终形成的规则可能仅图利少数群体或被利益集团"绑架",征税权不当扩张的风险便难以避免。

税务规范性文件面临司法审查的概率、受司法尊重的程度几乎与上位阶的税务规章相差无几,民主程序的约束程度却远远更低,且规范形式的选择具有较大的裁量性的情况下,税务机关当然更乐于选择规范性文件的形式明确征税事项。如果税务规范性文件通常受到法院的尊重,则意味着其规范事项和具体内容既可以免于事前的民主程序的公众监督,又可免于事后的司法审查,从而成为完全不受监督的"法外空间"。税务机关由此得以规范性文件

---

① 《税务规范性文件制定管理办法》(国家税务总局令 2021 年第 53 号)。

的形式，发展其所欲的税法规则，乃至侵蚀法律保留事项，而无须面临任何被否认的风险。在民主参与和监督的缺位难以预防税务机关以规范性文件随意扩展征税范围的情况下，文件制定之后的司法审查机制便尤为重要。由于无法寄望于税务机关自我约束或自行纠正其制定的不当的税务规范性文件，加大司法机关的审查和监督力度，否认超出法律设定的征税边界、不当的税务规范性文件的适用，才能确保仅有遵守上位税法规范制定的税务规范性文件对纳税人产生实质的拘束力。只有税务机关意识到其制定的规则迟早都将面临实质的审查和监督，才不会随意以规范性文件的形式变更甚至创制本应通过民主程序设定的征税标准。为了避免所制定的税法规范面临司法审查甚至被否认，税务机关才可能更愿意选择启动正式的制定程序，以正式的法律渊源形式确立征税事项。

要确保税务规范性文件仅在税收法律等上位法确立的框架下，仅规定"为了执行法律、行政法规的事项"，应当要么以制定过程的广泛公众参与防范文件包含可能侵害纳税人权利的规范内容，要么将已制定的规范性文件的结构、文本、规范目的和制定程序的有效性置于司法机关的全面审查之下，使超越界限或规范方式和内容不当的规范性文件难以发挥作用。只有这样才能最终确保当前日趋扩张的规范性文件制定权的行使不至于侵蚀税收法定主义的实现。这也是为何美国尽管承认对行政规则一定程度的司法尊重，却仅限于以民主程序，即"公告—异议程序"制定的立法性规则，而不包括未经民主程序即可制定的解释性规则。[①] "只有依据法律才能侵害权利自由"和"只有依据法院的全面审查的保障，才能侵害权利自由"，是税收法定主义得以最终实现的一体两翼。[②]

司法审查的强度应当取决于规范内容对国民基本权利的影响程度。所制定的规范越可能侵害国民的基本权利，受到的司法审查应当越严格。税法设定财产附带的社会义务，税收的课征将造成国民部分财产的无偿让渡，对国民基本权利的影响不言而喻。税法要确立国家征税的广度和深度，将国家所需的公共成本在国民之间按照一定的标准进行分配，必然是技术性的。但技

---

① 〔美〕理查德·J. 皮尔斯：《行政法》（第五版），苏苗罕译，中国人民大学出版社，2016，第346页。
② 〔日〕田村悦一：《自由裁量及其界限》，李哲范译，中国政法大学出版社，2016，第111~112页。

术性是为了对国民的税收负担能力进行准确的区分，任何技术性的规则设计所折射的正是因国家征税对国民基本权利设定负担的程度差异。在税收法律等上位法的规范内容普遍具有原则性且较为含糊的情况下，税务规范性文件的规范内容具有更大的裁量空间，未经由充分的民主公众参与讨论所形成的税务规范性文件过度扩张征税权而侵害纳税人基本权利的风险大为增加。更何况，规范性文件的技术性和复杂性更容易掩盖其对权利过度侵害的事实或制定机关倾向特定人群利益的政策性偏好。因此，技术性和专业性均不应当成为司法机关消极审查的借口。德国联邦宪法法院曾在 20 世纪 90 年代的一系列判决中明确了"不能仅因涉及专业知识而排斥司法审查""专业性问题并非在事务本质上自始不受司法审查"的态度。① 法院欠缺相关的税收专业知识和经验，固然无法直接确立国家征税的量化标准，却应当有能力评价规范性文件确立的量化标准是否符合上位税法规范的宗旨和内在目的，是否造成对基本权利不当的过度限制或超越其许可的权限范围。因此，尽管税务规范性文件固有技术性和专业性并由此产生复杂性，当其规范内容不当涉入个人权利自由领域时，应当由法院审查并加以纠正，防止其反复适用而造成不特定多数人的权利受到侵害。近年来，涉及高度专业问题的案件的审判大多借助专家意见加以解决，这在税务规范性文件的司法审查中也开始有所尝试。如在福建汇鑫公司案中，二审法院就规范性文件的合法性审查即引入了厦门大学法学院相关专家的意见，大大提升了裁判的说理程度，具有一定的借鉴意义。②

同样，税务规范性文件的政策性也不应当成为司法消极审查的理由。尽管德国和美国法院都在一定程度上对涉及政策性判断的问题给予一定的尊重甚至不予审查，却并非对所有的政策性问题均承认行政机关的自由意志。美国通过 *Chevron v. Natural Defense Council* 等一系列案件确立的司法尊重原则仅适用于"以正式裁决或者通告评议方式制定的规则"③，包括所有的立法性规则和通过说明理由的决策程序作出的解释。如未采用这一程序，即使消除法律模糊性的解释构成一项政策决定，也同样应当接受司法的审查。在基于上

---

① 伏创宇：《行政判断余地的构造及其变革——基于核能规制司法审查的考察》，《华东政法大学学报》2014 年第 5 期。

② 《福建汇鑫资源再生利用有限公司与福建省漳州市国家税务局行政复议二审行政判决书》［（2016）闽 06 行终 89 号］。

③ 467 U. S. 837 (1984). 但第七巡回法院拒绝将这一原则适用于行政裁决中所宣示的法律解释。

位法律的授权而制定政策的情况下，由于政策通常要求社会公众的遵从，将产生实质性的实体效果，因此，一般要求"立法性"地制定，即采用广泛公众参与的"公告—异议的民主立法程序"。① 也就是说，具有规范性的政策免于司法审查的前提是其制定过程的民主参与程序的保障，如未经历这一程序，则应被纳入司法审查的范围。德国尽管承认对于法律中包含的不确定概念的政策性问题行政机关享有仅受有限司法审查的判断余地，但认为这仅适用于具体的案件，即不承认行政机关可以享有免于司法审查的政策制定权。事实上，任何政策性的调整都必然扩张或限缩国民现有的基本权利，才能形成利益的诱导或剥夺，以引导国民的行为选择。即使是纯授益性的税收政策，由于授益对象的特定性和相对性，不同主体之间的既定竞争地位将由此发生改变，进而影响不同国民基本权利实现的范围和程度。我国以政策调整为目标的税务规范性文件的制定更强调效率优先，以及时应对当下的经济形势，又强调以"立法突袭"确保预期的政策效果的立竿见影，因此，往往未经历或很少采用民主程序，难以通过广泛的民主参与程序规范政策的形成与内容。如2005年关于证券交易印花税税率调整的规范性文件的出台就是如此，其对证券市场的冲击和投资者的影响时至今日依然值得警醒。就此而言，税务规范性文件的政策性亦不应当使其成为不受司法审查的"法外空间"，也应当遵从一般税法原则确立的界限，并接受一定的司法审查。

五　税务规范性文件司法审查进路的完善

（一）主动审查的强化

2014年《行政诉讼法》修改，以第53、64条确立了行政规范性文件的附带审查制度，即行政相对人在对具体行政行为提起行政诉讼的同时可以一并提起对所依据的规范性文件的审查，这被认为是社会进步的标志。然而，此后法院依职权主动审查规范性文件似乎便被遗忘甚至否定了。既然人民法院可以拒绝适用合法性存疑的规范性文件，其前提必然是已对该文件进行了合法性审查。法院应当主动对规范性文件进行审查，以确认其可以作为依据判

① David L. Franklin, "Legislative Rules, Nonlegislative Rules, and the Perils of the Short Cut", *Yale Law Journal*, Vol. 120, p. 305.

断被诉行政行为的合法性。这是法院对行政行为进行合法性审查和法律适用的应有之义。①

总体而言，法院对规范性文件的审查意愿并不高，更遑论更具技术性和复杂性的税务规范性文件。法院对税务规范性文件的合法性主动审查的缺失，将加剧在当前税法规范体系下纳税人的税收风险和不公平状态。

税收是普遍课征的，几乎所有的社会经济生活都面临税法的评价问题。这意味着税法的涵盖范围极广，且必须对每一项生活事实或经济活动的征税问题提供准确的指引。税收的课征又是日常化的，社会经济生活时时发生，政府的财政支出压力要求税务机关必须在一项交易发生时根据税法及时作出"征或不征"以及"如何征"的决定。当前税收法律、行政法规采取了框架式、原则性的立法模式，以此开放式结构预留了大量的规范空白，单纯依据正式的法律渊源征税基本是难以实现的，从而产生了对具体事项的明确税法规范的迫切需求。在此压力下，制定权被层层转嫁，制定效率最高、制定成本最低的规范性文件成为最佳的选择。正因为如此，税务规范性文件的数量、规范内容的广度以及整体形成的技术性和复杂性都远远超过其他行政领域，也远远超过同样基本采用标准式立法的其他经济法领域，如反垄断法等。这些零散、碎片化的规范性文件却是征管实践不可或缺的指引，适用频率远超过经济法或行政法的其他子部门法。

在法院依职权主动审查基本缺位的情况下，规范性文件的附带审查机制能够为纳税人提供的保护程度是有差别的。纳税人只有在质疑税务规范性文件合法性的情况下，才会附带申请对规范性文件进行合法性审查。但在税法固有技术性和专业性，又已形成错综复杂且散乱无序的规范体系的情况下，普通纳税人理解税法上的专业概念乃至掌握税法规范的内容，确定应适用的文件并加以准确适用尚且有难度，无法亦欠缺专业的能力观察到税务机关创制的规范性文件已经偏离了税收法律等上位规范。零散无序的税务规范性文件进一步模糊其对规范内容的合法性判断。税务机关当然不会径行表明其制定的规范性文件已改变了上位税法还是只是以新的表述方式重新阐释了上位税法的内容。② 在此情况下，普通纳税人无从提起附带审查，只能一味予以遵

① 江国华、易清清：《行政规范性文件附带审查的实证分析》，《法治现代化研究》2019年第5期。
② Joshua D. Blank, Leigh Osofsky, "Simplexity: Plain Language and the Tax Law", *Emory Law Journal*, Vol. 66, p. 238.

从，无论规范性文件的内容是否合法。相反，经济实力雄厚或具备专业知识的纳税人，或者可以获得专业意见，或者可以自行判定规范性文件是否存在抵触或矛盾、冲突等，有能力选择包含不当税收利益的文件的适用或提起附带审查以求否定对其不利的税务规范性文件的适用。① 由于规范性文件的否定适用仅在个案中有效，因同一事项适用同一税务规范性文件的不同纳税人便可能因辨识不合法性并提起附带审查申请的能力差异而面临不同的税收后果。因此，在法院依职权主动审查合法性整体缺位的情况下，税务规范性文件越复杂无序，提起附带审查寻求司法保护、避免不合法的文件对其权利侵害的可能性将越取决于纳税人自身的才智和专业知识或获取专业意见的能力，将进一步导致纳税人之间的不公平。

当前税务规范性文件的制定过程基本上形成了政府内部相对封闭的系统，税务机关基本居于绝对主导的地位，对于公众参与的方式、途径和范围享有决定权。在缺少外部监督的情况下，税务规范性文件是严格限定于现行税收法律、行政法规确立的框架和范围内还是有所突破，将基本取决于制定机关的自我克制，权力滥用的风险如影随形。法院对规范性文件的审查所构建的正是征税权的外部司法监督机制。法院在个案中进行司法审查，借助司法建议的手段扮演中枢角色，将合法性判断的讯息事后传递给制定机关，以不合法的规范性文件的负面评价，形成高悬于制定机关的"达摩克利斯之剑"，促进税务规范性文件的制定更趋于规范和合理。② 在当前纳税人的税法认知水平普遍较低的情况下，提起附带审查的情况较少，一旦法院放弃主动审查，司法审查对于税务规范性文件的制定势必无法形成有效的外部监督，无法形成不合法的规范性文件将面临否决的威慑力，这一制度在税收领域很可能完全被虚置。

因此，在税务规范性文件的附带审查制度确立之后，法院并不应当完全依赖于纳税人的申请而决定是否对税务规范性文件予以审查。相反，依职权主动审查应当成为涉及税务规范性文件适用的案件审判过程中的必要且常态性环节，由此才能保证仅有"合法"的税务规范性文件被作为征税的依据予以适用。

---

① Edward J. McCaffery, "The Holy Grail of Tax Simplification", *Wisconsin Law Review*, Vol. 1990, p. 1278.

② 卢超：《规范性文件附带审查的司法困境及其枢纽功能》，《比较法研究》2020 年第 3 期。

（二）税务规范性文件司法审查标准的具体化

《〈行政诉讼法〉解释》第 148 条虽然确立了规范性文件司法审查的诸项标准，但各项标准过于抽象和原则，应有必要在税收领域内加以具体化。

1. 权限标准

由于税收课征固有的侵权性，不同主体或同一主体的不同层级在其权限范围内以不同效力位阶的税法规范加以规定的事项应有明确的界分。制定主体只能在其权限范围内就有权规范的事项制定相应位阶的税法规则。

在行政系统内部，不同的行政机关具有不同的权能，这不仅是基于"功能主义"视角对行政专业的尊重，也是出于行政效率的考量，行政机关应当严格遵守行政系统内部的权能划分，不得逾越。[①] 财政部和国家税务总局是税收征管的主管机关，只能在此职权范围内制定税务规范性文件，不得触及其他国家机关的职权事项。而不具有税收征管职权的其他国家机关，如科技部，制定的规范性文件应不得触及税收征管这一事项。但在多个部门联合制定规范性文件的情况下，非税部门参与税务规范性文件的制定，如 2015 年证监会参与《关于上市公司股息红利差别化个人所得税政策有关问题的通知》（财税〔2015〕101 号）的制定，即有超越职权范围之虞。

《立法法》并没有对规范性文件的可规范事项作出明确的规定，但其依然从两个方面限定了这一形式的税法规范所能涵盖的事项范围。其一，《立法法》第 11 条规定了应当法律保留的事项，即"税种的设立、税率的确定和税收征管等税收基本制度"，税务规范性文件因此不得有所触及，除非税收法律明确授权制定机关以规范性文件的形式规定。因此，法院在进行审查时，应当首先确认税务规范性文件的规范事项是否属于法律保留的税收基本制度的范畴。如果属于法律保留的事项，则应当进一步审查是否存在明确的法律授权。如果没有法律授权，即可以直接确认该文件的制定权限存疑。如果存在法律授权，则法院须进一步考察文件的规范事项是否在授权的范围之内，是否依照授权的方式在授权期限内制定。答案如果是肯定的话，则可以确认规范性文件的制定符合权限要求。如果不属于法律保留的事项，可以初步判定满足权限标准，但仍须进一步的检测。应当注意的是，法律保留的事项并不

---

① 于洋：《论规范性文件合法性审查标准的内涵与维度》，《行政法学研究》2020 年第 1 期。

仅限于"税收基本制度"，也包括为保障征税权实现而限制人身自由的强制措施或处罚等其他法律保留事项。但关键的问题在于，《立法法》规定应当法律保留的"税收基本制度"的内涵和外延并不清晰。从当前各单行税种法律的规定来看，这至少应当包括纳税人、税率、课税基础事实、课税量化事实、归属关系、税率、应纳税额和基本税收征管制度。对上述因素予以修正或重新确定、直接加重或减轻纳税人税收负担的，应均属之。

其二，《立法法》第 91 条规定，部门规章规定的事项"应当属于执行法律或者国务院的行政法规、决定、命令的事项"，作为下位阶的渊源形式，规范性文件的规范事项亦应当仅限于这一范围。因此，法院应对规范性文件的规范事项作如下的考察。首先考察规范性文件的规范事项是否于上位法中已有规定，如已有规定，则考察是否出于上述已有规定的目的、是否为其实施所必要，如果是的话，可以认定符合权限要求。如果上位法没有规定，则不宜作为"执行法律的事项"，必须转而进行授权检测。

应当注意的是，我国税收法律、行政法规大多采取框架式的立法模式，大量采用不确定的法律概念，这一开放式的规范结构形成了大量的规范空白。基于价值补充或政策选择对不确定概念的具体化、对规范空白领地的填补等固然均可纳入"执行法律的事项"，但法院仍应当基于条文的规范目的、价值原则等确定"隐性授权"的范围，进而对文件进行权限的审查。

2. 上位法标准

上位法标准即不抵触标准，法院根据这一标准对税务规范性文件进行审查时着重关注其是否与上位法相抵触。这是基于国家税收法律体系的统一性和整体性必须遵循的审查路径。根据这一标准进行审查应首先应当确定规范性文件的上位法是否存在、规定是否明确，其后才能进一步判定是否存在不一致或相抵触之处。

（1）上位法明确

上位法标准的法理基础在于"法规范的等级结构理论"。根据这一理论，规范性文件作为整体法秩序中的一种规范类型之所以合法，首先是因为它由构成整体法秩序的另一更高位阶的规范所创设，并在"程序"和"要件"上符合其具体的要求。① 因此，要判定规范性文件是否"与上位法相抵触"，首

---

① 余军、张文：《行政规范性文件司法审查权的实效性考察》，《法学研究》2016 年第 2 期。

先应当确定是否存在"对规范性文件进行授权，确定其权限范围的直接上位法规范"。规范性文件的制定有明确的上位法，存在两种情况：第一，上位法对此事项已有所规定，规范性文件是对上位法的具体性、细节性的执行事项的规定，在这种情况下，应当考察规范性文件是否扩张或限缩了上位法的规范内容，或是否额外增加了新的规则；第二，上位法作出制定规范性文件的授权，此时问题实际上为制定权限的判断。

（2）上位法模糊或不明确

如果规范性文件无法确定作为制定依据的上位法的存在，那么，此时争议的同样是文件的制定权限问题。在税收领域中，当前更为常见的是虽有上位法的规定，但规定模糊而笼统或存在规范空白，单纯基于上位法条文的字面含义难以得出税务规范性文件抵触与否的结论。笼统而抽象的概念具有目的论的特质，通常以价值标准和法律原则为建构基础。因此，在上位法语义含糊或存在规范空白时应回归到隐含其中的评价标准，也就是回溯到相应的原则和价值标准，借助上位法在整体税法的规整脉络中的地位和功能确定其具体的内涵。① 如规范性文件的规范事项处于上位法的空缺地带，审查范围应当包括是否秉持上位法规范所遵循的基本原则和价值追求、是否符合其意欲实现的规范目的，因为这共同构成了整体法秩序之下对规范性文件完整的合法性要求。

因此，在上位法的规定含糊、空洞时，审查规范性文件与上位法之间是否存在抵触，不应当仅停留于上位法规范的形式表述，而应当审查规范性文件是否违反上位法的规范目的、基本原则和价值标准，以确定是否存在冲突和不一致。如国家税务总局通过一系列的规范性文件确立了股票股息、资本公积金转增注册资本金按照"股息、红利所得"征税，尽管《个人所得税法》仅抽象地规定"股息、红利所得"是指"个人拥有股权等而取得的股息、红利所得"，但如从个人所得税的量能、净所得课征的基本原则加以评判，在股票股息、转增注册资本金不足以形成股东可支配的"新增财产价值"的情况下，很难得出上述规范性文件的规定与上位法没有冲突的结论。

3. 权利义务影响标准

如果意在施加有拘束力的义务或标准，规则应当以立法的方式制定。② 《立

---

① 〔德〕卡尔·拉伦茨：《法学方法论》，陈爱娥译，商务印书馆，2016，第356页。

② Robert A. Anthony, "'Interpretive' Rules, 'Legislative' Rules and 'Spurious' Rules: Lifting the Smog", *The Administrative Law Journal*, Vol. 8, p. 20.

法法》第 91 条即规定，没有法律或者国务院的行政法规、决定、命令的依据，部门规章不得设定减损公民、法人和其他组织权利或者增加其义务的规范，不得增加本部门的权力或者减少本部门的法定职责。《规章制定程序条例》第 3 条亦有相同的规定。因此，权利义务的影响程度是区分是否属于"执行法律事项"的重要标准，应当成为规范性文件审查的核心。由于税收的课征直接关系纳税人私人财产收益的税后保有程度，规章以下的税务行政规则的制定主体同时是代表国家行使征税权的主体，正是税法意欲加以约束的对象。如果任由其以此种形式创设上位法未作规定的权利和义务，将可能导致其在国库保护和部门利益的双重驱动下扩张其征税权，同时加重纳税人的负担。这势必改变税收法律等上位法已确立的权利义务配置关系，进而改变税收负担分配的价值标准和基本原则，导致上位法的规范目的或政策目标落空。因此，是否发生权利和义务的独立创设是税务规范性文件合法性审查的重要方面。

《〈行政诉讼法〉解释》第 148 条第 2 款第 3 项确立的权利义务影响标准仅限于从"负担增加"的角度予以考察，即是否造成权利的减损或义务的增加。有学者因此主张有必要将规范性文件区分为授益性条款和负担性条款，分别基于不同的标准予以考察。[①] 但增加纳税人权利或减少其义务的文件是否因授益性而无须加以审查或降低审查的强度是值得怀疑的。税收是政府运作的经费来源，在财政需求既定的情况下，如税务规范性文件减少特定人群的纳税义务或增加其税收利益，由此减少的税收收入不得不转嫁由其他未获益的人群承担。不仅如此，税收是经营活动的法定成本，减轻特定群体的税收负担或增加其税收利益，将使其在市场竞争中获得优势的地位，改变获益与非获益群体之间的竞争关系。以"授益"特定群体为内容的税务规范性文件，其结果往往是对其他群体的"负担"的间接设定或增加。因此，即使是增加权利或减少义务的税务规范性文件也有必要予以审查。

法院基于这一标准对税务规范性文件的审查，应当主要从以下层面进行。第一，是否改变权利取得的条件或范围，包括是否缩小上位法规定的权利主体的范围、是否限缩上位法规定的权利范围、是否创设新的权利或取消已有的权利、是否附加权利行使的额外条件或程序等。第二，是否改变义务承担

---

① 江国华、易清清：《行政规范性文件附带审查的实证分析》，《法治现代化研究》2019 年第 5 期。

的条件或范围，包括是否扩大义务主体的范围、是否增加了履行义务的难度或条件、是否扩大了义务内容的范围等。第三，是否改变上位法设定的规范属性，如将授权性规范变更为强制性规范，同样构成与上位法的抵触。

4. 程序标准

《〈行政诉讼法〉解释》第148条第2款第4项规定了规范性文件的程序性标准，即考察规范性文件的制定是否履行法定批准程序、公开发布程序，是否遵守制定程序。对于税务规范性文件的制定程序是否合法，一般应依据制定时生效的《税务规范性文件制定管理办法》确立的程序予以审查。根据该办法，税务规范性文件的制定包括如下程序：起草、听取意见、合法性审查、集体审议、签发和公布。根据《〈行政诉讼法〉解释》第148条第2款第4项的规定，只有未履行法定批准程序、公开发布程序以及严重违反制定程序才足以认定规范性文件不合法。有学者认为，这是因为"法定批准程序"和"公开发布程序"属于主要程序和强制性程序，具有服务于实体结果的价值与独立的程序价值，因此，一旦未履行上述两个程序，可以直接认定其不合法。① 而其他程序，只有在严重违反的情况下，如未征求意见等，才能认定不合法。但何谓"严重违反"，须于个案中加以判断。

本章考察的有效案例样本中唯一一个以不合法为由被否定适用的税务规范性文件正是以"未公开发布"为理由的。然而，公布环节固然影响文件的透明度，妨碍纳税人提前知悉规范内容并予以遵从，但公布是规范性文件的最后程序，此时内容均已确定，规范内容是否合法并不会因公布与否而有所改变。由于《税务规范性文件制定管理办法》并未规定法定的批准程序，这就意味着，在税务规范性文件的审查中，只有公布程序是将导致合法性整体丧失的"一票否决"的环节，违反其他程序对文件合法性的影响仍须视程度而定，且违反程度的评价标准却非常模糊。如征求意见程序中虽然规定了诸多听取意见的方式，但制定机关仍享有一定的选择权。尽管2021年的《税务规范性文件制定管理办法》第17条第3款规定，制定涉及税务行政相对人切身利益或者对其权利义务可能产生重大影响的税务规范性文件，起草部门应当向社会公开征求意见，但第21条第1款又规定"制定内容简单的税务规范性文件"，起草部门在征求意见方面可以从简适用上述规定。至于哪些文件为

---

① 于洋：《论规范性文件合法性审查标准的内涵与维度》，《行政法学研究》2020年第1期。

"内容简单"，"从简"到何种程度依然可以由制定机关予以确定。内容简单但涉及税务行政相对人切身利益的文件是否应当公开征求意见还是可以从简，并不明确。那么，程序合法性的评价实际上是难以完成的。加上该办法对制定所有类型的税务规范性文件均适用相同的程序，不同的规范内容对纳税人权利义务的影响程度不同，如果按照同一标准进行审查，反而可能造成或者过于严苛或者失于宽松的结果。

如果说程序具有影响实体结果的价值，在税务机关科层式的行政管理体制之下，法定批准程序固然可以在一定程度上确保所制定的文件的合法性，但在整体利益偏好基本一致的情况下，依然无法避免越界的文件制定。税收是国民同意的结果，民主参与是民众对政府制定的税收规则表达"同意"的基本方式。也只有在民众可以通畅地表达其观点、提出对规范草案内容的异议的情况下，才能确保政府仅在税收法律的框架下制定"合法"的规范。因此，征求意见与否及其具体的方式应当是程序合法性审查最为核心的环节。规范性文件制定过程中公开征求意见越详尽，政府对民众异议的反馈、处理和理由说明越充分，程序性标准越能够得到满足，甚至在一定程度上公开征求意见的程度可以影响法院的审查强度。

（三）审查强度的层次性

所谓审查强度的层次性是指对不同类型的税务规范性文件，法院审查的强度不尽相同。从技术层面而言，这一制度安排具有如下的功能：一是限缩法院对税务规范性文件进行审查的范围，避免司法权介入过深；二是简化合法性审查的过程。在税务规范性文件的适用相对普遍且频繁的情况下，避免法院因审查过程过于烦冗而延缓诉讼进程或怠于审查。审查强度的层次性在税务规范性文件的审查中尤为关键，因为这一非正式法律渊源形式几乎涵盖了所有类型的征税事项，甚至涉及本不应由其规范的事项。根据《税务规范性文件制定管理办法》第 2 条的规定，税务规范性文件包括具有普遍约束力且反复适用的"纳税人、缴费人、扣缴义务人等税务行政相对人权利、义务"的文件。"影响"一词的含义极为宽泛，既包括为细化上位法的规定而对权利行使或义务履行提供明晰的行为指引，也包括创制新的权利义务或扩张、限缩已有权利所产生的实质性改变。不同规范内容的税务规范性文件对纳税人等税务行政相对人产生的权利限制乃至剥夺程度各有不同，制定机关的行政自主空间或判断余地也有所不同，应当进行强度不同的审查。

尽管不少学者提出了规范性文件司法审查的层次性，但其区分的标准各有不同。如有学者认为应当依照规范性文件的权威性分别进行不抵触审查、理性审查或合理性审查。① 也有学者主张，对政府机关在事实、政策和具有法律因素的混合问题的决策上给予司法尊重，对纯粹的法律问题进行独立的司法审查。② 事实上，上述审查强度层次性的区分或多或少承认了由于行政职能扩张而形成的"行政机关具有自由意思决定的自主空间"的存在。但在税收领域中，由于税收课征所固有的财产剥夺的属性，这种自主空间的广度和深度显然与其他行政领域有所不同，因此，税务规范性文件审查强度的层次划分标准以及相应的审查强度也应当有所区别。

无论如何，是否给予司法尊重和尊重的程度应当取决于行政机关的法律权力和功能的属性以及系争的行政规范性文件的属性。③ 基于税收法定主义的要求，为确保税收的课征依法进行，立法机关应当制定内容已经确定或至少能够确定的税法规则。因此，在税收领域中，政府的行政自主空间应是极为有限的，除非立法机关例外地进行授权。如果立法者认为，这些授权事项"只有交由政府机关独立判断，才能实现税收法治的追求"，在授权的范围内政府将享有规范的形成自由，司法审查强度可以相应较低。如果税收法律并未作出明确的授权，但以抽象要件的不确定概念或法律效果的自由选择赋予执行机关判断余地或裁量空间，但必须受限于事务本质、规范目的、立法框架的限制，自主性程度较低，司法审查强度应当相应提升。如果属于"执行税收法律、行政法规的事项"，则必须严格遵守已有规定的限制。行政解释不具有最终性，必须受到法院的审查，接受法院最终解释的拘束。④ 因此，应当进行全面的司法审查以确保其遵守上位法的规定。

规范性文件制定权的来源并非区分审查强度的唯一考量因素。司法审查

---

① 俞祺：《行政规则的司法审查强度——基于法律效力的区分》，法律出版社，2018，第 234～235 页。

② Cass R. Sunstein, "Interpreting Statutes in the Regulatory State", *Harvard Law Review*, Vol. 103, p. 476.

③ Colins S. Diver, "Statutory Interpretation in the Administrative State", *University of Pennsylvania Law Review*, Vol. 133, p. 562.

④ 杨伟东：《行政行为司法审查强度研究——行政审判权纵向范围分析》，博士学位论文，中国政法大学，2001。

的最终目标在于防范并纠正政府借由税务规范性文件的制定突破税收法律预设的征税权范围。但这一任务显然只能以个案事后否认的方式完成，且受到呈现于法院面前的案件的限制。税务机关作为专门的税法执行机关，拥有更多的专家，具备更丰富的专业知识和经验，对税法的适用争议的了解状况及其解决方案的提出较法院更具优势。如果文件的制定过程足以保证规范内容合法正当，足以防范税务机关借助规范性文件实现征税权的扩张，法院对政府的规范形成自由予以适度的尊重，不至于使税收法定主义落空。税法规范的设定直接关系税收负担在国民之间的分配，规范性文件越是创设新的权利或义务，影响基本权利的程度越深，所涉及的公共利益越大，民主参与程序的要求就越高。由于"任何人不会对自己施予不公"，如果税法规范的形成过程完整地展现于国民面前，任何将受此规范调整或影响的主体均可参与充分的讨论，并有权提出意见、表示异议甚至影响规范内容的最终形成，税务机关制定税法规范扩张自身权力的空间将大为限缩。制定程序的公众参与度越高，利益相关人发表意见、表示反对、提出进一步改进意见将越充分。在公众的广泛监督之下，政府就规范性文件内容形成所进行的事实调查和说明、对各种异议的反馈越全面，越能够最大限度地确保公平且合法的规范性文件的形成。① 因此，随着民主参与程度的提高，司法审查的强度可以降低。反之，则必须面临严格的司法审查。但广泛的公众参与耗时冗长且成本高昂，在财政支出和征管效率的双重压力下，公众参与的程度可能被弱化。如果公众无法普遍地参与文件的形塑，那么，司法审查较深是确保文件内容的合法性所必需的。对于属于执行税收法律、行政法规的事项而制定的规范性文件，由于只是阐释已存在的现行法，并未增加实体性的规则，不产生新的独立的拘束力，出于尽速解决执行问题的需要通常不会进入公众讨论的程序，因此法院有必要审查政府是否以有利于作出合理解释的审慎方式作出最终的解释，审查强度应当有所加强。

基于上述考量，税务规范性文件有必要首先进行一定的类型化，分为创制性规范、行政基准（包括解释基准和裁量基准）、解释性规范和指导性规范。由于创制性规范创设了新的权利和义务或对已有的权利和义务进行了扩张或限缩，法院应当进行权限标准和程序标准的审查。如有明确的立法授权

---

① David L. Franklin, "Legislative Rules, Nonlegislative Rules, and the Perils of the Short Cut", *Yale Law Journal*, Vol. 120, p. 316.

且以民主立法的程序制定，法院只需对其规范事项是否在权限范围内、是否符合应当遵守的原则的要求进行审查，即法院只进行最低限度的审查，承认政府在授权范围内的形成自由，对其制定的规范内容予以高度的尊重。但如果未能遵守民主参与程序，则司法审查的强度应当有所提高，除上述审查事项外，法院还必须对文件是否符合授权的目的、是否符合基本的宗旨和要求等进行审查，即中度审查。对于行政基准，由于裁量和不确定概念的解释涉及价值判断，将产生实体上的拘束力，因此，在合理的数个解释或法律效果之间加以选择的权力实质上具有造法的功能，同样应当以民主参与程序行使，否则将提升司法审查的强度。① 在裁量权被合法地授予的情况下，法院应当尊重政府对政策和事实的理解。由于其裁量或价值补充的权力来源于上位法所预留的判断余地，此为法院进行审查的限度，即审查是否在条文可能的文义范围之内、是否符合此事项的事务本质、是否符合立法者预留此项选择自由的目的和要求。② 税法的解释则是纯粹的法律问题，而法律问题最终必须服从于法院。税法明确、详细的规定正是出于限制征税权的考量，但如果政府可以通过解释税法概念的内涵和外延而改变条文的适用范围，立法的控制将形同虚设。③ 因此，对于解释性规范，司法审查强度应当最高。不可否认的是，税务机关从含糊的税法表述中确定特定概念的含义要比法院更加专业。因此，法院对税务机关所作的解释应给予适度的尊重，接受其作出的合理的解释，而非直接替代其作出新的解释。④ 如果税务机关遵循了相应的决策程序并对作出这一解释的理由予以充分说明，法院的审查强度可以稍作降低。

　　当然，上述司法审查强度的区分虽是建立在规范性文件的制定权限来源和规范属性的基础之上，但前提却是规范性文件的类型化，类型化的标准则是权利义务的创设与否。为此，法院应当首先考察如果缺乏该文件，执行机构的行为或其他授予利益或确保义务履行的行为是否将缺少充分的法律基础，

---

① Colins S. Diver, "Statutory Interpretation in the Administrative State", *University of Pennsylvania Law Review*, Vol. 133, p. 569.

② Cass R. Sunstein, "Interpreting Statutes in the Regulatory State", *Harvard Law Review*, Vol. 103, p. 475.

③ Cass R. Sunstein, "Interpreting Statutes in the Regulatory State", *Harvard Law Review*, Vol. 103, p. 470.

④ Colins S. Diver, "Statutory Interpretation in the Administrative State", *University of Pennsylvania Law Review*, Vol. 133, p. 566.

或者这一文件是否实质性地修改了先前的法律。如果答案是肯定的，则可以认为是创制性规范。[①] 如果只是在法律或行政法规的含义不明确时"解释"其具体的含义或明确裁量选择的方法，即属于行政基准的范畴，而其他文件则可归入解释性规范或指导性规范。

六 结语

作为兜底性的渊源形式，当前税收的技术性、明确性所要求的规范密度集中地体现于税务规范性文件。正因为如此，税务规范性文件在税收征管实践中的重要性可以说是不容置喙的，却也因其规范事项常常"误入"本应法律保留的禁区、随意扩张征税权的范围，或加重纳税人的负担而饱受争议。即便如此，这些合法性存疑的税务规范性文件在司法实践中却极少受到挑战甚至被否决，法院每每未经任何审查即据以认定税务机关的行为合法。因不合法的税务规范性文件权利受到损害的纳税人实际上很难通过行政诉讼寻求最终的救济。在制定过程民主参与和监督不足、又缺乏事后的司法否决机制的情况下，税务规范性文件成为政府突破税收法律拘束的重要方式。

国民的意志应当是一切征税权力的终极源泉。尽管有权以规范性文件的形式细化、具体化税收法律，但政府不享有任何独立于宪法和税收法律的权力，必须受到赋予其权限的税法的约束。如果违反这一约束，规范性文件便失去了合法性的基础。因此，创建并完善评价、判断规范性文件是否符合税法的独立审查机制，否认不合法的文件的适用，对于确保税收法治的实现是极为重要的，由此才能确保税收法律中征税权限制国民基本权利的规定得到遵守，防止政府征税权的滥用。

无可否认，法院对税务规范性文件的合法性审查乃至否定其适用受到诸多因素的制约，如进入司法程序的争议案件的类型、数量等。虽然在个案中否定特定文件的适用，对于卷帙浩繁的税法规范性文件而言，几乎有如蚍蜉撼树，对税收法治的整体改善未必可以产生立竿见影的效果。但如果司法审查得以实质化，部分税务规范性文件因违反上位法、超越权限等被否定适用，一方面，将促使政府制定税务规范性文件更加审慎、节制；另一方面，也将

---

① Robert A. Anthony, "'Interpretive' Rules, 'Legislative' Rules and 'Spurious' Rules: Lifting the Smog", *The Administrative Law Journal*, Vol. 8, p. 17.

促使立法者重新反思当下的税法规范体系，重新修正、调整税法规范在各个位阶的分布，增大税收法律、行政法规的规范密度，改变明确、具体的征税规则过度下沉、集中于税务规范性文件的现状。

无可否认，当前法院审查税务规范性文件的"消极"，与税法固有的专业性、技术性和复杂性不无关系。错综复杂、散乱无序的税务规范性文件每每使欠缺税收专业知识的法院在审理税务案件时捉襟见肘，更遑论基于税法的统一整体秩序、规范目的和宗旨等对文件本身的合法性作出独立而实质的审查和判断。囿于法院的"机构能力"，即使未来司法附带审查机制得到进一步的完善，如果未能提升税务司法审判的专业化能力，税务规范性文件的审查将很难有所改进。单纯批评法院的"不作为"其实是不负责任的，毕竟"无能力"而"作为"的结果未必比"无为"更尽如人意。因此，要真正发挥法院监督征税权行使的功能，提高法院税务司法审判的专业能力乃至实现专业化审判才是根本之所在。这不仅有赖于税法教育的普及和法院整体素质的提高，更有待司法审判系统的专业化改革，这意味着实现之途必然漫漫。

参考文献

中文专著

1. 〔德〕阿图尔·考夫曼：《法律获取的程序——一种理性的分析》，雷磊译，中国政法大学出版社，2015。

2. 〔美〕安德雷·马默主编《法律与解释：法哲学论文集》，张卓明、徐宗立等译，法律出版社，2006。

3. 〔美〕安德瑞·马默：《解释与法律理论》，程朝阳译，中国政法大学出版社，2012。

4. 〔德〕奥托·基尔克：《私法的社会任务：基尔克法学文选》，刘志阳、张小丹译，中国法制出版社，2017。

5. 〔日〕北野弘久：《日本税法学原论》，郭美松、陈刚译，中国检察出版社，2008。

6. 〔美〕彼得·斯坦、约翰·季德：《西方社会的法律价值》，王献平译，中国人民公安大学出版社，2004。

7. 〔美〕E. 博登海默：《法理学：法律哲学与法律方法》，邓正来译，中国政法大学出版社，2017。

8. 〔德〕伯恩·魏德士：《法理学》，丁晓春、吴越译，法律出版社，2013。

9. 曹桂全：《我国个人所得税免征额制度研究》，南开大学出版社，2017。

10. 陈敏：《税法总论》，（台湾）新学林出版有限公司，2019。

11. 陈清秀：《税法总论》，法律出版社，2019。

12. 陈清秀：《税法各论》，法律出版社，2016。

13. 陈清秀：《税法之基本原理》，（台湾）三民书局，1994。

14. 陈新民：《德国公法学基础理论》（上卷），法律出版社，2010。

15. 陈薇芸：《社会福利与所得税法》，（台湾）翰芦图书出版有限公司，2009。

16. 崔建远主编《合同法》（第5版），法律出版社，2014。

17. 〔日〕大须贺明：《生存权论》，林浩译，法律出版社，2001。

18. 葛克昌：《所得税与宪法》，（台湾）翰芦图书出版有限公司，2009。

19. 葛克昌：《行政程序与纳税人基本权——税捐稽征法之新思维》，（台湾）翰芦图书出版有限公司，2012。

20. 葛克昌主编《避税案件与行政法院判决》，（台湾）翰芦图书出版有限公司，2010。

21. 葛克昌：《国家学与国家法——社会国、租税国与法治国理念》，（台湾）月旦出版社股份有限公司，1996。

22. 葛克昌：《租税国的危机》，厦门大学出版社，2016。

23. 〔德〕格奥格·耶利内克：《主观公法权利体系》，曾韬、赵天书译，中国政法大学出版社，2012。

24. 〔美〕汉密尔顿、杰伊、麦迪逊：《联邦党人文集》，程逢如译，商务印书馆，2022。

25. 〔英〕哈特：《法律的概念》（第二版），许家馨、李冠宜译，法律出版社，2011。

26. 〔德〕哈特穆特·毛雷尔：《行政法学总论》，高家伟译，法律出版社，2000。

27. 〔德〕汉斯·J. 沃尔夫、奥托·巴霍夫、罗尔夫·施托贝尔：《行政法》（第1卷），高家伟译，商务印书馆，2007。

28. 〔奥〕汉斯·凯尔森著、〔德〕马蒂亚斯·耶施泰特编《纯粹法学说》，雷磊译，法律出版社，2021。

29. 郝琳琳：《信托所得课税法律问题研究》，法律出版社，2013。

30. 贺燕：《实质课税原则的法理分析与立法研究——实质正义与税权横向配置》，中国政法大学出版社，2015。

31. 黄茂荣：《税法总论——法学方法与现代税法》（第1册），（台湾）植根杂志社有限公司，2012。

32. 黄茂荣：《法学方法与现代民法》，法律出版社，2007。

33. 黄茂荣：《税法各论》，（台湾）植根杂志社有限公司，2007。

34. 〔日〕金子宏：《日本税法》，战宪斌等译，法律出版社，2004。

35. 〔德〕卡尔·拉伦茨：《法学方法论》，陈爱娥译，商务印书馆，2016。

36. 〔德〕卡尔·恩吉施：《法律思维导论》（修订版），郑永流译，法律出版社，2014。

37. 〔美〕卡多佐：《司法过程的性质及法律的成长》，张维编译，北京出版集团公司、北京出版社，2012。

38. 〔奥〕凯尔森：《法与国家的一般理论》，沈宗灵译，商务印书馆，2013。

39. 〔德〕克劳斯·奥菲：《福利国家的矛盾》，郭忠华等译，吉林人民出版社，2011。

40. 〔美〕肯尼斯·卡尔普·戴维斯：《裁量正义》，毕洪海译，商务印书馆，2009。

41. 〔德〕柯武刚、史漫飞：《制度经济学——社会秩序与公共政策》，韩朝华译，商务印书馆，2001。

42. 〔美〕理查德·J. 皮尔斯：《行政法》（第五版），苏苗罕译，中国人民大学出版社，2016。

43. 〔美〕波斯纳：《联邦法院：挑战与改革》，邓海平译，中国政法大学出版社，2002。

44. 〔美〕理查德·A. 波斯纳：《法理学问题》，苏力译，中国政法大学出版社，2002。

45. 刘剑文、熊伟：《税法基础理论》，北京大学出版社，2004。

46. 刘俊海：《现代证券法》，法律出版社，2011。

47. 刘继虎：《法律视角下的信托所得税制——以民事信托所得课税为中心》，北京大学出版社，2012。

48. 〔日〕芦部信喜：《宪法》，林来梵、凌维慈、龙绚丽译，北京大学出版社，2006。

49. 〔美〕罗纳德·德沃金：《认真对待权利》，信春鹰、吴玉章译，上海三联书店，2008。

50. 〔美〕罗斯科·庞德：《法理学》（第二卷），法律出版社，2007。

51. 〔美〕罗·庞德：《通过法律的社会控制：法律的任务》，沈宗灵、董世忠译，商务印书馆，1984。

52. 〔德〕罗尔夫·旺克：《法律解释》（第六版），蒋毅、季红明译，北京大学出版社，2020。

53. 〔英〕洛克：《政府论》，叶启芳等译，商务印书馆，1997。

54. 〔英〕A. J. M. 米尔恩：《人的权利与人的多样性——人权哲学》，夏勇、张志铭译，中国大百科全书出版社，1997。

55. 〔美〕尼尔·K. 考默萨：《法律的限度——法治、权利的供给与需求》，申卫星、王琦译，商务印书馆，2007。

56. 〔德〕尼克拉斯·卢曼：《法社会学》，宾凯、赵春燕译，上海世纪出版集团，2013。

57. 〔日〕平冈久：《行政立法与行政基准》，宇芳译，中国政法大学出版社，2014。

58. 〔德〕齐佩利乌斯：《德国国家学》，赵宏译，法律出版社，2011。

59. 全国人大预算工作委员会编《增值税法律制度比较研究》，中国民主法制出版社，2010。

60. 芮晓武、刘烈宏：《中国互联网金融发展报告》（2013），社会科学文献出版社，2014。

61. 沈宗灵：《现代西方法理学》，北京大学出版社，1992。

62. 〔美〕斯科特·夏皮罗：《合法性》，郑玉双、刘叶深译，中国法制出版社，2016。

63. 时建中：《可转换公司债法论》，法律出版社，2000。

64. 孙远：《刑事证据能力导论》，人民法院出版社，2006。

65. 汤洁茵：《金融交易课税的理论探索与制度建构——以金融市场的稳健发展为核心》，法律出版社，2014。

66. 〔日〕田村悦一：《自由裁量及其界限》，李哲范译，中国政法大学出版社，2016。

67. 王名杨：《美国行政法》，中国法制出版社，1995。

68. 王贵松：《行政裁量的构造与审查》，中国人民大学出版社，2016。

69. 吴金柱：《所得税法之理论与实用》，（台湾）五南图书出版股份有限公司，2008。

70. 吴庚：《行政法之理论与适用》（增订八版），中国人民大学出版社，2005。

71. 伍伟华：《有价证券处分行为之准据法》，（台湾）元照图书出版公司，2010。

72. 王文宇主编《金融法》，（台湾）元照图书出版公司，2013。

73. 徐晨：《权力竞争：控制行政裁量权的制度选择》，中国人民大学出版社，2007。

74. 〔德〕亚图·考夫曼：《类推与"法律本质"——兼论类型理论》，吴从周译，学林文化事业有限公司，1999。

75. 杨仁寿：《法学方法论》（第二版），中国政法大学出版社，2013。

76. 尹伊君：《社会变迁的法律解释》，商务印书馆，2010。

77. 俞祺：《行政规则的司法审查强度——基于法律效力的区分》，法律出版社，2018。

78. 张文显：《法学基本范畴研究》，中国政法大学出版社，1993。

79. 郑雅方：《行政裁量基准研究》，中国政法大学出版社，2013。

80. 〔日〕中里实等编《日本税法概论》，西村朝日律师事务所西村高等法务研究所监译，法律出版社，2014。

81. 张守文：《税法原理》，北京大学出版社，2007。

82. 张翔：《基本权利的规范建构》，法律出版社，2017。

83. 周友苏：《新证券法论》，法律出版社，2020。

期刊论文

1. 陈敏：《财税法经济财产之归属》，《财税研究》1990年第5期。

2. 陈新民：《论行政惯例的适用问题——评最高人民法院"广州德发房产建设有限公司诉广州市地方税务局第一稽查局税务处理决定案"判决》，《法学评论》2018年第5期。

3. 蔡朝安：《实质课税原则内涵再探》，载葛克昌、贾绍华、吴德丰主编《实质课税与纳税人权利保护》，（台湾）元照图书出版公司，2012。

4. 崔威：《中国税务行政诉讼实证研究》，《清华法学》2015年第3期。

5. 伏创宇：《行政判断余地的构造及其变革——基于核能规制司法审查的考察》，《华东政法大学学报》2014年第5期。

6. 龚向和：《论社会权的经济发展价值》，《中国法学》2013年第5期。

7. 高亚军、周曼：《个人所得税改革目标不应局限免征额的调整》，《中国财政》2011年第18期。

8. 姜明安：《行政裁量的软法规制》，《法学论坛》2009年第4期。

9. 江国华、易清清：《行政规范性文件附带审查的实证分析》，《法治现代化研究》2019 年第 5 期。

10. 〔日〕吉良实:《实质课税主义（上)》，郑俊仁译，（台湾）《财税研究》
    1987 年第 2 期。

11. 黄茂荣:《销售当事人之认定》，（台湾）《植根杂志》2010 年第 3 期。

12. 黄士洲:《列举扣除额的改定适用与基本权保障——评大法官释字第六一
    五号解释》，（台湾）《月旦法学杂志》2008 年第 1 期。

13. 黄源浩:《论进项税额抵扣权之成立及行使》，（台湾）《月旦法学杂志》
    2005 年第 3 期。

14. 黄源浩:《欧洲加值税之形成及发展——以欧洲法院裁判为中心》，（台
    湾）《月旦法学杂志》2005 年第 3 期。

15. 黄源浩:《法国税法上的实质课税原则及其宪法界限》，载葛克昌、贾绍
    华、吴德丰主编《实质课税与纳税人权利保护》，（台湾）元照图书出版
    公司，2012。

16. 黄先雄:《德国行政诉讼中司法权的边界及其成因》，《比较法研究》2013
    年第 2 期。

17. 胡大伟:《论生存权的法律性质》，《北方法学》2008 年第 4 期。

18. 〔德〕卡尔·埃伯哈特·海因:《不确定法律概念和判断余地——一个教
    义学问题的法理思考》，《财经法学》2017 年第 1 期。

19. 柯格钟:《量能课税原则与税捐优惠规范之判断——以所得税法若干条文
    规定为例》，（台湾）《月旦法学杂志》2018 年第 5 期。

21. 李建良:《论行政法上之意思表示》，（台湾）《台北大学法学论丛》2002
    年第 50 期。

22. 李炳安:《略论社会法的逻辑起点和基本范畴》，《法学评论》2014 年第
    2 期。

23. 黎宏:《"禁止类推解释"之质疑》，《法学评论》2008 年第 5 期。

24. 黎江虹:《税收法定主义之演绎逻辑与落实路径》，《武汉理工大学学报》
    （社会科学版）2018 年第 2 期。

25. 李可:《原则和规则的若干问题》，《法学研究》2001 年第 5 期。

26. 林良亮:《标准与软法的契合——论标准作为软法的表现形式》，《沈阳大
    学学报》2010 年第 6 期。

27. 刘剑文、赵倩:《高质量立法导向下的税收法定重申》，《法学杂志》2021

年第 8 期。

28. 刘治斌：《案件事实的形成及其法律判断》，《法制与社会发展》2007 年第 2 期。

29. 刘映春：《实质课税原则的相关法律问题》，《中国青年政治学院学报》2012 年第 1 期。

30. 柳砚涛：《论行政惯例的价值及其制度化路径》，《当代法学》2013 年第 5 期。

31. 卢超：《规范性文件附带审查的司法困境及其枢纽功能》，《比较法研究》2020 年第 3 期。

32. 卢佩：《德国关于不确定法律概念之第三审级司法审查》，《现代法学》2013 年第 6 期。

33. 马岭：《生存权的广义与狭义》，《金陵法律评论》2007 年秋季卷。

34. 〔德〕沙弗尔：《"规则"与"标准"在发展中国家的运用——迈向法治征途中的一个重大现实问题》，李成钢译，《法学评论》2001 年第 2 期。

35. 施正文：《分配正义与个人所得税法改革》，《中国法学》2011 年第 5 期。

36. 佘倩影、刘剑文：《税收法定主义：从文本到实践的挑战与路径》，《辽宁大学学报》（哲学社会科学版）2016 年第 6 期。

37. 盛子龙：《租税法上类型化立法与平等原则》，《中正财经法学》2011 年第 3 期。

38. 孙首灿：《论行政规范性文件的司法审查标准》，《清华法学》2017 年第 2 期。

39. 孙远：《刑事证据能力的法定与裁量》，《中国法学》2005 年第 5 期。

40. 汤洁茵：《新型投资工具的税法属性辨析——基于美国的经验与借鉴》，《交大法学》2014 年第 1 期。

41. 汤洁茵：《民法概念与税法的关系探析》，《山东财政学院学报》2008 年第 4 期。

42. 汤洁茵：《原则还是例外：经济实质主义作为金融交易一般课税原则的反思》，《法学家》2013 年第 3 期。

43. 汤洁茵：《〈企业所得税法〉一般反避税条款适用要件的审思与确立——基于国外的经验与借鉴》，《现代法学》2012 年第 5 期。

44. 滕祥志：《实质课税的中立性及其与税收法定原则的关系》，《国际税收》

2015 年第 10 期。

45 王贵松：《行政裁量基准的设定与适用》，《华东政法大学学报》2016 年第
3 期。

46. 王贵松：《论行政裁量的司法审查强度》，《法商研究》2012 年第 4 期。

47. 王利明：《关于无效合同确认的若干问题》，《法制与社会发展》2002 年第
5 期。

48. 王留一：《论行政规范性文件司法审查标准体系的建构》，《政治与法律》
2017 年第 9 期。

49. 王天华：《行政法上的不确定法律概念》，《中国法学》2016 年第 3 期。

50. 汪进元：《论生存权的保护领域和实现途径》，《法学评论》2010 年第
5 期。

51. 魏治勋：《文义解释在法律解释方法中的优位性及其限度》，《求是学刊》
2014 年第 4 期。

52. 吴丙新：《扩张解释与类推解释之界分——近代法治的一个美丽谎言》，
《当代法学》2008 年第 6 期。

53. 毋国平：《含义不确定的分类法律概念之解释》，《法制与社会发展》2014
年第 5 期。

54. 伍劲松：《行政判断余地之理论、范围及其规制》，《法学评论》2012 年第
3 期。

55. 解志勇：《行政裁量与行政判断余地及其对行政诉讼的影响》，《法治论
丛》2005 年第 5 期。

56. 熊伟：《中国大陆企业所得税法新视野》，（台湾）《月旦财经法杂志》
2007 年第 3 期。

57. 徐阳光：《民主与专业的平衡：税收法定原则的中国进路》，《中国人民大
学学报》2016 年第 3 期。

58. 薛钢：《浅议对税务行政自由裁量权的制约》，《税务与经济》2003 年第
1 期。

59. 闫海：《绳结与利剑：实质课税原则的事实解释功能》，《法学家》2013 年
第 3 期。

60. 叶姗：《应税事实依据经济实质认定之稽征规则——基于台湾地区“税捐
稽征法”第 12 条之 1 的研究》，《法学家》2010 年第 1 期。

61. 叶姗：《税收剩余立法权的界限——以成品油消费课税规则的演进为样本》，《北京大学学报》（哲学社会科学版）2013 年第 6 期。

62. 尹权：《论行政惯例的司法审查》，《法律科学（西北政法大学学报）》2008 年第 1 期。

63. 尹建国：《不确定法律概念具体化的模式建构——从"唯一正确答案"标准到"商谈理性"诠释模式》，《法学评论》2010 年第 5 期。

64. 于立深：《行政事实认定中不确定法律概念的解释》，《法制与社会发展》2016 年第 6 期。

65. 余军、张文：《行政规范性文件司法审查权的实效性考察》，《法学研究》2016 年第 2 期。

66. 于洋：《论规范性文件合法性审查标准的内涵与维度》，《行政法学研究》2020 年第 1 期。

67. 袁勇：《行政规范性文件的司法审查标准：梳理、评析及改进》，《法制与社会发展》2019 年第 5 期。

68. 郑雅方：《行政裁量基准创制模式研究》，《当代法学》2014 年第 2 期。

69. 张翔：《个人所得税作为财产权限制——基于基本权利教义学的初步考察》，《浙江社会科学》2013 年第 9 期。

70. 张福广：《德国行政判断余地的司法审查》，《行政法学研究》2017 年第 1 期。

71. 周俊琪：《〈税收征收管理法〉中的自由裁量权及其控制》，《涉外税务》2001 年第 11 期。

72. 朱大旗、李帅：《纳税人诚信推定权的解析、溯源与构建——兼评〈税收征收管理法〉修订草案（征求意见稿）》，《武汉大学学报》（哲学社会科学版）2015 年第 6 期。

73. 周佑勇：《裁量基准的技术构造》，《中外法学》2014 年第 5 期。

74. 周佑勇：《论作为行政法之法源的行政惯例》，《政治与法律》2010 年第 6 期。

75. 黄士洲：《税法对私法的承接与调整》，博士学位论文，台湾大学，2007。

76. 黄源浩：《税法上的类型化方法——以合宪性为中心》，硕士学位论文，台湾大学，1999。

英文文献

1. Ann Mumford, "Tax Complexity, Tax Salience and Tax Politics", *Social & Le-*

gal Studies, Vol. 24, pp. 185 – 200.

2. Adam I. Muchmore, "Uncertainty, Complexity, and Regulatory Design", *Houston Law Review*, Vol. 53, pp. 1321 – 1368.

3. Alain D'Hoore, *Essays on Taxation and Financial Intermediation*, ProQuest Information and Learning Company, 2003.

4. Alan Schenk, Oliver Oldman, "Analysis of Tax Treatment of Financial Services under a Consumption-Style VAT", *Tax Lawyer*, Vol. 44, pp. 181 – 194.

5. Allen D. Madison, "The Tension Between Textualism and Substance-over-form Doctrines in Tax Law", *Santa Clara Law Review*, Vol. 43, pp. 700 – 739.

6. Alex Raskolnikov, "Accepting the Limits of Tax Law and Economics", *Cornell Law Review*, Vol. 98, pp. 523 – 590.

7. Alexandra M. Walsh, "Formally Legal Probably Wrong: Corporate Tax Shelters, Practical Reason and the New Textualism", *Stanford Law Review*, Vol. 53, pp. 1541 – 1579.

8. Andrew M. C. Smith, "Tax Treatment of Domestic and Cross-Border Securities Lending Transactions", *IBFD Publications BV*, Vol. 2001, pp. 89 – 95.

9. Binh Tran-nam, "Tax Reform and Tax Simplification: Some Conceptual Issues and A Preliminary Assessment", *Sydney Law Review*, Vol. 21, pp. 500 – 522.

10. Boris I. Bittker, "A 'Comprehensive Tax Base' as a Goal of Income Tax Reform", *Harvard Law Review*. Vol. 80, pp. 925 – 985.

11. Boris I. Bittker, "Income Tax Deductions, Credits and Subsidies for Personal Expenditures", *The Journal of Law & Economics*, Vol. 16, pp. 193 – 213.

12. Boris Bittker, "Tax Reform and Simplification", *University of Miami Law Review*, Vol. 29, pp. 1 – 20.

13. Brian J. Arnold &James R. Wilson, "The General Anti-Avoidance Rule-Part 3", *Canadian Tax Journal*, Vol. 36, pp. 1369 – 1410.

14. Cass R. Sunstein, "Interpreting Statutes in the Regulatory State", *Harvard Law Review*, Vol. 103, pp. 405 – 508.

15. Charles E. Mclure, "The Budget Process and Tax Simplification/Complication", *Tax Law Review*, Vol. 45, pp. 25 – 96.

16. Colin S. Diver, "The Optimal Precision of Administrative Rules", *Yale Law*

Journal, Vol. 93, pp. 65 – 109.

17. Cynthia R. Farina, "Statutory Interpretation and the Balance of Power in the Administrative State", *Columbia Law Review*, Vol. 89, pp. 452 – 528.

18. Colin S. Diver, "Statutory Interpretation in the Administrative State", *University of Pennsylvania Law Review*, Vol. 133, pp. 549 – 599.

19. Charles M. Bruce, *United States Taxation of Foreign Trusts*, Amsterdam: Kluwer Law International, 2000.

20. Daniel Shaviro, "Beyond Public Choice and Public Interest: A Study of the Legislative Process as Illustrated by Tax Legislation in the 1980s", *University of Pennsylvania Law Review*, Vol. 139, pp. 1 – 123.

21. Daniel J. Glassman, "It's not a Lie if You Believe it: Tax Shelters and the Economic Substance Doctrine", *Florida Law Review*, Vol. 58, pp. 665 – 673.

22. David L. Franklin, "Legislative Rules, Nonlegislative Rules, and the Perils of the Short Cut", *Yale Law Journal*, Vol. 120, pp. 276 – 326.

23. David A. Weisbach, "Formalism in the Tax Law", *The University of Chicago Law Review*, Vol. 66, pp. 860 – 886.

24. David A. Weisbach, "Ten Truths About Tax Shelters", *Tax Law Review*, Vol. 55, pp. 215 – 253.

25. David P. Hariton, "When and How Should the Economic Substance Doctrine Be Applied?", *Tax Law Review*, Vol. 60, pp. 29 – 56.

26. David P. Hariton, "Sorting out the Tangle of Economic Substance", *Tax Lawyer*, Vol. 52, pp. 53 – 79.

27. Deborah L. Paul, "The Source of Tax Complexity: How Much Simplicity Can Fundamental Tax Reform Achieve?", *North Carolina Law Review*, Vol. 76, pp. 151 – 222.

28. Donald Rousslang, "Should Financial Services be Taxed Under a Consumption Tax? Probably?", *National Tax Journal*, Vol. 55, pp. 281 – 291.

29. Douglas G. Baird & Robert Weisberg, "Rules, Standards, and the Battle of the Forms: A Reassessment of § 2 – 207", *Virginia Tax Law*, Vol. 68, pp. 1217 – 1262.

30. Ehud Guttel& Alon Harel, "Uncertainty Revisited: Legal Prediction and Legal

Postdiction", *Michigan Law Review*, Vol. 107, pp. 467 – 499.

31. Edward J. McCaffery, "The Holy Grail of Tax Simplification", *Wisconsin Law Review*, Vol. 1990, pp. 1267 – 1322.

32. Edward D. Kleinbard, "Equity Derivative Products: Financial Innovation's Newest Challenge to the Tax System", *Texas Law Review*, Vol. 69, pp. 1319 – 1368.

33. Edward Yorio, "Federal Income Tax Rulemaking: An Economic Approach", *Fordham Law Review*, Vol. 51, pp. 1 – 52.

34. Frédéric G. Sourgens, "The Virtue of Path Dependnce in the Law", *Santa Clara Law Review*, Vol. 56, pp. 303 – 374.

35. H. Stewart Jr. Dunn, Simplification as A Tax Policy Objective, Annual Tax Conference, 26, APA 6th ed, 1980, pp. 1 – 85.

36. Gillian K. Hadfield, "Weighing the Value of Vagueness: An Economic Perspective on Precision in the Law", *California Law Review*, Vol. 82, pp. 541 – 554.

37. Gregory May, National Report-United States, "International Fiscal Association, Tax Aspects of Derivative Financial Instruments", *Cahiers de Droit Fiscal International*, Vol. LXXXB, pp. 31 – 46.

38. Glenn E. Coven, "The Decline and Fall of Taxable Income", *Michigan Law Review*, Vol. 79, pp. 1525 – 1572.

39. Glenn Jenkins and Rup Khadka, "Value Added Tax Policy and Implementation in Singapore", *International VAT Monitor*, Vol. 9, pp. 1525 – 1572.

40. H. W. R. Wade, *Administrative Law*, New York: Oxford University Press, 1988.

41. Harry Grubert and James Mackie, "Must Financial Services be Taxed Under a Consumption Tax?", *National Tax Journal*, Vol. 53, pp. 23 – 40.

42. Han A. Kogels, General Report, IFA, Consumption Taxation and Financial Services, IFA Cahiers de Droit Fiscal International, 88b, 2003, pp. 30 – 42.

43. Howell H Zee, "VAT Treatment of Financial Services: A Primer on Conceptual Issues and Country Practices", *Intertax*, Vol. 34, pp. 458 – 474.

44. Howell Zee, "A New Approach to Taxing Financial Intermediation Services under a Value-Added Tax", *National Tax Journal*, Vol. 52, pp. 77 – 92.

45. Jacob E. Gersen, "Legislative Rules Revisited", *The University of Chicago Law Review*, Vol. 74, pp. 1705 – 1722.

46. Jason Quinn, "Being Punished for Obeying the Rules: Corporate Tax Planning and the Overly Broad Economic Substance Doctrine", *Geo. Mason Law Review*, Vol. 15, pp. 1041 – 1080.

47. Joseph Bankman, "The Economic Substance Doctrine", *Southern California Law Review*, Vol. 74, pp. 5 – 30.

48. James W. Colliton, "Standards, Rules and the Decline of the Courts in the Law of Taxation", *Dickinson Law Review*, Vol. 99, pp. 265 – 330.

49. Jeffrey Waincymer, "The Australian Tax Avoidance Experience and Responses: A Critical Review", in Graeme S. Cooper, ed. , *Tax Avoidance and the Rule of Law*, Amsterdam: IBFD Publications in Association with the Australian Tax Research Foundation, 1997.

50. John A. Miller, "Indeterminacy, Complexity, and Fairness: Justifying Rules Simplification in the Law of Taxation", *Washington Law Review*, Vol. 68, pp. 1 – 78.

51. John E. Calfee & Richard Craswell, "Some Effects of Uncertainty on Compliance with Legal Standards", *Virginia Tax Law*, Vol. 70, pp. 965 – 1003.

52. John R. II Brooks, "Doing Too Much: The Standard Deduction and the Conflict Between Progressivity and Simplification", *Columbia Journal of Tax Law*, Vol. 2, pp. 223 – 246.

53. John Snape, "Tax Law: Complextiy, Politics and Policymaking", *Social & Legal Studies*, Vol. 24, pp. 155 – 163.

54. Joshua D. Blank & Leigh Osofsky, "Simplexity: Plain Language and the Tax Law", *Emory Law Journal*, Vol. 66, pp. 189 – 264.

55. Katharina Pistor & Chenggang Xu, "Incomplete Law—A Conceptual and Analytical Framework and Its Application to the Evolution of Financial Market Regulation", *New York University Journal of International Law and Politics*, Vol. 35, pp. 931 – 1031.

56. Kenneth H. Ryesky, "Tax Simplification: So Necessary and So Elusive", *Pierce Law Review*, Vol. 2, pp. 93 – 128.

57. Kruse, Steuerrecht I. Allgemeiner Teil, 3. Aufl. 1973, S. 39f. L.

58. Kyle D. Logue, "Tax Law Uncertainty and the Role of Tax Insurance", *Virginia Tax Law*, Vol. 25, pp. 339 – 373.

59. Kyle D. Logue, "Optimal Tax Compliance and Penalties when the Law is Uncertain", *Virginia Tax Law*, Vol. 27, pp. 241 – 296.

60. Leigh Osofsky, "The Case Against Strategic Tax Law Uncertainty", *Tax Law Review*, Vol. 64, pp. 490 – 538.

61. Louis Kaplow, "Rules Versus Standards: An Economic Analysis", *Duke Law Journal*, Vol. 42, pp. 557 – 629.

62. Louis Kaplow, "Accuracy, Complexity and the Income Tax, Journal of Law", *Economics, & Organization*, Vol. 14, pp. 61 – 83.

63. Louis Kaplow, "The Standard Deduction and Floors in the Income Tax", *Tax Law Review*, Vol. 50, pp. 1 – 32.

64. Manning Gilbert WarrenIII, "The Notice Requirement in Administrative Rulemaking: An Analysis of Legislative and Interpretive Rules", *Administrative Law Review*, Vol. 29, pp. 367 – 398.

65. Mark Burton and Michael Dirkis, "Defining Legislative Complexity a Case Study: The Tax Law Improvement Project", *University of Tasmania Law Review*, Vol. 14, pp. 198 – 215.

66. Mark E. Erwin, "A Policy Analysis and Critique of the Joint Committee on Taxation's Simplification Study", *Tax Lawyer*, Vol. 56, pp. 625 – 652.

67. Michael P. Van Alstine, "The Costs of Legal Change", *UCLA Law Review*, Vol. 49, pp. 789 – 869.

68. Michael L. Schler, "Ten More Truths About Tax Shelters: The Problem, Possible Solutions, and a Replay to Professor Weisbach", *Tax Law Review*, Vol. 55, p. 325.

69. Noël B. Cunningham & James R. Repetti, "Textualism and Tax Shelters", *Virginia Tax Review*, Vol. 24, pp. 1 – 26.

70. OECD, Indirect Tax Treatment of Financial Services and Instruments, October 1998.

71. Christian R. Natera, Branch Report-Mexico, IFA, *Consumption Taxation and Financial Services*, , Vol. 88b, pp. 563 – 584.

72. Oona A. Hathaway, "Path Dependence in the Law: The Course and Pattern of Legal Change in a Common Law System", *IOWA Law Review*, Vol. 86, pp. 601 – 664.

73. Peter H. Schuck, "Legal Complexity: Some Causes, Consequences and Cures", *Duke Law Journal*, Vol. 42, pp. 1 – 52.

74. Pierre J. Schlag, "Rules and Standards", *UCLA Law Review*, Vol. 33, pp. 379 – 430.

75. Paul R. McDaniel, "Federal Income Tax Simplification: The Political Process", *Tax Law Review*, Vol. 34, pp. 27 – 77.

76. Randolph E. Paul, "Simplification of the Federal Income Tax Law", *Cornell Law Quarterly*, Vol. 29, pp. 285 – 300.

77. Richard L. Doernberg& Fred S. McChesney, "On the Accelerating Rate and Decreasing Durability of Tax Reform", *Minnesota Law Review*, Vol. 71, pp. 913 – 962.

78. R. George Wright, "The Illusion of Simplicity: An Explanation of Why the Law Can't Just Be Less Complex", *Florida State University Law Review*, Vol. 27, pp. 715 – 744.

79. Randy J. Kozel, "Statutory Interpretation, Administrative Deference, and the law of Stare Decisis", *Texas Law Review*, Vol. 97, pp. 1125 – 1162.

80. Rita de la Feria, "The EU VAT Treatment of Insurance and Financial Services (Again) Under Review", *EC Tax Review*, Vol. 2007, pp. 74 – 89.

81. Robert A. Anthony, " 'Interpretive' Rules, 'Legislative' Rules and 'Spurious' Rules: Lifting the Smog", *The Administrative Law Journal*, Vol. 8, pp. 1 – 22.

82. Russell B. Korobkin, "Behavioral Analysis and Legal Form: Rules vs. Standards Revisited", *Oregon Law Review*. Vol. 79, pp. 23 – 60.

83. Ruth Gavison, "Legal Theory and the Role of Rules", *Harvard Journal of Law & Public Policy*, Vol. 14, pp. 727 – 770.

84. Samuel A. Donalson, "The Easy Case Against Tax Simplification", *Virginia Tax Review*, Vol. 22, pp. 645 – 746.

85. Sarah B. Lawsky, "Probably? Unerstanding Tax Law's Uncertainty", *University of Pennsylvania Law Review*, Vol. 157, pp. 1017 – 1072.

86. Shannon Weeks McCormack, "Tax Shelters and Statutory Interpretation: A Much Needed Purposive Approach", *University of Illinois Law Review*, Vol. 3, pp. 697 – 772.

87. Sheldon D. Pollack, "Tax Complexity, Reform and the Illusion of Tax Simplifica-

tion", *Geo. Mason Indep. Law Review*, Vol. 22, pp. 319 – 359.

88. Sidney I. Robert, H. Friedman, Martin D. Ginsburg and Carter T. Louthan, "A Report on Complexity and the Income Tax", *Tax Law Review*, Vol. 27, pp. 325 – 376.

89. Stanley S. Surrey, "Complexity and the Internal Revenue Code: The Problem of the Management of Tax Detail", *Law and Contemporary Problems*, Vol. 34, pp. 673 – 710.

90. Stanley Surrey, "Tax Incentives as a Device for Implementing Government Policy: A Comparison with Direct Government Expenditures", *Harvard Law Review*, Vol. 83, pp. 705 – 738.

91. Stanley A. Koppelman, "Personal Deductions Under an Ideal Income Tax", *Tax Law Review*, Vol. 43, pp. 679 – 730.

92. Susan C. Morse & Robert Deutsch, "Tax Anti-Avoidance Law in Australia and the United States", *International Lawyer*, Vol. 49, pp. 111 – 148.

93. Tamer Budak, Simon James and Adrian Sawyer, "International Experiences of Tax Simplification and DistinguishingBetween Necessary and Unnecessary Complexity", *Ejournal of Tax Research*, Vol. 14, pp. 337 – 358.

94. Tim Edgar, "Exempt Treatment of Financial Intermediation Services Under a Value-Added Tax: An Assessment of Alternatives", *Canadian Tax Journal*, Vol. 49, pp. 1149 – 1160.

95. Yoram Keinan, "Rethinking the Role of the Judicial Step Transaction Principle and A Proposal for Codification", *Akron Tax Journal*, Vol. 22, pp. 45 – 100.

96. Walter J. Blum, "Simplification of the Federal Income Tax Law", *Tax Law Review*, Vol. 10, pp. 239 – 252.

97. Werner Z. Hirsch, "Reducing Law's Uncertainty and Complexity", *UCLA Law Review*, Vol. 21, pp. 1233 – 1256.

98. William D. Andrews, "Personal Deductions in An Ideal Income Tax", *Harvard Law Review*, Vol. 86, pp. 309 – 385.

99. Wolfgang Schön, Die Zivilrechtlichen Voraussetzungen Steuerlicher Leistungsfähigkeit, Stu W, 2005, S. 251.

代后记：学术研究的担当与家国情怀

本书的研究最早缘起于国外同行的诘问。彼时研究金融交易课税，每每言及创新金融工具在中国的课税，"无规则应立法"是时常挂于嘴边的口头禅。时日一长，某位外国同行不解，"无规则即不税乎？"我一时语塞。如一项交易具有明显的可税性，只是因其产生于立法之后，现行法未能将其涵盖在内，如若就此不予征税，似乎有违征税之公平，亦难免就此形成逃避税之通道而有损国家税收利益。严格谨守形式的税收法定主义，还是追求实质的税收公平，似乎存在不可避免的紧张关系。在长期的立法论研究的思路之下，"一事一规则"似乎是理所当然的选择。然而，任何规则都不可能仅指向特定事项，否则其行为规范特质必然丧失殆尽。任何规则也不能完全明确列举其涵盖的所有规范事项，为确保其普适性和反复适用性，对其规范对象予以抽象化的表述是规则形成的固有要求。要求以新规则的制定解决所有新型交易的税收待遇问题，既非明智之举和万全之策，更非解决税法滞后的长远之道。税法条文的机械化适用和绝对的立法论思维应当摒弃。财税法规范生于动态发展的社会经济生活，因应社会的发展变化及时予以调适、修正乃至创制新法，本无可厚非。然而，长期以来，财税法作为政策之法的修改频率及由此引发的不确定性已饱受诟病。"稳定"与"求新"之间如何平衡和协调，亦是不可回避的重要议题。

财税法规范生成机制并非新鲜的研究议题，作为税收法定主义的核心，历来受到高度的重视。自 20 世纪 80 年代现代税制在我国确立至今，税收法定主义的实现机制是财税法理论研究的绝对"主角"，研究成果丰硕。有关税收应当法律保留的理论研究极大地推动了全国人大收回税收立法权的进程。随着《立法法》第 11 条的立法确认、全国人大加紧税收法律的制定，有关税收法定主义的理论研究似乎亦可告一段落。然而，将税收法定主义狭隘地等同于税收法律保留，将全国人大制定税收法律作为税收法定主义实现的最终目标，依然是一种误解。从已制定的税收法律来看，"粗放式"的立法思维依然主宰着税收法律的制定，规则内容"泛而空"。立法者以税收法律搭建了"毛坯房"，却亟待政府的"精细"装修，最终构建了"大庇天下"的税制大厦。对于税制形塑两者的作用难分轩轾。然而，在税收征管实践中，税收法律处于一种"可用可不用"的尴尬境地，政府对税制的装修"细节"却常常更具决定性意义。政府对财税法规范生成的主导作用被隐性化了，自行"造法"调适征税范围的隐忧依然存在。立法者收回立法权也只是"形式"上实现了税收法律保留，对于税收法治的实现助益有限。因此，"粗放式"的立法思维同样应当予以改变，税法规则的"精耕细作"应当提上议事日程。这不仅对立法者，也对税法学者提出更高的要求。未来的税法理论研究已不能再停留于"主义"的宏大叙事，更应当着眼于"问题"的细致解决。在立法完成之后，如何着眼于税制的统一秩序，展开法教义学、法解释学的研究，正是税制变迁赋予税法学研究的新的理论命题。

　　本书的研究始于 2015 年。彼时税制改革如火如荼地推进，相关立法密集地展开，《个人所得税法》修订，《契税法》《环境保护税法》等税收法律相继制定，为本书的研究提供了丰富的实践素材。在此期间，在修订草案或立法草案公布之后，我也曾多次参与相关的专家咨询会就草案的利弊得失建言献策。可喜的是，来自理论界"批评"的声音，对税收立法的影响程度明显加强。社会公众对税收立法始终保持较高的关注度，被逐渐唤醒的纳税人意识促使人们更愿意关注新的税收立法对自身权利可能造成的影响。在本书的研究即将收官之际，我有幸参与了中国财税法学研究会承担的税法总则立法专题研究课题，与全国人大预算工委的工作人员有了较多的接触。作为税收立法的重要推动者和实际工作的承担者，他们以税收法定主义为念，以实现税收法治为己任。我亦了解他们推进税收立法的步履艰难、亦步亦趋。学者们对于税收法治的实现有着最美好的夙愿，有时未免苛责太过，却均是爱之深切、计之深远之故。任何一项税收立法都牵扯各方利益，其间的平衡与协调绝非易事，是技术更是艺术。税收法治建设之路势必道阻且长，吾辈自当勉力。

　　学之大者，自当为国为民。即使微小如苔花，亦渴望稍尽绵力。我一向不擅于宏大叙事，而宏大叙事对税制的整体把握与抽象有着更高的要求。尽管研习税法已有二十年，我仍常常深恐积累不足、力有不逮，陷入"只见树木"的偏颇论断之中。本书的研究算是初浅尝试，诚望对税收法治之建设略有助益，不负多年之所学。

是为记。

汤洁茵

壬寅年初秋于昆玉河畔寓所

附录：税务规范性文件司法审查案例汇总

立案年份	案件名称	判决及文号	审理法院
2015 年	光明娱乐事业（昆山）有限公司诉苏州市昆山地方税务局案	光明娱乐事业（昆山）有限公司与苏州市昆山地方税务局行政处罚二审行政判决书［（2015）苏中行终 00215 号］	江苏省苏州市中级人民法院
2015 年	昆山市先进电子科技有限公司诉苏州市昆山地方税务局稽查局、苏州市昆山地方税务局案（上文简称"昆山先进电子公司案"）	昆山市先进电子科技有限公司与苏州市昆山地方税务局稽查局、苏州市昆山地方税务局行政复议一审行政判决书［（2015）张行初字第 00249 号］	江苏省张家港市人民法院
2015 年	运城市中北二手车交易市场有限公司诉运城市盐湖区国家税务局案（上文简称"运城中北公司案"）	原告运城市中北二手车交易市场有限公司诉被告运城市盐湖区国家税务局不履行发放二手车销售统一发票的职责一审行政判决书［（2015）运盐行初字第 80 号］	山西省运城市盐湖区人民法院
2016 年	韩进贤诉天津市北辰区地方税务局、天津市地方税务局案（上文简称"韩进贤案"）	韩进贤与天津市北辰区地方税务局、天津市地方税务局确认违法并赔偿一审行政判决书［（2015）辰行初字第 0178 号］	天津市北辰区人民法院
2016 年	舟山远大海运有限公司与舟山市地方税务局稽查局、舟山市人民政府案（上文简称"舟山远大公司案"）	舟山远大海运有限公司与舟山市地方税务局稽查局、舟山市人民政府行政检查、行政复议一审行政判决书［（2016）浙 0902 行初 12 号］	舟山市定海区人民法院
		舟山远大海运有限公司与舟山市地方税务局稽查局、舟山市人民政府行政检查、行政复议二审行政判决书［（2016）浙 09 行终 37 号］	舟山市中级人民法院
2016 年	王鹏诉佛山市南海区地方税务局里水税务分局、佛山市南海区地方税务局案（上文简称"王鹏案"）	王鹏与佛山市南海区地方税务局里水税务分局、佛山市南海区地方税务局税务行政管理（税务）一审行政判决书［（2016）粤 0606 行初 414 号］	广东省佛山市顺德区人民法院

续表

立案 年份	案件名称	判决及文号	审理法院
2016 年	洪玉希诉佛山市南海区地方税务局里水税务分局、佛山市南海区地方税务局案（上文简称"洪玉希案"）	洪玉希与佛山市南海区地方税务局里水税务分局、佛山市南海区地方税务局税务行政管理（税务）一审行政判决书［（2016）粤0606 行初 618 号］	广东省佛山市顺德区人民法院
2016 年	卢焕金诉佛山市南海区地方税务局里水税务分局、佛山市南海区地方税务局案（上文简称"卢焕金案"）	卢焕金与佛山市南海区地方税务局里水税务分局、佛山市南海区地方税务局税务行政管理（税务）一审行政判决书［（2016）粤0606 行初 420 号］	广东省佛山市顺德区人民法院
2016 年	海南省尖峰岭林业局诉海南省地方税务局第五稽查局案（上文简称"海南尖峰岭林业局案"）	海南省尖峰岭林业局与海南省地方税务局第五稽查局税务行政处罚纠纷一案的行政判决书［（2016）琼 97 行终 71 号］	海南省第二中级法院
2016 年	常州市对外贸易有限公司诉常州市国家税务局稽查局、江苏省常州市国家税务局案	常州市对外贸易有限公司与常州市国家税务局稽查局、江苏省常州市国家税务局一审行政判决书［（2015）新兴初字第 174 号］	江苏省常州市新北区人民法院
		常州市对外贸易有限公司与常州市国家税务局稽查局、江苏省常州市国家税务局行政复议二审行政判决书［（2016）苏 04 行终 30 号］	江苏省常州市中级人民法院
2016 年	巢湖市祥盛商贸有限公司诉合肥市国家税务局第二稽查局、安徽省合肥市国家税务局案［上文简称"祥盛公司案（2016）"］	巢湖市祥盛商贸有限公司与合肥市国家税务局第二稽查局、安徽省合肥市国家税务局税务行政管理（税务）一审行政判决书［（2016）皖 0181 行初 32 号］	安徽省巢湖市人民法院
		巢湖市祥盛商贸有限公司与合肥市国家税务局第二稽查局、安徽省合肥市国家税务局税务行政管理（税务）二审行政判决书［（2016）皖 01 行终 40 号］	安徽省合肥市中级人民法院
2016 年	儿童投资主基金诉杭州市西湖区国家税务局案（上文简称"儿童投资主基金案"）	儿童投资主基金与杭州市西湖区国家税务局一审行政判决书［（2015）浙杭行初字第 4 号］	杭州市中级人民法院
		儿童投资主基金与杭州市西湖区国家税务局二审行政判决书［（2015）浙行终 441 号］	浙江省高级人民法院
		儿童投资主基金与杭州市西湖区国家税务局再审行政裁定书［（2016）最高法行申 1867 号］	最高人民法院

立案年份	案件名称	判决及文号	审理法院
2016 年	福建汇鑫资源再生利用有限公司诉福建省漳州市国家税务局案（上文简称"福建汇鑫公司案"）	福建汇鑫资源再生利用有限公司与福建省漳州市国家税务局行政复议一审行政判决书［（2016）闽 0602 行初 4 号］	福建省漳州市芗城区人民法院
		《福建汇鑫资源再生利用有限公司与福建省漳州市国家税务局行政复议二审行政判决书》［（2016）闽 06 行终 89 号］	福建省漳州市中级人民法院
2017 年	浙江广鸿房地产开发有限公司诉杭州市地方税务局案［（2016）浙 8601 行初 225 号］（上文简称"浙江广鸿公司案"）	浙江广鸿房地产开发有限公司与杭州市地方税务局稽查一局、杭州市人民政府税务行政管理（税务）一审行政判决书［（2016）浙 8601 行初 225 号］	杭州铁路运输法院
2017 年	武汉中防瑞达房地产开发有限公司诉武汉市地方税务局稽查局、武汉市人民政府案（上文简称"中防瑞达案"）	武汉中防瑞达房地产开发有限公司与武汉市地方税务局稽查局、武汉市人民政府税务行政管理（税务）一审行政判决书［（2015）鄂江岸行初字第 00249 号］	湖北省武汉市江岸区人民法院
2017 年	李言强诉南宁市地方税务局案（上文简称"李言强案"）	李言强、南宁市地方税务局税务行政管理（税务）二审行政判决书［（2017）桂 01 行终 20 号］	广西壮族自治区南宁市中级人民法院
2017 年	南通新景置业有限公司诉江苏省地方税务局、江苏省南通地方税务局案（上文简称"南通新景公司案"）	南通新景置业有限公司与江苏省地方税务局、江苏省南通地方税务局税务行政管理（税务）行政处罚及行政复议二审行政裁定书［（2017）苏 01 行终 131 号］	江苏省南京市中级人民法院
2018 年	青岛苏宁置业有限公司诉国家税务总局青岛市税务局稽查局案（上文简称"青岛苏宁置业案"）	青岛苏宁置业有限公司、国家税务总局青岛市税务局稽查局税务行政管理（税务）一审行政判决书［（2018）鲁 0202 行初 10 号］	青岛市市南区人民法院
		青岛苏宁置业有限公司、国家税务总局青岛市税务局稽查局税务行政管理（税务）二审行政判决书［（2018）鲁 02 行终 500 号］	山东省青岛市中级人民法院
2018 年	南京雨花园林绿化工程有限公司诉南京市人民政府、江苏省南京市地方税务局稽查局、江苏省南京地方税务局案	南京雨花园林绿化工程有限公司与南京市人民政府、江苏省南京市地方税务局稽查局、江苏省南京地方税务局税务行政管理（税务）行政处理及行政复议二审行政裁定书［（2017）苏 01 行终 1120 号］	江苏省南京市中级中级人民法院
2018 年	张君林诉武汉市江岸区地方税务局案（上文简称"张君林案"）	张君林与武汉市江岸区地方税务局税务行政管理（税务）一审行政判决书［（2017）鄂 0102 行初 131 号］	湖北省武汉市江岸区人民法院

续表

立案年份	案件名称	判决及文号	审理法院
2018 年	广东国兴农业高新技术开发有限公司诉佛山市顺德区地方税务局稽查局、佛山市顺德区地方税务局案（上文简称"广东国兴公司案"）	广东国兴农业高新技术开发有限公司与佛山市顺德区地方税务局稽查局、佛山市顺德区地方税务局税务行政管理（税务）一审行政判决书〔（2018）粤 0606 行初 251 号〕	广东省佛山市顺德区人民法院
2018 年	巢湖市祥盛商贸有限公司诉合肥市国家税务局、合肥市国家税务局第二稽查局案〔上文简称"祥盛公司案（2017）"〕	巢湖市祥盛商贸有限公司与合肥市国家税务局、合肥市国家税务局第二稽查局税务行政管理（税务）一审行政判决书〔（2017）皖 0181 行初 3 号〕	安徽省巢湖市人民法院
		巢湖市祥盛商贸有限公司与合肥市国家税务局、合肥市国家税务局第二稽查局税务行政管理（税务）二审行政判决书〔（2018）皖 01 行终 480 号〕	安徽省合肥市中级人民法院
2018 年	水利工程局宁夏工程处诉国家税务总局宁夏回族自治区税务局稽查局案（上文简称"宁夏工程处案"）	水利工程局宁夏工程处与国家税务总局宁夏回族自治区税务局稽查局税务行政处罚行政二审判决书〔（2018）宁 01 行终 182 号〕	宁夏回族自治区银川市中级人民法院
2018 年	黄山市博皓投资咨询有限公司诉黄山市地方税务局稽查局案（上文简称"黄山博皓公司案"）	黄山市博皓投资咨询有限公司、黄山市地方税务局稽查局税务行政管理（税务）再审审查与审判监督行政裁定书〔（2017）皖行申 246 号〕	安徽省高级人民法院
2019 年	陈浩诉国家税务总局遵义市播州区税务局案（上文简称"陈浩案"）	陈浩、国家税务总局遵义市播州区税务局（税务）一审行政判决书〔（2018）黔 0321 行初 421 号〕	贵州省遵义市播州区中级人民法院
		陈浩、国家税务总局遵义市播州区税务局（税务）二审行政判决书〔（2019）黔 03 行终 83 号〕	贵州省遵义市中级人民法院
2019 年	周诚超诉国家税务总局宜兴市税务局案（上文简称"周诚超案"）	周诚超与国家税务总局宜兴市税务局二审行政判决书〔（2018）苏 0282 行初 53 号、（2019）苏 02 行终 18 号〕	江苏省无锡市中级人民法院
2020 年	贵港贝丰科技有限公司诉国家税务总局贵港市港北区税务局案〔上文简称"贵港贝丰公司案（2号）"〕	贵港贝丰科技有限公司、国家税务总局贵港市港北区税务局税务行政管理（税务）二审行政判决书〔（2020）桂 08 行终 2 号〕	广西壮族自治区贵港市中级人民法院

立案年份	案件名称	判决及文号	审理法院
2020 年	贵港贝丰科技有限公司诉国家税务总局贵港市港北区税务局案[上文简称"贵港贝丰公司案（3号）"]	贵港贝丰科技有限公司、国家税务总局贵港市港北区税务局税务行政管理（税务）二审行政判决书［（2020）桂08行终3号］	广西壮族自治区贵港市中级人民法院
2020 年	李初祥诉国家税务总局温州市税务局第三稽查局案（上文简称"李初祥案"）	李初祥、国家税务总局温州市税务局第三稽查局税务行政管理（税务）二审行政判决书［（2019）浙03行终797号］	浙江省温州市中级人民法院
2020 年	苏州翎恺进出口有限公司诉国家税务总局苏州市税务局第一稽查局案（上文简称"翎恺公司案"）	苏州翎恺进出口有限公司与国家税务总局苏州市税务局第一稽查局行政处罚二审行政判决书［（2020）苏05行终271号］	江苏省苏州市中级人民法院
2020 年	易菲特贸易（苏州）有限公司诉国家税务总局苏州市税务局稽查局案（上文简称"易菲特公司案"）	易菲特贸易（苏州）有限公司与国家税务总局苏州市税务局稽查局行政处罚二审行政判决书［（2020）苏05行终101号］	江苏省苏州市中级人民法院
2020 年	孙元林诉国家税务总局上海市虹口区税务局案（上文简称"孙元林案"）	孙元林与国家税务总局上海市虹口区税务局税务行政奖励一审行政判决书［（2019）沪7101行初578号］	上海铁路运输法院
		孙元林与国家税务总局上海市虹口区税务局税务行政奖励二审行政判决书［（2020）沪03行终87号］	上海市第三中级人民法院
2020 年	深圳市玉龙宫实业发展有限公司诉国家税务总局深圳市税务局稽查局案（上文简称"深圳玉龙宫公司案"）	深圳市玉龙宫实业发展有限公司、国家税务总局深圳市税务局稽查局税务行政管理（税务）二审判决书［（2019）粤03行终1898号］	广东省深圳市中级人民法院
2020 年	北海市国家税务局稽查局国家税务总局北海市税务局稽查局、国家税务总局广西壮族自治区税务局诉北海南森房地产开发有限公司	北海市国家税务局稽查局国家税务总局北海市税务局稽查局、国家税务总局广西壮族自治区税务局税务行政管理（税务）二审行政判决书［（2019）桂01行终321号］	广西壮族自治区南宁市中级人民法院

图书在版编目(CIP)数据

社会变迁中财税法规范生成机制研究／汤洁茵著
. -- 北京：社会科学文献出版社，2023.9
ISBN 978 - 7 - 5228 - 2247 - 1

Ⅰ.①社…　Ⅱ.①汤…　Ⅲ.①财政法 - 研究 - 中国 ②
税法 - 研究 - 中国　Ⅳ.①D922.204

中国国家版本馆 CIP 数据核字(2023)第 144708 号

社会变迁中财税法规范生成机制研究

著　　者／汤洁茵

出 版 人／冀祥德
责任编辑／李　晨
文稿编辑／齐栾玉
责任印制／王京美

出　　版／社会科学文献出版社·政法传媒分社(010)59367126
　　　　　　地址：北京市北三环中路甲29号院华龙大厦　邮编：100029
　　　　　　网址：www. ssap. com. cn
发　　行／社会科学文献出版社 (010) 59367028
印　　装／三河市龙林印务有限公司

规　　格／开本：787mm × 1092mm　1/16
　　　　　　印 张：20.5　字 数：343 千字
版　　次／2023 年 9 月第 1 版　2023 年 9 月第 1 次印刷
书　　号／ISBN 978 - 7 - 5228 - 2247 - 1
定　　价／79.00 元

读者服务电话：4008918866